2024 中财传媒版
年度全国会计专业技术资格考试辅导系列丛书 · 注定会赢®

经济法基础
考点精要

财政部中国财经出版传媒集团　组织编写

中国财经出版传媒集团
经济科学出版社
·北京·

图书在版编目（CIP）数据

经济法基础考点精要/财政部中国财经出版传媒集团组织编写 . -- 北京：经济科学出版社，2024.1

（中财传媒版 2024 年度全国会计专业技术资格考试辅导系列丛书．注定会赢）

ISBN 978 - 7 - 5218 - 5528 - 9

Ⅰ．①经…　Ⅱ．①财…　Ⅲ．①经济法 - 中国 - 资格考试 - 自学参考资料　Ⅳ．①D922.29

中国国家版本馆 CIP 数据核字（2024）第 003156 号

责任校对：郑淑艳

责任印制：邱　天

经济法基础考点精要

JINGJIFA JICHU KAODIAN JINGYAO

财政部中国财经出版传媒集团　组织编写

经济科学出版社出版、发行　新华书店经销

社址：北京市海淀区阜成路甲 28 号　邮编：100142

总编部电话：010 - 88191217　发行部电话：010 - 88191522

天猫网店：经济科学出版社旗舰店

网址：http://jjkxcbs.tmall.com

北京时捷印刷有限公司印装

787×1092　16 开　22 印张　430000 字

2024 年 1 月第 1 版　2024 年 1 月第 1 次印刷

ISBN 978 - 7 - 5218 - 5528 - 9　定价：68.00 元

（图书出现印装问题，本社负责调换。电话：010 - 88191545）

（打击盗版举报热线：010 - 88191661，QQ：2242791300）

前　言

2024 年度全国会计专业技术初级资格考试大纲已经公布，辅导教材也已正式出版发行。与上年度相比，新考试大纲及辅导教材的内容发生了较大变化。为了帮助考生准确理解和掌握新大纲和新教材的内容、顺利通过考试，中国财经出版传媒集团本着对广大考生负责的态度，严格按照新大纲和新教材内容，组织编写了中财传媒版 2024 年度全国会计专业技术资格考试辅导"注定会赢"系列丛书。

该系列丛书包含 7 个子系列，共 14 本图书，具有重点把握精准、难点分析到位、题型题量丰富、模拟演练逼真等特点。本书属于"考点精要"子系列，对教材重难点内容进行梳理，以图表的形式提纲挈领地展现教材内容，旨在精炼教材，便于考生记忆把握。

中国财经出版传媒集团为购买本书的读者提供线上增值服务。读者可通过扫描封面下方的"注定会赢"微信公众号二维码下载"中财云知"App，免费享有前导课、知识点串讲、学习答疑、每日一练等服务。

全国会计专业技术资格考试是我国评价选拔会计人才、促进会计人员成长的重要渠道，也是落实会计人才强国战略的重要措施。希望广大考生在认真学习教材内容的基础上，结合本丛书准确理解和全面掌握应试知识点内容，顺利通过考试，不断取得更大进步，为我国会计事业的发展作出更大贡献！

书中如有疏漏和不当之处，敬请批评指正。

财政部中国财经出版传媒集团
2023 年 12 月

目 录

第八章 劳动合同与社会保险法律制度

第一章 总 论

考情分析

本章是教材的基础章节，属于法律科目的入门知识，每年本章考试所占的分数大约在 10 分左右，从题型看，在单项选择题、多项选择题和判断题中均有体现。考生在复习过程中，需要掌握法的分类与渊源、法律关系、法律事实、法律主体的分类及法律主体资格等内容；需要熟悉法和法律的概念、法的本质与特征及法律责任的种类等内容。

教材变化

2024 年本章教材内容变动不大，仅根据法律新修内容作了相应改动。

教材框架

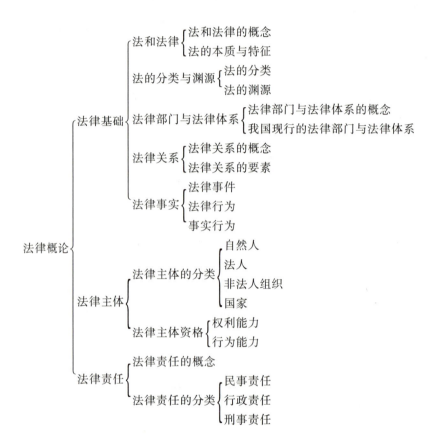

法律概论 ── 法律基础 ── 法和法律 ── 法和法律的概念／法的本质与特征

法的分类与渊源 ── 法的分类／法的渊源

法律部门与法律体系 ── 法律部门与法律体系的概念／我国现行的法律部门与法律体系

法律关系 ── 法律关系的概念／法律关系的要素

法律事实 ── 法律事件／法律行为／事实行为

法律主体 ── 法律主体的分类 ── 自然人／法人／非法人组织／国家

法律主体资格 ── 权利能力／行为能力

法律责任 ── 法律责任的概念

法律责任的分类 ── 民事责任／行政责任／刑事责任

考点提炼

考点1　法的概念、本质与特征 ★★

项　目	内　　容
法的概念	法是由国家制定或认可，以权利义务为主要内容，由国家强制力保证实施的社会行为规范及其相应的规范性文件等的总称

续表

项目	内 容
法的本质	1. 法所体现的是统治阶级的意志，该意志是由统治阶级的物质生活条件决定的，是社会客观需要的反映。 2. 法体现的是统治阶级的整体意志和根本利益。 3. 法体现的不是统治阶级的一般意志，而是统治阶级的国家意志
法的特征	1. 国家意志性：经过国家制定或者认可的规范。 2. 国家强制性：凭借国家强制力的保证而获得普遍遵守的效力。 3. 规范性：确定人们在社会关系中的权利和义务的行为规范。 4. 明确公开性和普遍约束性：法是明确而普遍适用的规范

典型例题

【例1-1】（多选题）下列各项中，属于法的特征有（   ）。

A. 国家意志性　　　B. 国家强制性　　　C. 利益导向性　　　D. 可预测性

【答案】ABCD

【解析】选项C，利益导向性属于法的规范性的具体表现，也体现了法的特征；选项D，法是明确而普遍适用的规范，具有明确公开性和普遍约束性。法具有明确的内容，能使人们预知自己或他人一定行为的法律后果，所以法具有明确公开性和普遍约束性这一特征也被称为法的可预测性。

【例1-2】（多选题）下列关于法的本质与特征的说法中，正确的有（   ）。

A. 法所体现的统治阶级的意志由统治阶级的物质生活条件决定

B. 法体现的是全体社会成员的共同意志

C. 法是由国家制定和认可的

D. 法凭借国家强制力的保证而获得普遍遵守的效力

【答案】ACD

【解析】选项B，法体现的是统治阶级的整体意志和根本利益。

考点2　法的分类和渊源★★

项目	内 容
法的分类 （划分标准）	1. 根本法和普通法：根据法的内容、效力和制定程序所作的分类。 2. 一般法和特别法：根据法的空间效力、时间效力或对人的效力所作的分类。 3. 实体法和程序法：根据法的内容所作的分类。 4. 国际法和国内法：主体、调整对象和渊源： 5. 公法和私法：根据法律运用的目的所作的分类（多数说）；根据法律所调整的社会关系的状况所作的分类（少数说）。 6. 成文法和不成文法：根据法的创制方式和表现形式所作的分类

续表

项目		内　　容
法的渊源	我国法的主要渊源	1. 宪法。由国家最高立法机关即全国人民代表大会制定，是国家的根本大法，具有最高的法律效力。 2. 法律。由全国人民代表大会及其常务委员会制定。法律效力和地位仅次于宪法。 3. 行政法规。由国家最高行政机关即国务院制定，通常冠以条例、办法、规定等名称。其地位次于宪法和法律，高于地方性法规。 4. 地方性法规、自治条例和单行条例。省、自治区、直辖市的人民代表大会及其常务委员会根据本行政区域的具体情况和实际需要，在不同宪法、法律、行政法规相抵触的前提下，可以制定地方性法规。设区的市的人大及其常委会根据本市的具体情况和实际需要，在不同宪法、法律、行政法规和本省、自治区的地方性法规相抵触的前提下，可以对城乡建设与管理、生态文明建设、历史文化保护、基层治理等方面的事项制定地方性法规。经济特区、浦东新区、海南自贸港所在地的省、市人大及其常委会根据授权制定法规，在该区域内实施。民族自治地方的人民代表大会有权依照当地民族的政治、经济和文化的特点，制定自治条例和单行条例。 5. 特别行政区的法。全国人民代表大会制定的特别行政区基本法以及特别行政区依法制定并报全国人民代表大会常务委员会备案的、在该特别行政区内有效的规范性法律文件，属于特别行政区的法。 6. 规章。国务院各部、委员会、中国人民银行、审计署和具有行政管理职能的直属机构以及法律规定的机构，可以根据法律和国务院的行政法规、决定、命令，在本部门的权限范围内制定规章。 7. 国际条约。国际条约属于国际法而不属于国内法的范畴，但我国缔结和参加的国际条约对于我国的国家机关、社会团体、企业、事业单位和公民也有约束力，也是我国法的渊源之一
		注：法律效力从高到低依次是：宪法 > 法律 > 行政法规 > 地方性法规、自治条例、单行条例及规章
	法的效力范围	1. 时间效力：包括法的生效及法的终止。 （1）法规定生效期限的方式主要有两种：一是明确规定一个具体生效时间；二是规定具备何种条件后开始生效。 （2）我国法的终止方式主要有以下四种：①新法取代旧法，由新法明确规定旧法废止，这是通常做法；②有的法在完成一定的历史任务后不再适用；③由有权的国家机关发布专门的决议、决定，废除某些法律；④同一国家机关制定的法，虽然名称不同，但是在内容上旧法与新法发生冲突或相互抵触时，以新法为准，旧法中的有关条款自动终止效力。 注：在溯及力方面，我国法律采用从旧兼从轻原则，就是说原则上新法无溯及力，对行为人适用旧法，但新法对行为人的处罚较轻时则适用新法。 2. 空间效力：包括域内效力及域外效力。 （1）域内效力分两种情况：①在全国范围内有效，如宪法、法律、行政法规；②在我国局部地区有效，如上述特区、新区法规。 （2）域外效力，我国也有相关规定：如民事婚姻家庭方面，有些法律实行有条件的域外效力原则；刑事方面，我国刑法也规定了对某些发生在域外的犯罪应追究其刑事责任。 3. 对人效力：我国采用的是以属地主义为主，结合属人主义与保护主义的一项原则。 （1）属人主义原则，是根据自然人的国籍来确定法的适用范围；属地主义原则，是根据领土来确定法的适用范围；保护主义原则，是从保护本国利益出发来确定法的适用范围。

续表

项目		内　容
法的渊源	法的效力范围	（2）对中国公民：在中国领域内一律适用中国法律；在国外的，仍然受中国法律的保护，也有遵守中国法律的义务，但也要遵守居住国的法律。 （3）对外国人：凡在中国领域内的外国人均应遵守中国法律。但在刑事领域，对有外交特权和豁免权的外国人犯罪需要追究刑事责任的，通过外交途径解决。对于外国人的人身权利、财产权利、受教育权利和其他合法权利，我国法律均予以保护。但外国人不能享有我国公民的某些权利或承担我国公民的某些义务，如选举权，担任公职和服兵役等
	法的效力冲突及其解决方式	1. 一般原则。 （1）根本法优于普通法。宪法是国家根本法，具有最高法律效力。 （2）上位法优于下位法。宪法＞法律＞行政法规＞地方性法规、自治条例、单行条例及规章。 （3）新法优于旧法。 （4）特别法优于一般法。在适用对象上，对特定主体和特定事项的法，优于对一般主体和一般事项的法；在适用空间上，对特定时间和特定区域的法，优于平时和一般地区的法。 2. 解决法的效力冲突的特殊方式。 （1）法律之间对同一事项的新的一般规定与旧的特别规定不一致，不能确定如何适用时，由全国人大常委会裁决；行政法规之间对同一事项的新的一般规定与旧的特别规定不一致，不能确定如何适用时，由国务院裁决。 （2）地方性法规、规章之间不一致时，由有关机关依照规定的权限作出裁决：同一机关制定的新的一般规定与旧的特别规定不一致时，由制定机关裁决；地方性法规与部门规章之间对同一事项的规定不一致，不能确定如何适用时，由国务院提出意见，国务院认为应当适用地方性法规的，应当决定在该地方适用地方性法规的规定，认为应当适用部门规章的，应当提请全国人大常委会裁决；部门规章之间、部门规章与地方政府规章之间对同一事项的规定不一致时，由国务院裁决。 （3）根据授权制定的法规与法律规定不一致，不能确定如何适用时，由全国人大常委会裁决

典型例题

【例1-3】（多选题）以下选项中，属于程序法的有（　　）。

A. 《中华人民共和国民法典》

B. 《中华人民共和国民事诉讼法》

C. 《中华人民共和国刑事诉讼法》

D. 《中华人民共和国保险法》

【答案】BC

【解析】实体法是指具体规定法律主体的权利和义务的法律，程序法是指为了保障法律主体实体权利和义务的实现而制定的关于程序的法律，选项B、C正确。

【例1-4】（多选题）下列说法中，正确的有（　　）。

A. 法律的效力和地位仅次于宪法

B. 宪法由全国人民代表大会及其常务委员会制定，是国家的根本大法

C. 同一国家机关制定的法，虽然名称不同，在内容上旧法与新法发生冲突或相互抵触时，以新法为准，旧法中的有关条款自动终止效力

D. 同一机关制定的法律，对一般区域的法优于对特定区域的法

【答案】AC

【解析】选项B，宪法由国家最高立法机关即全国人民代表大会制定；选项D，同一国家机关制定的法律，适用特别法优于一般法原则。

【例1-5】（判断题）地方政府规章法律效力大于地方性法规。（　　）

【答案】×

【解析】在我国，法律的效力高于行政法规、地方性法规、规章。行政法规的效力高于地方性法规、规章。地方性法规的效力高于本级和下级地方政府规章。省、自治区的人民政府制定的规章的效力高于本行政区域内的设区的市、自治州的人民政府制定的规章。

考点3　法律部门与法律体系★

法律部门	内　容
宪法及宪法相关法	宪法是国家的根本法，宪法相关法是与宪法相配套、直接保障宪法实施和国家政权运作的法律规范的总和，主要包括四个方面的法律：（1）有关国家机构的产生、组织、职权和基本工作制度的法律；（2）有关民族区域自治制度、特别行政区制度、基层群众自治制度的法律；（3）有关维护国家主权、领土完整和国家安全的法律；（4）有关保障公民基本政治权利的法律
民商法	民商法是规范民事、商事活动的法律规范的总和，具体可以分为民法和商法。民法调整的是自然人、法人和其他组织等平等主体之间的人身关系和财产关系。商法可以看作是民法中的一个特殊部分，是在民法基本原则的基础上适应现代商事活动的需要逐渐发展起来的，调整平等主体之间的商事关系的法律，主要包括公司、破产、证券、期货、保险、票据、海商等方面的法律
行政法	行政法是规范国家行政管理活动的法律规范的总和，包括有关行政管理主体、行政行为、行政程序、行政监督以及国家公务员制度等方面的法律规范。行政法调整的是行政机关与行政管理相对人之间因行政管理活动而发生的社会关系。在这种管理与被管理的纵向关系中，行政机关与行政管理相对人的地位是不平等的，行政行为由行政机关单方面依法作出，不需要双方平等协商。如《中华人民共和国行政许可法》《中华人民共和国行政处罚法》等就属于行政法律

续表

法律部门	内　　容
经济法	经济法是调整国家从社会整体利益出发对市场经济活动实行干预、管理、调控所产生的社会经济关系的法律规范的总和。经济法是在国家干预市场经济活动过程中逐渐发展起来的一个法律门类，主要包括两个部分：一是创造平等竞争环境、维护市场秩序方面的法律，主要是反垄断、反不正当竞争、消费者权益保护方面的法律；二是国家宏观经济调控方面的法律，主要是有关财政、税收、金融、对外贸易等方面的法律
劳动法与社会法	劳动法是调整劳动关系以及与劳动关系有密切联系的其他社会关系的法律规范的总和。如《中华人民共和国劳动法》《中华人民共和国劳动合同法》等就属于劳动法律。社会法是调整有关社会保障、社会福利等关系的法律规范的总和。社会法的目的在于从社会整体利益出发，对需要扶助的人的合法权益进行保障，如未成年人保护法、妇女权益保护法、残疾人保护法等
刑法	刑法是规范犯罪、刑事责任和刑罚的法律规范的总和。也就是规定哪些行为是犯罪和应该负何种刑事责任，并给犯罪人以何种刑罚处罚的法律。刑法调整的是因犯罪而产生的社会关系，所采用的调整方法是最严厉的一种法律处罚方法，即刑罚的方法
诉讼与非诉讼程序法	诉讼与非诉讼程序法是调整因诉讼活动和非诉讼活动而产生的社会关系的法律规范的总和。我国已经制定了《中华人民共和国刑事诉讼法》《中华人民共和国民事诉讼法》和《中华人民共和国行政诉讼法》，分别对三种诉讼活动进行规范。此外，针对海事诉讼的特殊性，我国制定了《中华人民共和国海事诉讼特别程序法》。非诉讼程序法是解决非诉案件的程序制度，如《中华人民共和国仲裁法》等

典型例题

【例1－6】（判断题）经济法是调整平等主体之间的商事关系，主要包括公司、破产、证券、期货、保险、票据、海商等方面的法律。（　　）

【答案】×

【解析】民商法是规范民事、商事活动的法律规范的总和，具体可以分为民法和商法。民法调整的是自然人、法人和其他组织等平等主体之间的人身关系和财产关系。商法可以看作是民法中的一个特殊部分，是在民法基本原则的基础上适应现代商事活动的需要逐渐发展起来的，是调整平等主体之间的商事关系的法律，主要包括公司、破产、证券、期货、保险、票据、海商等方面的法律。

【例1－7】（判断题）解决非诉案件可以采取非诉讼程序。（　　）

【答案】√

【解析】非诉讼程序是解决非诉案件的程序制度，例如，仲裁。

考点4　法律关系★★

项目	内容	
定义	法律关系是法律规范在调整人们的行为过程中所形成的一种特殊的社会关系，即法律上的权利与义务关系。法律关系是指被法律规范所调整的权利与义务关系	
主体	又称法律主体，是指参加法律关系，依法享有权利和承担义务的当事人。包括：自然人、法人、非法人组织和国家	
内容	法律关系的内容是指法律关系主体所享有的权利和承担的义务	法律权利，是指法律关系主体依法享有的权益，表现为权利享有者依照法律规定有权自主决定作出或者不作出某种行为、要求他人作出或者不作出某种行为和一旦被侵犯，有权请求国家予以法律保护。 法律义务，是指法律关系主体依照法律规定所担负的必须作出某种行为或者不得作出某种行为的负担或约束
客体	法律关系客体是指法律关系主体的权利和义务所指向的对象。客体是确立权利与义务关系性质和具体内容的依据，也是确定权利行使与否和义务是否履行的客观标准	法律关系的客体包括以下五类： （1）物。物可以是自然物，也可以是人造物，还可以是财产物品的一般价值表现形式。物既可以是有体物也可以是无体物。 （2）人身、人格。人的整体只能是法律关系的主体，不能作为法律关系的客体。而人的部分是可以作为客体的"物"。 （3）智力成果。智力成果是人们通过脑力劳动创造的能够带来经济价值的精神财富，主要是知识产权的客体。 （4）信息、数据、网络虚拟财产。作为法律关系客体的信息，是指有价值的情报或资讯，如矿产情报、产业情报、国家机密、商业秘密、个人隐私等。 （5）行为。行为作为法律关系的客体不是指人们的一切行为，而是指法律关系的主体为达到一定目的所进行的作为（积极行为）或不作为（消极行为），是人的有意识的活动

典型例题

【例1-8】（单选题）下列各项中，不属于法律关系要素的是（　　）。

A. 主体　　　　　B. 客体　　　　　C. 内容　　　　　D. 法律事实

【答案】D

【解析】法律关系由法律关系的主体、内容和客体三个要素构成，缺少其中任何一个要素，都不能构成法律关系。

【例1-9】（多选题）下列权利义务中，属于法律关系内容的有（　　）。

A. 债权　　　　　B. 纳税义务　　　　C. 经营管理权　　　D. 服兵役义务

【答案】ABCD

【解析】法律关系的内容包括法律关系主体所享有的权利和承担的义务，选项 A、C 属于其权利；选项 B、D 属于其义务。

【例 1-10】（多选题）下列各项中，属于法律关系客体的有（   ）。

A. 国家
B. 柳树
C. 网络游戏中的魔法道具
D. 志愿者捐献的肾脏

【答案】BCD

【解析】法律关系客体主要包括物；人身和人格；智力成果；信息、数据、虚拟财产和行为。选项 A，国家属于法律主体；选项 B，柳树属于物；选项 C，信息、数据、网络虚拟财产属于法律关系的客体；选项 D，人的部分也可以作为客体的物，当其与人的身体相分离，某种情况下也可视为法律的物。

考点 5　法律事实★★

任何法律关系的发生、变更和消灭，都要有法律事实的存在。法律事实是法律关系发生、变更和消灭的直接原因。按照是否以当事人的意志为转移的标准，可以将法律事实划分为法律事件、法律行为和事实行为。

项目	内 容
法律事件	自然现象，又称自然事件、绝对事件，如地震、洪水、台风、森林大火等自然灾害或者生老病死、意外事故等
	社会现象，又称社会事件、相对事件，如社会革命、战争、重大政策的改变等
法律行为	根据行为是否符合法律规范的要求分为：合法行为与违法行为
	根据行为的表现形式不同分为：积极行为与消极行为
	根据行为人取得权利是否需要支付对价分为：有偿行为与无偿行为
	根据作出意思表示的主体数量分为：单方行为与多方行为
	根据行为是否需要特定形式或实质要件分为：要式行为和非要式行为
	根据主体实际参与行为的状态分为：自主行为与代理行为
事实行为	与法律关系主体的意思表示无关，由法律直接规定法律后果的行为，民事法律关系中常见的事实行为包括：无因管理行为、正当防卫行为、紧急避险行为、侵权行为、违约行为、遗失物的拾得行为及埋藏物的发现行为等

典型例题

【例 1-11】（多选题）以下事件中属于法律事实的有（   ）。

A. 星体陨落
B. 疫情暴发

C. 发现埋藏的黄金　　　　　　　　　D. 偷窃

【答案】ABCD

【解析】法律事实包含法律事件、法律行为和事实行为。选项 A、B 属于法律事件；选项 C 属于事实行为；选项 D 属于法律行为。

【例 1 – 12】（判断题）法律关系发生、变更和消灭的直接原因是法律行为。（　　）

【答案】×

【解析】法律关系发生、变更和消灭的直接原因是法律事实。

考点 6　法律主体的分类 ★ ★ ★

自然人				
自然人的概念	自然人是指具有生命的个体的人，是基于出生而取得主体资格的人。既包括中国公民，也包括居住在中国境内或在境内活动的外国公民和无国籍人。公民是各国法律关系的基本主体之一，是指具有一国国籍的自然人			
自然人的出生时间和死亡时间	自然人的出生时间和死亡时间，以出生证明、死亡证明记载的时间为准；没有出生证明、死亡证明的，以户籍登记或者其他有效身份登记记载的时间为准。有其他证据足以推翻以上记载时间的，以该证据证明的时间为准			
自然人的住所	自然人以户籍登记或者其他有效身份登记记载的居所为住所；经常居所与住所不一致的，经常居所视为住所			
法人				
法人的分类	营利法人	营利法人的分类	公司制营利法人	有限责任公司
				股份有限公司
			非公司制营利法人	全民所有制企业
				集体所有制企业等
		营利法人的组织机构	设立营利法人应当依法制定法人章程，设权力机构、执行机构、监事会或者监事等监督机构	
		营利法人的出资人	营利法人的出资人不得滥用出资人权利损害法人或者其他出资人的利益；不得滥用法人独立地位和出资人有限责任损害法人债权人的利益；营利法人的控股出资人、实际控制人、董事、监事、高级管理人员不得利用其关联关系损害法人的利益	
	非营利法人	包括事业单位、社会团体、基金会、社会服务机构、捐助法人和宗教活动场所法人等		
	特别法人	主要包括机关法人、农村集体经济组织法人、城镇农村的合作经济组织法人、基层群众性自治组织法人		

续表

法人		
法人的法定代表人	法定代表人以法人名义从事的民事活动，其法律后果由法人承受	
法人设立中的责任承担	设立人为设立法人从事的民事活动，其法律后果由法人承受；法人未成立的，其法律后果由设立人承受，设立人为二人以上的，享有连带债权，承担连带债务。设立人为设立法人以自己的名义从事民事活动产生的民事责任，第三人有权选择请求法人或者设立人承担	
法人的合并和分立	法人合并的，其权利和义务由合并后的法人享有和承担。法人分立的，其权利和义务由分立后的法人享有连带债权，承担连带债务，但是债权人和债务人另有约定的除外	
法人解散和终止	法人解散的法定情形	1. 法人章程规定的存续期间届满或者法人章程规定的其他解散事由出现； 2. 法人的权力机构决议解散； 3. 因法人合并或者分立需要解散； 4. 法人依法被吊销营业执照、登记证书，被责令关闭或者被撤销； 5. 法律规定的其他情形
	法人终止的法定情形	有下列原因之一并依法完成清算、注销登记的，法人终止： （1）法人解散； （2）法人被宣告破产； （3）法律规定的其他原因
法人的清算	法人解散的，除合并或者分立的情形外，清算义务人应当及时组成清算组进行清算。法人的董事、理事等执行机构或者决策机构的成员为清算义务人。法律、行政法规另有规定的，依照其规定。清算义务人未及时履行清算义务，造成损害的，应当承担民事责任；主管机关或者利害关系人可以申请人民法院指定有关人员组成清算组进行清算。清算期间法人存续，但是不得从事与清算无关的活动。法人清算后的剩余财产，按照法人章程的规定或者法人权力机构的决议处理。法律另有规定的，依照其规定。清算结束并完成法人注销登记时，法人终止；依法不需要办理法人登记的，清算结束时，法人终止。法人被宣告破产的，依法进行破产清算并完成法人注销登记时，法人终止	
法人的分支机构	法人可以依法设立分支机构，分支机构以自己的名义从事民事活动，产生的民事责任由法人承担；也可以先以该分支机构管理的财产承担，不足以承担的，由法人承担	
非法人组织		
非法人组织的分类	个人独资企业	
	合伙企业	
	不具有法人资格的专业服务机构等	
非法人组织的财产不足以清偿债务的，其出资人或者设立人承担无限责任。法律另有规定的，依照其规定		

续表

非法人组织	
非法人组织的代表	非法人组织可以确定一人或者数人代表该组织从事民事活动
非法人组织的解散	有下列情形之一的，非法人组织解散： （1）章程规定的存续期间届满或者章程规定的其他解散事由出现； （2）出资人或者设立人决定解散； （3）法律规定的其他情形。 非法人组织解散的，应当依法进行清算

国家
在特殊情况下，国家可以作为一个整体成为法律主体。如在国内，国家是国家财产所有权唯一和统一的主体；在国际上，国家作为主权者，是国际公法关系的主体，也可以成为对外贸易关系中的债权人或债务人

典型例题

【例1-13】（单选题）下列各项中，属于营利法人的是（　　）。

A. 基金会　　　　　　　　　　B. 事业单位

C. 合伙企业　　　　　　　　　　D. 股份有限公司

【答案】 D

【解析】 法人组织包括营利法人、非营利法人（选项A、B）和特别法人。选项C属于非法人组织。

【例1-14】（判断题）个人独资企业不具有法人资格。（　　）

【答案】 √

【解析】 非法人组织是指不具有法人资格，但是能够依法以自己的名义从事民事活动的组织。非法人组织包括个人独资企业、合伙企业、不具有法人资格的专业服务机构等。

考点7　法律主体资格 ★★★

法律主体资格包括权利能力和行为能力两个方面	
权利能力	自然人的权利能力：自然人从出生时起到死亡时止，具有民事权利能力，依法享有民事权利，承担民事义务。自然人的民事权利能力一律平等
	法人的权利能力：法人权利能力的范围由法人成立的宗旨和业务范围决定，自法人成立时产生，至法人终止时消灭

续表

法律主体资格包括权利能力和行为能力两个方面	
行为能力	自然人的行为能力不同于其权利能力，具有行为能力必须首先具有权利能力，但具有权利能力并不必然具有行为能力。确定自然人有无行为能力，一看能否认识自己行为的性质、意义和后果；二看能否控制自己的行为并对自己的行为负责。法人的行为能力和权利能力是一致的，同时产生、同时消灭

自然人的民事行为能力	
完全民事行为能力人	18 周岁以上（≥18 周岁）的自然人是成年人，具有完全民事行为能力
	16 周岁以上（≥16 周岁）的未成年人，以自己的劳动收入为主要生活来源的，视为完全民事行为能力人
限制民事行为能力人	8 周岁以上（≥8 周岁）的未成年人、不能完全辨认自己行为的成年人为限制民事行为能力人
无民事行为能力人	不满 8 周岁（<8 周岁）的未成年人、8 周岁以上的不能辨认自己行为的未成年人，以及不能辨认自己行为的成年人为无民事行为能力人

自然人的刑事责任能力	
已满 16 周岁的人犯罪（≥16 周岁）	应当负刑事责任
已满 14 周岁不满 16 周岁的人（14 周岁≤人 <16 周岁）	犯故意杀人、故意伤害致人重伤或者死亡、强奸、抢劫、贩卖毒品、放火、爆炸、投放危险物质罪的，应当负刑事责任
已满 12 周岁不满 14 周岁的人（12 周岁≤人 <14 周岁）	犯故意杀人、故意伤害罪，致人死亡或者以特别残忍手段致人重伤造成严重残疾，情节恶劣，经最高人民检察院核准追诉的，应当负刑事责任
已满 12 周岁不满 18 周岁的人犯罪（12 周岁≤人 <18 周岁）	应当从轻或者减轻处罚
因不满 16 周岁不予刑事处罚的（<16 周岁）	责令其父母或者其他监护人加以管教；在必要的时候，依法进行专门矫治教育
已满 75 周岁的人（≥75 周岁）	故意犯罪的，可以从轻或者减轻处罚；过失犯罪的，应当从轻或者减轻处罚
精神病人在不能辨认或者不能控制自己行为的时候造成危害结果，经法定程序鉴定确认的	不负刑事责任，但是应当责令他的家属或者监护人严加看管和医疗；在必要的时候，由政府强制医疗。间歇性的精神病人在精神正常的时候犯罪，应当负刑事责任。尚未完全丧失辨认或者控制自己行为能力的精神病人犯罪的，应当负刑事责任，但是可以从轻或者减轻处罚
醉酒的人犯罪	应当负刑事责任
又聋又哑的人或者盲人犯罪	可以从轻、减轻或者免除处罚

典型例题

【例1-15】（单选题）下列自然人中，属于限制民事行为能力人的是（　　）。

A. 李某，20周岁，系大学在校学生，无收入

B. 王某，9周岁，系小学三年级学生，无收入

C. 张某，17周岁，领取工资作为自己生活的全部来源

D. 贾某，6周岁，会参加儿童表演，领取部分收入

【答案】 B

【解析】 年满18周岁精神正常的人属于完全民事行为能力人，选项A属于该情形；8周岁以上的未成年人、不能完全辨认自己行为的成年人属于限制民事行为能力人，选项B属于该情形；16周岁以上的未成年人，以自己的劳动收入为主要生活来源的，视为完全民事行为能力人，选项C属于该情形；不满8周岁的未成年人，8周岁以上的不能辨认自己行为的未成年人，以及不能辨认自己行为的成年人属于无民事行为能力人，选项D属于该情形。

【例1-16】（多选题）下列关于法律责任的说法中，正确的有（　　）。

A. 已满12周岁不满14周岁的少年犯故意杀人罪致人死亡，经最高人民检察院核准追诉的，应当负刑事责任

B. 75周岁的老人过失犯罪应当从轻或减轻处罚

C. 醉酒的人犯罪，可以减轻处罚

D. 盲人犯罪，可以从轻、减轻或者免除处罚

【答案】 ABD

【解析】 醉酒的人犯罪，应当负刑事责任，选项C错误。

考点8　法律责任★

项目		内容
民事责任		承担民事责任的方式主要有以下11种：（1）停止侵害。（2）排除妨碍。（3）消除危险。（4）返还财产。（5）恢复原状。（6）修理、重作、更换。（7）继续履行。（8）赔偿损失。（9）支付违约金。（10）消除影响、恢复名誉。（11）赔礼道歉。 以上承担民事责任的方式，可以单独适用，也可以合并适用
行政责任	行政处罚	1. 警告、通报批评。 2. 罚款、没收违法所得、没收非法财物。 3. 暂扣许可证件、降低资质等级、吊销许可证件。 4. 限制开展生产经营活动、责令停产停业、责令关闭、限制从业。 5. 行政拘留。 6. 法律、行政法规规定的其他行政处罚
	行政处分	警告、记过、记大过、降级、撤职、开除六类

续表

项目		内　容
刑事责任	主刑	管制：期限为 3 个月以上 2 年以下
		拘役：期限为 1 个月以上 6 个月以下
		有期徒刑：除特殊情况外，有期徒刑的期限为 6 个月以上 15 年以下
		无期徒刑
		死刑：对于应当判处死刑的犯罪分子，如果不是必须立即执行的，可以判处死刑同时宣告缓期 2 年执行
	附加刑	1. 罚金：这是强制犯罪分子或者犯罪的单位向国家缴纳一定数额金钱的刑罚。 2. 剥夺政治权利：这是剥夺犯罪分子参加国家管理和政治活动权利的刑罚。剥夺的政治权利包括：选举权和被选举权；言论、出版、集会、结社、游行、示威自由的权利；担任国家机关职务的权利；担任国有公司、企业、事业单位和人民团体领导职务的权利。 3. 没收财产：这是将犯罪分子个人所有财产的一部分或者全部，强制无偿地收归国有的刑罚。 4. 驱逐出境：这是强迫犯罪的外国人离开中国国（边）境的刑罚
	数罪并罚	宣告判决以前一人犯数罪的，除判处死刑和无期徒刑的以外，应当在总和刑期以下、数刑中最高刑期以上，酌情决定执行的刑期。但是管制最高不能超过 3 年；拘役最高不能超过 1 年；有期徒刑总和刑期不满 35 年的，最高不能超过 20 年；总和刑期在 35 年以上的，最高不能超过 25 年。数罪中有判处附加刑的，附加刑仍须执行，其中附加刑种类相同的，合并执行，种类不同的，分别执行

典型例题

【例 1-17】（单选题）下列法律责任形式中，属于民事责任的是（　　）。

A. 没收财产　　　　　　　　　　　B. 吊销许可证件

C. 罚款　　　　　　　　　　　　　D. 支付违约金

【答案】D

【解析】承担民事责任的主要形式有：停止侵害；排除妨碍；消除危险；返还财产；恢复原状；修理、重作、更换；继续履行；赔偿损失；支付违约金；消除影响、恢复名誉；赔礼道歉等。选项 A 属于刑事责任；选项 B、C 属于行政责任。

【例 1-18】（单选题）下列法律责任形式中，属于行政责任的是（　　）。

A. 管制　　　　　　　　　　　　　B. 返还财产

C. 降低资质等级　　　　　　　　　D. 驱逐出境

【答案】C

【解析】选项 A、D，管制、驱逐出境属于刑事责任；选项 B，返还财产属于民事责任。

【例 1 – 19】（单选题）拘役期限为（   ）。

A. 1 个月

B. 1 个月以上 3 个月以下

C. 3 个月

D. 1 个月以上 6 个月以下

【答案】D

【解析】拘役期限为 1 个月以上 6 个月以下。

【例 1 – 20】（单选题）下列各项中，属于刑事责任中附加刑的是（   ）。

A. 拘役

B. 没收违法所得

C. 罚金

D. 赔偿损失

【答案】C

【解析】刑事责任中附加刑主要有：罚金、剥夺政治权利、没收财产、驱逐出境。本题中选项 C 正确；选项 A 为刑事责任中的主刑；选项 B 为行政责任；选项 D 为民事责任。

巩固练习

一、单项选择题

1. 下列各项权利中，没有中国国籍的人不享有的权利是（   ）。

   A. 选举权

   B. 受教育权利

   C. 司法保护权

   D. 人身权利

2. 下列各项中，属于法律事实中的相对事件的是（   ）。

   A. 战争爆发   B. 正当防卫   C. 森林大火   D. 拾得金饰

3. 下列选项中，能够成为法律关系主体的是（   ）。

   A. 数字人民币

   B. 支付账户

   C. 外卖平台经营者

   D. 消费者个人信息数据

4. 下列规范性文件中，属于行政法规的是（   ）。

   A. 国务院发布的《企业财务会计报告条例》

   B. 全国人民代表大会通过的《香港特别行政区基本法》

C. 全国人民代表大会常务委员会通过的《票据法》

D. 中华人民共和国财政部发布的《企业会计准则——基本准则》

5. 以下关于法律关系主体的说法中，错误的是（ ）。

A. 法律关系的主体资格包括权利能力和行为能力两个方面

B. 法律关系主体主要包括自然人、法人、非法人组织和国家

C. 公民的权利能力始于出生，终于死亡

D. 法人没有权利能力

6. 根据民事法律制度的规定，达到一定年龄阶段，以自己的劳动收入为主要生活来源的公民，应视为完全民事行为能力人。该年龄阶段为（ ）。

A. 16 周岁以上的未成年人

B. 18 周岁以上

C. 10 周岁以上不满 18 周岁

D. 不满 10 周岁

7. 下列法律责任中，属于行政处罚的是（ ）。

A. 排除妨碍   B. 责令停产停业

C. 停止侵害   D. 没收财产

8. 把法律行为划分为积极行为与消极行为，是根据（ ）来划分的。

A. 行为的法律性质

B. 行为的表现形式

C. 主体实际参与行为的状态

D. 行为人取得权利是否需要支付对价

9. 下列法的形式中，效力最低的是（ ）。

A. 法律   B. 行政法规

C. 地方性法规   D. 宪法

10. 下列对法所作的分类中，属于以法的空间效力、时间效力或者对人的效力为依据进行分类的是（ ）。

A. 成文法和不成文法   B. 根本法和普通法

C. 一般法和特别法   D. 实体法和程序法

11. 甲强行占有乙的房产，该法律关系中的客体是（ ）。

A. 甲   B. 甲的强占行为

C. 房产   D. 返还房产的义务

12. 下列各项中，属于事实行为的是（ ）。

A. 签发支票   B. 紧急避险

C. 突发洪水   D. 收养孤儿

二、多项选择题

1. 法的特征包括（　　）。
   A. 可预测性
   B. 概括性
   C. 明确的公开性和普遍的约束性
   D. 规范性

2. 下列关于法的分类的说法中，正确的有（　　）。
   A. 根据法的内容、效力和制定程序，分为根本法和普通法
   B. 根据法的内容，分为国际法和国内法
   C. 根据法的创制方式和表现形式，分为成文法和不成文法
   D. 根据法的主体、调整对象和渊源，分为一般法和特别法

3. 下列规范性文件中，不属于行政法规的有（　　）。
   A.《企业财务会计报告条例》
   B.《中华人民共和国民事诉讼法》
   C.《政府会计准则——基本准则》
   D.《中华人民共和国立法法》

4. 下列各项中，效力高于行政法规的有（　　）。
   A. 宪法　　　　　　　　　　　　　B. 特别行政区法
   C. 法律　　　　　　　　　　　　　D. 规章

5. 下列表述中，属于法律关系内容要素中消极义务的有（　　）。
   A. 不侵害他人　　　　　　　　　　B. 支付货款
   C. 不挤占楼道　　　　　　　　　　D. 缴纳税款

6. 以下事件中属于法律事件的有（　　）。
   A. 海啸　　　　　　　　　　　　　B. 拾得现金
   C. 地震　　　　　　　　　　　　　D. 签订合同

7. 下列关于法律行为分类的说法中，不正确的有（　　）。
   A. 根据行为是否符合法律规范的要求，分为合法行为与违法行为
   B. 根据行为的表现形式，分为积极行为与消极行为
   C. 根据行为人取得权利是否需要支付对价，分为要式行为与非要式行为
   D. 根据主体实际参与行为的状态，分为单方行为与多方行为

8. 下列各项中，属于《民法典》规定的法人终止的原因有（　　）。
   A. 法人死亡　　　　　　　　　　　B. 法人解散

C. 法人被宣告破产　　　　　　　D. 法律规定的其他原因

9. 根据公民的行为能力，我国将公民划分为（　　）。

　　A. 完全民事行为能力人

　　B. 不完全民事行为能力人

　　C. 无民事行为能力人

　　D. 限制民事行为能力人

10. 下列自然人中，不属于无民事行为能力人的有（　　）。

　　A. 15 周岁的小甲，先天失明

　　B. 20 周岁的小乙，先天智障，不能辨认自己的行为

　　C. 78 周岁的老丙，已经不能完全辨认自己的行为

　　D. 7 周岁的小丁，智力超常

11. 某行政机关负责人张某因行贿受贿被人民法院判处 5 年有期徒刑并处罚金和没收财产，之后张某被该行政机关开除。张某承担的法律责任中，属于刑事责任的有（　　）。

　　A. 没收财产　　　　　　　　　B. 罚金

　　C. 有期徒刑　　　　　　　　　D. 开除

12. 下列法律责任形式中，属于民事责任的有（　　）。

　　A. 继续履行　　　　　　　　　B. 罚款

　　C. 支付违约金　　　　　　　　D. 没收财产

三、判断题

1. 法凭借国家强制力的保证而获得普遍遵守的效力。　　　　　　（　　）

2. 法律关系主体所承担的义务是指积极的义务，不包括消极义务。　（　　）

3. 法律关系中的主体包括公民、机构和组织。　　　　　　　　　（　　）

4. 部门规章与地方政府规章对同一事项规定不一致时，由国务院裁决。（　　）

5. 违约属于法律事件中的社会事件、相对事件。　　　　　　　　（　　）

6. 中国人民银行发布的《支付结算办法》属于行政法规。　　　　（　　）

7. 已满 75 周岁的人过失犯罪的，可以从轻或者减轻处罚。　　　（　　）

8. 滥用法人独立地位和出资人有限责任，逃避债务，严重损害法人债权人的利益的，承担自己造成损失部分的债务。　　　　　　　　　　　　　　　（　　）

9. 限制民事行为能力人可以独立实施纯获利益的民事法律行为。　（　　）

10. 数罪中有判处附加刑的，附加刑仍须执行，其中附加刑种类相同的，执行其中一种即可。　　　　　　　　　　　　　　　　　　　　　　　（　　）

巩固练习参考答案及解析

一、单项选择题

1.【答案】A

【解析】 本题考查法的对人效力。对于外国人的人身权利、财产权利、受教育权利和其他合法权利，我国法律均予以保护。但外国人不能享有我国公民的某些权利或承担我国公民的某些义务，如选举权，担任公职和服兵役等。

2.【答案】A

【解析】 法律事实分为法律事件、法律行为和事实行为。法律事件是指不以当事人的主观意志为转移的，能够引起法律关系发生、变更和消灭的法定情况或现象。其中由自然现象引起的事实称为自然事件、绝对事件，由社会现象引起的事实称为社会事件、相对事件；法律行为是法律关系主体通过意思表示设立、变更、终止法律关系的行为；事实行为是与法律关系主体的意思表示无关，由法律直接规定法律后果的行为，民事法律关系中常见的事实行为包括无因管理行为、正当防卫行为、紧急避险行为、侵权行为、违约行为、遗失物的拾得行为及埋藏物的发现行为等。本题选项 B、D 为法律事实，选项 C 为法律事件中的绝对事件。

3.【答案】C

【解析】 法律关系主体，又称法律主体，是指参加法律关系，依法享有权利和承担义务的当事人。选项 A、B、D 均为法律关系客体，法律关系客体应当具备的特征是：能为人类所控制并对人类有价值。在不同国家与不同历史时期，法律关系客体的具体内容及范围不同，并且随着经济、科技的发展，不断出现新的法律关系客体，如数据、网络虚拟财产等。一般认为，法律关系的客体主要包括五类：物，人身、人格，智力成果，信息、数据、网络虚拟财产及行为。

4.【答案】A

【解析】 行政法规是由国家最高行政机关即国务院在法定职权范围内为实施宪法和法律而制定、发布的规范性文件，通常冠以条例、办法、规定等名称，如国务院发布的《企业财务会计报告条例》。选项 B、C 属于法律；选项 D 属于部门规章。

5.【答案】D

【解析】 法人是具有民事权利能力和民事行为能力，依法独立享有民事权利和承担民事义务的组织。

6.【答案】A

【解析】在民法上，18 周岁以上的自然人是成年人，具有完全民事行为能力，可以独立进行民事活动，是完全民事行为能力人。16 周岁以上的未成年人，以自己的劳动收入为主要生活来源的，视为完全民事行为能力人。

7.【答案】B

【解析】行政处罚是指行政机关对违反行政管理秩序的公民、法人或其他组织，以减损权益或者增加义务的方式予以惩戒的行为，责令停产停业属于行政处罚。本题中选项 A、C 属于民事责任，选项 D 属于刑事责任。

8.【答案】B

【解析】积极行为与消极行为应根据行为的表现形式划分。

9.【答案】C

【解析】上位法的效力优于下位法。包括宪法至上原则、法律高于法规原则、法规高于规章原则、行政法规高于地方性法规原则。

10.【答案】C

【解析】根据不同的标准可以对法作不同的分类。一般法和特别法的区别在于适用的空间效力、时间效力或者对人的效力不同。

11.【答案】C

【解析】选项 A，属于法律关系的主体；选项 B，属于引起法律关系产生的法律行为；选项 D，属于法律关系的内容。

12.【答案】B

【解析】本题考查法律行为、法律事件与事实行为的区分。民事法律关系中常见的事实行为包括无因管理行为、正当防卫行为、紧急避险行为、侵权行为、违约行为、遗失物的拾得行为及埋藏物的发现行为等。选项 A、D，属于法律行为；选项 C，属于法律事件。

二、多项选择题

1.【答案】ABCD

【解析】法的特征包括国家意志性、强制性、规范性以及明确的公开性和普遍的约束性。法是调节人们行为的一种社会规范，具有能为人们提供一个行为模式、标准的属性（概括性）。法具有明确的内容，能使人们预知自己或他人一定行为的法律后果（可预测性）。

2.【答案】AC

【解析】选项B，根据法的内容，分为实体法和程序法；选项D，根据法的主体、调整对象和渊源，分为国际法和国内法。

3.【答案】BCD

【解析】本题考查法律渊源。行政法规由国务院制定、发布，命名规律多带有"条例、办法、规定"等名称，选项A正确；选项B、D由全国人大或常委会制定、发布，属于法律；选项C由财政部发布，属于部门规章。

4.【答案】AC

【解析】我国法的效力等级依次为宪法、法律、行政法规、地方性法规（自治条例、单行条例）、特别行政区法和规章等。

5.【答案】AC

【解析】义务主体必须作出某种行为称为积极义务，义务主体不得作出某种行为称为消极义务。选项B、D属于积极义务。

6.【答案】AC

【解析】法律事实包含法律事件、法律行为和事实行为。选项A、C属于法律事件；选项B属于事实行为；选项D属于法律行为。

7.【答案】CD

【解析】选项C，根据行为人取得权利是否需要支付对价，分为有偿行为与无偿行为；根据行为是否需要特定形式或实质要件，分为要式行为与非要式行为；选项D，根据主体实际参与行为的状态，分为自主行为与代理行为；根据作出意思表示的主体数量，分为单方行为与多方行为。

8.【答案】BCD

【解析】法人终止，是指法人资格的丧失。法人终止虽然发生与自然人死亡相同的法律效果。但其终止更具备社会属性，需要特定事由，并通过特定法律程序来推动。《民法典》规定：有下列原因之一并依法完成清算、注销登记的，法人终止：(1) 法人解散；(2) 法人被宣告破产；(3) 法律规定的其他原因。该规定明确将法人终止和法人解散区分开来，将法人解散作为法人终止的原因之一。法人终止，法律、行政法规规定须经有关机关批准的，依照其规定。

9.【答案】ACD

【解析】根据公民的民事行为能力，我国将公民划分为完全民事行为能力人、限制民事行为能力人、无民事行为能力人。

10.【答案】AC

【解析】无民事行为能力人的界定标准为8周岁以下及不能辨认自己行为。选项D，小丁不满8周岁，属于无民事行为能力人；选项B，小乙不能辨认自己的行为，属于无民事行为能力人；选项C，老丙不能完全辨认自己的行为，属于限制民事行为能力人；选项 A、D 中"先天失明""智力超常"均不是民事行为能力界定的相关因素。

11.【答案】ABC

【解析】刑事责任主要通过刑罚实现，刑罚分为主刑和附加刑两类。主刑的种类有：管制、拘役、有期徒刑、无期徒刑、死刑；附加刑的种类有：罚金、剥夺政治权利、没收财产、驱逐出境。选项 D，开除属于行政处分。

12.【答案】AC

【解析】承担民事责任的主要形式有：停止侵害；排除妨碍；消除危险；返还财产；恢复原状；修理、重作、更换；继续履行；赔偿损失；支付违约金；消除影响、恢复名誉；赔礼道歉。选项 B 属于行政责任；选项 D 属于刑事责任。

三、判断题

1.【答案】√

【解析】法凭借国家强制力的保证而获得普遍遵守的效力，具有强制性。

2.【答案】×

【解析】法律关系主体所承担的义务既包括积极的义务，又包括消极的义务。

3.【答案】×

【解析】法律关系中的主体包括自然人、法人、非法人组织和国家。

4.【答案】√

【解析】部门规章之间、部门规章与地方政府规章之间对同一事项的规定不一致时，由国务院裁决。

5.【答案】×

【解析】违约是与法律关系主体的意思表示无关，由法律直接规定法律后果的行为，属于事实行为。

6.【答案】×

【解析】中国人民银行发布的《支付结算办法》属于部门规章。

7.【答案】×

【解析】已满75周岁的人故意犯罪的，可以从轻或者减轻处罚；过失犯罪的，应当从轻或者减轻处罚。

8.【答案】×

【解析】滥用法人独立地位和出资人有限责任，逃避债务，严重损害法人债权人的利益的，应当对法人债务承担连带责任。

9.【答案】√

【解析】限制民事行为能力人可以独立实施纯获利益的民事法律行为或者与其年龄、智力、精神健康状况相适应的民事法律行为。

10.【答案】×

【解析】数罪中有判处附加刑的，附加刑仍须执行，其中附加刑种类相同的，合并执行。

第二章　会计法律制度

本章教材内容可能涉及各类题型，考生应掌握知识点细节，着重记忆基本知识点。重点掌握会计核算、会计档案管理、会计监督、会计机构、会计岗位设置、会计人员及会计工作交接的内容，熟悉违反会计法律制度的法律责任。本章在考试中分值约 8～10 分，考试题型主要包括单项选择题、多项选择题、判断题和不定项选择题。

2024 年本章教材内容与 2023 年相比，框架结构未做调整，在具体内容方面做了两处修改，具体如下：

1. 将"账证相符、账账相符、账实相符"改为"账证相符、账账相符、账实相符、账表相符"。

2. 将"会计资料"改为"会计凭证、会计账簿"。

教材框架

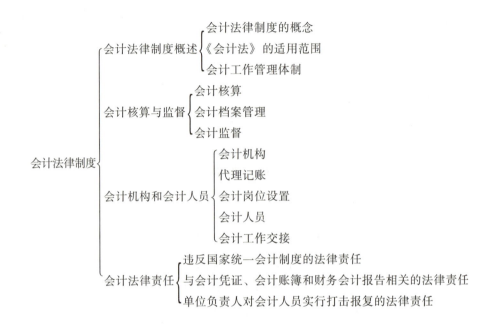

会计法律制度
- 会计法律制度概述
  - 会计法律制度的概念
  - 《会计法》的适用范围
  - 会计工作管理体制
- 会计核算与监督
  - 会计核算
  - 会计档案管理
  - 会计监督
- 会计机构和会计人员
  - 会计机构
  - 代理记账
  - 会计岗位设置
  - 会计人员
  - 会计工作交接
- 会计法律责任
  - 违反国家统一会计制度的法律责任
  - 与会计凭证、会计账簿和财务会计报告相关的法律责任
  - 单位负责人对会计人员实行打击报复的法律责任

考点提炼

考点1　会计法律制度概述 ★

项　目	内　容
会计法律制度的概念	指国家权力机关和行政机关制定的调整会计关系的法律规范的总称
《会计法》的适用范围	国家机关、社会团体、公司、企业、事业单位和其他组织的会计事务
会计工作的行政管理	1. 国务院财政部门主管全国的会计工作，县级以上地方各级人民政府财政部门管理本行政区域内的会计工作。 2. 我国的财政部门包括： （1）县级以上人民政府财政部门和国务院财政部门。 （2）省级以上人民政府财政部门派出机构
单位内部的会计工作管理	1. 单位负责人对本单位的会计工作和会计资料的真实性、完整性负责。 2. 单位负责人应保证会计机构、会计人员依法履行职责。不得授意、指使、强令会计机构、会计人员违法办理会计事项

典型例题

【例2-1】（单选题）根据会计法律制度的规定，对本单位会计资料真实性、完整性负责的是（   ）。

A. 单位负责人   B. 单位会计主管

C. 单位会计机构负责人   D. 总会计师

【答案】A

【解析】单位负责人对本单位的会计工作和会计资料的真实性、完整性负责。

考点2 会计核算★★★

项 目	内 容
会计核算的基本要求	1. 依法建账； 2. 根据实际发生的经济业务进行会计核算； 3. 保证会计资料的真实和完整； 4. 正确采用会计处理方法； 5. 正确使用会计记录文字； 6. 使用电子计算机进行会计核算必须符合法律规定
会计核算的内容	1. 款项和有价证券的收付； 2. 财物的收发、增减和使用； 3. 债权债务的发生和结算； 4. 资本、基金的增减； 5. 收入、支出、费用、成本的计算； 6. 财务成果的计算和处理； 7. 需要办理会计手续、进行会计核算的其他事项
会计年度	以公历年度为会计年度
记账本位币	以人民币为记账本位币

典型例题

【例2-2】（多选题）根据会计法律制度的规定，下列各项中，属于会计核算内容的有（   ）。

A. 递延税款的余额调整

B. 货物买卖合同的审核

C. 资本公积的增减变动

D. 有价证券溢价的摊销

【答案】ACD

【解析】应当进行会计核算的经济业务事项有：款项和有价证券的收付，财物的收发、增减和使用，债权债务的发生和结算，资本、基金的增减，收入、支出、费用、成本的计算，财务成果的计算和处理，需要办理会计手续、进行会计核算的其他事项。

考点 3 原始凭证 ★★★

项目	内 容
基本内容	1. 凭证的名称。 2. 填制凭证的日期。 3. 填制凭证单位名称或者填制人姓名。 4. 经办人员的签名或者盖章。 5. 接受凭证单位名称。 6. 经济业务内容。 7. 数量、单价和金额
基本要求	1. 从外单位取得的原始凭证，必须盖有填制单位的公章；从个人取得的原始凭证，必须有填制人员的签名或者盖章。 2. 自制原始凭证必须有经办单位领导人或者其指定的人员签名或者盖章。 3. 对外开出的原始凭证，必须加盖本单位公章。 4. 凡填有大写和小写金额的原始凭证，大写与小写金额必须相符。 5. 购买实物的原始凭证，必须有验收证明。 6. 支付款项的原始凭证，必须有收款单位和收款人的收款证明。 7. 一式几联的原始凭证，应当注明各联的用途，只能以一联作为报销凭证。 8. 发生销货退回的，除填制退货发票外，还必须有退货验收证明；退款时，必须取得对方的收款收据或者汇款银行的凭证，不得以退货发票代替收据。 9. 经上级有关部门批准的经济业务，应当将批准文件作为原始凭证附件。如果批准文件需要单独归档的，应当在凭证上注明批准机关名称、日期和文件字号
审核	1. 对不真实、不合法的原始凭证有权不予接受，并向单位负责人报告。 2. 对记载不准确、不完整的原始凭证予以退回，并要求按照国家统一的会计制度的规定更正、补充。 3. 原始凭证记载的各项内容均不得涂改；原始凭证有错误的，应当由出具单位重开或者更正，更正处应当加盖出具单位印章。原始凭证金额有错误的，应当由出具单位重开，不得在原始凭证上更正

典型例题

【例 2-3】（多选题）根据会计法律制度的规定，下列有关说法中，正确的有（　　）。

A. 从外单位取得的原始凭证，必须加盖本单位公章

B. 支付款项的原始凭证，应当有收款单位或收款人的收款证明

C. 经上级有关部门批准的经济业务，应当将批准文件作为原始凭证附件

D. 一式几联的原始凭证，应注明各联的用途，只能以一联作为报销凭证

【答案】CD

【解析】从外单位取得的原始凭证，必须盖有填制单位的公章，故选项 A 错误；支付款项的原始凭证，有收款单位和收款人的收款证明，故选项 B 错误。

考点4　记账凭证★★★

项目	内　　容
种类	分为收款凭证、付款凭证和转账凭证，也可以使用通用记账凭证。它具有分类归纳原始凭证和满足登记会计账簿需要的作用
基本内容	1. 填制凭证的日期。 2. 凭证编号。 3. 经济业务摘要。 4. 会计科目。 5. 金额。 6. 所附原始凭证张数。 7. 填制凭证人员、稽核人员、记账人员、会计机构负责人（会计主管人员）签名或者盖章
基本要求	1. 填制记账凭证时，应当对记账凭证进行连续编号；一笔经济业务需要填制两张以上记账凭证的，可以采用分数编号法编号。 2. 记账凭证可以根据每一张原始凭证填制，或者根据若干张同类原始凭证汇总填制，也可以根据原始凭证汇总表填制；但不得将不同内容和类别的原始凭证汇总填制在一张记账凭证上。 3. 除结账和更正错误的记账凭证可以不附原始凭证外，其他记账凭证必须附有原始凭证。 4. 如果在填制记账凭证时发生错误，应当重新填制。已经登记入账的记账凭证，在当年内发现填写错误时，可以用红字填写一张与原内容相同的记账凭证，在摘要栏注明"注销某月某日某号凭证"字样，同时再用蓝字重新填制一张正确的记账凭证，注明"订正某月某日某号"凭证字样。如果会计科目没有错误，只是金额错误，也可以将正确数字与错误数字之间的差额，另编一张调整的记账凭证，调增金额用蓝字，调减金额用红字。发现以前年度记账凭证有错误的，应当用蓝字填制一张更正的记账凭证

典型例题

【例2-4】（单选题）根据会计法律制度的规定，下列表述中不正确的是（　　）。

A. 记账凭证应根据审核无误的原始凭证及有关资料编制

B. 相关原始凭证丧失的记账凭证无须附有原始凭证

C. 结账的记账凭证无须附有原始凭证

D. 更正错误的记账凭证无须附有原始凭证

【答案】B

【解析】除结账和更正错误的记账凭证可以不附原始凭证外，其他记账凭证必须附有原始凭证，故选项 B 不正确。

考点 5　会计凭证的保管★★★

项　目	内　容
基本要求	1. 会计凭证登记完毕后，应当按照分类和编号顺序保管。 2. 记账凭证应当连同所附的原始凭证或者原始凭证汇总表，按照编号顺序，折叠整齐，按期装订成册，并加具封面，注明单位名称、年度、月份和起讫日期、凭证种类、起讫号码，由装订人在装订线封签外签名或者盖章
数量过多的原始凭证的保管要求	1. 可以单独装订保管，在封面上注明记账凭证日期、编号、种类，同时在记账凭证上注明"附件另订"和原始凭证名称及编号。 2. 各种经济合同、存出保证金收据以及涉外文件等重要原始凭证，应当另编目录，单独登记保管，并在有关的记账凭证和原始凭证上相互注明日期和编号
原始凭证外借的规定	1. 原始凭证不得外借，其他单位如因特殊原因需要使用原始凭证时，经本单位会计机构负责人、会计主管人员批准，可以复制。 2. 向外单位提供的原始凭证复制件，应当在专设的登记簿上登记，并由提供人员和收取人员共同签名或者盖章
从外单位取得的原始凭证	1. 如有遗失，应当取得原开出单位盖有公章的证明，并注明原来凭证的号码、金额和内容等，由经办单位会计机构负责人、会计主管人员和单位领导人批准后，才能代作原始凭证。 2. 如果确实无法取得证明，如火车、轮船、飞机票等凭证，由当事人写出详细情况，由经办单位会计机构负责人、会计主管人员和单位领导人批准后，代作原始凭证

　典型例题

【例 2 - 5】（单选题）关于会计凭证的保管，下列说法不正确的是（　　　）。

A. 对于数量过多的原始凭证，应当单独保管

B. 对于经济合同，应当另编目录单独登记保管

C. 外来原始凭证如有遗失，经本单位会计机构负责人、会计主管人员和单位领导人批准后，可以用原开出单位盖有公章的证明或当事人的情况说明弥补

D. 原始凭证不得外借，其他单位如确实需要使用时，经本单位会计机构负责人

批准，可以复制

【答案】C

【解析】选项C错误，从外单位取得的原始凭证如有遗失，应当取得原开出单位盖有公章的证明，并注明原来凭证的号码、金额和内容等，由经办单位会计机构负责人、会计主管人员和单位领导人批准后，才能代作原始凭证。如果确实无法取得证明，由当事人写出详细情况，由经办单位会计机构负责人、会计主管人员和单位领导人批准后，代作原始凭证。

考点6 会计账簿的种类 ★★★

种类	用途	形式
总账 （也称总分类账）	根据会计科目开设的账簿，用于分类登记单位的全部经济业务事项，提供资产、负债、所有者权益、费用、成本、收入等"总括核算"的资料	总账一般有订本账和活页账两种
明细账 （也称明细分类账）	根据总账科目所属的明细科目设置，用于分类登记某一类经济业务事项，提供有关明细核算资料	明细账通常使用活页账
日记账	是一种特殊的"序时"明细账，它是按照经济业务事项发生的时间先后顺序，逐日逐笔地进行登记的账簿	1. 包括现金日记账和银行存款日记账。 2. 现金日记账和银行存款日记账必须采用订本式账簿，不得用银行对账单或者其他方法代替日记账
其他辅助账簿 （也称备查账簿）	为"备忘备查"设置	主要包括各种租借设备、物资的辅助登记或有关应收、应付款项的备查簿，担保、抵押备查簿等

典型例题

【例2-6】（判断题）企业可以用银行对账单代替日记账。（   ）

【答案】×

【解析】现金日记账和银行存款日记账必须采用订本式账簿，不得用银行对账单或者其他方法代替日记账。

考点7　会计账簿的启用和更正★★★

项　目	内　容
启用账簿基本要求	1. 应当在账簿封面上写明单位名称和账簿名称。 2. 账簿扉页上应当附启用表。 3. 启用订本式账簿，应当从第一页到最后一页顺序编定页数，不得跳页、缺号。使用活页式账页，应当按账户顺序编号，并须定期装订成册。装订后再按实际使用的账页顺序编定码。另加目录，记明每个账户的名称和页次
账簿错误更正方法	账簿记录发生错误，不准涂改、挖补、刮擦或者用药水消除字迹，不准重新抄写，必须按照下列方法进行更正： （1）登记账簿时发生错误，应当将错误的文字或者数字划红线注销，但必须使原有字迹仍可辨认；然后在划线上方填写正确的文字或者数字，并由记账人员在更正处盖章。 提示：对于错误的数字，应当全部划红线更正，不得只更正其中的错误数字。对于文字错误，可只划去错误的部分。 （2）由于记账凭证错误而使账簿记录发生错误，应当按更正的记账凭证登记账簿
结账	结账时，应当结出每个账户的期末余额。年度终了结账时，所有总账账户都应当结出全年发生额和年末余额

典型例题

【例2-7】（判断题）启用订本式财务账簿，应当从第一页到最后一页顺序编号，不得跳页、缺号。（　　　）。

【答案】√

【解析】题干表述正确。

考点8　登记会计账簿★★★

项　目	内　容
基本要求	1. 登记会计账簿时，应当将会计凭证日期、编号、业务内容摘要、金额和其他有关资料逐项记入账内，做到数字准确、摘要清楚、登记及时、字迹工整。 2. 登记完毕后，要在记账凭证上签名或者盖章，并注明已经登账的符号，表示已经记账。 3. 账簿中书写的文字和数字上面要留有适当空格，不要写满格；一般应占格距的二分之一。 4. 登记账簿要用蓝黑墨水或者碳素墨水书写，不得使用圆珠笔（银行的复写账簿除外）或者铅笔书写。下列情况，可以用红色墨水记账：（1）按照红字冲账的记账凭证，冲销错误记录；（2）在不设借贷等栏的多栏式账页中，登记减少数；（3）在三栏式账户的余额栏前，未印明余额方向的，在余额栏内登记负数余额；（4）根据国家统一会计制度的规定可以用红字登记的其他会计记录。 5. 各种账簿按页次顺序连续登记，不得跳行、隔页。如果发生跳行、隔页，应当将空行、空页划线注销，或者注明"此行空白""此页空白"字样，并由记账人员签名或者盖章。

续表

项目	内　容
基本要求	6. 凡需要结出余额的账户，结出余额后，应当在"借或贷"等栏内写明"借"或者"贷"等字样。没有余额的账户，应当在"借或贷"等栏内写"平"字，并在余额栏内用"θ"表示。现金日记账和银行存款日记账必须逐日结出余额。 7. 每一账页登记完毕结转下页时，应当结出本页合计数及余额，写在本页最后一行和下页第一行有关栏内，并在摘要栏内注明"过次页"和"承前页"字样；也可以将本页合计数及金额只写在下页第一行有关栏内，并在摘要栏内注明"承前页"字样
其他要求	对需要结计本月发生额的账户，结计"过次页"的本页合计数应当为自本月初起至本页页末止的发生额合计数；对需要结计本年累计发生额的账户，结计"过次页"的本页合计数应当为自年初起至本页页末止的累计数；对既不需要结计本月发生额也不需要结计本年累计发生额的账户，可以只将每页页末的余额结转次页。 实行会计电算化的单位，用计算机打印的会计账簿必须连续编号，经审核无误后装订成册，并由记账人员和会计机构负责人、会计主管人员签字或者盖章

典型例题

【例 2 - 8】（多选题）根据会计法律制度的规定，下列关于登记会计账簿基本要求的表述正确的有（　　　）。

A. 在不设借贷等栏的多栏式账页中，登记增加数，不登记减少数

B. 会计账簿按页次顺序连续登记，不得跳行、隔页

C. 账簿中书写的文字和数字上面要留有适当空格，不要写满格；一般应占格距的 1/2

D. 按照红字冲账的记账凭证，冲销错误记录时，应该用蓝色墨水记账

【答案】BC

【解析】在不设借贷等栏的多栏式账页中，登记减少数时可以使用红色墨水，故选项 A 错误；按照红字冲账的记账凭证，冲销错误记录时，可以用红色墨水记账，故选项 D 错误。

考点 9　财务会计报告 ★★★

项目	内　容
基本含义	1. 财务会计报告是指单位对外提供的、反映单位某一特定日期财务状况和某一会计期间经营成果、现金流量等会计信息的文件。 2. 编制财务会计报告，是对单位会计核算工作的全面总结，也是及时提供真实、完整的会计资料的重要环节

续表

项目	内　　容
主要构成	1. 财务会计报告由会计报表、会计报表附注和财务情况说明书组成。 2. 企业财务会计报告按编制时间分为年度、半年度、季度和月度财务会计报告。 3. 年度、半年度财务会计报告应当包括会计报表、会计报表附注、财务情况说明书。会计报表应当包括资产负债表、利润表、现金流量表及相关附表。 4. 季度、月度财务会计报告通常仅指会计报表，会计报表至少应当包括资产负债表和利润表
对外提供	国有企业、国有控股的或者占主导地位的企业，应当至少每年一次向本企业的职工代表大会公布财务会计报告，并重点说明下列事项： （1）反映与职工利益密切相关的信息。 （2）内部审计发现的问题及纠正情况。 （3）注册会计师审计的情况。 （4）国家审计机关发现的问题及纠正情况。 （5）重大的投资、融资和资产处置决策及其原因的说明。 （6）需要说明的其他重要事项

典型例题

【例2-9】（单选题）下列关于财务会计报告对外提供的表述中，不正确的是（　　）。

A. 对外提供的财务会计报告应当由编制的会计人员签名并盖章

B. 对外提供的财务会计报告包括会计报表、会计报表附注和财务情况说明书

C. 对外报送的财务会计报告，应当依次编写页码，加具封面，装订成册，加盖公章

D. 封面上应当注明单位名称，单位地址，财务报告所属年度、季度、月度，送出日期

【答案】A

【解析】对外报送的财务会计报告，应当由单位负责人和主管会计工作的负责人、会计机构负责人（会计主管人员）签名并盖章；设置总会计师的单位，还须由总会计师签名并盖章。

考点10　账务核对和财产清查★★★

项目	内　　容
账务核对	账务核对即账证相符、账账相符、账实相符、账表相符。 （1）账证核对。核对会计账簿记录与原始凭证、记账凭证的时间、凭证字号、内容、金额是否一致，记账方向是否相符。 （2）账账核对。核对不同会计账簿之间的账簿记录是否相符。包括总账有关账户的余额核对，总账与明细账核对，总账与日记账核对，会计部门的财产物资明细账与财产物资保管和使用部门的有关明细账核对等。

续表

项目	内　容
账务核对	（3）**账实核对**。核对会计账簿记录与财产等实有数额是否相符。包括现金日记账账面余额与现金实际库存数相核对，银行存款日记账账面余额定期与银行对账单相核对，各种财物明细账账面余额与财物实存数额相核对，各种应收、应付款明细账账面余额与有关债务、债权单位或者个人核对等
财产清查	1. **在编制年度财务会计报告之前，必须进行财产清查。** 2. 财产清查制度是通过定期或不定期、全面或部分地对各项财产物资进行实地盘点并对库存现金、银行存款、债权债务进行清查核实的一种制度。 3. 通过清查，可以发现财产管理工作中存在的问题，以便查清原因，改善经营管理，保护财产的完整和安全；可以确定各项财产的实存数，以便查明实存数与账面数是否相符，并查明不符的原因和责任，制定相应措施，做到账实相符，保证会计资料的真实性

典型例题

【例2－10】（多选题）根据会计法律制度的规定，下列关于财产清查的表述中，正确的有（　　）。

A. 财产清查能够确定所查各项财产的实存数和账面数是否相符

B. 财产清查必须在编制月度财务会计报告之前进行

C. 财产清查分为全面清查和部分清查

D. 财产清查常用的方法中有实地盘点法

【答案】ACD

【解析】在编制年度财务会计报告之前，必须进行财产清查，而非月度财务会计报告，故选项B不正确。

考点11　会计档案管理★★★

项目	内　容
会计档案的概念	1. 会计档案是指单位在进行会计核算等过程中接收或形成的，记录和反映单位经济业务事项的，具有保存价值的文字、图表等各种形式的会计资料。 2. 会计档案是记录和反映经济业务事项的重要史料和证据
会计档案的归档	1. 归档范围：（1）会计凭证；（2）会计账簿；（3）财务会计报告；（4）其他会计资料。 2. 归档要求：（1）单位可以利用计算机、网络通信等信息技术手段管理会计档案。（2）单位的会计机构或会计人员所属机构（以下统称"单位会计管理机构"）按照归档范围和归档要求，负责定期将应当归档的会计资料整理立卷，编制会计档案保管清册。（3）当年形成的会计档案，在会计年度终了后，可由单位会计管理机构临时保管1年，再移交单位档案管理机构保管。因工作需要确需推迟移交的，应当经单位档案管理机构同意。单位会计管理机构临时保管会计档案最长不超过3年

续表

项目	内　容
会计档案的移交	1. 单位会计管理机构在办理会计档案移交时，应当编制会计档案移交清册； 2. 纸质会计档案移交时应当保持原卷的封装； 3. 电子会计档案移交时应当将电子会计档案及其元数据一并移交； 4. 特殊格式的电子会计档案应当与其读取平台一并移交
会计档案的利用	1. 单位应当严格按照相关制度利用会计档案，在进行会计档案查阅、复制、借出时履行登记手续，严禁篡改和损坏； 2. 会计档案借用单位应当妥善保管和利用借入的会计档案，确保借入会计档案的安全完整，并在规定时间内归还
会计档案的保管期限	1. 会计档案保管期限分为永久、定期两类。 2. 定期保管期限一般分为10年和30年
会计档案的鉴定和销毁	单位应当定期对已到保管期限的会计档案进行鉴定，并形成会计档案鉴定意见书；经鉴定可以销毁的会计档案，按程序和要求进行销毁
不得销毁的档案	保管期满但未结清的债权债务会计凭证和涉及其他未了事项的会计凭证不得销毁，纸质会计档案应单独抽出立卷，电子会计档案单独转存，保管到未了事项完结为止

典型例题

【例2-11】（单选题）下列各项中，不属于会计资料归档范围的是（　　）。

A. 会计凭证　　　　　　　　　　B. 会计账簿

C. 财务会计报告　　　　　　　　D. 经济合同

【答案】D

【解析】下列会计资料应当进行归档：（1）会计凭证；（2）会计账簿类；（3）账务会计报告类；（4）其他会计资料。经济合同不属于会计资料。

考点12　单位内部会计监督 ★★★

项目	内　容
单位内部会计监督的概念和要求	1. 记账人员与经济业务事项和会计事项的审批人员、经办人员、财务保管人员的职责权限应当明确，并相互分离、相互制约； 2. 重大对外投资、资产处置、资金调度和其他重要经济业务事项的决策和执行的相互监督、相互制约程序应当明确； 3. 财产清查的范围、期限和组织程序应当明确； 4. 对会计资料定期进行内部审计的办法和程序应当明确

续表

项目	内　容
内部控制的概念与原则	1. 单位建立与实施内部控制，应当遵循下列原则：（1）全面性原则；（2）重要性原则；（3）制衡性原则；（4）适应性原则；（5）成本效益原则。 2. 小企业建立与实施内部控制，应当遵循下列原则：（1）风险导向原则；（2）适应性原则；（3）实质重于形式原则；（4）成本效益原则
企业内部控制措施	1. 不相容职务分离控制； 2. 授权审批控制； 3. 会计系统控制； 4. 财产保护控制； 5. 预算控制； 6. 运营分析控制； 7. 绩效考评控制
行政事业单位内部控制方法	1. 不相容岗位相互分离； 2. 内部授权审批控制； 3. 归口管理； 4. 预算控制； 5. 财产保护控制； 6. 会计控制； 7. 单据控制； 8. 信息内部公开

典型例题

【例 2 – 12】（判断题）单位内部会计监督的对象是本单位的经济活动。（　　）

【答案】√

【解析】会计工作的单位内部监督是指各单位的会计机构、会计人员依据法律、法规、国家统一的会计制度及单位内部会计管理制度等的规定，通过会计手段对本单位经济活动的合法性、合理性和有效性进行监督。

考点 13　会计工作的社会监督★★★

项目	内　容
会计工作社会监督的概念	会计工作的社会监督，主要是指由注册会计师及其所在的会计师事务所等中介机构接受委托，依法对单位的经济活动进行审计，出具审计报告，发表审计意见的一种监督制度
审计报告的要素	1. 标题。2. 收件人。3. 审计意见。4. 形成审计意见的基础。5. 管理层对财务报表的责任。6. 注册会计师对财务报表审计的责任。7. 按照相关法律法规的要求报告的事项（如适用）。8. 注册会计师的签名和盖章。9. 会计师事务所的名称、地址和盖章。10. 报告日期

续表

项　目	内　容
审计报告的类型	1. **标准审计报告**，是指不含有说明段、强调事项段、其他事项段或其他任何修饰性用语的无保留意见的审计报告。包含其他报告责任段，但不含有强调事项段或其他事项段的无保留意见的审计报告也被视为标准审计报告。 2. **非标准审计报告**，是指带强调事项段或其他事项段的无保留意见的审计报告和非无保留意见的审计报告。非无保留意见，包括保留意见、否定意见和无法表示意见三种类型。 无保留意见，是指当注册会计师认为财务报表在所有重大方面按照适用的财务报告编制基础的规定编制并实现公允反映时发表的审计意见
发表非无保留意见	1. 根据获取的审计证据，得出财务报表整体存在重大错报的结论。 2. 无法获取充分、适当的审计证据，不能得出财务报表整体不存在重大错报的结论
发表保留意见	1. 在获取充分、适当的审计证据后，注册会计师认为错报单独或汇总起来对财务报表影响重大，但不具有广泛性。 2. 注册会计师无法获取充分、适当的审计证据以作为形成审计意见的基础，但认为未发现的错报（如存在）对财务报表可能产生的影响重大，但不具有广泛性
发表否定意见和无法表示意见	1. **在获取充分、适当的审计证据后**，如果认为错报单独或汇总起来对财务报表的影响重大且具有广泛性，注册会计师应当发表否定意见。 2. **如果无法获取充分、适当的审计证据**以作为形成审计意见的基础，但认为未发现的错报（如存在）对财务报表可能产生的影响重大且具有广泛性，注册会计师应当发表无法表示意见

典型例题

【例2-13】（单选题）对某市甲公司实施的下列会计监督中，属于社会监督的是（　　）。

A. 市财政局对甲公司开展会计信息质量检查

B. 甲公司的纪检部门检查本公司会计账簿

C. 市税务局对甲公司开展增值税专项税务检查

D. 乙会计师事务所接受委托审计甲公司的年度财务会计报告

【答案】D

【解析】选项A、C属于政府监督，选项B属于单位内部机构对单位有关活动的监督。

考点 14　会计工作的政府监督 ★★★

项目	内　　容
会计工作政府监督的概念	1. 会计工作的政府监督，主要是指财政部门代表国家对各单位和单位中相关人员的会计行为实施的监督检查，以及对发现的会计违法行为实施行政处罚。 2. 这里所说的财政部门，是指县级以上人民政府财政部门和国务院财政部门、省级以上人民政府财政部门派出机构。 3. 除财政部门外，审计、税务、金融监管、证券监管等依照有关法律、行政法规规定的职责和权限，可对有关单位的会计资料实施监督检查
财政部门会计监督的主要内容	1. 是否依法设置会计账簿； 2. 会计凭证、会计账簿、财务会计报告和其他会计资料是否真实、完整； 3. 会计核算是否符合《会计法》和国家统一的会计制度的规定； 4. 从事会计工作的人员是否具备专业能力、遵守职业道德

典型例题

【例 2 – 14】（单选题）根据会计法律制度的规定，下列行为中属于会计工作政府监督的是（　　）。

A. 个人检举会计违法行为

B. 会计师事务所对单位经济活动进行审计

C. 单位内部会计机构审核本单位会计账簿

D. 财政部门对各单位的会计工作进行监督检查

【答案】D

【解析】选项 A、B 属于会计工作的社会监督，选项 C 属于单位内部的会计监督。

考点 15　会计机构和代理记账 ★★★

项目	内　　容
代理记账机构的审批	除会计师事务所以外的机构从事代理记账业务，应当经县级以上人民政府财政部门批准，领取由财政统一规定样式的代理记账许可证书。会计师事务所及其分所可以依法从事代理记账业务。 申请代理记账资格的机构应当同时具备以下条件： （1）为依法设立的企业。 （2）专职从业人员不少于3名，专职从业人员是指仅在一个代理记账机构从事代理记账业务的人员。 （3）主管代理记账业务的负责人具有会计师以上专业技术职务资格或者从事会计工作不少于三年，且为专职从业人员。 （4）具备健全的代理记账业务内部规范

续表

项目	内　　容
代理记账的业务范围	1. 根据委托人提供的原始凭证和其他相关资料，按照国家统一的会计制度的规定进行会计核算，包括审核原始凭证、填制记账凭证、登记会计账簿、编制财务会计报告等。 2. 对外提供财务会计报告。 3. 向税务机关提供税务资料。 4. 委托人委托的其他会计业务

典型例题

【例2－15】（多选题）根据会计法律制度的规定，下列各项中，属于代理记账业务范围的有（　　）。

A. 对外提供财务会计报告

B. 向税务机关提供税务资料

C. 负责委托人的日常货币收支和保管

D. 审核委托人提供的原始凭证

【答案】ABD

【解析】选项C，委托人（而非代理记账机构）应当配备专人负责日常货币收支和保管。

考点16　委托人、代理记账机构及其从业人员各自的义务★★★

项目	内　　容
委托合同的内容	委托合同除应具备法律规定的基本条款外，应当明确下列内容： （1）双方对会计资料真实性、完整性各自应当承担的责任。 （2）会计资料传递程序和签收手续。 （3）编制和提供财务会计报告的要求。 （4）会计档案的保管要求及相应的责任。 （5）终止委托合同应当办理的会计业务交接事宜
委托人应履行的义务	1. 对本单位发生的经济业务事项，应当填制或者取得符合国家统一的会计制度规定的原始凭证。 2. 应当配备专人负责日常货币收支和保管。 3. 及时向代理记账机构提供真实、完整的原始凭证和其他相关资料。 4. 对于代理记账机构退回的，要求按照国家统一的会计制度规定进行更正、补充的原始凭证，应当及时予以更正、补充

续表

项目	内　容
代理记账机构及其从业人员应履行的义务	1. 遵守有关法律、法规和国家统一会计制度的规定，按照委托合同办理代理记账业务。 2. 对在执行业务中知悉的商业秘密予以保密。 3. 对委托人要求其作出不当的会计处理，提供不实的会计资料，以及其他不符合法律、法规和国家统一会计制度行为的，予以拒绝。 4. 对委托人提出的有关会计处理相关问题予以解释
对代理记账机构的管理	1. 代理记账机构应当于每年4月30日之前，向审批机关报送下列材料：（1）代理记账机构基本情况表；（2）专职从业人员变动情况。代理记账机构设立分支机构的，分支机构应当于每年4月30日之前向其所在地的审批机关报送上述材料。 2. 县级以上人民政府财政部门对代理记账机构及其从事代理记账业务情况依法实施监督，随机抽取检查对象、随机选派执法检查人员，并将抽查情况及查处结果依法及时向社会公开。 3. 代理记账机构有下列情形之一的，审批机关应当办理注销手续，收回代理记账许可证书并予以公告：（1）代理记账机构依法终止的；（2）代理记账资格被依法撤销或撤回的；（3）法律、法规规定的应当注销的其他情形

典型例题

【例2-16】（多选题）下列各项中，属于代理记账机构及其从业人员义务的有（　　）。

A. 应当配备专人负责日常货币收支和保管

B. 对在执行业务中知悉的商业秘密应当保密

C. 接受委托人要求其作出不当的会计处理

D. 对委托人提出的有关会计处理相关问题应当予以解释

【答案】BD

【解析】选项A属于委托人应履行的义务；选项C错误，对委托人要求其作出不当的会计处理，提供不实的会计资料，以及其他不符合法律、法规和国家统一的会计制度行为的，予以拒绝。

考点17　会计岗位设置和会计人员 ★★★

项目	类别	内　容
会计岗位设置	会计工作岗位设置要求	会计工作岗位可以一人一岗、一人多岗或一岗多人。但出纳人员不得兼任（兼管）稽核、会计档案保管和收入、支出、费用、债权债务账目的登记工作
	会计人员回避制度	国家机关、国有企业、事业单位任用会计人员应当实行回避制度。需要回避的亲属为：夫妻关系、直系血亲关系、三代以内旁系血亲及姻亲关系

续表

项目	类别	内容
会计人员	会计人员的概念和范围	(1) 出纳；(2) 稽核；(3) 资产、负债和所有者权益（净资产）的核算；(4) 收入、费用（支出）的核算；(5) 财务成果（政府预算执行结果）的核算；(6) 财务会计报告（决算报告）编制；(7) 会计监督；(8) 会计机构内会计档案管理；(9) 其他会计工作
	对会计人员的一般要求	(1) 遵守《会计法》和国家统一的会计制度等法律法规；(2) 具备良好的职业道德；(3) 按照国家有关规定参加继续教育；(4) 具备从事会计工作所需要的专业能力
	对会计机构负责人或会计主管人员的要求	(1) 坚持原则，廉洁奉公；(2) 具备会计师以上专业技术职务资格或者从事会计工作不少于3年；(3) 熟悉国家财经法律、法规、规章和方针、政策，掌握本行业业务管理的有关知识；(4) 有较强的组织能力；(5) 身体状况能够适应本职工作的要求
	会计人员的禁入规定	(1) 因有提供虚假财务会计报告，做假账，隐匿或者故意销毁会计凭证、会计账簿、财务会计报告，贪污，挪用公款，职务侵占等与会计职务有关的违法行为被依法追究刑事责任的人员，不得再从事会计工作；(2) 因伪造、变造会计凭证、会计账簿，编制虚假财务会计报告，隐匿或者故意销毁依法应当保存的会计凭证、会计账簿、财务会计报告，尚不构成犯罪的，5年内不得从事会计工作；(3) 会计人员具有违反国家统一的会计制度的一般违法行为，情节严重的，5年内不得从事会计工作
	会计专业职务	分为初级、中级、副高级和正高级
	会计专业技术资格	分为初级资格、中级资格和高级资格三个级别
	会计专业技术人员继续教育	(1) 继续教育内容包括公需科目和专业科目。 (2) 会计专业技术人员参加继续教育实行学分制管理，每年参加继续教育取得的学分不少于90学分。 (3) 专业科目一般不少于总学分的三分之二。 (4) 会计专业技术人员参加继续教育取得的学分，在全国范围内当年度有效，不得结转以后年度
	总会计师	(1) 是主管本单位会计工作的行政领导，是单位行政领导成员，协助单位主要行政领导人工作，直接对单位主要行政领导人负责。 (2) 国有的和国有资产占控股地位或者主导地位的大、中型企业必须设置总会计师

典型例题

【例2－17】（判断题）担任单位会计机构负责人（会计主管人员）的，应具备会计师以上专业技术职务资格或从事会计工作不少于3年。（　　）

【答案】√

【解析】根据规定，担任单位会计机构负责人（会计主管人员）的，应当具备会计师以上专业技术职务资格或者从事会计工作不少于3年。

考点18　会计工作交接★★★

项　目	内　　容
会计工作交接的责任	1. 会计人员工作调动或者因故离职，必须将本人所经管的会计工作全部移交给接替人员。没有办清交接手续的，不得调动或者离职。 2. 移交人员对所移交的会计凭证、会计账簿、会计报表和其他有关资料的合法性、真实性承担法律责任。 3. 会计人员临时离职或者因病不能工作且需要接替或者代理的，会计机构负责人（会计主管人员）或者单位领导人必须指定有关人员接替或者代理，并办理交接手续。 4. 移交人员因病或者其他特殊原因不能亲自办理移交的，经单位领导人批准，可由移交人员委托他人代办移交，但委托人应当承担对所移交的会计凭证、会计账簿、会计报表和其他有关资料的合法性、真实性的法律责任。 5. 单位撤销时，必须留有必要的会计人员，会同有关人员办理清理工作，编制决算。未移交前，不得离职
会计工作移交前的准备工作	1. 已经受理的经济业务尚未填制会计凭证的，应当填制完毕。 2. 尚未登记的账目，应当登记完毕，并在最后一笔余额后加盖经办人员印章。 3. 整理应该移交的各项资料，对未了事项写出书面材料。 4. 编制移交清册，列明应当移交的会计凭证、会计账簿、会计报表、印章、现金、有价证券、支票簿、发票、文件、其他会计资料和物品等内容；实行会计电算化的单位，从事该项工作的移交人员还应当在移交清册中列明会计软件及密码、会计软件数据磁盘（磁带等）及有关资料、实物等内容
会计工作交接与监交	移交人员在办理移交时，要按移交清册逐项移交；接替人员要逐项核对点收。 （1）现金、有价证券要根据会计账簿有关记录进行点交。库存现金、有价证券必须与会计账簿记录保持一致。不一致时，移交人员必须限期查清。 （2）会计凭证、会计账簿、会计报表和其他会计资料必须完整无缺。如有短缺，必须查清原因，并在移交清册中注明，由移交人员负责。 （3）银行存款账户余额要与银行对账单核对，如不一致，应当编制银行存款余额调节表调节相符，各种财产物资和债权债务的明细账户余额要与总账有关账户余额核对相符；必要时，要抽查个别账户的余额，与实物核对相符，或者与往来单位、个人核对清楚。 （4）移交人员经管的票据、印章和其他实物等，必须交接清楚；移交人员从事会计电算化工作的，要对有关电子数据在实际操作状态下进行交接。

续表

项目	内　容
会计工作交接与监交	（5）**会计机构负责人（会计主管人员）移交时**，还必须将全部财务会计工作、重大财务收支和会计人员的情况等，向接替人员详细介绍。对需要移交的遗留问题，应当写出书面材料。交接完毕后，**交接双方和监交人**要在移交清册上**签名或者盖章**，并应在移交清册上注明：单位名称，交接日期，交接双方和监交人的职务、姓名，移交清册页数以及需要说明的问题和意见等。移交清册一般应当填制**一式三份**，交接双方各执一份，存档一份。接替人员应当继续使用移交的会计账簿，不得自行另立新账，以保持会计记录的连续性

典型例题

【例 2 – 18】（多选题）下列关于会计工作交接的表述中，正确的有（　　）。

A. 为划清责任，接替人员应当另立新账

B. 尚未登记的账目应当登记完毕，并在最后一笔余额后加盖经办人员印章

C. 会计机构负责人（会计主管人员）办理交接手续，由单位负责人负责监交，必要时主管单位可以派人会同监交

D. 一般会计人员办理交接手续，由会计机构负责人（会计主管人员）监交

【答案】BCD

【解析】选项 A 错误，接替人员应当继续使用移交的会计账簿，不得自行另立新账，以保持会计记录的连续性。

考点 19　违反会计法律制度的法律责任 ★★

（一）违反国家统一的会计法律制度行为的法律责任

违反行为	法律责任
1. 不依法设置会计账簿的； 2. 私设会计账簿的； 3. 未按照规定填制、取得原始凭证或者填制、取得的原始凭证不符合规定的； 4. 以未经审核的会计凭证为依据登记会计账簿或者登记会计账簿不符合规定的； 5. 随意变更会计处理方法的； 6. 向不同的会计资料使用者提供的财务会计报告编制依据不一致的； 7. 未按照规定使用会计记录文字或者记账本位币的； 8. 未按照规定保管会计资料，致使会计资料毁损、灭失的； 9. 未按照规定建立并实施单位内部会计监督制度或者拒绝依法实施的监督或者不如实提供有关会计资料及有关情况的； 10. 任用会计人员不符合《会计法》规定的	1. 尚不构成犯罪的，由县级以上人民政府财政部门责令限期改正，可以对单位并处 3 000 元以上 5 万元以下的罚款； 2. 对其直接负责的主管人员和其他直接责任人员，可以处 2 000 元以上 2 万元以下的罚款； 3. 属于国家工作人员的，还应当由其所在单位或者有关单位依法给予行政处分； 4. 会计人员有上述所列行为之一，情节严重的，5 年内不得从事会计工作； 5. 构成犯罪的，依法追究刑事责任

（二）与会计凭证、会计账簿和财务会计报告相关的法律责任

违反行为	法律责任
伪造、变造会计凭证、会计账簿，编制虚假财务会计报告行为的法律责任	1. 伪造、变造会计凭证、会计账簿，编制虚假财务会计报告，构成犯罪的，依法追究刑事责任。尚不构成犯罪的，由县级以上人民政府财政部门予以通报，可以对单位并处 5 000 元以上 10 万元以下的罚款。 2. 对其直接负责的主管人员和其他直接责任人员，可以处 3 000 元以上 5 万元以下的罚款。 3. 属于国家工作人员的，还应当由其所在单位或者有关单位依法给予撤职直至开除的行政处分；其中的会计人员，5 年内不得从事会计工作
隐匿或者故意销毁依法应当保存的会计凭证、会计账簿、财务会计报告行为的法律责任	1. 隐匿或者故意销毁依法应当保存的会计凭证、会计账簿、财务会计报告，构成犯罪的，依法追究刑事责任。尚不构成犯罪的，由县级以上人民政府财政部门予以通报，可以对单位并处 5 000 元以上 10 万元以下的罚款。 2. 对其直接负责的主管人员和其他直接责任人员，可以处 3 000 元以上 5 万元以下的罚款。 3. 属于国家工作人员的，还应当由其所在单位或者有关单位依法给予撤职直至开除的行政处分；其中的会计人员，5 年内不得从事会计工作。 提示：根据《刑法》第一百六十二条第二款的规定，隐匿或者故意销毁依法应当保存的会计凭证、会计账簿、财务会计报告，情节严重的，处 5 年以下有期徒刑或者拘役，并处或者单处 2 万元以上 20 万元以下罚金。单位犯前款罪的，对单位判处罚金，并对其直接负责的主管人员和其他直接责任人员，依照前款的规定处罚
授意、指使、强令会计机构、会计人员及其他人员伪造、变造会计凭证、会计账簿，编制虚假财务会计报告或者隐匿、故意销毁依法应当保存的会计凭证、会计账簿、财务会计报告行为的法律责任	1. 授意、指使、强令会计机构、会计人员及其他人员伪造、变造会计凭证、会计账簿，编制虚假财务会计报告或者隐匿、故意销毁依法应当保存的会计凭证、会计账簿、财务会计报告，构成犯罪的，依法追究刑事责任。尚不构成犯罪的，可以处 5 000 元以上 5 万元以下的罚款。 2. 属于国家工作人员的，还应当由其所在单位或者有关单位依法给予降级、撤职、开除的行政处分

（三）单位负责人对会计人员实行打击报复的法律责任

违反行为	法律责任
单位负责人对依法履行职责、抵制违反《会计法》规定行为的会计人员实行打击报复的法律责任	单位负责人对依法履行职责、抵制违反《会计法》规定行为的会计人员以降级、撤职、调离工作岗位、解聘或者开除等方式实行打击报复，构成犯罪的，依法追究刑事责任。尚不构成犯罪的，由其所在单位或者有关单位依法给予行政处分。对受打击报复的会计人员，应当恢复其名誉和原有职务、级别

典型例题

【例2－19】（单选题）以未经审核的会计凭证为依据登记会计账簿的行为，可以由县级以上财政部门视情节轻重对直接负责的主管人员处以一定额度的罚款。该额度为（   ）。

A. 2 000元及以下

B. 2 000元以上1万元以下

C. 2 000元以上2万元以下

D. 3 000元以上5万元以下

【答案】C

【解析】以未经审核的会计凭证为依据登记会计账簿或者登记会计账簿不符合规定的，对其直接负责的主管人员和其他直接责任人员，处2 000元以上2万元以下的罚款。

巩固练习

一、单项选择题

1. 我国会计工作行政管理的主管部门是（   ）。

A. 财政部门

B. 市场监督管理部门

C. 审计监察部门

D. 税务部门

2. 下列各项中，不属于会计专业职务的是（   ）。

A. 高级会计师

B. 助理会计师

C. 会计师

D. 总会计师

3. 某单位业务人员李某在一家个体酒店招待业务单位人员，发生招待费600元。事后，他将酒店开出的收据金额改为1 600元，并作为报销凭证进行了报销。李某的行为属于下列违法行为中的（   ）。

A. 伪造会计凭证行为

B. 变造会计凭证行为

C. 做假账行为

D. 违反招待费报销制度行为

4. 我国的会计年度采用（   ）。

A. 公历制

B. 夏历制

C. 农历制

D. 阴历制

5. 某单位发生的下列事项中，进行会计核算不需要办理会计手续的是（   ）。

A. 签订了一笔100万元货款的销售合同

B. 收到某单位投入的一项无形资产

C. 向银行借入 3 个月的短期借款

D. 向工人发放工资

6. 一张原始凭证所列支出需由两个以上单位共同负担时，下列做法中，正确的是（　　）。

    A. 由保存该原始凭证的单位开具原始凭证分割单给其他应负担单位

    B. 在记账时加以注明即可

    C. 由双方共同加以说明即可

    D. 由保存该原始凭证的单位出具说明书给其他应分割单位

7. 下列关于原始凭证填制的说法中，错误的是（　　）。

    A. 自制原始凭证必须有经办单位领导人签名或者盖章

    B. 对外开出的原始凭证，必须加盖本单位公章

    C. 凡填有大写和小写金额的原始凭证，大写与小写金额必须相符

    D. 一式几联的原始凭证，应当注明各联的用途，只能以一联作为报销凭证

8. 下列各项中，对报送的财务报告的真实性负首要法律责任的是（　　）。

    A. 总会计师   B. 会计主管人员

    C. 单位负责人   D. 会计机构负责人

9. 根据会计法律制度的规定，下列各项中，不属于企业财务会计报告组成部分的是（　　）。

    A. 年度财务预算   B. 财务情况说明书

    C. 会计报表附注   D. 会计报表

10. 下列各项中，不属于会计核算主要内容的是（　　）。

    A. 固定资产盘盈   B. 货币资金收入

    C. 无形资产购入   D. 合同的审核和签订

11. 甲公司会计机构负责人张某因工作调动须办理会计工作移交，根据会计法律制度规定，应依法负责监督其办理交接手续的是（　　）

    A. 甲公司内部审计机构负责人   B. 甲公司人力资源部门负责人

    C. 甲公司档案管理机构负责人   D. 甲公司单位负责人

12. 伪造、变造会计凭证、会计账簿，尚不构成犯罪的，会计人员（　　）年内不得从事会计工作。

    A. 5   B. 10   C. 15   D. 20

13. 下列会计工作岗位中，出纳可以兼任的是（　　）。

    A. 稽核   B. 债权债务账目的登记

    C. 固定资产明细账的登记   D. 会计档案保管

14. 下列关于总会计师说法中，错误的是（   ）。

    A. 总会计师不是单位的行政领导成员

    B. 总会计师是主管经济核算和财务会计工作的负责人

    C. 总会计师直接对单位主要行政领导人负责

    D. 总会计师参与单位的重大经营决策活动

15. 下列关于会计凭证保管的说法中，错误的是（   ）。

    A. 会计凭证登记完毕后，应当按照分类和编号顺序保管，不得散乱丢失

    B. 向外单位提供的原始凭证复制件，应当在专设的登记簿上登记，并由提供人员或收取人员签名或者盖章

    C. 从外单位取得的原始凭证如有遗失，应当取得原开出单位盖有公章的证明，并注明原来凭证的号码、金额和内容等，由经办单位会计机构负责人、会计主管人员和单位领导人批准后代作原始凭证

    D. 从外单位取得的原始凭证如有遗失且无法取得证明的，由当事人写出详细情况，由经办单位会计机构负责人、会计主管人员和单位领导人批准后代作原始凭证

16. 下列各项中，不属于单位负责人的是（   ）。

    A. 国有企业经理   B. 股份有限公司董事长或经理

    C. 独资企业投资人   D. 总会计师

17. 一般会计人员办理会计工作交接手续时，负责监交的人员应当是（   ）。

    A. 主办会计   B. 会计机构负责人

    C. 单位负责人   D. 主管单位有关人员

18. 不依法设置会计账簿的行为，可以由县级以上人民政府财政部门根据违法行为的性质、情节及危害程度，在责令限期改正的同时，对单位并处一定额度的罚款。该额度为（   ）。

    A. 2 000 元以上 1 万元以下   B. 3 000 元以上 5 万元以下

    C. 1 万元以上 5 万元以下   D. 2 000 元以下

19. 下列各项中，不属于行政事业单位内部控制方法的是（   ）。

    A. 财产保护控制   B. 归口管理

    C. 单据控制   D. 信息对外公开

20. 我国会计工作的政府监督的实施主体是（   ）。

    A. 县级以上财政部门   B. 县级以上税务部门

    C. 县级以上审计部门   D. 县级以上中国人民银行

21. 下列人员中，可以担任企业会计机构负责人的是（   ）。

    A. 取得中级会计专业技术资格并从事会计工作 1 年 6 个月的王某

B. 中专毕业并从事会计工作 2 年 6 个月的张某

C. 研究生毕业并从事会计工作 1 年的赵某

D. 取得初级会计专业技术资格并从事会计工作 2 年的刘某

二、多项选择题

1. 单位档案管理机构在接收电子会计档案时，应对电子档案进行检测。下列各项中，属于检测内容的有（　　）。

    A. 安全性　　　　　　B. 准确性　　　　　　C. 可用性　　　　　　D. 真实性

2. 根据会计法律制度的规定，企业和其他组织的下列会计档案中，最低保管期限为 10 年的有（　　）。

    A. 半年度财务会计报告　　　　　　B. 会计档案销毁清册

    C. 年度财务会计报告　　　　　　　D. 纳税申报表

3. 根据会计法律制度的规定，下列有关会计岗位设置的表述中，正确的有（　　）。

    A. 会计工作岗位可以一人一岗、一人多岗或者一岗多人

    B. 出纳人员不得兼任收入账目的登记工作

    C. 会计人员的工作岗位不能轮换

    D. 档案管理部门的人员管理会计档案，属于会计岗位

4. 实行会计电算化的单位，下列资料中，应当作为会计档案进行管理的有（　　）。

    A. 单位的文书档案　　　　　　　　B. 财务计划

    C. 电子数据　　　　　　　　　　　D. 会计软件

5. 下列各项中，有权依法对有关单位的会计资料实施监督检查的有（　　）。

    A. 财政部门　　　　　　　　　　　B. 税务部门

    C. 证券监管部门　　　　　　　　　D. 商业银行

6. 甲、乙、丙、丁四人拟成立一家代理记账公司，向县财政局申请代理记账许可证书。县财政局在审查中发现下列情况，其中符合成立代理记账机构要求的有（　　）。

    A. 甲取得会计师资格已经多年，拟任该公司代理记账业务负责人，专职在该公司工作

    B. 乙为某大学教师，拟在该公司兼职从事代理记账业务

    C. 丙和丁均为会计专业本科毕业，均未取得助理会计师资格，拟在该公司专职从事代理记账业务

    D. 该公司的组织形式为有限责任公司

7. 甲公司的下列人员中，属于会计人员的有（   ）。

    A. 会计机构负责人刘某   B. 出纳人员王某

    C. 总会计师张某   D. 总经理赵某

8. 会计人员工作交接完毕后，应在移交清册上签名或盖章的人员包括（   ）。

    A. 监交人员   B. 交出方

    C. 接受方   D. 单位会计档案管理人员

9. 私设会计账簿的，依照《会计法》应追究的法律责任有（   ）。

    A. 由县级以上人民政府财政部门责令限期改正

    B. 对单位并处 3 000 元以上 5 万元以下的罚款

    C. 对直接负责的主管人员和其他直接责任人员，可以处 2 000 元以上 2 万元
以下罚款

    D. 会计人员 5 年内不得从事会计工作

10. 单位负责人必须保证会计资料的（   ）。

    A. 合理   B. 真实   C. 全面   D. 完整

11. 下列各项中，属于会计档案的有（   ）。

    A. 原始凭证   B. 年度预算   C. 会计账簿   D. 记账凭证

12. 会计人员回避制度中规定，需要回避的亲属关系包括（   ）。

    A. 夫妻关系   B. 直系血亲关系

    C. 三代以内旁系血亲   D. 姻亲关系

13. 根据会计法律制度的规定，下列关于总会计师的表述中正确的有（   ）。

    A. 直接对单位主要行政领导人负责

    B. 是主管本单位会计工作的行政领导

    C. 是单位会计机构负责人

    D. 是单位内部审计机构负责人

14. 单位之间交接会计档案时，交接双方应当办理的会计档案交接手续包括
（   ）。

    A. 电子会计档案应当与其元数据一并移交

    B. 单位有关负责人负责监督

    C. 交接双方经办人和监督人应当在会计档案移交清册上签名或盖章

    D. 档案接收单位应当对保存电子会计档案的载体及其技术环境进行检验

15. 下列各项中，属于代理记账机构的业务范围的有（   ）。

    A. 根据委托人提供的原始凭证和其他资料，依法进行会计核算

    B. 对外提供财务会计报告

    C. 对外提供审计报告

D. 向税务机构提供税务资料

三、判断题

1. 代理记账机构可以接受委托人的委托向税务机关提供税务资料。（　　）

2. 会计工作岗位必须一人一岗。（　　）

3. 因故意销毁应当保存的会计凭证被追究刑事责任的会计人员，不得再从事会计工作。（　　）

4. 企业不具备设置会计机构和会计人员条件的，应当委托经批准设立从事会计代理记账业务的中介机构代理记账。（　　）

5. 会计人员调动或因故离职，应与接管人员办理会计工作交接手续，未办清交接手续的，不得调动或离职。（　　）

6. 会计记录文字只能使用中文。（　　）

7.《会计法》规定，私设会计账簿并构成犯罪的应依法追究刑事责任。（　　）

8. 各单位发生的各项经济业务应当在依法设置的会计账簿上统一登记、核算，不得违反规定在私设的会计账簿进行登记、核算。（　　）

9. 会计法律制度是对会计人员行为的最高要求。（　　）

10. 原始凭证记载的各项内容均不得涂改。（　　）

四、不定项选择题

2022年2月某国有企业甲公司聘任赵某、钱某担任公司出纳，并分别兼任固定资产卡片登记、会计档案保管。钱某为会计机构负责人吴某的儿媳。

2022年9月钱某休产假，按程序将出纳工作交与赵某，将会计档案保管交与负责稽核工作的会计人员孙某，并分别办理工作交接手续。

2022年10月赵某审核原始凭证时发现所收乙公司开具的两张发票有问题。W发票金额的大小写不一致，Y发票商品名称出现错误。

2023年2月，孙某将会计凭证等会计资料整理归档立卷，编制会计报告清册，请示吴某将档案移交档案管理部门。

要求：根据上述资料，不考虑其他因素，分析回答下列问题。

（1）甲公司的下列会计工作岗位设置中，不符合法律规定的是（　　）。

A. 聘用赵某担任公司出纳

B. 钱某兼任会计档案保管工作

C. 赵某兼任固定资产卡片管理工作

D. 聘用钱某担任公司出纳

（2）关于会计人员钱某和赵某、孙某办理工作交接的下列表述中，正确的是（　）。

A. 移交后赵某应另立新账进行会计记录

B. 每项工作的移交清册一式三份，交接双方各执一份，存档一份

C. 移交由交接双方和监交人签名或盖章

D. 由吴某进行监交

（3）赵某拟对 W、Y 发票的下列处理方式中，符合法律制度规定的是（　）。

A. 要求乙公司重开 W 发票

B. 要求乙公司就 Y 发票商品名称填写错误出具书面说明并由乙公司加盖公章

C. 直接在 Y 发票上对记载的商品名称进行更正

D. 要求乙公司重新开具 Y 发票

（4）关于会计档案保管和移交的下列表述中，正确的是（　）。

A. 会计档案可由甲公司会计档案管理机构临时保管 1 年，再移交其档案管理机构保存

B. 会计档案的保管期是从会计年度终了后的第一天算起

C. 甲公司会计档案机构临时保管会计档案最长不超过 3 年

D. 会计档案因工作需要确需推迟移交的，应当经甲公司档案管理机构同意

巩固练习参考答案及解析

一、单项选择题

1.【答案】A

【解析】国务院财政部门主管全国的会计工作，县级以上地方各级人民政府财政部门管理本行政区域内的会计工作。

2.【答案】D

【解析】会计专业职务包括：助理会计师、会计师、高级会计师和正高级会计师。总会计师不属于会计专业职务。故选项 D 不正确。

3.【答案】B

【解析】变造会计资料，包括变造会计凭证和会计账簿，是用涂改、挖补等手段

来改变会计凭证和会计账簿的真实内容，以歪曲事实真相。本题中的行为是变造会计凭证行为。

4.【答案】A

【解析】根据《会计法》的规定，我国以公历年度为会计年度，即以每年公历的1月1日起至12月31日止，为一个会计年度。

5.【答案】A

【解析】会计核算的内容包括款项和有价证券的收付；财物的收发、增减和使用；债权债务的发生和结算；资本、基金的增减；收入、支出、费用、成本的计算；财务成果的计算和处理以及需要办理会计手续、进行会计核算的其他事项。不包括选项A合同的签订。

6.【答案】A

【解析】一张原始凭证所列的支出需要由两个以上单位共同负担时，应当由保存该原始凭证的单位开具原始凭证分割单给其他应负担的单位。

7.【答案】A

【解析】自制原始凭证必须有经办单位领导人或者其指定的人员签名或者盖章。

8.【答案】C

【解析】单位负责人应保证财务会计报告真实、完整。

9.【答案】A

【解析】注意区分财务会计报告和财务会计报表。

10.【答案】D

【解析】合同的审核和签订本身不存在办理会计手续、进行会计核算的问题。

11.【答案】D

【解析】一般会计人员办理交接手续，由会计机构负责人（会计主管人员）监交；会计机构负责人（会计主管人员）办理交接手续，由单位负责人监交，必要时主管单位可以派人会同监交。

12.【答案】A

【解析】伪造、变造会计凭证、会计账簿，尚不构成犯罪的，5年禁入；构成犯罪的，终身禁入。本题尚不构成犯罪，故选项A正确。

13.【答案】C

【解析】出纳不得兼任（兼管）稽核、会计档案保管和收入、支出、费用、债权债务账目的登记工作，故选项C正确。

14.【答案】A

【解析】总会计师协助单位主要行政领导人工作，直接对单位主要行政领导人负责。总会计师组织领导本单位的财务管理、成本管理、预算管理、会计核算和会计监督等方面的工作，参与本单位重要经济问题的分析和决策。

15. 【答案】B

【解析】向外单位提供的原始凭证复制件，应当在专设的登记簿上登记，并由提供人员和收取人员共同签名或者盖章。

16. 【答案】D

【解析】选项D，总会计师是单位会计工作主要负责人，不是单位负责人。

17. 【答案】B

【解析】一般会计人员办理交接手续，由会计机构负责人（会计主管人员）监交。

18. 【答案】B

【解析】违反《会计法》规定的，由县级以上人民政府财政部门责令限期改正，可以对单位并处3 000元以上5万元以下的罚款。

19. 【答案】D

【解析】行政事业单位内部控制方法如下：（1）不相容岗位相互分离；（2）内部授权审批控制；（3）归口管理；（4）预算控制；（5）财产保护控制；（6）会计控制；（7）单据控制；（8）信息内部公开。

20. 【答案】A

【解析】县级以上人民政府财政部门对各单位和单位中相关人员的会计行为实施监督检查，并对发现的违法会计行为实施行政处罚。

21. 【答案】A

【解析】担任企业会计机构负责人或会计主管人员的，应具备会计师以上专业技术职业资格或从事会计工作不少于3年。

二、多项选择题

1. 【答案】ABC

【解析】单位档案管理机构接收电子会计档案时，应当对电子档案的准确性、完整性、可用性、安全性进行检测，符合要求的才能接收。

2. 【答案】AD

【解析】选项A、D的最低保管期限为10年。

3. 【答案】AB

【解析】会计人员的工作岗位应当有计划地进行轮换，选项C错误；档案管理部门的人员管理会计档案，不属于会计岗位，选项D错误。

4. 【答案】CD

【解析】各单位的预算、计划、制度等文件材料属于文书档案，不属于会计档案。

5.【答案】ABC

【解析】财政部门是会计工作政府监督的实施主体。除财政部门外，审计、税务、银行监管、证券监管、保险监管等部门依照有关法律、行政法规规定的职责和权限，可以对有关单位的会计资料实施监督检查。

6.【答案】ABCD

【解析】申请代理记账资格的机构应当同时具备以下条件：属于依法设立的企业（包括但不限于有限责任公司）；专职从业人员不少于3名（甲、丙、丁三人为专职从业人员）；主管代理记账业务的负责人具有会计师以上专业技术职业资格或者从事会计工作不少于3年，且为专职从业人员（甲已取得会计师资格且为专职从业人员）；有健全的代理记账业务内部规范。代理记账机构从业人员应当具有会计类专业基础知识和业务技能，能够独立处理基本会计业务，并由代理记账机构自主评价认定（并未要求代理记账机构的一般从业人员应当取得助理会计师资格）。故四个选项均正确。

7.【答案】ABC

【解析】担任单位会计机构负责人（会计主管人员）、总会计师的人员，属于会计人员，选项A、C正确。出纳也属于会计人员，选项B正确。

8.【答案】ABC

【解析】会计工作交接完毕后，交接双方和监交人在移交清册上签名或盖章。

9.【答案】ABCD

【解析】违反《会计法》规定，私设会计账簿的，由县级以上人民政府财政部门责令限期改正，可以对单位并处3 000元以上5万元以下的罚款；对其直接负责的主管人员和其他直接责任人员，可以处2 000元以上2万元以下的罚款；属于国家工作人员的，还应当由其所在单位或者有关单位依法给予行政处分；会计人员5年内不得从事会计工作。

10.【答案】BD

【解析】单位负责人对本单位的会计工作和会计资料的真实性、完整性负责。

11.【答案】ACD

【解析】选项B错误，各单位的预算、计划、制度等文件材料属于文书档案，不属于会计档案。

12.【答案】ABCD

【解析】国家机关、国有企业、事业单位任用会计人员应当实行回避制度。需要回避的直系亲属为：夫妻关系、直系血亲关系、三代以内旁系血亲以及姻亲关系。

13.【答案】AB

【解析】选项C、D说法错误。总会计师是主管本单位会计工作的行政领导。

14.【答案】ABCD

【解析】四个选项均正确。

15.【答案】ABD

【解析】对外提供审计报告属于会计师事务所的业务范围，不属于代理记账机构的业务范围，故选项 C 不正确。

三、判断题

1.【答案】√

【解析】代理记账机构可以接受委托办理下列业务：根据委托人提供的原始凭证和其他资料，按照国家统一的会计制度规定进行会计核算，包括审核原始凭证、填制记账凭证、登记会计账簿、编制财务会计报告等；对外提供财务会计报告；向税务机关提供税务资料；委托人委托的其他会计业务。

2.【答案】×

【解析】会计工作岗位可以一人一岗、一人多岗或一岗多人。

3.【答案】√

【解析】因提供虚假财务会计报告，做假账，隐匿或者故意销毁会计凭证、会计账簿、财务会计报告，贪污，挪用公款，职务侵占等与会计职务有关的违法行为被依法追究刑事责任的人员，不得再从事会计工作。

4.【答案】√

5.【答案】√

6.【答案】×

【解析】会计记录文字应当使用中文，在民族自治地区可以同时使用当地通用的一种民族文字。

7.【答案】√

8.【答案】√

9.【答案】×

【解析】会计法律制度是对会计人员行为的最低要求。

10.【答案】√

四、不定项选择题

（1）【答案】BD

【解析】选项 B，出纳人员不得兼任稽核、会计档案保管和收入、支出、费用、债权债务账目的登记工作；选项 D，国有企业的会计机构负责人、会计主管人员的直系亲属不得在本单位会计机构中担任出纳工作。

（2）【答案】BCD

【解析】选项 A，接替人员应当继续使用移交的会计账簿，不得自行另立新账，以保持会计记录的连续性。

（3）【答案】AD

【解析】原始凭证记载的各项内容均不得涂改；原始凭证有错误的，应当由出具单位重开或者更正，更正处应当加盖出具单位印章。原始凭证金额有错误的，应当由出具单位重开，不得直接在原始凭证上更正。

（4）【答案】ABCD

【解析】本题考核"会计档案的归档要求"，四个选项表述均正确。

第三章　支付结算法律制度

　　本章应重点关注支付结算的要求、银行结算账户管理、票据支付结算、网络支付、支付结算纪律的内容。需要掌握支付结算的基本要求，票据的概念和种类、票据行为、票据的权利与责任、票据追索等基础知识和各类票据的使用方法，银行卡账户和交易以及银行卡计息与收费，汇兑、委托收款的概念和办理程序，支付机构的概念和支付服务的种类；熟悉：银行结算账户的开立、变更、撤销规定以及各类银行结算账户的开立、使用和管理要求，银行卡收单、条码支付、网络支付、预付卡等支付服务方式以及违反支付结算法律制度的法律责任；了解：支付结算的概念和支付结算服务组织、支付结算的工具、银行结算账户的概念和种类、银行卡的概念和分类以及网上银行的主要功能。

　　2024 年本章教材内容无实质性变化。

教材框架

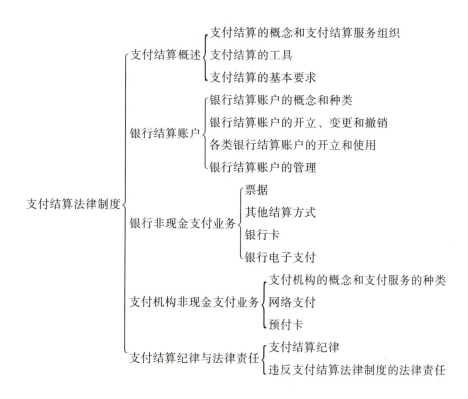

支付结算法律制度
- 支付结算概述
  - 支付结算的概念和支付结算服务组织
  - 支付结算的工具
  - 支付结算的基本要求
- 银行结算账户
  - 银行结算账户的概念和种类
  - 银行结算账户的开立、变更和撤销
  - 各类银行结算账户的开立和使用
  - 银行结算账户的管理
- 银行非现金支付业务
  - 票据
  - 其他结算方式
  - 银行卡
  - 银行电子支付
- 支付机构非现金支付业务
  - 支付机构的概念和支付服务的种类
  - 网络支付
  - 预付卡
- 支付结算纪律与法律责任
  - 支付结算纪律
  - 违反支付结算法律制度的法律责任

考点提炼

考点1　办理支付结算的原则与要求★★

项目	内　　容
原则	1. 恪守信用、履约付款原则； 2. 谁的钱进谁的账、由谁支配原则； 3. 银行不垫款原则

续表

项　目	内　容
基本要求	1. 单位、个人和银行办理支付结算，必须使用按中国人民银行统一规定印制的票据凭证和结算凭证； 2. 票据和结算凭证上的签章和其他记载事项应当真实，不得伪造、变造； 3. 填写票据和结算凭证的收款人名称、出票日期、金额等应当规范。 （1）基本规范要求要素齐全、数字正确、字迹清晰、不错漏、不潦草、防止涂改。 （2）收款人名称：单位和银行的名称应当记载全称或者规范化简称。 （3）出票日期：票据的出票日期必须使用中文大写，具体如下：

下表：

月、日实际日期	票据日期
月为：壹、贰、壹拾（1、2、10） 日为：壹至玖，壹拾、贰拾、叁拾 （1～9、10、20、30）	前面加"零"
日为：拾壹至拾玖（11～19）	前面加"壹"

提示：10月10日属于即加零又加壹：零壹拾月零壹拾日

（4）金额：票据和结算凭证金额以中文大写和阿拉伯数码同时记载，两者必须一致，两者不一致的票据无效；两者不一致的结算凭证，银行不予受理

☞**提示1**：不得更改的事项

出票金额、出票日期、收款人名称不得更改，更改的票据无效；更改的结算凭证，银行不予受理。

☞**提示2**：可更改的事项

对票据和结算凭证上的其他记载事项，原记载人可以更改，更改时应当由原记载人在更改处签章证明。

☞**提示3**：签章的使用

票据和结算凭证上的签章，为签名、盖章或者签名加盖章。

（1）单位、银行：其法定代表人或其授权的代理人的签名或盖章。

（2）个人：本人的签名或盖章。

☞**提示4**：如何区分伪造和编造

无中生有："伪造"，是指无权限人假冒他人或者虚构他人名义签章的行为。

例如：伪造出票签章、背书签章、承兑签章和保证签章等。

画蛇添足："变造"，是指无权更改票据内容的人，对票据上签章以外的记载事项加以改变的行为。

例如：在合法票据的基础上，对票据加以剪接、挖补、覆盖、涂改，从而非法改变票据的记载事项。

典型例题

【例3-1】（单选题）某出票人于10月20日签发一张现金支票。根据《支付结算办法》的规定，对该支票"出票日期"中"月""日"的填列方法中，符合规定的是（　　）。

A. 拾月贰拾日
B. 零壹拾月贰拾日
C. 零壹拾月零贰拾日
D. 拾月零贰拾日

【答案】C

【解析】为防止变造票据的出票日期，在填写月、日时，月为"壹""贰"和"壹拾"的，日为"壹"至"玖"和"壹拾""贰拾""叁拾"的，应在其前加"零"；日为"拾壹"至"拾玖"的，应在其前加"壹"。

【例3-2】（单选题）根据支付结算法律制度的规定，下列票据欺诈行为中，属于伪造票据行为的是（　　）。

A. 假冒出票人在票据上签章
B. 涂改票据上的到期日
C. 对票据金额进行挖补篡改
D. 修改票据密押

【答案】A

【解析】票据的伪造，是指无权限人假冒他人或虚构他人名义签章的行为，例如伪造出票签章、背书签章、承兑签章和保证签章等。

【例3-3】（判断题）银行是办理支付结算业务的中介机构，应按照付款人的委托，将资金支付给付款人指定的收款人，或者按照收款人的委托，将归收款人所有的资金转账收入到收款人的账户中。（　　）

【答案】√

【解析】体现了恪守信用，履约付款原则和谁的钱进谁的账，由谁支配的原则。

考点2 银行结算账户基本类型 ★★★

银行结算账户类型		定　义
单位银行结算账户	基本存款账户	是存款人因办理日常转账结算和现金收付需要开立的银行结算账户（可提现）
	一般存款账户	是存款人因借款或其他结算需要，在基本存款账户开户银行以外的银行营业机构开立的银行结算账户（不可提现但可存现）
	专用存款账户	是存款人按照法律、行政法规和规章，对其特定用途资金进行专项管理和使用而开立的银行结算账户

续表

银行结算账户类型		定　义
单位银行结算账户	临时存款账户	是存款人因临时需要并在规定期限内使用而开立的银行结算账户
	预算单位零余额账户	财政部门为实行财政国库集中支付的预算单位在商业银行开设的零余额账户，按基本存款账户或专用存款账户管理
个人银行结算账户		是存款人因投资、消费、结算等需要而凭个人身份证件以自然人名称开立的银行结算账户
异地银行结算账户		是存款人在其注册地或住所地行政区域之外（跨省、市、县）开立的银行结算账户

☞提示：个体工商户凭营业执照以字号或经营者姓名开立的银行结算账户纳入单位银行结算账户管理。

`典型例题`

【例3-4】（单选题）下列各项中，存款人因临时需要并在规定期限内使用而开立的银行结算账户为（　　）。

A. 基本存款账户

B. 一般存款账户

C. 专业存款账户

D. 临时存款账户

【答案】D

【解析】临时存款账户是存款人因临时需要并在规定期限内使用而开立的银行结算账户。

考点3　银行结算账户的开立、变更和撤销★

项目		内　容
银行结算账户的开立	核准类账户	1. 基本存款账户（企业除外）； 2. 临时存款账户（因注册验资和增资验资开立的除外）； 3. 预算单位专用存款账户； 4. 合格境外机构投资者在境内从事证券投资开立的人民币特殊账户和人民币结算资金账户。 提示：符合开立核准类账户条件的，银行应将存款人的开户申请书、相关的证明文件和银行审核意见等开户资料报送中国人民银行当地分支机构，中国人民银行当地分支机构应于2个工作日内对开户银行报送的核准类账户的开户资料的合规性予以审核。符合开户条件的，予以核准、颁发相应的存款账户开户许可证。开户许可证正本由申请人保管，副本由申请开户银行留存

续表

项目	内 容	
银行结算账户的开立	备案类账户	1. 基本存款账户（企业）； 2. 一般存款账户； 3. 临时存款账户（企业）； 4. 其他专用账户； 5. 个人银行结算账户。 提示：上述结算账户统称备案类结算账户，由银行向中国人民银行当地分支机构备案，无须颁发开户许可证。银行完成企业基本存款账户信息备案后，账户管理系统生成基本存款账户编号。持有基本存款账户编号的企业申请开立一般存款账户、专用存款账户、临时存款账户时，应向银行提供基本存款账户编号。备案类结算账户的变更和撤销应通过账户管理系统向中国人民银行当地分支机构报备
	预留签章	单位：为该单位的公章或财务专用章加其法定代表人（单位负责人）或其授权的代理人的签名或者盖章。 个人：为该个人的签名或者盖章
	存款人开立单位银行结算账户，自正式开立之日起 3 个工作日后，方可使用该账户办理付款业务。但注册验资的临时存款账户转为基本存款账户和因借款转存开立的一般存款账户除外。企业银行结算账户自开立之日即可办理收付款业务。 1. 核准类银行结算账户，"正式开立之日"为中国人民银行当地分支行的核准日期； 2. 非核准类银行结算账户，"正式开立之日"是开户银行为存款人办理开户手续的日期	
银行结算账户的变更	1. 存款人更改名称，但不改变开户银行及账号的，应于5个工作日内向开户银行提出银行结算账户的变更申请，并出具有关部门的证明文件； 2. 单位的法定代表人或主要负责人、住址及其他开户资料发生变更时，应于5个工作日内书面通知开户银行并提供有关证明	
银行结算账户的撤销	1. 存款人撤销银行结算账户，必须与开户银行核对银行结算账户存款余额，交回各种重要空白票据及结算凭证和开户许可证（不含取消企业银行账户许可之后无开户许可证的企业），银行核对无误后方可办理销户手续。企业因转户原因撤销基本存款账户的，银行还应打印"已开立银行结算账户清单"并交付企业。 2. 撤销的情形：（1）被撤并、解散、宣告破产或关闭的；（2）注销、被吊销营业执照的；（3）因迁址需要变更开户银行的；（4）其他原因需要撤销银行结算账户的。 3. 存款人有以上第（1）项、第（2）项情形的，应于5个工作日内向开户银行提出撤销银行结算账户的申请。银行得知存款人有第（1）项、第（2）项情形的，存款人超过规定期限未主动办理撤销银行结算账户手续的，银行有权停止其银行结算账户的对外支付。存款人因以上第（3）项、第（4）项情形撤销基本存款账户后，需要重新开立基本存款账户的，应在撤销其原基本存款账户后10日内申请重新开立基本存款账户。 4. 撤销银行结算账户时，应先撤销一般存款账户、专用存款账户、临时存款账户，将账户资金转入基本存款账户后，方可办理基本存款账户的撤销。 5. 存款人尚未清偿其开户银行债务的，不得申请撤销该银行结算账户。	

续表

项目	内　　容
银行结算账户的撤销	6. 对于按照账户管理规定应撤销而未办理销户手续的单位银行结算账户，银行通知该单位银行结算账户的存款人自发出通知之日起30日内办理销户手续，逾期视同自愿销户，未划转款项列入久悬未取专户管理。 7. 存款人撤销核准类银行结算账户时，应交回开户许可证

典型例题

【例3－5】（单选题）根据支付结算法律制度的规定，下列各项中，属于存款人在开立一般存款账户之前必须开立的账户是（　　）。

A. 基本存款户　　　　　　　　　　B. 单位银行卡账户

C. 专业存款户　　　　　　　　　　D. 临时存款户

【答案】A

【解析】存款人申请开立一般存款账户，应向银行出具其开立基本存款账户规定的证明文件、基本存款账户开户许可证等文件，说明在开立一般存款账户前，需要先行开立基本存款账户。

【例3－6】（单选题）甲餐厅因疫情关闭，下列关于撤销基本存款账户手续的表述中，不正确的是（　　）。

A. 甲餐厅申请撤销银行结算账户时，应填写撤销银行结算账户申请书

B. 甲餐厅应将各种重要空白结算凭证、票据和开户许可证交回银行

C. 甲餐厅应先撤销在银行开立的一般存款账户

D. 银行在收到甲餐厅撤销银行结算账户的申请后，对于符合销户条件的，应在5个工作日内办理撤销手续

【答案】D

【解析】选项D，银行在收到存款人撤销银行结算账户的申请后，对于符合销户条件的，应在2个工作日内办理撤销手续。

【例3－7】（判断题）撤销银行结算账户时，应按照银行结算账户开立顺序依次撤销，先撤销基本存款账户，然后再撤销一般存款账户、专用存款账户和临时存款账户。（　　）

【答案】×

【解析】撤销银行结算账户时，应先撤销一般存款账户、专用存款账户、临时存款账户，将账户资金转入基本存款账户后，方可办理基本存款账户的撤销。

考点4 各类账户的开立和使用★★

账户类型		内　容
基本存款账户	存款人	1. 企业法人； 2. 非法人企业； 3. 机关、事业单位； 4. 团级（含）以上军队、武警部队及分散执勤的支（分）队； 5. 社会团体； 6. 民办非企业组织； 7. 异地常设机构； 8. 外国驻华机构； 9. 个体工商户； 10. 居民委员会、村民委员会、社会委员会； 11. 单位设立的独立核算的附属机构，包括食堂、招待所、幼儿园； 12. 其他组织（如业主委员会、村民小组等）； 13. 境外机构
	使用	1. 一个单位只能开立一个基本存款账户； 2. 存款人日常经营活动的资金收付及其工资、奖金和现金的支取，应通过基本存款账户办理
一般存款账户	开户证明文件	存款人申请开立一般存款账户，应向银行出具其开立基本存款账户规定的证明文件、基本存款账户开户许可证或企业基本存款账户编号和借款合同或其他有关证明
	使用	一般存款账户用于办理存款人借款转存、借款归还和其他结算的资金收付； 一般存款账户可以办理现金缴存，但不得办理现金支取
专用存款账户	适用范围	1. 基本建设资金；2. 更新改造资金；3. 粮、棉、油收购资金；4. 证券交易结算资金；5. 期货交易保证金；6. 信托基金；7. 政策性房地产开发资金；8. 住房基金；9. 社会保障基金；10. 收入汇缴资金和业务支出资金；11. 党、团、工会设在单位的组织机构和经费；12. 其他需要专项管理和使用的资金
	开户证明文件	存款人申请开立专用存款账户，应向银行出具开立基本存款账户规定的证明文件、基本存款账户开户许可证或企业基本存款账户编号和其他相关证明文件
	使用	1. 证券交易结算资金、期货交易保证金和信托基金专用存款账户不得支取现金。 2. 基本建设资金、更新改造资金、政策性房地产开发资金账户需要支取现金的，应在开户时报中国人民银行当地分支行批准。 3. 粮、棉、油收购资金，社会保障基金，住房基金和党、团、工会经费等专用存款账户支取现金应按照国家现金管理的规定办理。银行应按照国家对粮、棉、油收购资金使用管理的规定加强监管，不得办理不符合规定的资金收付和现金支取。

续表

账户类型		内　　容
专用 存款账户	使用	4. 收入汇缴资金和业务支出资金，是指基本存款账户存款人附属的非独立核算单位或派出机构发生的收入和支出的资金。收入汇缴账户除向其基本存款账户或预算外资金财政专用存款户划缴款项外，只收不付，不得支取现金。业务支出账户除从其基本存款账户拨入款项外，只付不收，其现金支取必须按照国家现金管理的规定办理
预算单位 零余额账户	使用	1. 一个基层预算单位开设一个零余额账户； 2. 预算单位零余额账户用于财政授权支付，可以办理转账、提取现金等结算业务，可以向本单位按账户管理规定保留的相应账户划拨工会经费、住房公积金及提租补贴，以及财政部门批准的特殊款项，不得违反规定向本单位其他账户和上级主管单位及所属下级单位账户划拨资金
临时 存款账户	适用范围	1. 设立临时机构； 2. 异地临时经营活动； 3. 注册验资、增资； 4. 军队、武警单位承担基本建设或者异地执行作战、演习、抢险救灾、应对突发事件等临时任务
	使用	1. 临时存款账户的有效期限，最长不得超过 2 年； 2. 临时存款账户支取现金，应按照国家现金管理的规定办理； 3. 注册验资的临时存款账户的验资期间只收不付
异地 结算账户	适用范围	1. 营业执照注册地与经营地不在同一行政区域（跨省、市、县）需要开立基本存款账户的； 2. 办理异地借款和其他结算需要开立一般存款账户的； 3. 存款人因附属的非独立核算单位或派出机构发生的收入汇缴或业务支出需要开立专用存款账户的； 4. 异地临时经营活动需要开立临时存款账户的； 5. 自然人根据需要在异地开立个人银行结算账户的

个人银行 结算账户	种类	Ⅰ 类户	Ⅱ 类户	Ⅲ 类户
	业务范围	1. 存款； 2. 购买投资理财产品等金融产品； 3. 转账； 4. 消费和缴费支付； 5. 支取现金等	1. 存款； 2. 购买投资理财产品等金融产品； 3. 限额消费和缴费支付； 4. 限额向非绑定账户转出资金业务	1. 限额消费和缴费； 2. 限额向非绑定账户转出资金

续表

账户类型	内　　容			
	种类	Ⅰ类户	Ⅱ类户	Ⅲ类户
个人银行结算账户	经银行柜面、自助设备加以银行工作人员现场面对面确认身份		1. 办理存取现金、非绑定账户资金转入业务，存入现金； 2. 可以配发银行卡实体卡片； 3. 消费和缴费、向非绑定账户转出资金、取出现金	办理非绑定账户资金转入业务
			日累计限额合计为1万元；年累计限额合计为20万元	任一时点账户余额不得超过2 000元
	其他规定		银行可以向Ⅱ类户发放本银行贷款资金并通过Ⅱ类户还款，发放贷款和贷款资金归还，不受转账限额规定	
	开户方式	1. 柜面开户：Ⅰ类户、Ⅱ类户或Ⅲ类户。个人开立Ⅱ类户、Ⅲ类户，可以绑定Ⅰ类户或者信用卡账户进行身份验证，不得绑定非银行支付机构开立的支付账户进行身份验证。在柜面开立的，则无须绑定Ⅰ类账户或信用卡账户进行身份验证。 2. 自助机具开户：银行工作人员现场核验开户申请人身份信息的，银行可为其开立Ⅰ类户；银行工作人员未现场核验开户申请人身份信息的，银行可为其开立Ⅱ类户或Ⅲ类户。 3. 电子渠道开户：Ⅱ类户或Ⅲ类户。应当向绑定账户开户行验证Ⅱ类户或Ⅲ类户与绑定账户为同一人开立，且开户申请人登记验证的手机号码应与绑定账户使用的手机号码保持一致，开立Ⅱ类户还应向绑定账户开户行验证绑定账户为Ⅰ类户或者信用卡账户		
	使用	新增：具有下列一种或多种特征的可疑交易时，银行应关闭单位银行结算账户的网上银行转账功能，要求存款人到银行网点柜台办理转账业务，并出具书面付款依据或相关证明文件。如存款人未提供相关依据或相关依据不符合规定的，银行应拒绝办理转账业务。 （1）账户资金集中转入，分散转出，跨区域交易； （2）账户资金快进快出，不留余额或者留下一定比例余额后转出，过渡性质明显； （3）拆分交易，故意规避交易限额； （4）账户资金金额较大，对外收付金额与单位经营规模、经营活动明显不符； （5）其他可疑情形		

典型例题

【例 3 - 8】（单选题）根据《人民币银行结算账户管理办法》的规定，下列各项中，存款人因借款或者其他结算需要，在基本存款账户开户银行以外的银行营业机构开立的银行结算账户是（　　）。

A. 基本存款账户　　　　　　　　　B. 一般存款账户

C. 专用存款账户　　　　　　　　　D. 临时存款账户

【答案】B

【解析】一般存款账户用于办理存款人借款转存、借款归还和其他结算的资金收付。一般存款账户可以办理现金缴存，但不得办理现金支取。

【例 3 - 9】（单选题）根据支付结算法律制度的规定，预算单位应向（　　）申请开立零余额账户。

A. 中国人民银行　　　　　　　　　B. 财政部门

C. 上级主管部门　　　　　　　　　D. 社保部门

【答案】B

【解析】预算单位使用财政性资金，应当按照规定的程序和要求，向财政部门提出设立零余额账户的申请，财政部门同意预算单位开设零余额账户后通知代理银行。

【例 3 - 10】（多选题）下列关于个人银行结算账户的说法，正确的有（　　）。

A. 银行可以向Ⅱ类户发放贷款，但要在转账限额以内进行

B. 银行可以向Ⅱ类户发放贷款，无转账限额

C. 经面对面确认，Ⅱ类户可以配发银行实体卡片

D. 经面对面确认，Ⅲ类户可办理现金存取业务

【答案】BC

【解析】银行可以向Ⅱ类户发放本银行贷款资金并通过Ⅱ类户还款，发放贷款和贷款资金归还，不受转账限额规定。经银行柜面、自助设备加以银行工作人员现场面对面确认身份的，Ⅱ类户还可以办理存取现金、非绑定账户资金转入业务，配发银行实体卡片。因此，选项 B、C 正确。

考点 5　银行结算账户的管理 ★

项目	内　容
实名制	1. 存款人应以实名开立银行结算账户，并对其出具的开户（变更、撤销）申请资料实质内容的真实性负责，法律、行政法规另有规定的除外。 2. 存款人不得出租、出借银行结算账户，不得利用银行结算账户套取银行信用或进行洗钱活动

续表

项　目	内　容
资金	1. 在银行开立存款账户的单位和个人办理支付结算，账户内须有足够的资金保证支付。 2. 银行依法为单位、个人在银行开立的存款账户内的存款保密，维护其资金的自主支配权。 3. 除国家法律、行政法规另有规定外，银行不得为任何单位或者个人查询账户情况，不得为任何单位或者个人冻结、扣划款项，不得停止单位、个人存款的正常支付
变更	存款人申请临时存款账户展期，变更、撤销单位银行结算账户以外及补（换）发开户许可证时，可由法定代表人或单位负责人直接办理，也可授权他人办理。由法定代表人或单位负责人直接办理的，除出具相应的证明文件外，还应出具法定代表人或单位负责人的身份证件；授权他人办理的，除出具相应的证明文件外，还应出具法定代表人或单位负责人的身份证件及其出具的授权书，以及被授权人的身份证件

典型例题

【例 3 - 11】（单选题）根据支付结算法律制度的规定，关于银行账户结算管理的下列表述中，不正确的是（　　）。

A. 存款人可以出借银行结算账户

B. 存款人应当以实名开立银行结算账户

C. 存款人不得利用银行结算账户洗钱

D. 存款人不得出租银行结算账户

【答案】A

【解析】存款人应以实名开立银行结算账户，并对其出具的开户（变更、撤销）申请资料实质内容的真实性负责。存款人不得出租、出借银行结算账户，不得利用银行结算账户套取银行信用或进行洗钱活动。

考点 6　票据的当事人★★

项　目	内　容
基本当事人	在票据作成和交付时就已经存在的当事人。 汇票、支票：出票人、付款人、收款人。 本票：出票人与收款人（本票的付款人是出票人的开户银行）
非基本当事人	在票据作成并交付后，通过一定的票据行为加入票据关系而享有一定权利、承担一定义务的当事人。 承兑人、背书人、被背书人、保证人

典型例题

【例3-12】（多选题）本票的基本当事人包括（　　）。

A. 出票人　　　　　　　　　　　B. 保证人

C. 收款人　　　　　　　　　　　D. 背书人

【答案】AC

【解析】保证人、背书人不是票据的基本当事人；对于本票，基本当事人"出票人"与"收款人"合二为一，都是出票银行。

考点7　票据行为★★★

项目		内　　容
出票	概念	出票包括两个行为：（1）出票人依照《票据法》的规定作成票据（记载并签章）；（2）交付票据（交付他人）
	基本要求	出票人必须与付款人具有真实的委托付款关系，并且具有支付票据金额的可靠资金来源，不得签发无对价的票据用以骗取银行或者其他票据当事人的资金
	票据的记载事项	必须记载事项：不记载，票据行为即为无效的事项； 相对记载事项：未记载，由法律另作相应规定予以明确，并不影响票据的效力； 任意记载事项：不强制必须记载，不记载时不影响票据效力，记载时则产生票据效力的事项； 可以记载的其他事项：记载不具有票据效力，银行不负审查责任
背书	种类	背书分为转让背书（以转让票据权利为目的）和非转让背书（未发生票据权利的转让）。 非转让背书包括委托收款背书和质押背书
	记载事项	1. 必须记载事项：背书人签章。委托收款背书和质押背书还应记载"委托收款""质押"字样。 2. 相对记载事项：背书日期。背书未记载日期的，视为在票据到期日前背书。 3. 可以补记事项：被背书人名称。背书人未记载被背书人名称即将票据交付他人的，持票人在票据被背书人栏内记载自己的名称与背书人记载具有同等法律效力
	粘单	票据凭证不能满足背书人记载事项的需要，可以加附粘单，粘附于票据凭证上。粘单上的第一记载人，应当在票据和粘单的粘接处签章
	背书效力	背书人以背书转让票据后，即承担保证其后手所持票据承兑和付款的责任

续表

项目		内　容
背书	背书连续	1. 背书连续是指在票据转让中，转让票据的背书人与受让票据的被背书人在票据上的签章依次前后衔接。 2. 以背书转让的票据，背书应当连接。持票人以背书的连接，证明其票据权利；非经营背书转让，而以其他合法方式取得票据的，依法举证，证明其票据权利
	附条件背书	背书不得附有条件，背书时附有条件的，所附条件不具有票据上的效力
	部分背书	部分背书是指将票据金额的一部分转让的背书或者将票据金额分别转让给两人以上的背书，部分背书属于无效背书
	限制背书	1. 限制背书是指记载了"不得转让"字样，此时票据不得转让； 2. 背书人在票据上记载"不得转让"字样，其后手再背书转让的，原背书人对后手的被背书人不承担保证责任
承兑	提示承兑	1. 定日付款或者出票后定期付款的汇票，持票人应当在汇票到期前向付款人提示承兑； 2. 见票后定期付款的汇票，持票人应当自出票日起1个月内向付款人提示承兑； 3. 汇票未按照规定期限提示承兑的，持票人丧失对其前手的追索权
	受理承兑	付款人对向其提示承兑的汇票，应当自收到提示承兑的汇票之日起3日内承兑或者拒绝承兑
	记载事项	1. 必须记载事项："承兑"字样、签章。 2. 相对记载事项：承兑日期。 汇票上未记载承兑日期的，应当以收到提示承兑的汇票之日起3日内的最后一日为承兑日期。 3. 见票后定期付款的汇票，应当在承兑时记载付款日期
	承兑效力	付款人承兑汇票，不得附有条件；承兑附有条件的，视为拒绝承兑；付款人承兑汇票后，应当承担到期付款的责任
保证	概念	保证是指票据债务人以外的人，为担保特定债务人履行票据债务而在票据上记载有关事项并签章的行为。 国家机关、以公益为目的的事业单位、社会团体、企业法人的分支机构和职能部门作为票据保证人的，票据保证无效，但经国务院批准为使用外国政府或者国际经济组织贷款进行转贷，国家机关提供票据保证的，以及企业法人的分支机构在法人书面授权范围内提供票据保证的除外
	记载事项	1. 必须记载事项："保证"的字样；保证人签章。保证人未在票据或者粘单上记载"保证"字样而另行签订保证合同或者保证条款的，不属于票据保证。 2. 相对记载事项：保证人在票据或者粘单上未记载"被保证人名称"的，已承兑的票据，承兑人为被保证人；未承兑的票据，出票人为被保证人。保证人在票据或者粘单上未记载"保证日期"的，出票日期为保证日期

续表

项目		内　容
保证	保证效力	1. 保证不得附有条件；附有条件的，不影响对票据的保证责任。 2. 保证人对合法取得票据的持票人所享有的票据权利，承担保证责任，但被保证人的债务因票据记载事项欠缺而无效的除外。保证人应当与被保证人对持票人承担连带责任；保证人为两人以上的，保证人之间承担连带责任。 3. 保证人清偿债务后，可以行使持票人对被保证人及其前手的追索权

典型例题

【例 3－13】（单选题）甲公司为结算货款向乙公司签发一张商业汇票。在签发的汇票上甲公司记载了"不得转让"字样，该记载事项是（　　）。

A. 必须记载事项

B. 相对记载事项

C. 无效记载事项

D. 任意记载事项

【答案】D

【解析】出票人在汇票记载"不得转让"字样的，汇票不得转让，其中的"不得转让"事项即为任意记载事项。

【例 3－14】（多选题）关于在票据签章当事人的表述中，下列正确的有（　　）。

A. 票据签发时，由出票人签章

B. 票据转让时，由被背书人签章

C. 票据承兑时，由承兑人签章

D. 票据保证时，由保证人签章

【答案】ACD

【解析】选项 B，票据转让时，由背书人签章。

考点 8　票据权利与责任★★★

项目		内　容
票据权利	概念	持票人的票据权利包括付款请求权（第一次权利）和追索权（第二次权利）。 1. 付款请求权是指持票人向汇票的承兑人（付款人）、本票的出票人（付款人）、支票的付款人出示票据要求付款的权利； 2. 行使付款请求权的当事人可以是票据记载的收款人或最后被背书人。行使追索权的当事人除票据记载的收款人和最后被背书人外，还可能是代为清偿票据债务的保证人、背书人； 3. 持票人可以不按照票据债务人的先后顺序，对其中任何一人、数人或者全体行使追索权。持票人对票据债务人中的一人或者数人已经进行追索的，对其他票据债务人仍可以行使追索权。被追索人清偿债务后，与持票人享有同一权利

项目		内　　容
票据权利	取得	票据权利的取得方式： （1）依法接受出票人签发的票据； （2）依法接受背书转让的票据； （3）因税收、继承、赠与可以依法无偿取得票据
		不享有票据权利的情形： （1）以欺诈、偷盗或者胁迫等手段取得票据的，或者明知有上述情形，出于恶意取得票据的； （2）持票人因重大过失取得不符合《票据法》规定的票据的
	行使与保全	票据权利行使和保全的方法通常包括"按期提示"和"依法证明"两种： （1）"按期提示"是指要按照规定的期限向票据债务人提示票据，包括提示承兑或提示付款，以及时保全或行使追索权。 （2）"依法证明"是指持票人为了证明自己曾经依法行使票据权利而遭拒绝或者根本无法行使票据权利而以法律规定的时间和方式取得相关的证据。 行使和保全的地点和时间：持票人对票据债务人行使票据权利，或者保全票据权利，应当在票据当事人的营业场所和营业时间内进行，票据当事人无营业场所的，应当在其住所进行
	丧失补救	票据丧失后，可以采取挂失止付、公示催告和普通诉讼三种形式进行补救： 1. 挂失止付。 （1）含义：失票人通知付款人或代理付款人暂停止付。 （2）条件：只有确定付款人或代理付款的票据丧失时才可以进行挂失止付；具体包括已承兑的商业汇票、支票、填明"现金"字样和代理付款人的银行汇票以及填明"现金"字样的银行本票四种。 （3）使用：挂失止付并不是票据丧失后采取的必经措施，而只是一种暂时的预防措施，最终要通过申请公示催告或提起普通诉讼来补救票据权利。 （4）承兑人或者承兑人开户行收到挂失止付通知或者公示催告等司法文书并确认相关票据未付款的，应当于当日依法暂停支付并在中国人民银行指定的票据市场基础设施（上海票据交易所）登记或者委托开户行在票据市场基础设施登记相关信息。 2. 公示催告。 （1）含义：票据丧失后由失票人向人民法院提出申请，请求人民法院以公告方式通知不确定的利害关系人限期申报权利，逾期未申报者，则权利失效，而由法院通过除权判决宣告所丧失的票据无效的制度或程序。 （2）失票人应当在通知挂失止付后的3日内，也可以在票据丧失后，依法向票据支付地人民法院申请公示催告。 （3）申请公示催告的主体必须是可以背书转让的票据的最后持票人。 （4）受理：人民法院决定受理公示催告申请，应当同时通知付款人及代理付款人停止支付，并自立案之日起3日内发出公告，催促利害关系人申报权利。付款人或者代理付款人收到人民法院发出的止付通知，应当立即停止支付，直至公示催告程序终结。非经发出止付通知的人民法院许可，擅自解付的，不得免除票据责任。

续表

项目	内　　容	
票据权利	丧失补救	（5）期间：公告期间不得少于 60 日，且公示催告期间届满日不得早于票据付款日后 15 日。在公示催告期间，转让票据权利的行为无效，以公示催告的票据质押、贴现，因质押、贴现而接受该票据的持票人主张票据权利的，人民法院不予支持，但公示催告期间届满以后人民法院作出除权判决以前取得该票据的除外。 （6）判决：利害关系人应当在公示催告期间向人民法院申报。人民法院收到利害关系人的申报后，应当裁定终结公示催告程序，并通知申请人和支付人。申请人或者申报人可以向人民法院起诉，以主张自己的权利。没有人申报的，人民法院应当根据申请人的申请，作出除权判决，宣告票据无效。判决应当公告，并通知支付人。自判决公告之日起，申请人有权向支付人请求支付。利害关系人因正当理由不能在判决前向人民法院申报的，自知道或者应当知道判决公告之日起 1 年内，可以向作出判决的人民法院起诉。 3. 普通诉讼。 丧失票据的人为原告，以承兑人或出票人为被告，请求法院判决其向失票人付款的诉讼活动
	时效	1. 持票人对票据的出票人和承兑人的付款请求权和追索权自票据到期日起 2 年。见票即付的汇票、本票自出票日起 2 年。 2. 持票人对支票出票人的权利，自出票日起 6 个月。 3. 持票人对前手的追索权，自被拒绝承兑或者被拒绝付款之日起 6 个月。 4. 持票人对前手的再追索权，自清偿日或者被提起诉讼之日起 3 个月
票据责任		票据债务人应承担票据义务的情形： （1）汇票承兑人因承兑而应承担付款义务； （2）本票出票人因出票而承担自己付款的义务； （3）支票付款人在与出票人有资金关系时承担付款义务； （4）汇票、本票、支票的背书人，汇票、支票的出票人、保证人，在票据不获承兑或不获付款时的付款清偿义务
		提示付款： （1）持票人未按照规定期限提示付款的，在作出说明后，承兑人或者付款人仍应当继续对持票人承担付款责任。通过委托收款银行或者通过票据交换系统向付款人提示付款的，视同持票人提示付款。 （2）本票持票人未按照规定提示付款的，丧失对出票人以外的前手的追索。 （3）支票持票人超过提示付款期限提示付款的，付款人可以不予付款，付款人不予付款的，出票人仍应对持票人承担票据责任
		付款人付款： 付款人及其代理付款人付款时，应当审查票据背书的连续，并审查提示付款人合法身份证明或者有效证件

续表

项目	内容
票据责任	相关银行的责任： (1) 持票人委托的收款银行的责任，限于按照票据上记载事项将票据金额转入持票人账户； (2) 付款人委托的付款银行的责任，限于按照票据上记载事项从付款人账户支付票据金额； (3) 付款人及其代理付款人以恶意或者有重大过失付款的，应当自行承担责任

典型例题

【**例 3 - 15**】（单选题）张某因采购货物签发一张票据给王某，胡某从王某处窃取该票据，陈某明知胡某系窃取所得但仍受让该票据，并将其赠与不知情的黄某，下列取得票据的当事人中，享有票据权利的是（　　）。

A. 王某　　　　　　B. 胡某　　　　　　C. 陈某　　　　　　D. 黄某

【答案】A

【解析】（1）持票人以欺诈、偷盗或者胁迫等手段取得票据的，或者明知有上述情形，出于恶意取得票据的，不享有票据权利。胡某和陈某均不享有票据权利；（2）因税收、继承、赠与可以依法无偿取得票据的，票据权利不得优于其前手。黄某虽然是善意不知情的，但是其未支付合理对价，其票据权利不优于其前手陈某，故黄某不享有票据权利。

【**例 3 - 16**】（单选题）见票后定期付款汇票的持票人应在法定期限内提示承兑，该期限是（　　）。

A. 自出票日起 10 日内　　　　　　B. 自出票日起 1 个月内

C. 自出票日起 2 个月内　　　　　　D. 自出票日起 3 个月内

【答案】B

【解析】见票后定期付款的汇票，持票人应当自出票日起 1 个月内向付款人提示承兑。

考点 9　票据追索 ★★

项目	内容
行使追索权的情形	1. 到期后追索：指票据到期被拒绝付款的，持票人对背书人、出票人以及票据的其他债务人行使的追索。 2. 到期前追索：指票据到期日前，持票人对下列情形之一行使的追索：(1) 汇票被拒绝承兑的；(2) 承兑人或者付款人死亡、逃匿的；(3) 承兑人或者付款人依法宣告破产的或者因违法被责令终止业务活动的

续表

项 目	内 容
被追索人的确定	票据的出票人、背书人、承兑人和保证人对持票人承担连带责任。持票人行使追索权，可以不按照票据债务人的先后顺序，对其中任何一人、数人或者全体行使追索权。 持票人对票据债务人中的一人或者数人已经进行追索的，对其他票据债务人仍可以行使追索权
追索的内容	1. 持票人行使追索权的金额和费用：（1）被拒绝付款的票据金额；（2）票据金额自到期日或者提示付款日起至清偿日止，按照中国人民银行规定的利率计算的利息；（3）取得有关拒绝证明和发出通知书的费用。 2. 再追索权的金额和费用：（1）已清偿的全部金额；（2）前项金额自清偿日起至再追索清偿日止，按照中国人民银行规定的利率计算的利息；（3）发出通知书的费用
追索权的行使	1. 持票人行使追索权时，应当提供被拒绝承兑或者拒绝付款的有关证明。（1）被拒绝承兑、付款的票据的种类及其主要记载事项；（2）拒绝承兑、付款的事实依据和法律依据；（3）拒绝承兑、付款的时间；（4）拒绝承兑人、拒绝付款人的签章。 2. 持票人应当自收到被拒绝承兑或者被拒绝付款的有关证明之日起 3 日内，将被拒绝事由书面通知其前手；其前手应当自收到通知之日起 3 日内书面通知其再前手。持票人也可以同时向各票据债务人发出书面通知，该书面通知应当记明汇票的主要记载事项，并说明该汇票已被退票。 3. 持票人不能出示拒绝证明、退票理由书或者未按照规定期限提供其他合法证明的，丧失对其前手的追索权。但是，承兑人或者付款人仍应当对持票人承担责任
追索的效力	被追索人依照规定清偿债务后，其责任解除，与持票人享有同一权利

典型例题

【例 3-17】（单选题）根据票据法律制度的规定，下列关于票据追索的表述，不正确的是（   ）。

A. 票据追索适用于两种情形，分别为到期后追索和到期前追索

B. 被追索人只能是持票人的前手

C. 持票人应当自收到被拒绝承兑或者被拒绝付款的有关证明之日起 3 日内，将被拒绝事由书面通知其前手

D. 持票人行使追索权的内容包括票据金额、利息和费用

【答案】B

【解析】选项 B，票据的出票人、背书人、承兑人和保证人对持票人承担连带责任。票据到期被拒绝付款的，持票人对背书人、出票人以及票据的其他债务人行使的追索。

考点 10　银行汇票★★

项　目	内　容
概念	银行汇票是出票银行签发的，由其在见票时按照实际结算金额无条件支付给收款人或者持票人的票据
适用范围	银行汇票可以用于转账，填明"现金"字样的银行汇票也可以用于支取现金；单位和个人各种款项结算，均可使用银行汇票
出票	1. 申请。 申请人使用银行汇票，应向出票银行填写"银行汇票申请书"，填明收款人名称、汇票金额、申请人名称、申请日期等事项并签章，签章为其预留银行的签章。 2. 签发并交付。 （1）出票银行受理银行汇票申请书，收妥款项后签发银行汇票，并将银行汇票和解讫通知一并交给申请人。 （2）签发银行汇票必须记载下列事项：表明"银行汇票"的字样；无条件支付的承诺；出票金额；付款人名称；收款人名称；出票日期；出票人签章。 欠缺记载上列事项之一的，银行汇票无效。 （3）签发现金银行汇票，申请人和收款人必须均为个人，收妥申请人交存的现金后，在银行汇票"出票金额"栏先填写"现金"字样，后填写出票金额，并填写代理付款人名称；申请人或者收款人为单位的，银行不得为其签发现金银行汇票。 （4）申请人应将银行汇票和解讫通知一并交付给汇票上记明的收款人
实际结算金额	1. 收款人受理申请人交付的银行汇票时，应在出票金额以内，根据实际需要的款项办理结算，并将实际结算金额和多余金额准确、清晰地填入银行汇票和解讫通知的有关栏内； 2. 银行汇票的实际结算金额低于出票金额的，其多余金额由出票银行退交申请人； 3. 未填明实际结算金额和多余金额或实际结算金额超过出票金额的，银行不予受理； 4. 银行汇票的实际结算金额一经填写不得更改，更改实际结算金额的银行汇票无效
背书	银行汇票的背书转让以不超过出票金额的实际结算金额为准； 未填写实际结算金额或实际结算金额超过出票金额的银行汇票不得背书转让
提示付款	1. 银行汇票的提示付款期限自出票日起 1 个月。持票人超过付款期限提示付款的，代理付款人不予受理。 2. 持票人向银行提示付款时，须同时提交银行汇票和解讫通知，缺少任何一联，银行不予受理。 3. 持票人超过期限向代理付款银行提示付款却不获付款的，须在票据权利时效内向出票银行作出说明，并提供本人身份证件或单位证明，持银行汇票和解讫通知向出票银行请求付款

续表

项　目	内　　容
退款和丧失	1. 申请人因银行汇票超过付款提示期限或其他原因要求退款时，应将银行汇票和解讫通知同时提交到出票银行。出票银行对于转账银行汇票的退款，只能转入原申请人账户。 2. 申请人缺少解讫通知要求退款的，出票银行应于银行汇票提示付款期满 1 个月后办理。 3. 银行汇票丧失，失票人可以凭人民法院出具的其享有票据权利的证明，向出票银行请求付款或退款

典型例题

【例 3 – 18】（单选题）甲签发一张银行汇票给乙，乙将该汇票背书转让给丙。下列表述中，不正确的是（　　）。

A. 甲除了与银行之间必须具有真实的委托付款关系，还应当具有支付票据金额的可靠资金来源

B. 乙背书转让票据时不得附有条件，否则背书无效

C. 丙未按期提示承兑，丧失票据权利

D. 丙在汇票得不到付款时，有权向甲请求清偿票面金额和费用

【答案】C

【解析】选项 A，出票人必须与付款人具有真实的委托付款关系，并且具有支付票据金额的可靠资金来源。选项 B，背书时附有条件的，所附条件不具有票据上的效力，背书有效。选项 C，承兑仅适用于商业汇票，银行汇票不适用。根据规定，汇票未按照规定期限提示承兑的，持票人丧失对其前手的追索权。选项 D，票据出票人制作票据，应当按照法定条件在票据上签章，并按照所记载的事项承担票据责任。出票人签发票据后，即承担该票据承兑或付款的责任。出票人在票据得不到承兑或者付款时，应当向持票人清偿《票据法》规定的金额和费用（追索权）。

【例 3 – 19】（判断题）银行承兑汇票的出票人于汇票到期日未能足够交存票款的，承兑银行可以向持票人拒绝付款。（　　）

【答案】×

【解析】银行承兑汇票的出票人于汇票到期日未能足额交存票款时，承兑银行除凭票向持票人无条件付款外，对出票人尚未支付的汇票金额按照每天万分之五计收利息。

考点 11　商业汇票★★★

项目	内　　容		
概念	1. 商业汇票是出票人签发的，委托付款人在指定日期无条件支付确定的金额给收款人或者持票人的票据。 2. 电子商业汇票是指出票人依托上海票据交易所电子商业汇票系统（以下简称"电子商业汇票系统"），以数据电文形式制作的，委托付款人在指定日期无条件支付确定的金额给收款人或者持票人的票据		
种类	1. 商业汇票按照承兑人的不同分为商业承兑汇票和银行承兑汇票。 商业承兑汇票由银行以外的付款人承兑（商业汇票的付款人为承兑人），银行承兑汇票由银行承兑。 2. 电子商业汇票分为电子银行承兑汇票和电子商业承兑汇票		
适用范围	在银行开立存款账户的法人以及其他组织之间，必须具有真实的交易关系或债权债务关系，才能使用商业汇票		
出票人	商业承兑汇票可以由付款人签发并承兑，也可以由收款人签发交由付款人承兑；银行承兑汇票应由在承兑银行开立存款账户的存款人签发		
付款期限	纸质商业汇票的付款期限，最长不得超过 6 个月。 电子承兑汇票期限自出票日至到期日不超过 1 年		
承兑	1. 付款人承兑汇票后，应当承担到期付款的责任。 2. 银行承兑汇票的承兑银行，应按票面金额的一定比例向出票人收取手续费，银行承兑汇票手续费为市场调节价		
贴现	分类	按照交易方式分为：买断式和回购式	
	贴现条件	票据未到期；票据未记载"不得转让"事项；在银行开立存款账户的企业法人以及其他组织；与出票人或者直接前手之间具有真实的商品交易关系	
	基本规定	1. 贴现人办理纸质票据贴现时，应当通过票据市场基础设施查询票据承兑信息，并在确认纸质票据必须记载事项与已登记承兑信息一致后，为贴现申请人办理贴现，贴现申请人无须提供合同、发票等资料；信息不存在或者纸质票据必须记载事项与已登记承兑信息不一致的，不得办理贴现。 2. 贴现人可以按市场化原则选择商业银行对纸质票据进行保证增信。 3. 纸质票据贴现后，其保管人可以向承兑人发起付款确认。付款确认可以采用实物确认或者影像确认，两者具有同等效力。 4. 承兑人收到票据影像确认请求或者票据实物后，应当在 3 个工作日内作出或者委托其开户行作出同意或者拒绝到期付款的应答。拒绝到期付款的，应当说明理由。 5. 电子商业汇票一经承兑即视同承兑人已进行付款确认	

续表

项目		内　　容
贴现	贴现利息计算	贴现的期限从其贴现之日起到汇票到期日止；实付贴现金额按票面金额扣除贴现日至汇票到期前1日的利息计算；承兑人在异地的纸质商业汇票，贴现的期限以及贴现利息的计算应另加3天的划款日期
到期处理		1. 票据到期后偿付顺序。（1）票据未经承兑人付款确认和保证增信即交易的，若承兑人未付款，应当由贴现人先行偿付。（2）票据经承兑人付款确认且未保证增信即交易的，应当由承兑人付款；若承兑人未付款，应当由贴现人先行偿付。（3）票据保证增信后即交易且未经承兑人付款确认的，若承兑人未付款，应当由保证增信行先行偿付；保证增信行未偿付的，应当由贴现人先行偿付。（4）票据保证增信后且经承兑人付款确认的，应当由承兑人付款；若承兑人未付款，应当由保证增信行先行偿付；保证增信行未偿付的，应当由贴现人先行偿付。 2. 提示付款。商业汇票的提示付款期限，自汇票到期日起10日，持票人应在提示付款期内向付款人提示付款。承兑人或者承兑人开户行在提示付款当日未作出应答的，视为拒绝付款，票据市场基础设施提供拒绝付款证明并通知持票人

典型例题

【例3-20】（单选题）电子承兑汇票的付款期限自出票日至到期日不能超过一定期限。该期限为（　　）。

A. 2年　　　　　　　　　　　　B. 3个月

C. 6个月　　　　　　　　　　　D. 1年

【答案】D

【解析】电子承兑汇票的付款期限自出票日至到期日不超过1年。

【例3-21】（多选题）根据票据法律制度的规定，商业汇票的持票人在提示付款期内提示付款，承兑人或付款人的下列做法正确的有（　　）。

A. 持票人在提示付款期内提示付款的，承兑人应当在提示付款当日进行应答或者委托其开户行进行应答

B. 承兑人存在合法抗辩事由拒绝付款的，应当在提示付款当日出具或者委托其开户行出具拒绝付款证明，并通知持票人

C. 承兑人或者承兑人开户行在提示付款当日未作出应答的，视为拒绝付款

D. 承兑人或者承兑人开户行在提示付款当日未作出应答的，视为同意付款

【答案】ABC

【解析】选项D，承兑人或者承兑人开户行在提示付款当日未作出应答的，视为拒绝付款。

考点 12　银行本票（见票即付）★★

项目	内　容
概念	本票是指出票人签发的，承诺自己在见票时无条件支付确定的金额给收款人或者持票人的票据。 在我国，本票仅限于银行本票，即银行出票、银行付款
适用范围	单位和个人在同一票据交换区域需要支付各种款项，均可以使用银行本票
出票	1. 申请。 申请人使用银行本票，应向银行填写"银行本票申请书"，填明收款人名称、申请人名称、支付金额、申请日期等事项并签章。申请人和收款人均为个人需要支取现金的，应在"金额"栏先填写"现金"字样，后填写支付金额。申请人或收款人为单位的，不得申请签发现金银行本票。 2. 受理。 (1) 出票银行受理"银行本票申请书"，收妥款项，签发银行本票。 (2) 签发银行本票必须记载下列事项：①表明"银行本票"的字样；②无条件支付的承诺；③确定的金额；④收款人名称；⑤出票日期；⑥出票人签章。欠缺记载上列事项之一的，银行本票无效
付款	1. 银行本票见票即付。 2. 银行本票的提示付款期限自出票日起最长不得超过 2 个月。 3. 银行本票的持票人未按照规定期限提示付款的，丧失对"出票人"以外的前手的追索权，持票人超过提示付款期限不获付款的，在票据权利时效内（自出票之日起 2 年）向出票银行作出说明，并提供本人身份证件或单位证明，可持银行本票向出票银行请求付款
退款和丧失	1. 申请人因银行本票超过提示付款期限或其他原因要求退款时，应将银行本票提交到出票银行。申请人为单位的，应出具该单位的证明；申请人为个人的，应出具该本人的身份证件。 2. 出票银行对于在本行开立存款账户的申请人，只能将款项转入原申请人账户；对于现金银行本票和未在本行开立存款账户的申请人，才能退付现金

典型例题

【例 3 – 22】（多选题）根据支付结算法律制度的规定，下列各项中，属于银行本票必须记载事项的有（　　）。

A. 出票人签章　　　B. 出票日期　　　　C. 收款人名称　　　D. 确定的金额

【答案】ABCD

【解析】签发银行本票时必须记载的事项：(1) 表明"银行本票"的字样；(2) 无条件支付的承诺；(3) 确定的金额；(4) 收款人名称；(5) 出票日期；(6) 出票人签章。

考点13 支票 ★

项目	内　容
概念	支票是指出票人签发的、委托办理支票存款业务的银行在见票时无条件支付确定的金额给收款人或者持票人的票据
种类	支票分为现金支票、转账支票和普通支票三种。 (1) 支票上印有"现金"字样的为现金支票，现金支票只能用于支取现金。 (2) 支票上印有"转账"字样的为转账支票，转账支票只能用于转账。 (3) 支票上未印有"现金"或"转账"字样的为普通支票，普通支票可以用于支取现金，也可以用于转账。在普通支票左上角划两条平行线的，为划线支票，划线支票只能用于转账，不得支取现金
适用范围	单位和个人在同一票据交换区域的各种款项结算，均可以使用支票
出票	签发支票必须记载下列事项：(1) 表明"支票"的字样；(2) 无条件支付的委托；(3) 确定的金额；(4) 付款人名称；(5) 出票日期；(6) 出票人签章。支票上未记载前款规定事项之一的，支票无效。 其中，支票的"付款人"为支票上记载的出票人开户银行。 支票的金额、收款人名称，可以由出票人授权补记，未补记前不得背书转让和提示付款。 支票上未记载付款地的，付款人的营业场所为付款地。支票上未记载出票地的，出票人的营业场所、住所或者经营居住地为出票地。出票人可以在支票上记载自己为收款人。 注意事项： 1. 禁止签发空头支票（签发金额超过实有存款金额）。 2. 不得签发与其预留银行签章不符的支票
付款	1. 提示付款：支票的提示付款期限自出票日起10日。 2. 付款：出票人必须按照签发的支票金额承担保证向该持票人付款的责任。出票人在付款人处的存款足以支付支票金额时，付款人应当在见票当日足额付款

典型例题

【例3-23】（多选题）根据支付结算法律制度的规定，下列关于支票的表述中，正确的有（　　）。

A. 支票基本当事人包括出票人、付款人、收款人

B. 支票金额和收款人名称可以由出票人授权补记

C. 支票的付款人是出票人的开户银行

D. 出票人不得在支票上记载自己为收款人

【答案】ABC

【解析】出票人可以在支票上记载自己为收款人。

考点 14　汇兑 ★★

项目	内　　容
概念和种类	汇兑是汇款人委托银行将其款项支付给收款人的结算方式。 汇兑分为信汇、电汇两种
适用情况	单位和个人的各种款项的结算，均可使用汇兑结算方式
收款	1. 汇款回单。 汇出银行向汇款人签发汇款回单，该回单只能作为汇出银行受理汇款的依据，不能作为该笔汇款已转入收款人账户的证明。 2. 收账通知。 汇入银行向收款人发出的收账通知是银行将款项确已收入收款人账户的凭据
撤销	汇款人对汇出银行尚未汇出的款项可以申请撤销

典型例题

【例 3 - 24】（多选题）关于汇兑的下列表述中，符合法律制度规定的有（　　　）。

A. 单位和个人均可使用汇兑

B. 汇款人对汇出银行尚未汇出的款项可以申请撤销

C. 汇兑以收账通知为汇出银行受理汇款的依据

D. 汇兑以汇款回单为银行将款项确已收入收款人账户的凭据

【答案】AB

【解析】选项 C、D，汇款回单为汇出银行受理汇款的依据；收账通知为银行将款项确已收入收款人账户的凭据。

考点 15　委托收款 ★★★

项目	内　　容
概念	委托收款是收款人委托银行向付款人收取款项的结算方式
适用范围	1. 单位和个人凭已承兑商业汇票、债券、存单等付款人债务证明办理款项的结算，均可以使用委托收款结算方式； 2. 委托收款在同城、异地均可以使用

续表

项目	内　容
付款	1. 以银行为付款人的，银行应当在当日将款项主动支付给收款人。 2. 以单位为付款人的，银行应及时通知付款人，需要将有关债务证明交给付款人的应交给付款人。付款人应于接到通知的当日书面通知银行付款。付款人未在接到通知的次日起 3 日内通知银行付款的，视同付款人同意付款，银行应于付款人接到通知日的次日起第 4 日上午开始营业时，将款项划给收款人。银行在办理划款时，付款人存款账户不足支付的，应通过被委托银行向收款人发出未付款项通知书。 3. 拒绝付款。 （1）付款人审查有关债务证明后，对收款人委托收取的款项需要拒绝付款的，可以办理拒绝付款。 （2）以银行为付款人的，应自收到委托收款及债务证明的次日起 3 日内出具拒绝证明，连同有关债务证明、凭证寄给被委托银行，转交收款人。 （3）以单位为付款人的，应在付款人接到通知日的次日起 3 日内出具拒绝证明，持有债务证明的，应将其送交开户银行。银行将拒绝证明、债务证明和有关凭证一并寄给被委托银行，转交收款人

典型例题

【例 3 - 25】（单选题）关于委托收款的下列表述中，不符合法律规定的是（　　）。

A. 单位和个人均可使用委托收款的结算方式

B. 委托收款在同城、异地均可使用

C. 委托收款以单位为付款人的，银行应当在当日将款项主动支付给收款人

D. 付款人审查有关债务证明后，对收款人委托收取的款项需要拒绝付款的，可以办理拒绝付款

【答案】C

【解析】选项 C，委托付款以付款银行为付款人的，银行应当在当日将款项主动支付给收款人；以单位为付款人的，付款银行应及时通知付款人，付款人应于接到通知的当日书面通知银行付款。

考点 16　银行卡账户和交易 ★★

项目	内　容
申领	1. 申领信用卡，应按规定填制申请表，连同有关资料一并送交发卡银行。 2. 发卡银行可根据申请人的资信程度，要求其提供担保。 3. 担保的方式可采用保证、抵押或质押。 4. 银行卡及其账户只限经发卡银行批准的持卡人本人使用，不得出租和转借

续表

项目		内　容
银行卡交易的其他基本规定	信用卡预借现金业务	1. 包括现金提取、现金转账和现金充值。 （1）现金提取是指持卡人通过柜面和自动柜员机等自助机具，以现钞形式获得信用卡预借现金额度内资金； （2）现金转账是指持卡人将信用卡预借现金额度内资金划转到本人银行结算账户； （3）现金充值是指持卡人将信用卡预借现金额度内资金划转到本人在非银行支付机构开立的支付账户。 2. 限额。 （1）信用卡持卡人通过 ATM 机等自助机具办理现金提取业务，每卡每日累计不得超过人民币 1 万元； （2）持卡人通过柜面办理现金提取业务，通过各类渠道办理现金转账业务的每卡每日限额，由发卡机构与持卡人通过协议约定； （3）发卡机构可自主确定是否提供现金充值服务，并与持卡人协议约定每卡每日限额； （4）发卡机构不得将持卡人信用卡预借现金额度内资金划转至其他信用卡，以及非持卡人的银行结算账户或支付账户； （5）发卡银行应当对借记卡持卡人在自动柜员机（ATM 机）等取款设定交易上限，每卡每日累计提款不得超过 2 万元人民币； （6）储值卡的面值或卡内币值不得超过 1 000 元人民币
贷记卡持卡人的待遇		1. 银行记账日到发卡银行规定的到期还款日之间为免息还款期。 2. 持卡人在到期还款日前偿还所使用全部银行款项有困难的，可按照发卡银行规定的最低还款额还款。 3. 持卡人透支消费享受免息还款期和最低还款额待遇的条件和标准等，由发卡机构自主确定

典型例题

【例 3 - 26】（单选题）赵某持信用卡在 ATM 机取现，根据支付结算法律制度的规定，其每天最多可以取（　　）元。

A. 5 000　　　　　B. 10 000　　　　　C. 20 000　　　　　D. 50 000

【答案】B

【解析】信用卡持卡人通过 ATM 机等自主机具办理现金提取业务，每卡每日累计不得超过人民币 1 万元。

【例 3 - 27】（判断题）单位人民币银行卡可以支取现金。（　　）

【答案】×

【解析】单位人民币卡账户的资金一律从其基本存款账户转账存入，不得存取现金，不得将销货收入存入单位卡账户。

考点 17 银行卡计息与收费 ★

项目			内容
计息	信用卡	贷记卡	信用卡透支的计结息方式，以及对信用卡溢缴款是否计付利息及其利率标准，由发卡机构自主确定。
		准贷记卡	提示：自 2021 年 1 月 1 日起取消对信用卡透支利率实行上限和下限管理，透支利率由发卡机构与持卡人自主协商确定
	借记卡	转账卡（含储蓄卡）	按中国人民银行规定的同期同档次存款利率及计息办法计付利息
		专用卡	
		储值卡	不计息
提示义务			1. 发卡机构应在信用卡协议中以显著方式提示信用卡利率标准和计结息方式、免息还款期和最低还款额待遇的条件和标准，以及向持卡人收取违约金的详细情形和收取标准等与持卡人有重大利害关系的事项，确保持卡人充分知悉并确认接受。其中，对于信用卡利率标准，应注明日利率和年利率。 2. 发卡机构调整信用卡利率的，应至少提前 45 个自然日按照约定方式通知持卡人。持卡人有权在新利率标准生效之日前选择销户，并按照已签订的协议偿还相关款项
违约金和服务费用			1. 取消信用卡滞纳金，对于持卡人违约逾期未还款的行为，发卡机构应与持卡人通过协议约定是否收取违约金，以及相关收取方式和标准。 2. 发卡机构向持卡人提供超过授信额度用卡的，不得收取超限费。 3. 发卡机构对向持卡人收取的违约金和年费、取现手续费、货币兑换费等服务费用不得计收利息

典型例题

【例 3 – 28】（单选题）根据支付结算法律管理制度的规定，关于信用卡透支利率及利息管理的下列表述中，正确的是（　　）。

A. 透支的计结息方式由持卡人自主确定

B. 透支的利息标准由发卡机构与持卡人协商确定

C. 信用卡透支利率上限和下限管理

D. 发卡机构对向持卡人收取的违约金和年费等服务费用应计收利息

【答案】B

【解析】信用卡透支的计结息方式，以及对信用卡溢缴款是否计付利息及其利率标准，由发卡机构自主确定。2021 年 1 月 1 日起，信用卡透支利率由发卡机构与持卡人自主协商确定，取消信用卡透支利率上限和下限管理。发卡机构对向持卡人收取的违约金和年费、取现手续费、货币兑换费等服务费用不得计收利息。

考点 18 网上银行 ★

项目	内 容
分类	1. 按主要服务对象分为企业网上银行和个人网上银行。 企业网上银行主要适用于企事业单位。 个人网上银行主要适用于个人与家庭。 2. 按经营组织分为分支型网上银行和纯网上银行
开通方式	1. 客户前往银行柜台办理。 2. 客户先网上自助申请,后到柜台签约
功能	1. 企业网上银行子系统主营业务功能包括: (1) 账户信息查询;(2) 支付指令;(3) B2B 网上支付;(4) 批量支付。 2. 个人网上银行子系统具体业务功能包括: (1) 账户信息查询;(2) 人民币转账业务;(3) 银证转账业务;(4) 外汇买卖业务;(5) 账户管理业务;(6) B2C 网上支付

典型例题

【例 3-29】(多选题) 企业网上银行子系统主要业务功能包括(   )。

A. 账户信息查询

B. 支付指令

C. B2B 网上支付

D. 批量支付

【答案】ABCD

【解析】企业网上银行子系统主要业务功能包括:(1) 账户信息查询;(2) 支付指令;(3) B2B 网上支付;(4) 批量支付。

考点 19 条码支付 ★

项目	内 容
概念	条码支付业务是指银行、支付机构应用条码技术,实现收付款人之间货币资金转移的业务活动。 1. 付款扫码是指付款人通过移动终端识读收款人展示的条码完成支付的行为。 2. 收款扫码是指收款人通过识读付款人移动终端展示的条码完成支付的行为。 其中,支付机构向客户提供基于条码技术付款服务的,应当取得网络支付业务许可;支付机构为实体特约商户和网络特约商户提供条码支付收单服务的,应当分别取得银行卡收单业务许可和网络支付业务许可

续表

项　目	内　　容
交易验证及限额	一是仅客户本人知悉的要素，如静态密码等； 二是仅客户本人持有并特有的，不可复制或者不可重复利用的要素，如经过安全认证的数字证书、电子签名，以及通过安全渠道生成和传输的一次性密码等； 三是客户本人生物特征要素，如指纹等
限额要求	A 级：采用包括数字证书或电子签名在内的两类（含）以上有效要素对交易进行验证的，银行、支付机构可与客户通过协议自主约定单日累计限额； B 级：采用不包括数字证书、电子签名在内的两类（含）以上有效要素对交易进行验证的，同一客户单个银行账户或所有支付账户单日累计交易金额应不超过 5 000 元； C 级：采用不足两类要素对交易进行验证的，同一客户单个银行账户或所有支付账户单日累计交易金额应不超过 1 000 元； D 级：使用静态条码的，同一客户单个银行账户或所有支付账户单日累计交易金额应不超过 500 元
商户管理	银行、支付机构拓展条码支付特约商户，应遵循"了解你的客户"原则，确保所拓展的是依法设立、合法经营的特约商户。 以同一个身份证件在同一家银行、支付机构办理的全部小微商户基于信用卡的条码支付收款金额日累计不超过 1 000 元、月累计不超过 1 万元
风险管理	1. 评估业务相关的洗钱和恐怖融资风险，采取与风险水平相适应的管控措施； 2. 设置或与其约定单笔及日累计交易限额； 3. 对风险等级较高的特约商户，应采用强化交易监测、建立特约商户风险准备金、延迟清算等风险管理措施； 4. 银行、支付机构发现特约商户发生疑似套现、洗钱、恐怖融资、欺诈、留存或泄露账户信息等风险事件的，应对特约商户采取延迟资金结算、暂停交易、冻结账户等措施，并承担因未采取措施导致的风险损失责任；发现涉嫌违法犯罪活动的，应及时向公安机关报案

典型例题

【例 3 - 30】（多选题）根据支付结算法律制度的规定，对于风险等级较高的特约商户，银行、支付机构可采取的措施有（　　　）。

A. 延迟清算

B. 建立特约商户风险准备金

C. 暂停交易

D. 强化交易监测

【答案】ABD

【解析】对风险等级较高的特约商户，应采用强化交易监测、建立特约商户风险准备金、延迟清算等风险管理措施。

考点 20 网络支付 ★

项目	内容		
概念	收款人或付款人通过计算机、移动终端等电子设备，依托公共网络信息系统远程发起支付指令，且付款人电子设备不与收款人特定专属设备交互，由支付机构为收付款人提供货币资金转移服务的活动		
主要分支机构	1. 金融型支付企业。 金融型支付企业是独立第三方支付模式，其不负有担保功能，仅仅为用户提供支付产品和支付系统解决方案，侧重行业需求和开拓行业应用，是立足于企业端的金融型支付企业。 2. 互联网支付企业。 互联网支付企业是依托于自有的电子商务网站并提供担保功能的第三方支付模式，以在线支付为主，是立足于个人消费者端的互联网型支付企业		
支付账户	1. 支付账户不得透支，不得出借、出租、出售，不得利用支付账户从事或者协助他人从事非法活动。 2. 支付机构为客户开立支付账户的，应当对客户实行实名制管理，登记并采取有效措施验证客户身份基本信息，按规定核对有效身份证件并留存有效身份证件复印件或者影印件，建立客户唯一识别编码，并在与客户业务关系存续期间采取持续的身份识别措施，确保有效核实客户身份及其真实意愿，不得开立匿名、假名支付账户。 3. 支付机构在为单位和个人开立支付账户时，应当与单位和个人签订协议，约定支付账户与支付账户、支付账户与银行账户之间的日累计转账限额和笔数，超出限额和笔数的，不得再办理转账业务		
规定	Ⅰ类	1. 首次在该支付机构开立支付账户的个人客户。 2. 账户余额可用于消费和转账，余额付款交易自账户开立起累计不超过 1 000 元（包括支付账户向客户本人同名银行账户转账）	
	Ⅱ类	1. 自主或委托合作机构以面对面方式核实身份的个人客户或者以非面对面方式通过至少三个合法安全的外部渠道进行身份基本信息多重交叉验证的个人客户。 2. 账户余额可用于消费和转账，所有支付账户的余额付款交易年累计不超过 10 万元（不包括支付账户向客户本人同名银行账户转账）	
	Ⅲ类	1. 以面对面方式核实身份的个人客户或以非面对面方式通过至少五个合法安全的外部渠道进行身份基本信息多重交叉验证的个人客户。 2. 账户余额可以用于消费、转账以及购买投资理财等金融类产品，所有支付账户的余额付款交易年累计不超过 20 万元（不包括支付账户向客户本人同名银行账户转账）	

典型例题

【例3-31】（单选题）根据条码支付的相关法律规定，个人客户使用静态条码的，同一客户单个银行账户或所有支付账户单日累计交易金额（   ）。

A. 可通过协议自主约定单日累计限额

B. 应不超过500元

C. 应不超过1 000元

D. 应不超过1 500元

【答案】B

【解析】对个人客户的条码支付业务限额管理规定，风险防范能力达到D级，即使用静态条码的，同一客户单个银行账户或所有支付账户单日累计交易金额应不超过500元。

考点21 预付卡的相关规定★

项目	记名预付卡	不记名预付卡	备注
资金限额	单张记名预付卡资金限额不得超过5 000元	单张不记名预付卡资金限额不得超过1 000元	人民币计价不具有透支功能
期限	不得设置有效期	有效期不得低于3年	超期且有余额，可通过延期、激活、换卡等方式继续使用
办理	1. 个人或单位购买记名预付卡或一次性购买不记名预付卡1万元以上的，应当使用实名并向发卡机构提供有效身份证件。 2. 单位一次性购买预付卡5 000元以上，个人一次性购买预付卡5万元以上的，应当通过银行转账等非现金结算方式购买，不得使用现金。 3. 购卡人不得使用信用卡购买预付卡		使用实名购买预付卡的，发卡机构应当登记购卡人相关信息。代理购买的确认代理关系并留存代理人的相关信息
充值	1. 一次性充值金额5 000元以上的，不得使用现金。 2. 单张预付卡充值后的资金余额不得超过规定限额。 3. 预付卡现金充值通过发卡机构网点进行，但单张预付卡同日累计现金充值在200元以下的，可通过自助充值终端、销售合作机构代理等方式充值		预付卡只能通过现金或银行转账方式进行充值，不得使用信用卡为预付卡充值

续表

项目	记名预付卡	不记名预付卡	备注
赎回	1. 可赎回。 2. 在购卡 3 个月后办理。 3. 持卡人应当出示预付卡及持卡人和购卡人的有效身份证件	不赎回	由他人代理赎回的,应当同时出示代理人和被代理人的有效身份证件。 单位购买的记名预付卡,只能由单位办理赎回
挂失	可挂失	不挂失	

典型例题

【例 3 - 32】（多选题）王某一次性购买 6 万元的预付卡,不能使用的支付方式有（   ）。

A. 转账支票 　　　　 B. 现金 　　　　 C. 信用卡 　　　　 D. 借记卡

【答案】BC

【解析】单位一次性购买预付卡 5 000 元以上,个人一次性购买预付卡 5 万元以上的,应当通过银行转账等非现金结算方式购买,不得使用现金。购卡人不得使用信用卡购买预付卡。

考点 22　结算纪律 ★★

主体	结算纪律
单位和个人办理支付结算	1. 不准签发没有资金保证的票据或远期支票,套取银行信用; 2. 不准签发、取得和转让没有真实交易和债权债务的票据,套取银行和他人资金; 3. 不准无理拒绝付款,任意占用他人资金; 4. 不准违反规定开立和使用账户
银行办理支付结算	1. 不准以任何理由压票、任意退票、截留挪用客户和他行资金; 2. 不准无理拒绝支付应由银行支付的票据款项; 3. 不准受理无理拒付、不扣少扣滞纳金; 4. 不准违章签发、承兑、贴现票据,套取银行资金; 5. 不准签发空头银行汇票、银行本票和办理空头汇款; 6. 不准在支付结算制度之外规定附加条件,影响汇路畅通; 7. 不准违反规定为单位和个人开立账户; 8. 不准拒绝受理、代理他行正常结算业务

典型例题

【例 3 - 33】（单选题）下列违反结算纪律的行为中,应由单位和个人承担法律责任的是（　　）。

  A. 受理无理拒付，不扣少扣滞纳金

  B. 签发空头银行汇票、银行本票和办理空头汇款

  C. 压票、任意退票、截留挪用客户资金

  D. 签发、取得和转让无真实交易和债权债务的票据，套取银行和他人资金

【答案】D

【解析】结算纪律包括银行应当遵守的结算纪律和单位、个人应当遵守的结算纪律两种；选项 A、B、C 均为银行应当遵守的结算纪律。

考点 23　法律责任 ★ ★

情形		法律责任
1. 签发空头支票、印章与预留印鉴不符、密码错误支票的		（1）单位或个人签发空头支票或者签发与其预留的签章不符、使用支付密码但支付密码错误的支票，不以骗取财物为目的的，由中国人民银行处以票面金额 5% 但不低于 1 000 元的罚款； （2）持票人有权要求出票人赔偿支票金额 2% 的赔偿金
2. 无理拒付、占用他人资金行为的		票据的付款人对见票即付或者到期的票据，故意压票、拖延支付的，银行机构违反票据承兑等结算业务规定，不予兑现，不予收付入账，压单、压票或者违反规定退票的，由国务院银行保险监督管理机构责令其改正，有违法所得的，没收违法所得
3. 违反账户管理规定行为的	（1）违反规定开立银行结算账户；（2）伪造、变造证明文件欺骗银行开立银行结算账户；（3）违反规定不及时撤销银行结算账户	非经营性存款人的，给予警告并处以 1 000 元的罚款；属于经营性存款人的，给予警告并处以 1 万元以上 3 万元以下的罚款；构成犯罪的，移交司法机关依法追究刑事责任
	（1）违反规定将单位款项转入个人银行结算账户；（2）违反规定支取现金；（3）利用开立银行结算账户逃废银行债务；（4）出租、出借银行结算账户；（5）从基本存款账户之外的银行结算账户转账存入、将销货收入存入或现金存入单位信用卡账户	非经营性的存款人有第（1）～（5）项行为的，给予警告并处以 1 000 元罚款； 经营性的存款人有第（1）～（5）项行为的，给予警告并处以 5 000 元以上 3 万元以下的罚款

续表

情形		法律责任	
3. 违反账户管理规定行为的	（6）法定代表人或主要负责人、存款人地址以及其他开户资料的变更事项未在规定期限内通知银行	给予警告并处以1 000元的罚款	
	伪造、变造、私自印制开户许可证	属非经营性的处以1 000元罚款；属经营性的处以1万元以上3万元以下的罚款；构成犯罪的，移交司法机关依法追究刑事责任	
4. 票据欺诈等行为的	（1）伪造、变造票据、托收凭证、汇款凭证、信用证，伪造信用卡的；（2）进行信用卡诈骗活动，数额较大的	一般情节	处5年以下有期徒刑或者拘役，并处或者单处2万元以上20万元以下罚金
		严重情节	处5年以上或者10年以下有期徒刑，并处5万元以上50万元以下罚金
		特别严重情节	处10年以上有期徒刑或者无期徒刑，并处5万元以上50万元以下罚金或者没收财产
	（3）妨害信用卡管理的	一般情节	处3年以下有期徒刑或者拘役，并处或者单处1万元以上10万元以下罚金
		严重情节	处3年以上10年以下有期徒刑，并处2万元以上20万元以下罚金
5. 非法出租、出借、出售、购买银行结算账户或支付账户行为的	5年内暂停其银行账户非柜面业务、支付账户所有业务，并不得为其新开立账户。惩戒期满后，受惩戒的单位和个人办理新开立账户业务的，银行和支付机构应加大审核力度。中国人民银行将上述单位和个人信息移送金融信用信息基础数据库并向社会公布		

典型例题

【例3-34】（多选题）根据支付结算法律制度的规定，进行信用卡诈骗活动、数额巨大或有其他严重情节的应（　　）。

A. 处5年以上或者10年以下有期徒刑　　B. 单处2万元以上20万元以下罚金

C. 处5年以下有期徒刑　　D. 处5万元以上50万元以下罚金

【答案】AD

【解析】进行信用卡诈骗活动，数额较大且情节严重的应处5年以上或者10年以下有期徒刑，并处5万元以上50万元以下罚金。

巩固练习

一、单项选择题

1. 根据支付结算法律制度的规定，下列关于办理汇兑业务的表述中，不正确的是（　　）。

　　A. 汇款回单是汇出银行受理汇款的依据

　　B. 收账通知是银行将款项确已转入收款人账户的凭据

　　C. 汇款回单可以作为该笔汇款已转入收款人账户的证明

　　D. 汇兑凭证记载的汇款人、收款人在银行开立存款账户的，必须记载其账号

2. 下列存款账户中，可以用于办理现金支取的是（　　）。

　　A. 一般存款账户　　　　　　　　B. 临时存款账户

　　C. 期货交易保证金账户　　　　　D. 信托基金专用存款账户

3. 根据票据法律制度的规定，票据到期前持票人可以行使追索权的情形是（　　）。

　　A. 票据被拒绝承兑　　　　　　　B. 票据被拒绝付款

　　C. 票据保证人破产　　　　　　　D. 票据丢失

4. 下列关于票据背书的说法中，正确的是（　　）。

　　A. 背书人可以将票据金额部分背书转让给被背书人

　　B. 汇票背书未记载日期的，视为背书无效

　　C. 背书人可以将票据金额分别转让给两个被背书人

　　D. 背书人记载"不得转让"字样的，再背书转让的，其背书行为有效

5. 根据支付结算法律制度的规定，对于应撤销而未办理销户手续的单位银行结算账户，银行通知该账户的存款人在法定期限内办理销户手续，逾期视同自愿销户。该期限是（　　）。

　　A. 自银行发出通知之日起 10 日内

　　B. 自银行发出通知之日起 5 日内

　　C. 自银行发出通知之日起 30 日内

　　D. 自银行发出通知之日起 2 日内

6. 根据《票据法》的规定，甲向乙签发商业汇票时记载的下列事项中，不发生

票据法上效力的是（　　）。

    A. 乙交货后付款   B. 票据金额 10 万元

    C. 汇票背书记载"不得转让"   D. 乙开户行名称

7. 可以使用填明"现金"字样的银行汇票是（　　）。

    A. 甲公司向乙公司支付材料款

    B. 杨某向丁公司支付装修款

    C. 钱某向孙某支付购房款

    D. 丙公司向王某支付劳务费

8. A 公司成立后向某银行申请开立了一个用于办理日常转账结算和现金收付的账户，该账户性质属于（　　）。

    A. 基本存款账户   B. 一般存款账户

    C. 临时存款账户   D. 专用存款账户

9. 下列关于电子商业汇票的说法中不正确的是（　　）。

    A. 电子商业汇票按承兑人的不同可以分为电子商业承兑汇票、电子银行承兑汇票

    B. 票据经承兑人付款确认且未保证增信即交易的，应当由承兑人付款；若承兑人未付款，应当由贴现人先行偿付

    C. 电子商业汇票的必须记载事项包括票据到期日、出票人名称等

    D. 电子商业汇票的付款期限，自出票日至到期日最长不得超过 6 个月

10. 下列不属于信用卡预借现金业务的是（　　）。

    A. 现金支付   B. 现金转账   C. 现金充值   D. 现金提取

11. 一般存款账户不可以（　　）。

    A. 借款转存   B. 现金支取   C. 现金存入   D. 借款归还

12. 存款人更改名称，但不改变开户银行及账号，应于一定期间内向开户银行提出银行结算账户的变更申请，该期间为（　　）个工作日。

    A. 1   B. 2   C. 3   D. 5

13. 甲公司向乙公司开出面值 100 万元的支票，支付前欠货款，但甲公司账面无款支付，属于空头支票。根据相关法律制度的规定，金融管理部门有权对甲公司处以（　　）万元的罚款。

    A. 1   B. 3   C. 5   D. 10

14. 根据支付结算法律制度的规定，下列关于办理支付结算基本要求的表述中，不正确的是（　　）。

    A. 票据上的签章为签名、盖章或者签名加盖章

    B. 结算凭证的金额以中文大写和阿拉伯数码同时记载，二者必须一致

C. 票据上出票金额、收款人名称不得更改

D. 票据的出票日期可以使用阿拉伯数码记载

15. 根据支付结算法律制度的规定,下列各项票据中,"付款人名称"不是必须记载事项的是(   )。

A. 银行汇票　　　　B. 银行本票　　　　C. 商业汇票　　　　D. 支票

16. 下列银行结算账户中,不得支取现金的是(   )。

A. 基本存款账户

B. 一般存款账户

C. 个人银行结算账户

D. 党、团、工会经费专用存款账户

17. 收款人委托银行向付款人收取款项的结算方式是(   )。

A. 汇兑　　　　B. 托收承付　　　　C. 委托收款　　　　D. 预付卡

18. 下列票据中,不属于我国《票据法》所称票据的是(   )。

A. 本票　　　　B. 股票　　　　C. 汇票　　　　D. 支票

19. 下列关于信用卡的表述中,不正确的是(   )。

A. 准贷记卡是指持卡人须先按发卡银行要求交存一定金额的备用金,当备用金账户余额不足支付时,可在发卡银行规定的信用额度内透支的信用卡

B. 发卡银行对准贷记卡账户内的存款,按照中国人民银行规定的同期同档次存款利率及计息办法计付利息

C. 年满18周岁,有固定职业和稳定收入,工作单位和户口在常住地的城乡居民可以申请办理贷记卡

D. 贷记卡的免息还款期须按中国人民银行的统一规定执行

20. 根据支付结算法律制度的规定,下列属于线上支付的是(   )。

A. 网上银行支付　　　　　　　　B. 固定电话支付

C. 电视支付　　　　　　　　　　D. POS机刷卡支付

21. 下列分类中,以是否具有透支功能划分的是(   )。

A. 单位卡与个人卡　　　　　　　B. 信用卡与借记卡

C. 记名预付卡与不记名预付卡　　D. 人民币卡与外币卡

22. 下列选项中,属于可以背书转让汇票的情形是(   )。

A. 汇票未记载付款地的　　　　　B. 汇票超过付款提示期限的

C. 汇票被拒绝承兑的　　　　　　D. 汇票被拒绝付款的

23. 根据支付结算法律制度的规定,下列表述中,正确的是(   )。

A. 背书未记载背书日期,背书无效

B. 承兑未记载承兑日期,承兑无效

C. 保证未记载保证日期，保证无效

D. 出票人未记载出票日期，票据无效

24. 记名预付卡，下列正确的说法是 (　　)。

A. 不得设置有效期　　　　　　　　　B. 不能赎回

C. 不能挂失　　　　　　　　　　　　D. 卡内资金无限额

二、多项选择题

1. 票据权利包括 (　　)。

A. 收款请求权　　B. 追索权　　C. 付款请求权　　D. 偿还权

2. 下列关于承兑的表述中，正确的有 (　　)。

A. 见票后定期付款的汇票，自出票之日起 1 个月内提示承兑

B. 如果持票人超过法定期限提示承兑的，即丧失对其前手的追索权

C. 汇票上未记载承兑日期的，应当以收到提示承兑的汇票之日起 3 日内的最后一日为承兑日期

D. 承兑附有条件的，所附条件满足后具有票据上的效力

3. 下列关于公示催告的表述中，正确的有 (　　)。

A. 公示催告的期间为国内票据自公告发布之日起 90 日

B. 在公示催告期间，转让票据权利的行为无效

C. 申请公示催告的主体必须是可以背书转让的票据的最后持票人

D. 在公示催告期间，以公示催告的票据贴现、质押，因贴现、质押而接受该票据的持票人主张票据权利的，人民法院不予支持

4. 下列选项中，属于支票必须记载事项的有 (　　)。

A. 出票金额　　　　　　　　　　　　B. 付款人 P 银行

C. 出票日期　　　　　　　　　　　　D. 不得转让字样

5. 下列选项中，属于票据权利消灭情形的有 (　　)。

A. 持票人对前手的再追索权，自清偿日或者被提起诉讼之日起 3 个月未行使

B. 持票人对前手的追索权，在被拒绝承兑或者被拒绝付款之日起 6 个月未行使

C. 持票人对支票出票人的权利，自出票日起 6 个月未行使

D. 持票人对本票出票人的权利，自票据到期日起 1 年未行使

6. 根据支付结算法律制度的规定，下列各项中，属于收单机构业务与风险管理措施的有 (　　)。

A. 建立资金结算风险管理制度

B. 建立特约商户检查制度

C. 建立对特约商户风险评级制度

D. 建立特约商户收单银行变更审核制度

7. 下列各项中，有关银行承兑汇票出票人资格的表述正确的有（   ）。

A. 出票人必须是在承兑银行开立存款账户的法人、其他组织或个人

B. 出票人必须与承兑银行具有真实的委托付款关系

C. 出票人必须资信状况良好

D. 出票人必须具有支付汇票金额的可靠资金来源

8. 甲公司开出一张银行承兑汇票向乙公司支付货款，乙公司将票据背书转让给丙公司。以下属于票据当事人的有（   ）。

A. 甲公司   B. 乙公司   C. 丙公司   D. 银行

9. 根据支付结算法律制度规定，关于开立企业银行结算账户办理事项的下列表述中，正确的有（   ）。

A. 企业预留银行的签章可以为其财务专用章加其法定代表人的签名

B. 银行应与存款人签订银行结算账户管理协议，明确双方的权利和义务

C. 注册地和经营地均在异地的企业申请开户，法定代表人可授权他人代理签订银行结算账户管理协议

D. 银行为企业开通非柜面转账业务，应当约定通过非柜面渠道向非同名银行账户转账的日累计限额

10. 根据支付结算法律制度的规定，下列票据中，允许个人使用的有（   ）。

A. 支票   B. 银行承兑汇票

C. 银行本票   D. 银行汇票

11. 根据支付结算法律制度的规定，下列关于出票记载事项的表述中，正确的有（   ）。

A. 票据上收款人名称可以更改

B. 票据上出票金额不得更改

C. 票据的出票日期以中文大写和阿拉伯数码同时记载且二者必须一致

D. 票据上的签章为签名、盖章或者签名加盖章

12. 下列各项中，属于票据丧失后可以采取的补救措施有（   ）。

A. 挂失止付   B. 公示催告   C. 普通诉讼   D. 仲裁

13. 下列存款人可以申请开立基本存款账户的有（   ）。

A. 个体工商户   B. 个人独资企业

C. 单位附属独立核算的幼儿园   D. 居民委员会

14. 下列关于保证人在票据或者粘单上未记载"被保证人名称"的说法正确的有（   ）。

A. 已承兑的票据，承兑人为被保证人

B. 已承兑的票据，出票人为被保证人

C. 未承兑的票据，出票人为被保证人

D. 未承兑的票据，该保证无效

15. 关于票据追索的下列说法中，正确的有（   ）。

A. 票据追索只能要求偿还票据金额

B. 持票人不能出示拒绝证明、退票理由书或者未按照规定期限提供其他合法证明的，丧失对其前手的追索权

C. 票据的出票人、背书人、承兑人和保证人对持票人承担连带责任，都有可能成为追索对象

D. 发出追索通知没有时间要求

16. 根据票据法律制度的规定，下列不以转让票据权利为目的的背书有（   ）。

A. 委托收款背书　　　　　　　　B. 连续背书

C. 质押背书　　　　　　　　　　D. 记名背书

17. 下列各项中，属于可以行使追索权的情形有（   ）。

A. 汇票到期被拒绝付款的

B. 汇票到期日前被拒绝承兑的

C. 汇票到期日前承兑人逃匿的

D. 汇票到期日前付款人被依法宣告破产的

18. 下列选项中，属于银行办理支付结算必须遵守的结算纪律的有（   ）。

A. 不准签发没有资金保证的票据或远期支票，套取银行信用

B. 不准违反规定为单位和个人开立账户

C. 不准签发空头银行汇票、银行本票和办理空头汇款

D. 不准受理无理拒付、不扣少扣滞纳金

19. 下列各项中，属于票据行为的有（   ）。

A. 出票　　　　B. 背书　　　　C. 承兑　　　　D. 保证

20. 根据支付结算法律制度的规定，下列关于商业汇票出票的表述中，正确的有（   ）。

A. 商业承兑汇票可以由收款人签发

B. 签发银行承兑汇票必须记载付款人名称

C. 银行承兑汇票应由承兑银行签发

D. 商业承兑汇票可以由付款人签发

21. 根据支付结算法律制度的规定，下列票据的提示付款期限正确的有（   ）。

A. 支票的提示付款期限为自出票之日起 10 日

  B. 商业汇票的提示付款期限为自票据到期之日起 10 日

  C. 银行本票的提示付款期限为自出票之日起 6 个月

  D. 银行汇票的提示付款期限为自出票之日起 1 个月

22. 根据《人民币银行结算账户管理办法》的规定，存款人应向开户银行提出撤销银行结算账户申请的有（ ）。

  A. 存款人被宣告破产   B. 存款人被吊销营业执照

  C. 存款人变更法定代表人   D. 存款人因迁址需要变更开户银行

23. 根据支付结算法律制度的相关规定，可以使用委托收款结算的款项包括（ ）。

  A. 银行汇票   B. 债券

  C. 存单   D. 股票

24. 根据支付结算法律制度的规定，下列关于商业汇票付款期限记载形式的表述中，正确的有（ ）。

  A. 见票即付   B. 定日付款

  C. 出票后定期付款   D. 见票后定期付款

25. 根据支付结算法律制度的规定，下列资金中，可以转入个人银行结算账户的有（ ）。

  A. 个人合法的劳务报酬   B. 个人合法的投资回报

  C. 工资性款项   D. 单位的款项

三、判断题

1. 银行卡是指由商业银行发行的信用支付工具，其特点是具有透支功能。

                            （ ）

2. 现金支票，可以用于支取现金，也可以用于转账。   （ ）

3. 票据被拒绝付款的，持票人只能按票据债务人的顺序对直接前手行使追索权。

                            （ ）

4. 甲公司签发一张商业汇票给乙公司，乙公司将该汇票背书转让给丙公司并在票据背面注明"不得转让"字样，此行为属于附条件的背书。 （ ）

5. 以同一个身份证件在同一家收单机构办理的全部小微商户基于信用卡的条码支付收款金额日累计不超过 1 000 元、月累计不超过 2 万元。 （ ）

6. 根据有关规定，个体工商户和个人也可以通过汇兑方式进行各种款项的结算。

                            （ ）

7. 屡次签发空头支票，银行有权停止所有支付业务。   （ ）

8. 票据和结算凭证的金额必须以中文大写和阿拉伯数码同时记载，二者必须一致，否则以中文大写为准。（　　）

9. 付款人账户内资金不足的，银行应当为付款人垫付资金。（　　）

10. 单位在同城、异地结算均可使用委托收款；个人同城结算可以使用委托收款。（　　）

11. 银行汇票的实际结算金额低于出票金额的，票据无效。（　　）

12. 银行在收到存款人撤销银行结算账户的申请后，对于符合销户条件的，应在3个工作日内办理撤销手续。（　　）

13. 单位一次性购买不记名预付卡一万元以上需要实名登记。（　　）

14. 办理支付结算时，单位和银行的名称应当记载全称或者规范化简称。（　　）

15. 任何单位办理支付结算，必须使用按中国人民银行统一规定印制的票据凭证。（　　）

16. 保证人为两人以上的，按约定承担责任，约定不明的，保证无效。（　　）

17. 多用途预付卡可以使用信用卡进行充值。（　　）

18. 甲公司丢失一张汇票，挂失止付后得知乙银行在收到挂失止付通知书之前已经向持票人付款，乙银行不再承担责任。（　　）

19. 财政部门为实行财政国库集中支付的预算单位在银行开设的零余额账户按基本存款账户或专用存款账户管理。（　　）

20. 商业承兑汇票的付款人在接到开户银行付款通知日的次日起3日内未通知银行付款的，视同付款人承诺付款。（　　）

21. 甲以背书方式将票据赠与乙，乙可以取得优于甲的票据权利。（　　）

22. 一个单位可以根据实际需要在银行开立两个以上基本存款账户。（　　）

四、不定项选择题

甲公司成立于2020年1月，在P银行申请开立了基本存款账户。2020年3月16日，甲公司签发并由P银行承兑一张电子商业汇票用于支付乙公司防疫物资货款，该汇票金额500万元、到期日2021年3月16日。2020年6月26日，乙公司为缓解资金压力，将该汇票在Q银行办理了贴现。已知：贴现年利率为2.34%。

要求：根据上述资料，不考虑其他因素，分析回答下列小题。

（1）下列关于甲公司基本存款账户的表述中，正确的是（　　）。

　　A. 甲公司日常经营活动的资金收付应通过该账户办理

　　B. 该账户不得支取现金

　　C. 该账户是甲公司的主办账户

D. 甲公司可根据需要在他行另开立基本存款账户

（2）下列各项中，属于甲公司应具备的该汇票出票人资格条件的是（　　）。

  A. 与 P 银行签订《电子商业汇票业务服务协议》

  B. 具备签约开办对公业务的电子服务渠道

  C. 资信状况良好

  D. 未对外提供担保

（3）P 银行承兑该汇票办理的下列事项中，符合法律规定的是（　　）。

  A. 在线审核该汇票真实交易关系

  B. 与甲公司签订承兑协议

  C. 将承兑信息传送至票据市场基础设施

  D. 免收甲公司承兑手续费

（4）Q 银行应向乙公司支付的票据贴现金额是（　　）。

  A. $500 \times (1 - 2.34\%) = 488.3$（万元）

  B. $500 \times (1 - 2.34\%/360 \times 263) = 491.4525$（万元）

  C. $500 \times [1 - 2.34\%/360 \times (263 + 3)] = 491.355$（万元）

  D. 500 万元

巩固练习参考答案及解析

一、单项选择题

1.【答案】C

【解析】（1）选项 A、C，汇款回单只能作为汇出银行受理汇款的依据，不能作为该笔汇款已转入收款人账户的证明。（2）选项 B，收账通知是银行将款项确已收入收款人账户的凭证。（3）选项 D，汇兑凭证记载的汇款人、收款人在银行开立存款账户的，必须记载其账号。

2.【答案】B

【解析】临时存款账户支取现金，应按照国家现金管理的规定办理。一般存款账户用于办理存款人借款转存、借款归还和其他结算的资金收付。一般存款账户可以办理现金缴存，但不得办理现金支取。证券交易结算资金、期货交易保证金和信托基金专用存款账户不得支取现金。

3.【答案】A

【解析】选项A，在票据到期日前，有下列情况之一的，持票人可以行使追索权：（1）汇票被拒绝承兑的；（2）承兑人或者付款人死亡、逃匿的；（3）承兑人或者付款人被依法宣告破产的；（4）承兑人或者付款人因违法被责令终止业务活动的。选项B，票据到期被拒绝付款的，持票人对背书人、出票人以及票据的其他债务人行使的追索是票据到期后的追索。承兑仅适用于商业汇票。

4.【答案】D

【解析】选项A、C错误，将票据金额的一部分转让的背书或者将票据金额分别转让给两人以上的背书属于部分背书，部分背书属于无效背书；选项B错误，背书未记载日期的，视为在汇票到期日期前背书，背书有效；选项D正确，背书人记载"不得转让"字样，其后手在背书转让的，原背书人对后手的被背书人不承担保证责任，背书行为有效。

5.【答案】C

【解析】对于按规定应撤销而未办理销户手续的单位银行结算账户，银行通知该单位银行结算账户的存款人自发出通知之日起30日内办理销户手续，逾期视同自愿销户，未划转款项列入久悬未取专户管理。

6.【答案】A

【解析】根据规定，法律规定以外的事项不发生票据法上的效力，主要包括汇票的基础关系有关的事项。

7.【答案】C

【解析】申请人或者收款人为单位的，不得使用填明"现金"字样的银行汇票。申请人和收款人均为个人，可以使用填明"现金"字样的银行汇票。

8.【答案】A

【解析】基本存款账户是指存款人因办理日常转账结算和现金收付需要开立的银行结算账户。

9.【答案】D

【解析】电子商业汇票的付款期限，自出票日至到期日最长不得超过1年。

10.【答案】A

【解析】信用卡预借现金业务包括现金提取、现金转账和现金充值。

11.【答案】B

【解析】一般存款账户不得支取现金。

12.【答案】D

【解析】存款人更改名称，但不改变开户银行及账号的，应于5个工作日内向开户银行提出银行结算账户的变更申请。

13.【答案】C

【解析】本题考核签发空头支票的法律责任。根据规定，签发空头支票的，按票面金额处以 5% 但不低于 1 000 元的罚款；同时处以 2% 的赔偿金，赔偿收款人。

14.【答案】D

【解析】票据的出票日期必须使用中文大写。

15.【答案】B

【解析】签发银行本票必须记载下列事项：表明"银行本票"的字样；无条件支付的承诺；确定的金额；收款人名称；出票日期；出票人签章。因此，"付款人名称"不是银行本票的必须记载事项。

16.【答案】B

【解析】个人银行结算账户用于办理个人转账收付和现金存取；一般存款账户可以办理现金缴存，但是不得办理现金支取；基本存款账户可以办理日常经营活动的资金收付及其工资、奖金和现金的支取；党、团、工会经费专用存款账户支取现金应按国家现金管理的规定办理。

17.【答案】C

【解析】委托收款是收款人委托银行向付款人收取款项的结算方式。

18.【答案】B

【解析】我国《票据法》中规定的票据限于汇票、本票、支票。

19.【答案】D

【解析】持卡人透支消费享受免息还款期和最低还款额待遇的条件和标准等，由发卡机构自主确定。

20.【答案】A

【解析】选项 B、C、D，属于线下支付。

21.【答案】B

【解析】银行卡按是否具有透支功能分为信用卡和借记卡。

22.【答案】A

【解析】票据被拒绝承兑、被拒绝付款或者超过付款提示期限的，不得背书转让。

23.【答案】D

【解析】选项 A，背书未记载日期的，视为在票据到期日前背书；选项 B，汇票上未记载承兑日期的，应当以收到提示承兑的汇票之日起 3 日内的最后一日为承兑日期；选项 C，保证人在票据或者粘单上未记载"保证日期"的，出票日期为保证日期。

24.【答案】A

【解析】记名预付卡可挂失（选项 C 错误）、可赎回（选项 B 错误）；单张记名预付卡资金限额不得超过 5 000 元（选项 D 错误）、不得设置有效期（选项 A 正确）。

二、多项选择题

1.【答案】BC

【解析】票据权利包括追索权和付款请求权。

2.【答案】ABC

【解析】付款人承兑汇票，不得附有条件；承兑附有条件的，视为拒绝承兑。

3.【答案】BCD

【解析】公示催告的期间，国内票据自公告发布之日起 60 日，涉外票据可根据具体情况适当延长，但最长不得超过 90 日。

4.【答案】ABC

【解析】支票必须记载的事项包括：（1）表明"支票"的字样；（2）无条件支付的委托；（3）确定的金额；（4）出票日期；（5）付款人名称；（6）出票人签章。

5.【答案】ABC

【解析】持票人对票据的出票人和承兑人的权利自票据到期日起 2 年。见票即付的汇票、本票自出票日起 2 年。

6.【答案】ABCD

【解析】收单机构应当强化业务和风险管理措施，建立特约商户检查制度、资金结算风险管理制度、收单交易风险监测系统以及特约商户收单银行结算账户设置和变更审核制度等。建立对实体特约商户、网络特约商户分别进行风险评级制度。

7.【答案】BCD

【解析】选项 A，银行承兑汇票的出票人必须是在承兑银行开立存款账户的法人以及其他组织，没有个人。

8.【答案】ABCD

【解析】出票人（甲公司）、收款人（乙公司）、支付人（银行）属于基本当事人、被背书人（丙公司）属于非基本当事人。

9.【答案】ABD

【解析】选项 C，对注册地和经营地均在"异地"的单位，银行应当与其法定代表人或者负责人"面签"银行结算账户管理协议。

10.【答案】ACD

【解析】银行承兑汇票的出票人必须是在承兑银行开立存款账户的法人以及其他组织。

11.【答案】BD

【解析】选项 A，出票金额、出票日期、收款人名称不得更改，更改的票据无效；选项 C，票据的出票日期必须使用中文大写。

12.【答案】ABC

【解析】票据丧失后，可以采取挂失止付、公示催告和普通诉讼三种形式进行补救。

13.【答案】ABCD

【解析】凡是具有民事权利能力和民事行为能力，并依法独立享有民事权利和承担民事义务的法人和其他组织，均可以开立基本存款账户。

14.【答案】AC

【解析】保证人在票据或者粘单上未记载"被保证人名称"的，已承兑的票据，承兑人为被保证人；未承兑的票据，出票人为被保证人。

15.【答案】BC

【解析】票据追索可以要求支付票据金额的利息和取得证明或发出通知的相关费用，故选项 A 错误；持票人应当自收到被拒绝承兑或者被拒绝付款的有关证明之日起 3 日内，将被拒绝事由书面通知其前手；其前手应当自收到通知之日起 3 日内书面通知其再前手，因此发出追索通知有明确的时间要求，故选项 D 错误。

16.【答案】AC

【解析】转让背书是指以转让票据权利为目的的背书；非转让背书是指以授予他人行使一定的票据权利为目的的背书。非转让背书包括委托收款背书和质押背书。

17.【答案】ABCD

【解析】汇票到期被拒绝付款；汇票到期日前被拒绝承兑、汇票到期日前承兑人或者付款人死亡、逃匿或者其他原因；承兑人或者付款人被人民法院依法宣告破产的这些情景，可以行使追索权。

18.【答案】BCD

【解析】选项 A，属于单位和个人办理支付结算应遵守的结算纪律。

19.【答案】ABCD

【解析】票据行为包括出票、背书、承兑和保证。

20.【答案】ABD

【解析】(1) 选项 A、D，商业承兑汇票可以由付款人签发并承兑，也可以由收款人签发交由付款人承兑；(2) 选项 B，付款人名称是商业汇票出票行为的必须记载事项；(3) 选项 C，银行承兑汇票应由在承兑银行开立存款账户的存款人签发，银行是票面上记载的付款人，承兑后成为该票据的承兑人。

21.【答案】ABD

【解析】银行本票的提示付款期限为自出票之日起 2 个月。

22.【答案】ABD

【解析】有下列情形之一的，存款人应向开户银行提出撤销银行结算账户的申请：

（1）被撤并、解散、宣告破产或关闭的。（2）注销、被吊销营业执照的。（3）因迁址需要变更开户银行的。（4）其他原因需要撤销银行结算账户的。

23.【答案】BC

【解析】选项 A，单位和个人凭已承兑的商业汇票、债券、存单等付款人债务证明办理款项的结算，均可以使用委托收款结算方式。选项 D，不存在。

24.【答案】BCD

【解析】商业汇票的付款期限记载有三种形式：（1）定日付款的汇票，付款期限在汇票上记载具体的到期日；（2）出票后定期付款的汇票，付款期限自出票日起按月计算，并在汇票上记载；（3）见票后定期付款的汇票，付款期限自承兑或拒绝承兑日起按月计算，并在汇票上记载。电子商业汇票的出票日是指出票人记载在电子商业汇票上的出票日期。

25.【答案】ABC

【解析】个人银行结算账户用于办理个人转账收付和现金存取。下列款项可以转入个人银行结算账户：（1）工资、奖金收入；（2）稿费、演出费等劳务收入；（3）债券、期货、信托等投资的本金和收益；（4）个人债权或产权转让收益；（5）个人贷款转存；（6）证券交易结算资金和期货交易保证金；（7）继承、赠与款项；（8）保险理赔、保费退还等款项；（9）纳税退还；（10）农、副、矿产品销售收入；（11）其他合法款项。

三、判断题

1.【答案】×

【解析】借记卡不具备透支功能。

2.【答案】×

【解析】现金支票，只能用于支取现金，不能用于转账。

3.【答案】×

【解析】持票人行使追索权，可以不按照票据债务人的先后顺序，对其中任何一人、数人或者全体行使追索权。

4.【答案】×

【解析】"不得转让"事项为任意记载事项。

5.【答案】×

【解析】以同一个身份证件在同一家收单机构办理的全部小微商户基于信用卡的条码支付收款金额日累计不超过 1 000 元、月累计不超过 1 万元。

6.【答案】√

【解析】汇兑适用于单位和个人的各种款项的结算。

7.【答案】×

【解析】屡次签发空头支票，银行有权停止其对外签发支票。

8.【答案】×

【解析】票据和结算凭证的金额必须以中文大写和阿拉伯数码同时记载，二者必须一致。二者不一致的票据无效，二者不一致的结算凭证银行不予受理。

9.【答案】×

【解析】付款人账户内资金不足的，银行没有为付款人垫付资金的义务。

10.【答案】×

【解析】单位和个人均可以使用委托收款结算方式。委托收款在同城、异地均可以使用。

11.【答案】×

【解析】银行汇票的实际结算金额低于出票金额的，其多余金额由出票银行退交申请人。

12.【答案】×

【解析】银行在收到存款人撤销银行结算账户的申请后，对于符合销户条件的，应在2个工作日内办理撤销手续。

13.【答案】√

【解析】个人或单位购买记名预付卡或一次性购买不记名预付卡1万元以上的，应当使用实名并向发卡机构提供有效身份证件。

14.【答案】√

【解析】题干表述正确。

15.【答案】√

【解析】单位、个人和银行办理支付结算，必须使用按中国人民银行统一规定印制的票据凭证和统一规定的结算凭证。

16.【答案】×

【解析】保证人为两人以上的，保证人之间承担连带责任。

17.【答案】×

【解析】预付卡只能通过现金或银行转账方式进行充值，不得使用信用卡为预付卡充值。

18.【答案】√

【解析】题干表述正确。付款人或者代理付款人在收到挂失止付通知书之前，已经向持票人付款的，不再承担责任。但是，付款人或者代理付款人以恶意或者重大过失付款的除外。

19.【答案】√

【解析】该表述符合法律规定。

20.【答案】√

【解析】题干表述正确。

21.【答案】×

【解析】如果是因为税收、继承、赠与行为依法无偿取得票据的，则不受给付对价的限制，所享有的票据权利不得优于其前手的权利。因此乙的票据权利不得优于甲。

22.【答案】×

【解析】基本存款账户是存款人的主办账户，一个单位只能开立"一个"基本存款账户。

四、不定项选择题

（1）【答案】AC

【解析】基本存款账户是存款人的主办账户，一个单位只能开立一个基本存款账户。存款人日常经营活动的资金收付及其工资、奖金和现金的支取，应通过基本存款账户办理。

（2）【答案】ABC

【解析】商业汇票出票人的资格条件。商业承兑汇票的出票人，为在银行开立存款账户的法人以及其他组织，并与付款人具有真实的委托付款关系，具有支付汇票金额的可靠资金来源。银行承兑汇票的出票人必须是在承兑银行开立存款账户的法人以及其他组织，并与承兑银行存在真实的委托付款关系，资信状况良好具有支付汇票金额的可靠资金来源，出票人办理电子商业汇票业务，还应同时具备签约开办对公业务的企业网银等电子服务渠道、与银行签订《电子商业汇票业务服务协议》。

（3）【答案】ABC

【解析】单张出票金额在 100 万元以上的商业汇票原则上应全部通过电子商业汇票办理，单张出票金额在 300 万元以上的商业汇票应全部通过电子商业汇票办理。电子商业汇票签发、承兑、质押、保证、贴现等信息应当通过电子商业汇票系统同步传送至票据市场基础设施。

（4）【答案】B

【解析】2020 年 6 月 26 日至到期日 2021 年 3 月 16 日（算头不算尾）共 263 天，本题不是异地办理，所以不用延长 3 天，票据贴现金额 $= 500 \times (1 - 2.34\%/360 \times 263) = 491.4525$（万元）。

第四章 税法概述及货物和劳务税法律制度

考情分析

本章应重点关注增值税、消费税、城建税、教育费附加、关税、车辆购置税的基本计算，并注意增值税、消费税与关税的结合考核。需要掌握增值税的计算（含"营改增"）、消费税征税范围（税目）、应纳税额的计算、城建税、车辆购置税、关税的计税依据和应纳税额的计算；熟悉增值税和消费税优惠政策、征收管理知识。了解增值税和消费税的纳税人、税率（及增值税增收率）。

本章在初级经济法基础考试中各种题型均有涉及（关于增值税、消费税计算相关的不定项选择题是考核重点，每年都会涉及），每年分数在 20 分左右。

掌握：现行税种与征收机关增值税征税范围、增值税应纳税额的计算、消费税征税范围、消费税应纳税额的计算、城市维护建设税、车辆购置税、关税的计税依据和应纳税额的计算。

熟悉：税法要素、增值税纳税人和扣缴义务人、增值税税收优惠、增值税征收管理和增值税专用发票使用规定、消费税纳税人、消费税税目、消费税征收管理、城市维护建设税、车辆购置税、关税的纳税人和征税范围、教育费附加和地方教育附加征收制度等。

教材变化

2024 年本章教材内容有了较大调整，新增了全面数字化电子发票，删除了增值税退（免）税计税依据、增值税免抵退税和免退税的计算，整体难度有所降低。

教材框架

税法概述及货物和劳务税法律制度

- 税收法律制度概述
  - 税收与税收法律的关系
  - 税法要素
  - 现行税种与征收机关

- 增值税法律制度
  - 增值税纳税人和扣缴义务人
  - 增值税征税范围
  - 增值税税率和征收率
  - 增值税应纳税额的计算
  - 增值税税收优惠
  - 增值税征收管理
  - 增值税专用发票使用规定
  - 增值税出口退税制度

- 消费税法律制度
  - 消费税纳税人
  - 消费税征税范围
  - 消费税税目
  - 消费税税率
  - 消费税应纳税额的计算
  - 消费税征收管理

- 城市维护建设税
  - 城市维护建设税纳税人
  - 城市维护建设税税率
  - 城市维护建设税计税依据
  - 城市维护建设税应纳税额的计算
  - 城市维护建设税税收优惠
  - 城市维护建设税征收管理

- 教育费附加与地方教育附加
  - 教育费附加与地方教育附加征收范围
  - 教育费附加与地方教育附加计征依据
  - 教育费附加与地方教育附加征收比率
  - 教育费附加与地方教育附加计算与缴纳
  - 教育费附加与地方教育附加减免规定

- 车辆购置税法律制度
  - 车辆购置税纳税人
  - 车辆购置税征收范围
  - 车辆购置税税率
  - 车辆购置税计税依据
  - 车辆购置税应纳税额的计算
  - 车辆购置税税收优惠
  - 车辆购置税征收管理

- 关税法律制度
  - 关税纳税人
  - 关税课税对象和税目
  - 关税税率
  - 关税计税依据
  - 关税应纳税额的计算
  - 关税税收优惠
  - 关税征收管理

考点提炼

考点1　增值税纳税人 ★★

项目		内　容	备　注
增值税纳税人	概念	在中华人民共和国境内销售货物或者加工、修理修配劳务、销售服务、无形资产、不动产以及进口货物的单位和个人，为增值税的纳税人	1. 境内销售货物、提供应税劳务：销售货物的起运地或者所在地在境内；提供应税劳务发生地在境内。 2. 境内销售服务、无形资产或不动产：服务（租赁不动产除外）或者无形资产（自然资源使用权除外）的销售方或者购买方在境内；所销售或者租赁的不动产在境内；所销售自然资源使用权的自然资源在境内；财政部和国家税务总局规定的其他情形。 3. 单位，是指企业、行政单位、事业单位、军事单位、社会团体及其他单位。 4. 个人，是指个体工商户和其他个人。 5. 单位租赁或者承包给其他单位或者个人经营的，以承租人或者承包人为纳税人。 6. 单位以承包、承租、挂靠方式经营的，承包人、承租人、挂靠人（统称承包人）以发包人、出租人、被挂靠人（统称发包人）名义对外经营并由发包人承担相关法律责任的，以该发包人为纳税人。否则，以承包人为纳税人
纳税人分类（按照经营规模和会计核算是否健全划分）	小规模纳税人	小规模纳税人标准是：年应征增值税销售额500万元及以下。年应税销售额，是指纳税人在连续不超过12个月或4个季度的经营期内累计应征增值税销售额	1. 小规模纳税人会计核算健全，能够提供准确税务资料的，可以向税务机关申请登记为一般纳税人，不再作为小规模纳税人。 2. 为持续推进"放管服"改革，全面推行小规模纳税人自行开具增值税专用发票。小规模纳税人（其他个人除外）发生增值税应税行为，需要开具增值税专用发票的，可以自愿使用增值税发票管理系统自行开具
	一般纳税人	指年应税销售额超过财政部、国家税务总局规定的小规模纳税人标准的企业和企业性单位（以下简称"企业"）	1. 增值税一般纳税人资格实行登记制，登记事项由增值税纳税人向其税务机关办理。 2. 下列纳税人不办理一般纳税人资格登记：（1）按照政策规定，选择按照小规模纳税人纳税的；（2）年应税销售额超过规定标准的其他个人。 3. 除国家税务总局另有规定外，纳税人一经登记为一般纳税人后，不得转为小规模纳税人

典型例题

【例4-1】（单选题）下列纳税人中，不属于增值税一般纳税人的是（ ）。

A. 年销售额为600万元的从事货物生产的个体经营者

B. 年销售额为600万元的从事货物批发的个人

C. 年销售额为600万元的从事货物生产的企业

D. 年销售额为600万元的从事货物批发零售的企业

【答案】B

【解析】根据增值税法律制度的规定，年应税销售额超过规定标准的其他个人，按小规模纳税人办理。

考点2 增值税征税范围★★★

（一）增值税（含"营改增"）征税范围一般规定

项目		内　　容
销售货物	有偿转让货物所有权	货物，指有形动产，包括电力、热力、气体。 有偿，指取得货币、货物或者其他经济利益
进口货物	申报进境应税货物	
销售劳务	有偿提供的加工、修理修配劳务	加工，是指受托加工货物，即委托方提供原料及主要材料，受托方按照委托方的要求，制造货物并收取加工费的业务。 修理修配，是指受托对损伤和丧失功能的货物进行修复，使其恢复原状和功能的业务
	单位或者个体工商户聘用的员工为本单位或者雇主提供加工、修理修配劳务不包括在内	
1. 销售服务		
交通运输服务	陆路运输（含地上或地下运输）	包括铁路运输和其他陆路运输（包括公路运输、缆车运输、索道运输、地铁运输、城市轻轨运输等）。 出租车公司向使用本公司自有出租车的出租车司机收取的管理费用，按陆路运输服务缴纳增值税
	水路运输	远洋运输的程租、期租业务，属于水路运输服务。 程租业务，是指远洋运输企业为租船人完成某一特定航次的运输任务并收取租赁费的业务。 期租业务，是指远洋运输企业将配备有操作人员的船舶承租给他人使用一定期限，承租期内听候承租方调遣，不论是否经营，均按天向承租方收取租赁费，发生的固定费用均由船东负担的业务

续表

项目		内　　容
交通 运输服务	航空运输	通过空中航线运送货物或者旅客的运输业务活动。 **航空运输的湿租业务，属于航空运输服务。** 湿租业务，是指航空运输企业将配备有机组人员的飞机承租给他人使用一定期限，承租期内听候承租方调遣，不论是否经营，均按一定标准向承租方收取租赁费，发生的固定费用均由承租方承担的业务。 航天运输服务（利用火箭等载体将卫星、空间探测器等空间飞行器发射到空间轨道的业务活动），按照航空运输服务征收增值税
	管道运输	通过管道设施输送气体、液体、固体物质的运输业务活动
	无运输工具承运业务（经营者以承运人身份与托运人签订运输服务合同，收取运费并承担承运人责任，然后委托实际承运人完成运输服务的经营活动）按照交通运输服务缴纳增值税	
邮政服务	邮政普遍服务	函件、包裹等邮件寄递，以及邮票发行、报刊发行和邮政汇兑等业务活动
	邮政特殊服务	义务兵平常信函、机要通信、盲人读物和革命烈士遗物的寄递等业务活动
	其他邮政服务	邮册等邮品销售、邮政代理等业务活动
	注：邮政服务指中国邮政集团公司及其所属邮政企业提供邮件寄递、邮政汇兑和机要通信等邮政基本服务的业务活动	
电信服务	基础电信服务	利用固网、移动网、卫星、互联网，提供语音通话服务的业务活动，以及出租或者出售带宽、波长等网络元素的业务活动
	增值电信服务	利用固网、移动网、卫星、互联网、有线电视网络，提供短信和彩信服务、电子数据和信息的传输及应用服务、互联网接入服务等业务活动。 **卫星电视信号落地转接服务，按照增值电信服务计算缴纳增值税**
建筑服务	工程服务	新建、改建各种建筑物、构筑物的工程作业，包括与建筑物相连的各种设备或者支柱、操作平台的安装或者装设工程作业，以及各种窑炉和金属结构工程作业
	安装服务	生产设备、动力设备、起重设备、运输设备、传动设备、医疗实验设备以及其他各种设备、设施的装配、安置工程作业，包括与被安装设备相连的工作台、梯子、栏杆的装设工程作业，以及被安装设备的绝缘、防腐、保温、油漆等工程作业
		固定电话、有线电视、宽带、水、电、燃气、暖气等经营者向用户收取的安装费、初装费、开户费、扩容费以及类似收费，按照安装服务缴纳增值税
	修缮服务	对建筑物、构筑物进行修补、加固、养护、改善，使之恢复原来的使用价值或者延长其使用期限的工程作业

续表

项目		内　容
建筑服务	装饰服务	对建筑物、构筑物进行修饰装修，使之美观或者具有特定用途的工程作业
	其他建筑服务	上列工程作业之外的各种工程作业服务，如钻井（打井）、拆除建筑物或者构筑物、平整土地、园林绿化、疏浚（不包括航道疏浚）、建筑物平移、搭脚手架、爆破、矿山穿孔、表面附着物（包括岩层、土层、沙层等）剥离和清理等工程作业
金融服务	贷款服务	将资金贷与他人使用而取得利息收入的业务活动 各种占用、拆借资金取得的收入，包括金融商品持有期间（含到期）利息（保本收益、报酬、资金占用费、补偿金等）收入、信用卡透支利息收入、买入返售金融商品利息收入、融资融券收取的利息收入，以及融资性售后回租、押汇、罚息、票据贴现、转贷等业务取得的利息及利息性质的收入，按照贷款服务缴纳增值税。以货币资金投资收取的固定利润或者保底利润，按照贷款服务缴纳增值税
	直接收费金融服务	为货币资金融通及其他金融业务提供相关服务并且收取费用的业务活动，包括提供货币兑换、账户管理、电子银行、信用卡、信用证、财务担保、资产管理、信托管理、基金管理、金融交易场所（平台）管理、资金结算、资金清算、金融支付等服务
	保险服务	投保人根据合同约定，向保险人支付保险费，保险人对于合同约定的可能发生的事故因其发生所造成的财产损失承担赔偿保险金责任，或者当被保险人死亡、伤残、疾病或者达到合同约定的年龄、期限等条件时承担给付保险金责任的商业保险行为，包括人身保险服务和财产保险服务
	金融商品转让	转让外汇、有价证券、非货物期货和其他金融商品所有权的业务活动。 其他金融商品转让包括基金、信托、理财产品等各类资产管理产品和各种金融衍生品的转让
现代服务	研发和技术服务	研发服务、合同能源管理服务、工程勘察勘探服务、专业技术服务
	信息技术服务	软件服务、电路设计及测试服务、信息系统服务、业务流程管理服务和信息系统增值服务
	文化创意服务	设计服务、知识产权服务、广告服务和会议展览服务

续表

项目		内　容
现代服务	物流辅助服务	航空服务、港口码头服务、货运客运场站服务、打捞救助服务、装卸搬运服务、仓储服务、收派服务
	租赁服务	融资租赁服务、经营租赁服务，不含融资性售后回租
		将建筑物、构筑物等不动产或者飞机、车辆等有形动产的广告位出租给其他单位或者个人用于发布广告，按照经营租赁服务缴纳增值税
		车辆停放服务、道路通行服务（包括过路费、过桥费、过闸费等）等按照不动产经营租赁服务缴纳增值税
	鉴证咨询服务	认证服务、鉴证服务、咨询服务
		翻译服务和市场调查服务按照咨询服务缴纳增值税
	广播影视服务	广播影视节目（作品）制作服务、发行服务、播映（含放映）服务
	商务辅助服务	企业管理服务、经纪代理服务、人力资源服务、安全保护服务
	其他现代服务	指除研发和技术服务、信息技术服务、文化创意服务、物流辅助服务、租赁服务、鉴证咨询服务、广播影视服务和商务辅助服务以外的现代服务
生活服务	文化体育服务	文化服务、体育服务
	教育医疗服务	教育服务、医疗服务
	旅游娱乐服务	旅游服务、娱乐服务
	餐饮住宿服务	餐饮服务、住宿服务
	居民日常服务	主要为满足居民个人及其家庭日常生活需求提供的服务，包括市容市政管理、家政、婚庆、养老、殡葬、照料和护理、救助救济、美容美发、按摩、桑拿、氧吧、足疗、沐浴、洗染、摄影扩印等服务
	其他生活服务	除文化体育服务、教育医疗服务、旅游娱乐服务、餐饮住宿服务和居民日常服务之外的生活服务

2. 销售无形资产（转让无形资产所有权或者使用权）

技术	专利技术和非专利技术
自然资源使用权	土地使用权、海域使用权、探矿权、采矿权、取水权和其他自然资源使用权

续表

项目	内　容
其他权益性无形资产	基础设施资产经营权、公共事业特许权、配额、经营权（包括特许经营权、连锁经营权、其他经营权）、经销权、分销权、代理权、会员权、席位权、网络游戏虚拟道具、域名、名称权、肖像权、冠名权、转会费等

3. 销售不动产（转让不动产所有权）

项目	内　容
建筑物	住宅、商业营业用房、办公楼等可供居住、工作或者进行其他活动的建造物
构筑物	道路、桥梁、隧道、水坝等建造物

转让建筑物有限产权或者永久使用权的，转让在建的建筑物或者构筑物所有权的，以及在转让建筑物或者构筑物时一并转让其所占土地的使用权的，按照销售不动产缴纳增值税

（二）增值税征税范围——视同销售业务

项目	内　容
视同销售货物	单位或个体工商户的下列行为： （1）将货物交付其他单位或者个人代销； （2）销售代销货物； （3）设有两个以上机构并实行统一核算的纳税人，将货物从一个机构移送其他机构用于销售，但相关机构设在同一县（市）的除外； （4）将自产或委托加工的货物用于非增值税应税项目； （5）将自产、委托加工的货物用于集体福利或者个人消费； （6）将自产、委托加工或者购进的货物作为投资，提供给其他单位或者个体工商户； （7）将自产、委托加工或者购进的货物分配给股东或者投资者； （8）将自产、委托加工或者购进的货物无偿赠送其他单位或者个人
视同销售服务、无形资产或者不动产	（1）单位或者个体工商户向其他单位或者个人无偿提供服务，但用于公益事业或者以社会公众为对象的除外； （2）单位或者个人向其他单位或者个人无偿转让无形资产或者不动产，但用于公益事业或者以社会公众为对象的除外； （3）财政部和国家税务总局规定的其他情形

注：视同销售货物、服务的主体是单位或个体工商户；视同销售无形资产或者不动产的主体是单位或个人

（三）增值税征税范围——特殊规定

项目	内 容	
混合销售	一项销售行为如果既涉及货物又涉及服务，为混合销售	从事货物的生产、批发或者零售的单位和个体工商户的（包括以从事货物的生产、批发或者零售为主，并兼营销售服务的单位和个体工商户在内）混合销售行为，按照销售货物缴纳增值税； 其他单位和个体工商户的混合销售行为，按照销售服务缴纳增值税（混合销售或者按销售货物缴纳增值税，或者按销售服务缴纳增值税）
兼营	纳税人经营中既包括销售货物和销售劳务，又包括销售服务、无形资产和不动产的行为（兼营不同税率）	
	纳税人发生兼营行为，应当分别核算适用不同税率或者征收率的销售额，未分别核算销售额的，按照以下方法适用税率或者征收率： （1）兼有不同税率的，从高适用税率； （2）兼有不同征收率的，从高适用征收率； （3）兼有不同税率和征收率的，从高适用税率	

注：（1）混合销售和兼营均涉及原增值税项目货物或应税劳务，又涉及服务、无形资产或不动产等"营改增"项目；
（2）混合销售在同一项销售业务中发生；兼营是从经营范围上涉及销售货物和服务等业务

项目	内 容
不征增值税项目	1. 根据国家指令无偿提供的铁路运输服务、航空运输服务，属于《营业税改征增值税试点实施办法》规定的用于公益事业的服务； 2. 存款利息； 3. 被保险人获得的保险赔付； 4. 房地产主管部门或者其指定机构、公积金管理中心、开发企业以及物业管理单位代收的住宅专项维修资金； 5. 在资产重组过程中，通过合并、分立、出售、置换等方式，将全部或者部分实物资产以及与其相关联的债权、负债和劳动力一并转让给其他单位和个人，其中涉及的不动产、土地使用权转让行为，不征收增值税； 6. 纳税人在资产重组过程中，通过合并、分立、出售、置换等方式，将全部或者部分实物资产，以及与其相关联的债权、负债和劳动力一并转让给其他单位和个人，不属于增值税的征税范围，其中涉及的货物转让，不征收增值税； 7. 纳税人取得的财政补贴收入，与其销售货物、劳务、服务、无形资产、不动产的收入或者数量直接挂钩的，应按规定计算缴纳增值税。纳税人取得的其他情形的财政补贴收入，不属于增值税应税收入，不征收增值税

典型例题

【例 4 - 2】（单选题）不属于销售无形资产的是（　　）。

A. 转让专利权

B. 转让建筑物使用权

C. 转让网络虚拟道具

D. 转让采矿权

【答案】B

【解析】无形资产包括：技术、自然资源使用权、其他权益性无形资产。其中，"专利权"属于"技术"；"网络虚拟道具"属于"其他权益性无形资产"；"采矿权"属于"自然资源使用权"。建筑物属于不动产范畴。注意掌握"其他权益无形资产"的范围。

【例 4 - 3】（多选题）根据"营改增"的有关规定，下列属于视同提供应税服务的有（　　）。

A. 为本单位员工无偿提供搬家服务

B. 向客户无偿提供信息咨询服务

C. 销售货物同时无偿提供运输服务

D. 为客户无偿提供广告设计服务

【答案】BCD

【解析】选项 B、C、D 均属于视同销售征收增值税的情形。选项 A，本单位为员工无偿提供的服务不属于增值税的征税范围，不征收增值税。

【例 4 - 4】（多选题）根据增值税法律制度的规定，下列各项中，属于增值税征税范围的有（　　）。

A. 银行销售金银的业务

B. 货物期货

C. 缝纫业务

D. 饮食业纳税人销售非现场消费的食品

【答案】ABCD

【解析】以上选项均属于增值税征税范围。

考点3 增值税税率和征收率★★★

项目		内 容
税率（适用一般计税方法征收增值税）	13%	1. 销售或进口货物，除适用9%税率外的； 2. 销售劳务； 3. 提供有形动产租赁服务
	9%	1. 特定货物：农产品（含粮食）、自来水、暖气、石油液化气、天然气、食用植物油、冷气、热水、煤气、居民用煤炭制品、食用盐、农机、饲料、农药、农膜、化肥、沼气、二甲醚、图书、报纸、杂志、音像制品、电子出版物，国务院规定的其他货物； 2. 提供交通运输、邮政、基础电信、建筑、不动产租赁服务； 3. 销售不动产； 4. 转让土地使用权
	6%	1. 提供增值电信服务、金融服务、现代服务（有形动产租赁和不动产租赁服务除外）、生活服务； 2. 销售无形资产（不含转让土地使用权）
	零税率	出口货物，国务院另有规定的除外； 境内单位和个人发生跨境应税行为（如国际运输服务、航天运输服务等），具体范围由财政部和国家税务总局规定
		注：零税率≠免税，免税为免于征收增值税；零税率指在出口环节不征增值税外，还要对出口前已经缴纳的增值税进行退税
征收率（适用简易办法征收增值税）	3%	小规模纳税人以及一般纳税人采用简易办法征收增值税适用； 小规模纳税人（除其他个人外）销售自己使用过的固定资产，减按2%征收率征收增值税，但可以放弃减免，增按3%缴纳，并可以开具增值税专用发票
		1. 一般纳税人销售自产的下列货物，可选择（选择后36个月不得变更）按照简易办法依照3%征收率计算缴纳增值税： （1）县级及县级以下小型水力发电（装机容量不超过5万千瓦）单位生产的电力； （2）建筑用和生产建筑材料所用的沙、土、石料； （3）以自己采掘的沙、土、石料或其他矿物连续生产的砖、瓦、石灰（不含黏土实心砖、瓦）； （4）用微生物、微生物代谢产物、动物毒素、人或动物的血液或组织制成的生物制品； （5）自来水； （6）商品混凝土（仅限以水泥为原料生产的水泥混凝土）。 2. 暂按简易办法依照3%征收率：一般纳税人寄售商店代销寄售物品（含个人寄售的物品）、典当业销售死当物品。

续表

项目		内　　容
征收率 （适用简易 办法征收 增值税）	3%	3. 建筑企业一般纳税人提供建筑服务属于老项目的，可以选择简易办法依照 3% 的征收率征收增值税。 4. 3% 减按 2% 征收：（1）一般纳税人销售自己使用过的不得抵扣且未抵扣进项税的固定资产；（2）小规模纳税人销售自己使用过的固定资产；（3）2008 年 12 月 31 日前已经试点扩大增值税抵扣范围的纳税人，销售试点前购进或自制的固定资产；（4）纳税人销售旧货
	5%	1. 小规模纳税人转让其取得的不动产，按照 5% 的征收率征收增值税。 2. 一般纳税人转让其 2016 年 4 月 30 日前取得的不动产，选择简易计税方法计税的，按照 5% 的征收率征收增值税。 3. 小规模纳税人出租其取得的不动产（不含个人出租住房），按照 5% 的征收率征收增值税。 4. 一般纳税人出租其 2016 年 4 月 30 日前取得的不动产，选择简易计税方法计税的，按照 5% 的征收率征收增值税。 5. 房地产开发企业（一般纳税人）销售自行开发的房地产老项目，选择简易计税方法计税的，按照 5% 的征收率征收增值税。 6. 房地产开发企业（小规模纳税人）销售自行开发的房地产项目，按照 5% 的征收率征收增值税。 7. 一般纳税人提供劳务派遣服务，以取得的全部价款和价外费用为销售额，按照一般计税方法计算缴纳增值税；也可以选择差额纳税，以取得的全部价款和价外费用，扣除代用工单位支付给劳务派遣员工的工资、福利和为其办理社会保险及住房公积金后的余额为销售额，按照简易计税方法依 5% 的征收率计算缴纳增值税。 8. 自 2021 年 10 月 1 日起，住房租赁企业中的增值税一般纳税人向个人出租住房取得的全部出租收入，可以选择适用简易计税方法，按照 5% 的征收率减按 1.5% 计算缴纳增值税，或适用一般计税方法计算缴纳增值税。住房租赁企业中的增值税小规模纳税人向个人出租住房，按照 5% 的征收率减按 1.5% 计算缴纳增值税

注：（1）以上固定资产指有形动产，不含不动产。

（2）旧货，指进入二次流通的具有部分使用价值的货物（含旧汽车、旧摩托车和旧游艇），但不包括自己使用过的物品。纳税人销售旧货时，自 2020 年 5 月 1 日至 2027 年 12 月 31 日，从事二手车经销业务的纳税人销售其收购的二手车，由原按照简易办法依 3% 征收率减按 2% 征收增值税，改为减按 0.5% 征收增值税，并按下列公式计算销售额：

销售额 = 含税销售额 ÷（1 + 0.5%）

（3）小规模纳税人销售自己使用过的除固定资产外的物品按 3% 征收增值税；一般纳税人销售使用过的且抵扣过进项税的固定资产按适用税率（13%）缴纳增值税。

（4）税率仅适用一般纳税人采用一般计税方法计算增值税；征收率适用简易计税方法计算增值税，小规模纳税人仅能适用征收率，一般纳税人在特殊业务中可选择或暂按适用简易计税方法

典型例题

【例4-5】（单选题）下列项目适用增值税基本税率13%的是（   ）。

A. 有形动产租赁服务　　　　　　　B. 增值电信服务

C. 邮政服务　　　　　　　　　　　D. 交通运输服务

【答案】A

【解析】有形动产租赁服务适用13%的税率，增值电信服务适用6%的税率，邮政服务和交通运输服务适用9%的税率。

考点4　增值税应纳税额的计算 ★★★

（一）增值税应纳税额的计算方法

项目	内　　容
一般计税方法	适用对象：增值税一般纳税人
	计算公式：应纳税额＝当期销项税额－当期进项税额 当期销项税额小于当期进项税额时，可以结转下期继续抵扣
简易计税方法	适用对象：小规模纳税人；一般纳税人特殊业务（适用或选择适用）
	一般纳税人发生下列应税行为可选择适用简易计税方法计税： （1）公共交通运输服务（轮客渡、公交客运、地铁、城市轻轨、出租车、长途客运、班车）。 （2）经认定的动漫企业为开发动漫产品提供的动漫脚本编撰等服务，以及在境内转让动漫版权（包括动漫品牌、形象或者内容的授权及再授权）。 （3）电影放映服务、仓储服务、装卸搬运服务、收派服务和文化体育服务。 （4）以纳入"营改增"试点之日前取得的有形动产为标的物提供的经营租赁服务。 （5）在纳入"营改增"试点之日前签订的尚未执行完毕的有形动产租赁合同
	计算公式：应纳税额＝（不含税）销售额×征收率＝含税销售额÷（1＋征收率）×征收率
进口货物应纳税额计算	适用对象：进口货物纳税人，不区分一般纳税人（适用税率）还是小规模纳税人（适用征收率）
	计算公式：组成计税价格×税率或征收率 **征收消费税的货物组成计税价格＝关税完税价格＋关税＋消费税＝［关税完税价格×（1＋关税税率）］÷（1－消费税税率）** **不征消费税的货物：组成计税价格＝关税完税价格＋关税＝关税完税价格×（1＋关税税率）**
扣缴义务人代扣代缴增值税	**应扣缴税额＝购买方支付的价款÷（1＋税率）×税率**

（二）增值税一般计税方法——销项税额

项目	内　容
销项税额	销项税额=不含税销售额×税率或销项税额=含税销售额÷（1+税率）×税率
	销售额的概念　是纳税人发生应税销售行为向购买方收取的全部价款和价外费用，但不包括收取的销项税额。 销售额以人民币计算，人民币以外货币结算的可选择销售额发生当天或当月1日的人民币汇率折算中间价，确定后12个月内不得变更。 价外费用，包括价外向购买方收取的手续费、补贴、基金、集资费、返还利润、奖励费、违约金、滞纳金、延期付款利息、赔偿金、代收款项、代垫款项、包装费、包装物租金、储备费、优质费、运输装卸费以及其他各种性质的价外收费。但下列项目不包括在内： （1）受托加工应征消费税的消费品所代收代缴的消费税。 （2）同时符合以下条件代为收取的政府性基金或者行政事业性收费： ①由国务院或者财政部批准设立的政府性基金，由国务院或省级人民政府及其财政、价格主管部门批准设立的行政事业性收费； ②收取时开具省级以上财政部门印制的财政票据； ③所收款项全额上缴财政。 （3）销售货物的同时代办保险等而向购买方收取的保险费，以及向购买方收取的代购买方缴纳的车辆购置税、车辆牌照费。 （4）以委托方名义开具发票代委托方收取的款项
	视同销售货物、视同销售应税行为以及价格异常等情形的销售额确定 销售货物或提供应税劳务的价格明显偏低并无正当理由或者有视同销售货物行为而无销售额者，按下列顺序确定销售额： （1）按纳税人最近时期同类货物的平均销售价格确定。 （2）按其他纳税人最近时期同类货物的平均销售价格确定。 （3）按组成计税价格确定。组成计税价格的公式为： 组成计税价格=成本×（1+成本利润率） 属于应征消费税的货物，其组成计税价格中应加计消费税额。 组成计税价格=成本×（1+成本利润率）+消费税额 或：**组成计税价格=成本×（1+成本利润率）÷（1−消费税税率）** 注：成本利润率为10%，但属于从价定率征收消费税的货物除外 《营业税改征增值税试点实施办法》规定，纳税人销售服务、无形资产或者不动产价格明显偏低或者偏高且不具有合理商业目的的，或者发生无销售额的，税务机关有权按照下列顺序确定销售额： （1）按照纳税人最近时期销售同类服务、无形资产或者不动产的平均价格确定。 （2）按照其他纳税人最近时期销售同类服务、无形资产或者不动产的平均价格确定。 （3）按照组成计税价格确定。组成计税价格的公式为： 组成计税价格=成本×（1+成本利润率） 成本利润率由国家税务总局确定。 注：不具有合理商业目的，是指以谋取税收利益为主要目的，通过人为安排，减少、免除、推迟缴纳增值税税款，或者增加退还增值税税款
	混合销售的销售额为货物的销售额与服务的销售额合计
	兼营行为的销售额，分别核算适用不同税率或征收率，否则从高适用税率或征收率

项目		内　容
销项税额	（销售货物、劳务）特殊销售方式下销售额的确定	折扣销售（商业折扣）方式：纳税人采取折扣方式销售货物、提供应税劳务，销售服务、无形资产或不动产，如果销售额和折扣额开具在同一张发票上，可按折扣后的销售额征收增值税；如果将折扣额另开发票，不得扣减折扣额。 注：而对于现金折扣（折扣销售）情形，则不能扣除折扣，应按折扣前销售额计税
		以旧换新方式：纳税人采取以旧换新方式销售货物的（金银首饰除外），应按照新货物同期销售价格确定销售额。 金银首饰以旧换新业务，可以按销售方实际收取的不含税全部价款征收增值税
		还本销售方式：纳税人采取还本销售货物的，不得从销售额中减除还本支出。 还本销售是指销售方将货物出售后，按约定的时间，一次或分期将购买货款部分或全部退还给购买方，退还的货款即为还本支出
		以物易物方式：以物易物属于正常的购销业务，以各自发出货物核算销售额并计算销项税额，以各自收到的货物核算购货额及进项税额。 需要说明的是，互换双方应该开具合法的票据，必须计算销项税额，但如果无法取得专用发票或其他扣税凭证则不得抵扣进项税额
		直销方式：（1）直销企业先将货物销售给直销员，直销员再将货物销售给消费者的，直销企业的销售额为其向直销员收取的全部价款和价外费用。直销员将货物销售给消费者时，应按照现行规定缴纳增值税。 （2）直销企业通过直销员向消费者销售货物，直接向消费者收取货款，直销企业的销售额为其向消费者收取的全部价款和价外费用
	包装物押金	纳税人为销售货物而出租出借包装物收取的押金，单独记账的，时间在1年以内又未逾期，不并入销售额征税；但对于逾期未收回不再退还的包装物押金，应按照包装物所包装的货物对应税率计算纳税
		1. "逾期"指按合同约定实际逾期或超过1年。 2. 包装物押金为含税收入。 3. 包装物租金不同于"押金"，租金属于价外费用，应在收取时计税。 4. 从1995年6月1日起，对销售除啤酒、黄酒以外的其他酒类产品而收取的包装物押金，无论押金是否返还与会计上如何核算，均需并入酒类产品销售额征税

类型	业务种类	销售额核算
全额计税	贷款服务	全部利息及利息性质的收入
	直接收费金融服务	收取的手续费、佣金、酬金、管理费、服务费、经手费、开户费、过户费、结算费、转托管费等各类费用
差额计税	金融商品转让	卖出价扣除买入价后的余额。纳税人无偿转让股票时，转出方以该股票的买入价为卖出价，按照"金融商品转让"计算缴纳增值税；在转入方将上述股票再转让时，以原转出方的卖出价为买入价，按照"金融商品转让"计算缴纳增值税
	经纪代理服务	以取得的全部价款和价外费用，扣除向委托方收取并代为支付的政府性基金或者行政事业性收费后的余额
	航空运输服务	不包括代收的民航建设基金（原机场建设费）和代售其他航空运输企业客票而代收转付的价款
	试点纳税人中的一般纳税人提供客运场站服务	取得的全部价款和价外费用扣除支付给承运方的运费后的余额
	试点纳税人提供旅游服务	取得的全部价款和价外费用扣除向旅游服务购买方收取并支付给其他单位或者个人的住宿费、餐饮费、交通费、签证费、门票费和支付给其他接团旅游企业的旅游费后的余额
	试点纳税人提供建筑服务适用简易计税方法	取得的全部价款和价外费用扣除支付给建造方的分包款后的余额
	房地产开发企业中的一般纳税人销售其开发的房地产项目（选择简易计税方法的房地产老项目除外）	取得的全部价款和价外费用，扣除受让土地时向政府部门支付的土地价款后的余额

（三）增值税一般计税方法——进项税额

项目	内　　容	
进项税额	进项税额，是指纳税人购进货物、劳务、服务、无形资产或者不动产，支付或者负担的增值税额	
	准予从销项税额中抵扣进项税额	从销售方或者提供方取得的增值税专用发票（含税控机动车销售统一发票）上注明的增值税税额
		从海关取得的海关进口增值税专用缴款书上注明的增值税税额

续表

项目	内　　容	
进项税额	准予从销项税额中抵扣进项税额	纳税人购进农产品：取得一般纳税人开具的增值税专用发票或者海关进口增值税专用缴款书的，以增值税专用发票或海关进口增值税专用缴款书上注明的增值税额为进项税额；从按照简易计税方法依照3%征收率计算缴纳增值税的小规模纳税人取得增值税专用发票的，以增值税专用发票上注明的金额和9%的扣除率计算进项税额；取得（开具）农产品销售发票或收购发票的，以农产品收购发票或销售发票上注明的农产品买价和9%的扣除率计算进项税额；纳税人购进用于生产或者委托加工13%税率货物的农产品，按照10%的扣除率计算进项税额。进项税额计算公式为： **进项税额 = 买价 × 扣除率** 购进农产品，按照《农产品增值税进项税额核定扣除试点实施办法》抵扣进项税额的除外
		纳税人购进国内旅客运输服务未取得增值税专用发票的，暂按照以下规定确定进项税额： 取得增值税电子普通发票的，为发票上注明的税额； 取得注明旅客身份信息的航空运输电子客票行程单的，按照下列公式计算进项税额： **航空旅客运输进项税额 =（票价 + 燃油附加费）÷（1 + 9%）× 9%** 取得注明旅客身份信息的铁路车票的，按照下列公式计算进项税额： **铁路旅客运输进项税额 = 票面金额 ÷（1 + 9%）× 9%** 取得注明旅客身份信息的公路、水路等其他客票的，按照下列公式计算进项税额： **公路、水路等其他旅客运输进项税额 = 票面金额 ÷（1 + 3%）× 3%**
		自2019年4月1日起，增值税一般纳税人取得不动产或者不动产在建工程的进项税额不再分2年抵扣。此前按照规定尚未抵扣完毕的待抵扣进项税额，可自2019年4月税款所属期起从销项税额中抵扣。 取得不动产，包括以直接购买、接受捐赠、接受投资入股、自建以及抵债等各种形式取得不动产
		纳税人自用的应征消费税的摩托车、汽车、游艇，其进项税额允许抵扣
		从境外单位或者个人购进服务、无形资产或者不动产，自税务机关或者扣缴义务人取得的解缴税款的完税凭证上注明的增值税税额
	不得从销项税额中抵扣的进项税额	1. 用于简易计税方法计税项目、免征增值税项目、集体福利或者个人消费的购进货物、劳务、服务、无形资产和不动产。其中，涉及的固定资产、无形资产、不动产，仅指专用于上述项目的固定资产、无形资产（不包括其他权益性无形资产）、不动产（简、免、福、人）。 如果是既用于上述不允许抵扣项目又用于抵扣项目的，该进项税额准予全部抵扣。自2018年1月1日起，纳税人租入固定资产、不动产，既用于一般计税方法计税项目，又用于简易计税方法计税项目、免征增值税项目、集体福利或者个人消费的，其进项税额准予从销项税额中全额抵扣。

项目		内 容
进项税额	不得从销项税额中抵扣的进项税额	2. 非正常损失的购进货物及相关的劳务和交通运输服务。 3. 非正常损失的在产品、产成品所耗用的购进货物（不包括固定资产）、劳务和交通运输服务。 4. 非正常损失的不动产，以及该不动产所耗用的购进货物、设计服务和建筑服务。 5. 非正常损失的不动产在建工程所耗用的购进货物、设计服务和建筑服务。 6. 购进的贷款服务、餐饮服务、居民日常服务和娱乐服务。 7. 财政部和国家税务总局规定的其他情形。 8. 纳税人接受贷款服务向贷款方支付的与该笔贷款直接相关的投融资顾问费、手续费、咨询费等费用。 注：（1）个人消费，包括纳税人的交际应酬消费。 （2）上述第 4 项、第 5 项所称货物，是指构成不动产实体的材料和设备，包括建筑装饰材料和给排水、采暖、卫生、通风、照明、通讯、煤气、消防、中央空调、电梯、电气、智能化楼宇设备及配套设施。 （3）固定资产，是指使用期限超过 12 个月的机器、机械、运输工具以及其他与生产经营有关的设备、工具、器具等有形动产。 （4）非正常损失，是指因管理不善造成货物被盗、丢失、霉烂变质，以及因违反法律法规造成货物或者不动产被依法没收、销毁、拆除的情形
	扣减进项税额	1. 已抵扣进项税额的购进货物（不含固定资产）、劳务、服务，发生有关规定不得从销项税额抵扣情形的（简易计税方法计税项目、免征增值税项目除外）的，应当将该进项税额从当期进项税额中扣减；无法确定该进项税额的，按照当期实际成本计算应扣减的进项税额。 2. 已抵扣进项税额的无形资产，发生按规定不得从销项税额中抵扣情形的，按照下列公式计算不得抵扣的进项税额： 不得抵扣的进项税额 = 无形资产净值×适用税率 3. 纳税人购进货物时，因货物质量、规格等原因而发生进货退回或折让，购货方应对当期进项税额进行调整。税法规定，纳税人因进货退回或折让而从销货方收回的增值税税额，应从发生进货退回或折让当期的进项税额中扣减。 已抵扣进项税额的不动产，发生非正常损失，或者改变用途，专用于简易计税方法计税项目、免征增值税项目、集体福利或者个人消费的，按照下列公式计算不得抵扣的进项税额，并从当期进项税额中扣减： 不得抵扣的进项税额 = 已抵扣进项税额×不动产净值率 不动产净值率 =（不动产净值÷不动产原值）×100%

续表

项目		内　容
进项税额	转增进项税额的规定	按照规定不得抵扣且未抵扣进项税额的固定资产、无形资产，发生用途改变，用于允许抵扣进项税额的应税项目，可在用途改变的次月按照下列公式计算可抵扣进项税额： 可抵扣进项税额 = 固定资产、无形资产的净值 ÷（1 + 适用税率）× 适用税率 注：上述可以抵扣进项税额应取得合法有效的增值税抵扣凭证
		一般纳税人按照简易计税办法征收增值税的，不得抵扣进项税
		一般纳税人，兼营简易计税方法计税项目、免征增值税项目而无法划分不得抵扣的进项税额，按照下列公式计算不得抵扣的进项税额： 不得抵扣的进项税额 = 当期无法划分的全部进项税额 ×（当期简易计税方法计税项目销售额 + 免征增值税项目销售额）÷ 当期全部销售额 税务机关可以按照上述公式依据年度数据对不得抵扣的进项税额进行清算
		有下列情形之一的，应当按照销售额和增值税税率计算应纳税额，不得抵扣进项税额，也不得开具增值税专用发票： （1）一般纳税人会计核算不健全，或者不能提供准确税务资料的； （2）应办理一般纳税人资格登记而未办理的

典型例题

【例4-6】（单选题）甲公司为增值税一般纳税人，2023年9月进口一批烟丝，海关核定的关税完税价格63万元，缴纳关税税额6.3万元。已知烟丝增值税税率为13%，消费税税率为30%。甲公司该笔业务应缴纳增值税税额的下列计算列式中，正确的是（　　）。

A.（63 + 6.3）÷（1 - 30%）× 13% = 12.87（万元）

B.（63 + 6.3）× 13% = 9.009（万元）

C. 63 ÷（1 - 30%）× 13% = 11.7（万元）

D. 63 × 13% = 8.19（万元）

【答案】A

【解析】进口环节应纳增值税 =（关税完税价格 + 关税）÷（1 - 消费税税率）× 增值税税率 =（63 + 6.3）÷（1 - 30%）× 13% = 12.87（万元）。

【例4-7】（单选题）2023年9月，甲公司销售产品取得含增值税价款11 700元，另收取包装物租金7 020元。已知增值税税率为13%。甲公司当月该笔业务增值税销项税额的下列计算列式中，正确的是（　　）。

A. $11\ 700 \times (1 + 13\%) \times 13\% = 1\ 718.73$（元）

B. $(11\ 700 + 7\ 020) \div (1 + 13\%) \times 13\% = 2\ 153.63$（元）

C. $11\ 700 \times 13\% = 1\ 521$（元）

D. $(11\ 700 + 7\ 020) \times 13\% = 2\ 433.6$（元）

【答案】B

【解析】另收取的包装物租金属于价外费用，应并入销售额中计算缴纳增值税。因此，该笔业务增值税销项税额为 $(11\ 700 + 7\ 020) \div (1 + 13\%) \times 13\% = 2\ 153.63$（元）。

【例 4 – 8】（单选题）甲公司为增值税一般纳税人，2023 年 10 月采取商业折扣方式销售货物一批，该批货物不含税销售额 90 000 元，折扣额 9 000 元，销售额和折扣额在同一张发票上分别注明。已知增值税税率为 13%。甲公司当月该笔业务增值税销项税额的下列计算列式中，正确的是（　　）。

A. $(90\ 000 - 9\ 000) \times (1 + 13\%) \times 13\% = 11\ 898.9$（元）

B. $90\ 000 \times 13\% = 11\ 700$（元）

C. $90\ 000 \times (1 + 13\%) \times 13\% = 13\ 221$（元）

D. $(90\ 000 - 9\ 000) \times 13\% = 10\ 530$（元）

【答案】D

【解析】销售额和折扣额在同一张发票上分别注明的，可按折扣后的销售额征收增值税。甲公司当月该笔业务增值税销项税额 = $(90\ 000 - 9\ 000) \times 13\% = 10\ 530$（元），选项 D 正确。

【例 4 – 9】（单选题）甲服装厂为增值税一般纳税人，2023 年 9 月销售给乙企业 300 套服装，不含税价格为 800 元/套，由于乙企业购买数量较多，甲服装厂给予乙企业 8 折优惠，并按原价开具了增值税专用发票，折扣额在同一张发票的备注栏注明，则甲服装厂当月的销项税额为（　　）元。

A. 19 800

B. 25 044

C. 15 400

D. 31 200

【答案】D

【解析】折扣销售的折扣额只有在"金额"栏体现才能得以承认，对于在备注栏说明的折扣额，不得从销售额中扣除。所以甲服装厂当月的销项税额 = $800 \times 300 \times 13\% = 31\ 200$（元）。

【例 4 – 10】（单选题）以旧换新手机 100 部。含税销售单价为 3 276 元，旧手机含税销售单价为 234 元，增值税税率为 13%，应纳增值税为（　　）。

A. $3\ 276 \times 100 \div (1 + 13\%) \times 13\% = 37\ 688.5$（元）

B. $3\ 276 \times 100 \times 13\% = 42\ 588$（元）

C.（3 276 – 234）× 100 ÷（1 + 13%）× 13% = 34 996.46（元）

D.（3 276 – 234）× 100 × 13% = 39 546（元）

【答案】A

【解析】以旧换新方式销售货物（除金银首饰外）的，应按新产品销售价格计算增值税。因此，3 276 × 100 ÷（1 + 13%）× 13% = 37 688.5（元）。

【例4 – 11】（单选题）李明因公出差，未取得增值税专用发票，但是航空运输电子客票行程单上注明的票价为1 500元，燃油附加费为200元，李明公司就这笔出差款项应计提的进项税为（   ）元。

A. 136.36   B. 140.37

C. 150   D. 30

【答案】B

【解析】取得注明旅客身份信息的航空运输电子客票行程单的，按照下列公式计算进项税额：航空旅客运输进项税额 =（票价 + 燃油附加费）÷（1 + 9%）× 9%。本题中，即为（1 500 + 200）÷（1 + 9%）× 9% = 140.37（元）。

考点5 增值税税收优惠★★

项目	内容	
起征点	增值税起征点的适用范围限于个人，不适用于登记为一般纳税人的个体工商户。 具体标准为： (1) 按期纳税的，为月销售额5 000 ~ 20 000元。 (2) 按次纳税的，为每次（日）销售额300 ~ 500元。 起征点的调整由财政部和国家税务总局规定。省、自治区、直辖市财政厅（局）和国家税务总局应当在规定的幅度内，根据实际情况确定本地区适用的起征点，并报财政部和国家税务总局备案	
法定免税项目	《增值税暂行条例》规定的免征增值税的项目	1. 农业生产者销售的自产农产品。 2. 避孕药品和用具。 3. 古旧图书。 4. 直接用于科学研究、科学试验和教学的进口仪器、设备。 5. 外国政府、国际组织无偿援助的进口物资和设备。 6. 由残疾人的组织直接进口的供残疾人专用的物品。 7. 销售自己使用过的物品

续表

项目		内容
"营改增"试点过渡政策的免税规定	小规模纳税人的免税规定	自 2023 年 1 月 1 日至 2027 年 12 月 31 日，对月销售额 10 万元以下（含本数）的增值税小规模纳税人，免征增值税。增值税小规模纳税人适用 3% 征收率的应税销售收入，减按 1% 征收率征收增值税；适用 3% 预征率的预缴增值税项目，减按 1% 预征率预缴增值税
	个人销售住房	1. 北京市、上海市、广州市和深圳市之外的地区： （1）个人将购买不足 2 年的住房对外销售的，按照 5% 的征收率全额缴纳增值税。 （2）个人将购买 2 年以上（含 2 年）的住房对外销售的，免征增值税。 2. 适用于北京市、上海市、广州市和深圳市： （1）个人将购买不足 2 年的住房对外销售的，按照 5% 的征收率全额缴纳增值税。 （2）个人将购买 2 年以上（含 2 年）的非普通住房对外销售的，以销售收入减去购买住房价款后的差额按照 5% 的征收率缴纳增值税。 （3）个人将购买 2 年以上（含 2 年）的普通住房对外销售的，免征增值税。

时间	适用范围	性质	规定
＜2 年	全国	住房	5% 征收率全额缴税
≥2 年	北上广深之外	住房	免税
	北上广深	普通住房	免税
		非普通住房	以销售收入减去购买住房价款后的差额按照 5% 的征收率缴纳增值税

项目		内容
适用增值税零税率		国际运输服务
		航天运输服务
增值税期末留抵退税	试行增值税期末留抵税额退税	自 2019 年 4 月 1 日起，试行增值税期末留抵税额退税制度。同时符合以下条件的纳税人，可以向主管税务机关申请退还增量留抵税额： （1）自 2019 年 4 月税款所属期起，连续 6 个月（按季纳税的，连续两个季度）增量留抵税额均大于零，且第 6 个月增量留抵税额不低于 50 万元；（2）纳税信用等级为 A 级或者 B 级；（3）申请退税前 36 个月未发生骗取留抵退税、出口退税或虚开增值税专用发票情形的；（4）申请退税前 36 个月未因偷税被税务机关处罚两次及以上的；（5）自 2019 年 4 月 1 日起未享受即征即退、先征后返（退）政策的。 增量留抵税额，是指与 2019 年 3 月底相比新增加的期末留抵税额。 纳税人（除制造业和小微企业外）当期允许退还的增量留抵税额，按照以下公式计算： 允许退还的增量留抵税额＝增量留抵税额×进项构成比例×60%

续表

项目	内　容	
增值税期末留抵退税（新增）	先进制造业期末留抵退税	自2019年6月1日起，同时符合以下条件的部分先进制造业纳税人，可以自2019年7月及以后纳税申报期向主管税务机关申请退还增量留抵税额： （1）增量留抵税额大于零；（2）纳税信用等级为A级或者B级；（3）申请退税前36个月未发生骗取留抵退税、出口退税或虚开增值税专用发票情形；（4）申请退税前36个月未因偷税被税务机关处罚两次及以上；（5）自2019年4月1日起未享受即征即退、先征后返（退）政策。部分先进制造业纳税人，是指按照《国民经济行业分类》，生产并销售非金属矿物制品、通用设备、专用设备及计算机、通信和其他电子设备销售额占全部销售额的比重超过50%的纳税人。 销售额比重根据纳税人申请退税前连续12个月的销售额计算确定；申请退税前经营期不满12个月但满3个月的，按照实际经营期的销售额计算确定。 增量留抵税额，是指与2019年3月31日相比新增加的期末留抵税额。 部分先进制造业纳税人当期允许退还的增量留抵税额，按照以下公式计算： 允许退还的增量留抵税额=增量留抵税额×进项构成比例
	小微企业和制造业等行业期末留抵退税	1. 自2021年4月1日起，加大小微企业增值税期末留抵退税政策力度，将先进制造业按月全额退还增值税增量留抵税额政策范围扩大至符合条件的小微企业（含个体工商户，下同），并一次性退还小微企业存量留抵税额。 2. 自2021年4月1日起，加大制造业，科学研究和技术服务业，电力、热力、燃气及水生产和供应业，软件和信息技术服务业，生态保护和环境治理业及交通运输、仓储和邮政业（以下简称"制造业等行业"）增值税期末留抵退税政策力度，将先进制造业按月全额退还增值税增量留抵税额政策范围扩大至符合条件的制造业等行业企业（含个体工商户，下同），并一次性退还制造业等行业企业存量留抵税额。 3. 小微企业和制造业等行业纳税人办理期末留抵退税，需同时符合以下条件： （1）纳税信用等级为A级或者B级； （2）申请退税前36个月未发生骗取留抵退税、骗取出口退税或虚开增值税专用发票情形； （3）申请退税前36个月未因偷税被税务机关处罚两次及以上； （4）2019年4月1日起未享受即征即退、先征后返（退）政策。 4. 增量留抵税额，区分以下情形确定： 纳税人获得一次性存量留抵退税前，增量留抵税额为当期期末留抵税额与2019年3月31日相比新增加的留抵税额。 纳税人获得一次性存量留抵退税后，增量留抵税额为当期期末留抵税额。

项目	内　容	
增值税期末留抵退税（新增）	小微企业和制造业等行业期末留抵退税	5. 存量留抵税额，区分以下情形确定： 纳税人获得一次性存量留抵退税前，当期期末留抵税额大于或等于2019年3月31日期末留抵税额的，存量留抵税额为2019年3月31日期末留抵税额；当期期末留抵税额小于2019年3月31日期末留抵税额的，存量留抵税额为当期期末留抵税额。 纳税人获得一次性存量留抵退税后，存量留抵税额为零。 6. 纳税人按照以下公式计算允许退还的留抵税额： 允许退还的增量留抵税额 = 增量留抵税额 × 进项构成比例 × 100% 允许退还的存量留抵税额 = 存量留抵税额 × 进项构成比例 × 100% 7. 自2022年7月1日起，将制造业等行业按月全额退还增值税增量留抵税额、一次性退还存量留抵税额的政策范围，扩大至"批发和零售业""农、林、牧、渔业""住宿和餐饮业""居民服务、修理和其他服务业""教育""卫生和社会工作""文化、体育和娱乐业"
适用增值税零税率	向境外单位提供的完全在境外消费的下列服务	1. 研发服务。 2. 合同能源管理服务。 3. 设计服务。 4. 广播影视节目（作品）的制作和发行服务。 5. 软件服务。 6. 电路设计及测试服务。 7. 信息系统服务。 8. 业务流程管理服务。 9. 离岸服务外包业务。 10. 转让技术
	财政部和国家税务总局规定的其他服务	
扣减增值税		1. 退役士兵创业就业。 自主就业退役士兵从事个体经营的，自办理个体工商户登记当月起，在3年（36个月，下同）内按每户每年12 000元为限额依次扣减其当年实际应缴纳的增值税、城市维护建设税、教育费附加、地方教育附加和个人所得税。限额标准最高可上浮20%，各省、自治区、直辖市人民政府可根据本地区实际情况在此幅度内确定具体限额标准。 纳税人年度应缴纳税款小于上述扣减限额的，减免税额以其实际缴纳的税款为限；大于上述扣减限额的，以上述扣减限额为限。纳税人的实际经营期不足1年的，应当按月换算其减免税限额。换算公式为：减免税限额 = 年度减免税限额 ÷ 12 × 实际经营月数。城市维护建设税、教育费附加、地方教育附加的计税依据是享受本项税收优惠政策前的增值税应纳税额。 企业招用自主就业退役士兵，与其签订1年以上期限劳动合同并依法缴纳社会保险费的，自签订劳动合同并缴纳社会保险当月起，在3年内按实际招用人数予以定额依次扣减增值税、城市维护建设税、教育费附加、地方教育附加和企业所得税优惠。定额标准为每人每年6 000元，最高可上浮50%，各省、自治区、直辖市人民政府可根据本地区实际情况在此幅度内确定具体定额标准。

续表

项目	内　容
扣减增值税	2. 重点群体创业就业。 建档立卡贫困人口、持《就业创业证》（注明"自主创业税收政策"或"毕业年度内自主创业税收政策"）或《就业失业登记证》（注明"自主创业税收政策"）的人员，从事个体经营的，自办理个体工商户登记当月起，在 3 年（36 个月，下同）内按每户每年 12 000 元为限额依次扣减其当年实际应缴纳的增值税、城市维护建设税、教育费附加、地方教育附加和个人所得税。限额标准最高可上浮 20%，各省、自治区、直辖市人民政府可根据本地区实际情况在此幅度内确定具体限额标准

典型例题

【例 4 – 12】（多选题）下列不属于免征增值税的有（　　　）。

A. 农业生产者销售的自产农产品

B. 残疾人企业直接进口供残疾人专用的物品

C. 其他个人销售自己使用过的物品

D. 外国企业无偿援助的进口物资和设备

【答案】BD

【解析】增值税法律制度规定的免税项目包括：（1）农业生产者销售的自产农产品；（2）避孕药品和用具；（3）古旧图书；（4）直接用于科学研究、科学试验和教学的进口仪器、设备；（5）外国政府、国际组织无偿援助的进口物资和设备；（6）由残疾人的组织直接进口的供残疾人专用的物品；（7）销售自己使用过的物品。

考点6　增值税出口退税制度 ★

项目	内　容
适用范围	对下列出口货物、劳务、零税率应税服务，除适用增值税免税和征税政策外，实行免征并退还增值税政策。 1. 出口企业出口货物。 出口货物，是指企业向海关报关后实行离境并销售给境外单位和个人的货物，分为自营出口货物和委托出口货物两类。 出口企业，是指依法办理工商登记、税务登记、对外贸易经营者备案登记，自营或委托出口货物的单位或个体工商户，以及依法办理工商登记、税务登记但未办理对外贸易经营者备案登记，委托出口货物的生产企业。 生产企业，是指具有生产能力（包括加工修理修配能力）的单位或个体工商户。 2. 出口企业或其他单位视同出口货物。 （1）出口企业对外援助、对外承包、境外投资的出口货物。 （2）出口企业经海关报关进入国家批准的出口加工区、保税物流园区、保税港区、综合保税区等并销售给特殊区域内单位或境外单位、个人的货物。 （3）免税品经营企业销售的货物（国家规定不允许经营和限制出口的货物、卷烟和超出免税品经营企业《企业法人营业执照》规定经营范围的货物除外）。

项目	内　　容
适用范围	（4）出口企业或其他单位销售给用于国际金融组织或外国政府贷款国际招标建设项目的中标机电产品。 （5）生产企业向海上石油天然气开采企业销售的自产的海洋工程结构物。 （6）出口企业或其他单位销售给国际运输企业用于国际运输工具上的货物。 （7）出口企业或其他单位销售给特殊区域内生产企业生产耗用且不向海关报关而输入特殊区域的水（包括蒸汽）、电力、燃气。 3. 出口企业对外提供加工修理修配劳务。 对外提供加工修理修配劳务，是指对进境复出口货物或从事国际运输的运输工具进行的加工修理修配。 4. 增值税一般纳税人提供零税率应税服务。 （1）自 2014 年 1 月 1 日起，增值税一般纳税人提供适用零税率的应税服务，实行增值税退（免）税办法。 （2）自 2016 年 5 月 1 日起，跨境应税行为适用增值税零税率跨境应税行为，是指中国境内的单位和个人销售规定的服务和无形资产，规定的服务和无形资产范围参见《关于全面推开营业税改征增值税试点的通知》附件 4
退（免）税办法	出口货物、劳务、零税率应税服务，实行增值税退（免）税政策，包括免抵退税办法和免退税办法。 1. 增值税免抵退税办法。 增值税免抵退税，是指生产企业出口自产货物和视同自产货物及对外提供加工修理修配劳务，以及《财政部　国家税务总局关于出口货物劳务增值税和消费税政策的通知》（财税〔2012〕39 号）列名的生产企业出口非自产货物，免征增值税，相应的进项税额抵减应纳增值税额（不包括适用增值税即征即退、先征后退政策的应纳增值税税额），未抵减完的部分予以退还。 境内的单位和个人提供适用增值税零税率的服务和无形资产，适用一般计税方法的，生产企业实行免抵退税办法，外贸企业直接将服务或自行研发的无形资产出口，视同生产企业连同其出口货物统一实行免抵退税办法。 2. 增值税免退税办法。 增值税免退税，是指不具有生产能力的出口企业或其他单位出口货物劳务，免征增值税，相应的进项税额予以退还。 适用一般计税方法的外贸企业购进服务或者无形资产出口实行免退税办法
出口退税率	1. 退税率的一般规定。 除财政部和国家税务总局根据国务院决定而明确的增值税出口退税率外，出口货物、服务、无形资产的退税率为其适用税率，目前我国出口退税率分为五档：13%、10%、9%、6% 和零税率。 2. 退税率的特殊规定。 （1）外贸企业购进按简易办法征税的出口货物、从小规模纳税人购进的出口货物，其退税率分别为简易办法实际执行的征收率、小规模纳税人征收率。 （2）出口企业委托加工修理修配货物，其加工修理修配费用的退税率，为出口货物的退税率。 （3）适用不同退税率的货物、劳务以及跨境应税行为，应分开报关、核算并申报退（免）税，未分开报关、核算或划分不清的，从低适用退税率

考点7　消费税纳税人和征税范围★★

项目		内　　容
纳税人		在境内生产、委托加工和进口《消费税暂行条例》规定的消费品的单位和个人，以及财政部确定的销售《消费税暂行条例》规定的消费品的其他单位和个人
	境内	指生产、委托加工和进口属于应当缴纳消费税的消费品的起运地或者所在地在境内
征税范围	生产应税消费品	纳税人生产的应税消费品，于纳税人销售时纳税
		纳税人自产自用的应税消费品，用于连续生产应税消费品的，不纳税；用于其他方面的，于移送使用时纳税。 用于连续生产应税消费品，是指纳税人将自产自用的应税消费品作为直接材料生产最终应税消费品，自产自用应税消费品构成最终应税消费品的实体。 用于其他方面，是指纳税人将自产自用的应税消费品用于生产非应税消费品、在建工程、管理部门、非生产机构、提供劳务、馈赠、赞助、集资、广告、样品、职工福利、奖励等方面
	委托加工应税消费品　概念	1. 指由委托方提供原料和主要材料，受托方只收取加工费和代垫部分辅助材料加工的应税消费品。 2. 对于由受托方提供原材料生产的应税消费品，或者受托方先将原材料卖给委托方，然后再接受加工的应税消费品，以及由受托方以委托方名义购进原材料生产的应税消费品，不论在财务上是否作销售处理，都不得作为委托加工应税消费品，而应当按照销售自制应税消费品缴纳消费税
	税款缴纳	1. 委托加工的应税消费品，除受托方为个人外，由受托方在向委托方交货时代收代缴税款。 2. 委托加工的应税消费品，委托方用于连续生产应税消费品的，所纳税款准予按规定抵扣。 3. 委托方将收回的应税消费品，以不高于受托方的计税价格出售的，为直接出售，不再缴纳消费税；委托方以高于受托方的计税价格出售的，不属于直接出售，需按照规定申报缴纳消费税，在计税时准予扣除受托方已代收代缴的消费税
	进口应税消费品	进口的应税消费品，于报关进口时纳税。 进口环节缴纳的消费税由海关代征

续表

项目			内　容
征税范围	零售应税消费品	商业零售金银首饰	自 1995 年 1 月 1 日起，金银首饰（仅限金基、银基合金首饰以及金、银和金基、银基合金的镶嵌首饰）消费税由生产销售环节征收改为在零售环节征收。 自 2002 年 1 月 1 日起，对钻石及钻石饰品消费税的纳税环节由生产环节、进口环节后移至零售环节。 自 2003 年 5 月 1 日起，铂金首饰消费税改为零售环节征税。 下列业务视同零售业，在零售环节缴纳消费税： （1）为经营单位以外的单位和个人加工金银首饰。加工包括带料加工、翻新改制、以旧换新等业务，不包括修理、清洗业务。 （2）经营单位将金银首饰用于馈赠、赞助、集资、广告样品、职工福利、奖励等方面。 （3）未经中国人民银行总行批准，经营金银首饰批发业务的单位将金银首饰销售给经营单位
		零售超豪华小汽车	自 2016 年 12 月 1 日起，对超豪华小汽车（每辆不含增值税零售价格 130 万元及以上的乘用车和中轻型商用客车）在零售环节加征 10% 的消费税
	批发销售卷烟和电子烟		**1. 自 2015 年 5 月 10 日起，卷烟批发环节从价税税率由 5% 提高至 11%，并按 0.005 元/支加征从量税。**电子烟批发环节按 11% 征收。 2. 烟草批发企业将卷烟销售给其他烟草批发企业的，不缴纳消费税。 3. 卷烟消费税改为在生产和批发两环节后，批发企业在计算应纳税额时不得扣除已含税的生产环节的消费税税款。 4. 纳税人兼营卷烟批发和零售业务的，应当分别核算批发和零售环节的销售额、销售数量；未分别核算批发和零售环节销售额、销售数量的，按照全部销售额、销售数量计征批发环节消费税

典型例题

【例 4 - 13】（单选题）下列各项中，需要缴纳消费税的是（　　）。

A. 超市零售的白酒　　　　　　　　B. 销售自产电动车

C. 百货商店销售高档化妆品　　　　D. 销售自产实木地板

【答案】D

【解析】选项 B 不属于消费税税目；选项 A、C 是生产企业计征。

【例 4 - 14】（多选题）根据消费税法律制度的规定，下列各项中，应按照"高档化妆品"税目计缴消费税的有（　　）。

A. 高档护肤类化妆品　　　　　　　B. 成套化妆品

C. 高档修饰类化妆品　　　　　　　D. 高档美容类化妆品

【答案】ABCD

【解析】高档化妆品包括高档美容类化妆品、高档修饰类化妆品、高档护肤类化妆品和成套化妆品。

【例4－15】（多选题）根据消费税法律制度的规定，下列各项中，应征收消费税的有（　　）。

A. 甲电池厂生产销售电池　　　　　　B. 丁百货公司零售钻石胸针

C. 丙首饰厂生产销售玉手镯　　　　　D. 乙超市零售啤酒

【答案】ABC

【解析】选项D，啤酒在零售环节不缴纳消费税。

考点8　消费税税目和税率★★★

项目		内　容
烟	卷烟	1. 甲类卷烟56% ＋0.003元/支。 2. 乙类卷烟36% ＋0.003元/支。 3. 批发环节11% ＋0.005元/支。 注：甲类卷烟，指每标准条（200支）调拨价格在70元（不含增值税）以上（含70元）的卷烟。乙类卷烟，指每标准条（200支）调拨价格在70元以下的卷烟
		白包卷烟、手工卷烟、未经国务院批准纳入计划的企业和个人生产的卷烟按照56%税率征税，并按定额标准每标准箱150元计算征税
	雪茄烟	36%
	烟丝	30%
	电子烟	1. 生产（进口）环节36%；2. 批发环节11%
酒	白酒	包括粮食白酒和薯类白酒。 20% ＋0.5元/500克（或500毫升）
	黄酒	包括各种原料酿造的黄酒和酒度超过12度（含12度）的土甜酒。 240元/吨
	啤酒	1. 甲类啤酒250元/吨［每吨啤酒出厂价格（含包装物及包装物押金）在3 000元（含3 000元，不含增值税）以上的］。 2. 乙类啤酒220元/吨。 对饮食业、商业、娱乐业举办的啤酒屋（啤酒坊）利用啤酒生产设备生产的啤酒，应当征收消费税
	其他酒	包括糠麸白酒、其他原料白酒、土甜酒、复制酒、果木酒、汽酒、药酒、葡萄酒等。 税率为10%

续表

项目	内　容	
高档化妆品	包括高档美容、修饰类化妆品、高档护肤类化妆品和成套化妆品。 高档美容、修饰类化妆品和高档护肤类化妆品是指生产（进口）环节销售（完税）价格（不含增值税）在 10 元/毫升（克）或 15 元/片（张）及以上的美容、修饰类化妆品和护肤类化妆品。 舞台、戏曲、影视演员化妆用的上妆油、卸妆油、油彩，不属于本税目征税范围。 税率为 15%	
贵重首饰及珠宝玉石	包括各种金银珠宝首饰和经采掘、打磨、加工的各种珠宝玉石	
	金银首饰、铂金首饰和钻石及钻石饰品	5%
	其他贵重首饰和珠宝玉石	10%
鞭炮焰火	体育上用的发令纸、鞭炮药引线，不按本税目征收；税率15%	
成品油	汽油	含甲醇和乙醇汽油。税率 1.52 元/升
	柴油	含生物柴油。税率 1.20 元/升
	石脑油	税率 1.52 元/升
	溶剂油	税率 1.52 元/升
	航空煤油	税率 1.20 元/升
	润滑油	税率 1.52 元/升
	燃料油（重油、渣油）	税率 1.20 元/升。 自 2012 年 11 月 1 日起，催化料、焦化料属于燃料油征税范围
摩托车	气缸容量（排气量）在 250 毫升	3%
	气缸容量在 250 毫升（不含）以上的	10%
	注：最大设计车速不超过 50 公里/每小时，发动机气缸总工作量不超过 50 毫升的三轮摩托车不征收消费税	
小汽车	乘用车	1. 气缸容量（排气量，下同）在 1.0 升（含 1.0 升）以下的	1%
		2. 气缸容量在 1.0 升以上至 1.5 升（含 1.5 升）的	3%
		3. 气缸容量在 1.5 升以上至 2.0 升（含 2.0 升）的	5%
		4. 气缸容量在 2.0 升以上至 2.5 升（含 2.5 升）的	9%
		5. 气缸容量在 2.5 升以上至 3.0 升（含 3.0 升）的	12%
		6. 气缸容量在 3.0 升以上至 4.0 升（含 4.0 升）的	25%
		7. 气缸容量在 4.0 升以上的	40%
	中轻型商用客车	5%	

续表

项目		内　　容	
小汽车	超豪华小汽车（自2016年12月1日起）	征收范围为每辆零售价格130万元（不含增值税）及以上的乘用车和中轻型商用客车，即乘用车和中轻型商用客车子税目中的超豪华小汽车。对超豪华小汽车，在生产（进口）环节按现行税率（上述乘用车和中轻型商用客车的税率）征收消费税基础上，在零售环节加征消费税，税率为10%	
	注：（1）含驾驶员座位在内最多不超过9个座位（含）的在设计和技术特性上用于载运乘客和货物的各类乘用车和含驾驶员座位在内的座位数在10～23座（含23座）的在设计和技术特性上用于载运乘客和货物的各类中轻型商用客车。 （2）电动汽车不属于本税目征收范围；沙滩车、雪地车、卡丁车、高尔夫车不属于消费税征税范围。 （3）企业购进火车或箱式货车改装生产的商务车、卫星通讯车等专用汽车不属于消费税征税范围。 （4）对于购进乘用车和中轻型商用客车改装生产的汽车，应按规定征收消费税		
高尔夫球及球具	包括高尔夫球、高尔夫球杆及高尔夫球包（袋）、高尔夫球杆的杆头、杆身和握把		10%
高档手表	不含增值税售价每只在10 000元（含）以上		20%
游艇	长度大于8米（含）小于90米（含），分无动力艇、帆艇和机动艇		10%
木制一次性筷子	包括各种规格的木制一次性筷子和未经打磨、倒角的木制一次性筷子		5%
实木地板	包括各类规格的实木地板、实木指接地板、实木复合地板及用于装饰墙壁、天棚的侧端面为榫、槽的实木装饰板以及未经涂饰的素板		5%
电池	包括原电池、蓄电池、燃料电池、太阳能电池和其他电池		4%
涂料	包括油脂类、天然树脂类、酚醛树脂类、沥青类、醇酸树脂类、氨基树脂类、硝基类、过滤乙烯树脂类、烯类树脂类、丙烯酸酯类树脂类、聚酯树脂类、环氧树脂类、聚氨酯树脂类、元素有机类、橡胶类、纤维素类、其他成膜物类等。 对施工状态下挥发性有机物（VOC）含量低于420克/升的涂料免征消费税		4%

典型例题

【例4-16】（单选题）根据消费税法律制度的规定，下列各项中，采取从价定率和从量定额相结合的复合计征办法征收消费税的是（　　）。

A. 啤酒　　　　　B. 卷烟　　　　　C. 果木酒　　　　　D. 高档化妆品

【答案】B

【解析】我国现行消费税法律制度规定卷烟和白酒采取从价定率和从量定额相结合的复合计征办法征收消费税。

【例4-17】（多选题）根据消费税法律制度的规定，下列应税消费品中，实行从量计征消费税的有（　　）。

A. 柴油　　　　　　B. 涂料　　　　　　C. 黄酒　　　　　　D. 游艇

【答案】AC

【解析】从量定额征收消费税的有：啤酒、黄酒、成品油（柴油属于成品油）。选项 B、D，从价定率征收消费税。

考点9　消费税应纳税额的计算★★★

项目		内　　容
销售额的确定	从价计征销售额的确定（同增值税）	纳税人销售应税消费品向购买方收取的全部价款和价外费用，不包括应向购买方收取的增值税款。 应税消费品的销售额 = 含增值税的销售额 ÷（1 + 增值税税率或征收率）
	从量计征销售数量的确定	1. 销售应税消费品的，为应税消费品的销售数量。 2. 自产自用应税消费品的，为应税消费品的移送使用数量。 3. 委托加工应税消费品的，为纳税人收回的应税消费品数量。 4. 进口应税消费品的，为海关核定的应税消费品进口征税数量。 适用：成品油、黄酒、啤酒
	复合计征的计税依据	销售额同从价计征销售额的确定方法；销售数量确定同从量计征销售数量的确定。 适用：白酒、卷烟
	特殊情形下的销售额和销售数量	1. 纳税人用于换取生产资料和消费资料、投资入股和抵偿债务等方面的应税消费品，应当以纳税人同类应税消费品的最高销售价格为依据计算消费税。 2. 白酒生产企业向商业销售单位收取的"品牌使用费"是随着应税白酒的销售而向购货方收取的，属于应税白酒销售价款的组成部分，因此，不论企业采取何种方式或以何种名义收取价款，均应并入白酒的销售额中缴纳消费税。 3. 实行从价计征办法征收消费税的应税消费品连同包装物销售的，应征消费税和增值税；如果包装物不作价随同产品销售，而是收取押金，押金不用缴纳增值税消费税。押金"逾期"时缴纳增值税和消费税。啤酒、黄酒以外的其他酒销售过程收取的包装物押金在收取时应并入消费品缴纳消费税。 4. 金银首饰有关规定： （1）纳税人采用以旧换新（含翻新改制）方式销售的金银首饰，应按实际收取的不含增值税的全部价款确定计税依据征收消费税。 （2）对既销售金银首饰，又销售非金银首饰的生产、经营单位，应将两类商品划分清楚，分别核算销售额。凡划分不清楚或不能分别核算的，在生产环节销售的，一律从高适用税率征收消费税；在零售环节销售的，一律按金银首饰征收消费税。 （3）金银首饰与其他产品组成成套消费品销售的，应按销售额全额征收消费税。 （4）带料加工的金银首饰，应按受托方销售同类金银首饰的销售价格确定计税依据征收消费税。没有同类金银首饰销售价格的，按照组成计税价格计算纳税。

续表

项目		内　容	
销售额的确定	特殊情形下的销售额和销售数量	5. 纳税人生产、批发电子烟的，按照生产、批发电子烟的销售额计算纳税。电子烟生产环节纳税人采用代销方式销售电子烟的，按照经销商（代理商）销售给电子烟批发企业的销售额计算纳税。纳税人进口电子烟的，按照组成计税价格计算纳税。电子烟生产环节纳税人从事电子烟代加工业务的，应当分开核算持有商标电子烟的销售额和代加工电子烟的销售额；未分开核算的，一并缴纳消费税	
应纳税额计算	生产销售应纳消费税计算	从价定率计税	应纳税额 = 销售额 × 比例税率
		从量定额计税	应纳税额 = 销售数量 × 定额税率
		复合计征	应纳税额 = 销售数量 × 定额税率 + 销售额 × 比例税率
	自产自用应纳消费税计算	按照纳税人生产的同类消费品的销售价格计算纳税；没有同类消费品销售价格的，按照组成计税价格计算纳税	实行从价定率办法计算纳税的组成计税价格计算公式：组成计税价格 =（成本 + 利润）÷（1 − 比例税率）
			实行复合计税办法计算纳税的组成计税价格计算公式：组成计税价格 =（成本 + 利润 + 自产自用数量 × 定额税率）÷（1 − 比例税率）
		同类消费品的销售价格，是指纳税人或者代收代缴义务人当月销售的同类消费品的销售价格，如果当月同类消费品各期销售价格高低不同，应按销售数量加权平均计算。但销售的应税消费品有下列情况之一的，不得列入加权平均计算：（1）销售价格明显偏低并无正当理由的；（2）无销售价格的。如果当月无销售或者当月未完结，应按照同类消费品上月或者最近月份的销售价格计算纳税	
	委托加工应纳消费税的计算	按照受托方的同类消费品的销售价格计算纳税；没有同类消费品销售价格的，按照组成计税价格计算纳税	实行从价定率办法计算纳税的组成计税价格计算公式：组成计税价格 =（材料成本 + 加工费）÷（1 − 比例税率）
			实行复合计税办法计算纳税的组成计税价格计算公式：**组成计税价格 =（材料成本 + 加工费 + 委托加工数量 × 定额税率）÷（1 − 比例税率）**
		材料成本，是指委托方所提供加工材料的实际成本。委托加工应税消费品的纳税人，必须在委托加工合同上如实注明（或者以其他方式提供）材料成本，凡未提供材料成本的，受托方主管税务机关有权核定其材料成本。加工费，是指受托加工应税消费品向委托方所收取的全部费用（包括代垫辅助材料的实际成本），不含增值税税款	

续表

项目		内　　容	
应纳税额计算	进口环节应纳消费税的计算	进口的应税消费品，按照组成计税价格计算纳税	实行从价定率办法计算纳税的组成计税价格计算公式： 组成计税价格＝（关税完税价格＋关税）÷（1－消费税比例税率）
			实行复合计税办法计算纳税的组成计税价格计算公式： 组成计税价格＝（关税完税价格＋关税＋进口数量×定额税率）÷（1－消费税比例税率）
已纳消费税的扣除	可扣除范围	1. 以外购或委托加工收回的已税烟丝为原料生产的卷烟。 2. 以外购和委托加工收回的已税高档化妆品为原料继续生产高档化妆品。 3. 以外购或委托加工收回的已税珠宝、玉石为原料生产的贵重首饰及珠宝、玉石。 4. 以外购或委托加工收回的已税鞭炮、焰火为原料生产的鞭炮、焰火。 5. 以外购或委托加工收回的已税杆头、杆身和握把为原料生产的高尔夫球杆。 6. 以外购或委托加工收回的已税木制一次性筷子为原料生产的木制一次性筷子。 7. 以外购或委托加工收回的已税实木地板为原料生产的实木地板。 8. 以外购、进口和委托加工收回汽油、柴油、石脑油、燃料油、润滑油（以下简称"应税油品"）用于连续生产应税成品油，准予从成品油消费税应纳税额中扣除应税油品已纳消费税税款	
	扣除税额的计算	准予扣除外购应税消费品已纳税的计算公式： 当期准予扣除的外购应税消费品已纳税款＝当期准予扣除的外购应税消费品买价×外购应税消费品适用税率 当期准予扣除的外购应税消费品买价＝期初库存的外购应税消费品买价＋当期购进的外购应税消费品买价－期末库存的外购应税消费品买价	
		准予扣除委托加工收回应税消费品已纳税的计算公式： 委托加工应税消费品已纳税款＝期初库存的委托加工应税消费品已纳税款＋当期收回的委托加工应税消费品已纳税款－期末库存的委托加工应税消费品已纳税款	
	注：（1）允许扣除已纳税款的应税消费品，只限于从工业企业购进的应税消费品，对从商业企业购进应税消费品的已纳税款，一律不得扣除。 （2）纳税人用委托加工收回的已税珠宝、玉石为原料生产的改在零售环节征收消费税的"金银首饰"，在计税时一律不得扣除委托加工收回的珠宝、玉石原料的已纳消费税税款		

典型例题

【例4－18】（单选题）甲卷烟厂为增值税一般纳税人，受托加工一批烟丝，委托方提供的烟叶成本49 140元，甲卷烟厂收取含增值税加工费2 457元。已知增值税税率为13%，消费税税率为30%，无同类烟丝销售价格，计算甲卷烟厂该笔业务应代收代缴消费税税额的下列算式中，正确的是（　　）。

A. $[49\,140 + 2\,457 \div (1 + 13\%)] \div (1 - 30\%) \times 30\% = 21\,991.86$（元）

B. $(49\,140 + 2\,457) \div (1 - 30\%) \times 30\% = 22\,113$（元）

C. $49\,140 \div (1 - 30\%) \times 30\% = 21\,060$（元）

D. $[(49\,140 + 2\,457) \div (1 + 13\%)] \div (1 - 30\%) \times 30\% = 19\,569.03$（元）

【答案】A

【解析】委托加工的应税消费品，按照"受托方"的同类消费品的销售价格计算纳税，没有同类消费品销售价格的，按照组成计税价格计算纳税，故本题按照组成计税价格计算；甲卷烟厂该笔业务应代收代缴消费税＝组成计税价格×消费税税率＝（材料成本＋加工费）÷（1－消费税比例税率）×消费税税率＝$[49\,140 + 2\,457 \div (1 + 13\%)] \div (1 - 30\%) \times 30\% = 21\,991.86$（元）。

【例4-19】（单选题）2023年9月，甲酒厂销售自产红酒，取得含增值税价款46.80万元，另收取包装物押金2.34万元、手续费1.17万元。已知红酒增值税税率为13%，消费税税率为10%。甲酒厂该笔业务应缴纳消费税税额的下列计算列式中，正确的是（　　）。

A. $(46.8 + 1.17) \div (1 + 13\%) \times 10\% = 4.25$（万元）

B. $46.8 \div (1 + 13\%) \times 10\% = 4.14$（万元）

C. $(46.8 + 2.34 + 1.17) \div (1 + 13\%) \times 10\% = 4.45$（万元）

D. $(46.8 + 2.34) \div (1 + 13\%) \times 10\% = 4.35$（万元）

【答案】C

【解析】（1）对酒类生产企业销售酒类产品（啤酒、黄酒除外）而收取的包装物押金，无论押金是否返还，也不管会计上如何核算，均应并入酒类产品销售额，征收消费税；（2）1.17万元的手续费应作为价外费用；（3）价外费用与并入销售额的包装物押金均为"含税"收入。

考点10　消费税征收管理 ★

项目		内　容
纳税义务发生时间	销售应税消费品	1. 采取赊销和分期收款方式销售货物，为书面合同约定的收款日期的当天，无书面合同的或者书面合同没有约定收款日期的，为发出应税消费品的当天。 2. 采取预收货款方式销售货物，为发出应税消费品的当天。 3. 采取托收承付和委托银行收款方式销售货物，为发出应税消费品并办妥托收手续的当天。

项目		内　容
纳税义务发生时间	销售应税消费品	4. 采取其他结算方式的，为收讫销售款或者取得索取销售款凭据的当天。已将货物移送对方并暂估销售收入入账，但既未取得销售款或取得索取销售款凭据也未开具销售发票的，纳税义务发生时间为取得销售款或取得索取销售款凭据的当天，先开发票的，为开具发票的当天
	自产自用	为移送使用的当天
	委托加工	纳税人提货的当天
	进口	为报关进口的当天

典型例题

【例4-20】（单选题）根据消费税法律制度的规定，下列关于消费税纳税义务发生时间的表述中，不正确的是（　　）。

A. 纳税人自产自用应税消费品的，为移送使用的当天

B. 纳税人进口应税消费品的，为报关进口的当天

C. 纳税人委托加工应税消费品的，为支付加工费的当天

D. 纳税人采取预收货款结算方式销售应税消费品的，为发出应税消费品的当天

【答案】C

【解析】纳税人委托加工应税消费品的，消费税纳税义务发生时间为纳税人提货的当天。

考点11　城市维护建设税 ★

项目	内　容
纳税人	在中华人民共和国境内缴纳增值税、消费税的单位和个人。单位，是指各类企业（含外商投资企业、外国企业）、行政单位、事业单位、军事单位、社会团体及其他单位。个人，是指个体工商户和其他个人（含外籍个人）
税率	实行差别比例税率。按照纳税人所在地区的不同，设置了三档比例税率，即： （1）纳税人所在地在市区的，税率为7%； （2）纳税人所在地在县城、镇的，税率为5%； （3）纳税人所在地不在市区、县城或者镇的，税率为1%
计税依据	纳税人实际缴纳的增值税、消费税税额
应纳税额的计算	应纳税额＝实际缴纳的增值税、消费税税额×适用税率

续表

项目	内　　容	
税收优惠	1. 对进口货物或者境外单位和个人向境内销售劳务、服务、无形资产缴纳的增值税、消费税税额，不征收城市维护建设税。 2. 对出口货物、劳务和跨境销售服务、无形资产以及因优惠政策退还增值税、消费税的，不退还已缴纳的城市维护建设税。 3. 对增值税、消费税实行先征后返、先征后退、即征即退办法的，除另有规定外，对随增值税、消费税附征的城市维护建设税，一律不予退（返）还。 4. 根据国民经济和社会发展的需要，国务院对重大公共基础设施建设、特殊产业和群体以及重大突发事件应对等情形可以规定减征或者免征城市维护建设税，报全国人民代表大会常务委员会备案	
征收管理	纳税义务发生时间	与缴纳增值税、消费税的纳税义务发生时间一致
	纳税地点	为实际缴纳增值税、消费税的地点
	纳税期限	按月或者按季计征

典型例题

【例4－21】（单选题）位于某市市区的利华卷烟厂为外商投资企业，2023年8月缴纳增值税234 000元，消费税576 000元。利华卷烟厂本月应缴城市维护建设税（　　）元。

A. 11 700　　　　　B. 40 500　　　　　C. 56 700　　　　　D. 57 600

【答案】C

【解析】城市维护建设税的应纳税额按照纳税人实际缴纳的增值税、消费税税额和出口货物、劳务或者跨境销售服务、无形资产增值税免抵税额乘以税率计算。其计算公式为：应纳税额＝实际缴纳的增值税、消费税税额和出口货物、劳务或者跨境销售服务、无形资产增值税免抵税额×适用税率＝（234 000＋576 000）×7%＝56 700（元）。

考点12　教育费附加及地方教育附加★

项目	内　　容
征收范围	教育费附加与地方教育附加的征收范围是税法规定征收增值税、消费税的单位和个人。包括外商投资企业、外国企业及外籍个人
计征依据	教育费附加与地方教育附加以纳税人实际缴纳的增值税、消费税税额之和为计征依据
征收比率	现行教育费附加与地方教育附加征收比率为3%
计算与缴纳	应纳教育费附加＝实际缴纳增值税、消费税税额之和×征收比率；应纳地方教育附加＝实际缴纳增值税、消费税税额之和×征收比率

续表

项目	内　容
减免规定	1. 对海关进口产品代征的增值税、消费税，不征收教育费附加与地方教育附加。 2. 对由于减免消费税、增值税而发生退税的，可同时退还已征的教育费附加与地方教育附加。但对出口产品退还增值税、消费税的，不退还已征的教育费附加与地方教育附加
征收比率	教育费附加征收比率为3%，地方教育附加征收比率为2%

典型例题

【例4-22】（单选题）某大型国有商场2023年12月应缴纳增值税260 000元，实际缴纳增值税200 000元；实际缴纳消费税100 000元。该商场当月应缴纳的教育费附加与地方教育附加共计为（　　）元。

A. 15 000　　　　B. 9 000　　　　C. 100 000　　　　D. 25 000

【答案】A

【解析】应纳教育费附加=（200 000+100 000）×3%=9 000（元）。应纳地方教育附加=（200 000+100 000）×2%=6 000（元）。二者共计=9 000+6 000=15 000（元）。

考点13　关税的纳税人和课税对象 ★

项目	分类	内　容
纳税人	进出口货物的收、发货人	是依法取得对外贸易经营权，并且进口或者出口货物的法人或者其他社会团体，具体包括： （1）外贸进出口公司； （2）工贸或农贸结合的进出口公司； （3）其他经批准经营进出口商品的企业
	进出境物品的所有人	包括该物品的所有人和推定为所有人的人，具体包括： （1）入境旅客随身携带的行李、物品的持有人； （2）各种运输工具上服务人员入境时携带自用物品的持有人； （3）馈赠物品以及其他方式入境个人物品的所有人； （4）个人邮递物品的收件人
课税对象		进出境的货物、物品

典型例题

【例4-23】（多选题）下列各项中，属于关税纳税人的有（　　）。

A. 贸易型进出口公司

B. 生产型进出口公司

C. 入境随身携带物品的旅客

D. 入境时随身携带自用物品的飞机空乘人员

【答案】ABCD

【解析】贸易性商品的纳税人包括：外贸进出口公司、工贸或农贸结合的进出口公司以及其他经批准经营进出口商品的企业。物品的纳税人包括：入境旅客随身携带的行李、物品的持有人，各种运输工具上服务人员入境时携带自用物品的持有人，馈赠物品以及其他方式入境个人物品的所有人和个人邮递物品的收件人。

考点 14　关税税率的分类 ★

一级分类	二级分类	适用范围
进口税率	普通税率	原产于未与我国共同适用最惠国条款的世界贸易组织成员，未与我国订有相互给予最惠国待遇、关税优惠条款贸易协定和特殊关税优惠条款贸易协定的国家或者地区的进口货物，以及原产地不明的货物
	最惠国税率	原产于与我国共同适用最惠国条款的世界贸易组织成员的进口货物，原产于与我国签订含有相互给予最惠国待遇的双边贸易协定的国家或者地区的进口货物，以及原产于我国境内的进口货物
	协定税率	原产于与我国签订含有关税优惠条款的区域性贸易协定的国家或地区的进口货物
	特惠税率	原产于与我国签订含有特殊关税优惠条款的贸易协定的国家或地区的进口货物
	关税配额税率	指关税配额限度内的税率。关税配额是进口国限制进口货物数量的措施，把征收关税和进口配额相结合以限制进口。对于在配额内进口的货物可以适用较低的关税配额税率，对于配额之外的则适用较高税率
	暂定税率	国内需要降低进口关的货物，以及出于国际双边关系的考虑需要个别安排的进口货物
出口税率	按照适用的税率征税	

典型例题

【例 4 - 24】（单选题）对原产于与我国签订含有特殊关税优惠条款的贸易协定的国家或地区的进口货物适用（　　）。

A. 协定税率

C. 关税配额税率

B. 特惠税率

D. 最惠国税率

【答案】B

【解析】对原产于与我国签订含有特殊关税优惠条款的贸易协定的国家或地区的进口货物适用特惠税率。

考点 15　关税的计税依据★

项目	计税依据（完税价格）的确定	
总体依据	我国关税主要以进出口货物的完税价格为计税依据	
进口货物的完税价格	一般贸易项下	进口的货物以海关审定的成交价格为基础的到岸价格作为完税价格，并应当包括该货物运抵中华人民共和国境内输入地点起卸前的运输及其相关费用、保险费。还包括： （1）买方负担、支付的中介佣金、经纪费； （2）买方负担的包装、容器的费用； （3）买方付出的其他经济利益； （4）与进口货物有关的且构成进口条件的特许权使用。 但不包括： （1）向自己采购代理人支付的购货佣金和劳务费用； （2）货物进口后发生的安装、运输费用； （3）进口关税和进口海关代征的国内税； （4）为在境内复制进口货物而支付的费用
	特殊贸易项下	1. 运往境外加工的货物的完税价格。 2. 运往境外修理的机械器具、运输工具或者其他货物的完税价格。 3. 租赁进口货物的完税价格。 4. 对于国内单位留购的进口货样、展览品和广告陈列品，以留购价格作为完税价格。 5. 逾期未出境的暂准进口货物的完税价格。 6. 转让出售进口减免税货物的完税价格
出口货物的完税价格	出口货物应当以海关审定的货物售予境外的离岸价格，扣除出口关税后作为完税价格	
海关审定的完税价格	特殊成交情况下，海关认为需要估价的，按以下方法依次估定完税价格： 相同货物成交价格估价方法→类似货物成交价格估价方法→倒扣价格估价方法→计算价格估价方法→合理方法 （1）相同货物成交价格估价方法，是指海关以与进口货物同时或者大约同时向中华人民共和国境内销售的相同货物的成交价格为基础，审查确定进口货物的完税价格的估价方法。 （2）类似货物成交价格估价方法，是指海关以与进口货物同时或者大约同时向中华人民共和国境内销售的类似货物的成交价格为基础，审查确定进口货物的完税价格的估价方法。 （3）倒扣价格估价方法，是指海关以进口货物相同或者类似进口货物在境内的销售价格为基础，扣除境内发生的有关费用后，审查确定进口货物完税价格的估价方法。	

续表

项目	计税依据（完税价格）的确定
海关审定的 完税价格	（4）计算价格估价方法，是指海关以生产该货物所使用的料件成本、加工费用等各项的总和为基础，审查确定进口货物完税价格的估价方法。 （5）合理方法，是指海关不能根据成交价格估价方法、相同货物成交价格估价方法、类似货物成交价格估价方法、倒扣价格估价方法和计算价格估价方法确定完税价格时，海关根据《中华人民共和国海关审定进出口货物完税价格办法》规定的原则，以客观量化的数据资料为基础审查确定进口货物完税价格的估价方法

📘 典型例题

【例4-25】（多选题）下列各项中应计入进口货物的完税价格的有（　　）。

A. 货物的成交价格

B. 货物运抵中华人民共和国境内输入地点起卸前的运输费

C. 货物进口后发生的国内运输费

D. 由买方负担的购货佣金

【答案】ABD

【解析】进口货物的完税价格不包括：（1）向自己采购代理人支付的购货佣金和劳务费用；（2）货物进口后发生的安装、运输费用；（3）进口关税和进口海关代征的国内税；（4）为在境内复制进口货物而支付的费用。

考点16　关税应纳税额的计算★

计税方法	计税公式
从价计税	应纳税额＝应税进（出）口货物数量×单位完税价格×适用税率
从量计税	应纳税额＝应税进口货物数量×关税单位税额
复合计税	应纳税额＝应税进口货物数量×关税单位税额＋应税进口货物数量×单位完税价格×适用税率

📘 典型例题

【例4-26】（单选题）某企业2023年8月将一台账面余值50万元的数码印刷设备运往境外修理，当月在海关规定的期限内复运进境。经海关审定的境外修理费4万元、料件费6万元。假定该设备的进口关税税率为30%，则该企业应缴纳的关税为（　　）万元。

A. 1.8　　　　　　　B. 3　　　　　　　C. 15　　　　　　　D. 18

【答案】B

【解析】应纳关税税额 = （4 + 6）× 30% = 3（万元）。

考点 17　关税税收优惠和征收管理 ★

项目	内　容
关税优惠	关税的减税、免税分为法定性减免税、政策性减免税和临时性减免税
法定减免税的情形	1. 一票货物关税税额、进口环节增值税或者消费税税额在人民币 50 元以下的； 2. 无商业价值的广告品及货样； 3. 国际组织、外国政府无偿赠送的物资； 4. 进出境运输工具装载的途中必需的燃料、物料和饮食用品以及在海关放行前损失的货物； 5. 因故退还的中国出口货物，可以免征进口关税，但已征收的出口关税不予退还； 6. 因故退还的境外进口货物，可以免征出口关税，但已征收的进口关税不予退还
政策性减免税	1. 在境外运输途中或者起卸时，遭受到损坏或者损失的； 2. 起卸后海关放行前，因不可抗力遭受损坏或者损失的； 3. 海关查验时已经破漏、损坏或者腐烂，经证明不是保管不慎造成的
临时性减免税	为境外厂商加工、装配成品和为制造外销产品而进口的原材料、辅料、零件、部件、配套件和包装物料，海关按照实际加工出口的成品数量免征进口关税；或者对进口料、件先征进口关税，再按照实际加工出口的成品数量予以退税
征收管理	**关税缴纳期限** 纳税人应当自海关填发税款缴款书之日起 15 日内（星期日和法定节假日除外），向指定银行缴纳税款
	海关不予放行的情形 1. 旅客不能当场缴纳进境物品税款的； 2. 进出境的物品属于许可证件管理的范围，但旅客不能当场提交的； 3. 进出境的物品超出自用合理数量，按规定应当办理货物报关手续或其他海关手续，其尚未办理的； 4. 对进出境物品的属性、内容存疑，需要由有关主管部门进行认定、鉴定、验核的； 5. 按规定暂不予以放行的其他行李物品

考点 18　车辆购置税法律制度 ★

项目	内　容
纳税人	在中华人民共和国境内购置汽车、有轨电车、汽车挂车、排气量超过 150 毫升的摩托车（以下统称"应税车辆"）的单位和个人，为车辆购置税的纳税人
征税范围	包括汽车、有轨电车、汽车挂车、排气量超过 150 毫升的摩托车
税率	10%

续表

项目	内　容
计税依据	1. 纳税人购买自用应税车辆的计税价格，为纳税人实际支付给销售者的全部价款，不包括增值税税款。 2. 纳税人进口自用应税车辆的计税价格，为关税完税价格加上关税和消费税。 3. 纳税人自产自用应税车辆的计税价格，按照纳税人生产的同类应税车辆的销售价格确定，不包括增值税税款。 4. 纳税人以受赠、获奖或者其他方式取得自用应税车辆的计税价格，按照购置应税车辆时相关凭证载明的价格确定，不包括增值税税款。 5. 纳税人申报的应税车辆计税价格明显偏低，又无正当理由的，由税务机关依照《中华人民共和国税收征收管理法》的规定核定其应纳税额
应纳税额的计算	应纳税额＝计税依据×税率 进口应税车辆应纳税额＝（关税完税价格＋关税＋消费税）×税率
税收优惠	下列车辆免征车辆购置税： （1）依照法律规定应当予以免税的外国驻华使馆、领事馆和国际组织驻华机构及其有关人员自用的车辆。 （2）中国人民解放军和中国人民武装警察部队列入装备订货计划的车辆。 （3）悬挂应急救援专用号牌的国家综合性消防救援车辆。 （4）设有固定装置的非运输专用作业车辆。 （5）城市公交企业购置的公共汽电车辆。 对购置日期在 2023 年 1 月 1 日至 2023 年 12 月 31 日期间内的新能源汽车，免征车辆购置税。 对购置日期在 2024 年 1 月 1 日至 2025 年 12 月 31 日期间的新能源汽车免征车辆购置税，其中，每辆新能源乘用车免税额不超过 3 万元；对购置日期在 2026 年 1 月 1 日至 2027 年 12 月 31 日期间的新能源汽车减半征收车辆购置税，其中，每辆新能源乘用车减税额不超过 1.5 万元。 享受车辆购置税减免政策的新能源汽车，是指符合新能源汽车产品技术要求的纯电动汽车、插电式混合动力（含增程式）汽车、燃料电池汽车
征收管理	纳税申报	车辆购置税实行一次性征收。购置已征车辆购置税的车辆，不再征收车辆购置税。 车辆购置税由税务机关负责征收。车辆购置税的纳税义务发生时间为纳税人购置应税车辆的当日。纳税人应当自纳税义务发生之日起 60 日内申报缴纳车辆购置税
	纳税环节	纳税人应当在向公安机关交通管理部门办理车辆注册登记前，缴纳车辆购置税。 纳税人应当持主管税务机关出具的完税证明或者免税证明，向公安机关车辆管理机构办理车辆登记注册手续；没有完税证明或者免税证明的，公安机关车辆管理机构不得办理车辆登记注册手续
	纳税地点	应当向车辆登记地的主管税务机关申报缴纳车辆购置税；购置不需要办理车辆登记的应税车辆的，应当向纳税人所在地的主管税务机关申报缴纳车辆购置税

典型例题

【例4-27】（单选题）根据车辆购置税法律制度的规定，下列车辆中，不属于车辆购置税免税项目的是（ ）。

A. 外国驻华使馆的自用小汽车

B. 悬挂应急救援专用号牌的国家综合性消防救援车辆

C. 城市公交企业购置的公共汽电车

D. 个人购买的经营用小汽车

【答案】D

【解析】选项A、B、C，均属于免征车辆购置税的范围。

巩固练习

一、单项选择题

1. 甲公司2023年11月生产汽油60吨，其中50吨对外销售，0.2吨本单位车辆使用，0.5吨用于赞助其他单位，已知汽油1吨=1 388升，汽油消费税税率为1.52元/升。甲石化公司当月应缴纳的消费税为（ ）元。

A. 126 585.6   B. 152 263.2

C. 152 248.2   D. 106 964.832

2. 2023年9月，甲企业采用直接收款方式销售货物给乙公司，9日签订合同，15日开具发票，20日发出货物，28日收到货款。甲企业该笔业务的增值税纳税义务发生时间为（ ）。

A. 9月9日   B. 9月15日   C. 9月20日   D. 9月28日

3. 下列行为不视同销售行为的是（ ）。

A. 甲商场销售代销货物

B. 乙企业将外购的日用品用于集体福利

C. 丙公司将自产的家电用品分配给股东

D. 丙培训机构将外购的桌椅无偿赠送山区小学

4. 下列关于应税消费品销售额的表述中，不正确的是（ ）。

A. 应税消费品销售额包括向购买方收取的增值税税款

B. 纳税人自产自用应税消费品，按照纳税人生产的同类消费品的销售价格确

定销售额

  C. 随同从价计征应税消费品出售的包装物，无论是否单独计价，均应并入销售额

  D. 对因逾期未收回的包装物不再退还的或者已收取的时间超过 12 个月的押金，应并入应税消费品的销售额

5. 纳税人委托加工应税消费品的，其纳税义务发生时间为（ ）。

  A. 签订委托加工合同的当天

  B. 纳税人提货的当天

  C. 发出原材料的当天

  D. 开具预收款发票的当天

6. 根据增值税法律制度的规定，下列关于小规模纳税人征税规定的表述中，不正确的是（ ）。

  A. 实行简易征税办法

  B. 一律不使用增值税专用发票

  C. 不允许抵扣增值税进项税额

  D. 可以请税务机关代开增值税专用发票

7. 根据增值税法律制度的规定，下列行为中，应视同销售货物行为征收增值税的是（ ）。

  A. 购进货物用于简易计税项目 B. 购进货物用于个人消费

  C. 购进货物用于无偿赠送其他单位 D. 购进货物用于集体福利

8. 根据消费税法律制度的规定，下列各项中，采取从价定率和从量定额相结合的复合计征办法征收消费税的是（ ）。

  A. 电子烟 B. 啤酒 C. 果木酒 D. 白酒

9. 纳税人兼营不同税率的货物、劳务、服务、无形资产或者不动产，应当分别核算不同税率或者征收率的销售额；未分别核算销售额的，下列表述正确的是（ ）。

  A. 以销售额高者的税率适用

  B. 由纳税人选择适用税率

  C. 从高适用税率

  D. 从低适用税率

10. 某家用电器公司为一般纳税人，2023 年 4 月 30 日销售给某商场 100 台冰箱，不含税单价为 4 300 元/台，已开具税控专用发票。双方议定送货上门，另收取商场运费 1 500 元，开具增值税专用发票。该电器公司该笔业务的销项税额为（ ）。

  A. （4 300×100×13%）+（1 500×13%）= 56 095（元）

B. （4 300×100×13%）+（1 500×9%）=56 035（元）

C. （4 300×100×13%）+［1 500÷（1+9%）×9%］=56 023.85（元）

D. （4 300×100×6%）+［1 500÷（1+9%）×9%］=25 823.85（元）

11. 甲企业新冠疫情期间经营困难不能及时支付所欠乙企业的货款，双方协商达成一致，用甲企业自有产品抵充。对此下列表述中正确的是（　　）。

    A. 双方都应作购销处理，以各自发出的货物核算销售额并计算销项税额，以各自收到的货物按规定核算购货额并计算进项税额

    B. 乙企业收到甲企业的抵充货物不应作购货处理

    C. 甲企业发出抵充货款的货物不应作销售处理

    D. 双方按照各自最近时期销售同类商品的平均价格确定销售额

12. 甲公司为增值税一般纳税人，其销售的 N95 口罩标明零售价为 8 元/只，乙公司需求量大，甲公司给予 7.5 折优惠（商业折扣）。根据增值税法律制度的规定，下列表述正确的是（　　）。

    A. 甲公司应当按折扣后的销售额征收增值税

    B. 甲公司不得从销售额中减除折扣额

    C. 甲公司将销售额与折扣开在同一张发票上，可以按折扣后的销售额征收增值税

    D. 未经税务机关核准，甲公司不得从销售额中减除折扣额

13. 某化妆品厂销售高档化妆品取得含税收入 46.4 万元，收取手续费 1.5 万元，另收取包装物押金 1 万元。已知增值税税率为 13%，消费税税率为 15%。以下关于该化妆品厂本月应缴消费税的计算中，正确的是（　　）。

    A. 46.4×15%=6.96（万元）

    B. 46.4÷（1+13%）×15%=6.16（万元）

    C. （46.4+1.5）÷（1+13%）×15%=6.36（万元）

    D. （46.4+1.5+1）÷（1+13%）×15%=6.49（万元）

14. 甲汽车厂将 1 辆生产成本 5 万元的自产小汽车用于抵偿债务，同型号小汽车不含增值税的平均售价 10 万元/辆，不含增值税最高售价 12 万元/辆。已知小汽车消费税税率为 5%。甲汽车厂该笔业务应缴纳消费税税额的下列计算列式中，正确的是（　　）。

    A. 1×5×5%=0.25（万元）

    B. 1×10×5%=0.5（万元）

    C. 1×12×5%=0.6（万元）

    D. 1×5×（1+5%）×5%=0.2625（万元）

15. 实木地板含税金额为 111.5 万元，适用增值税税率为 13%，消费税税率为

5%，应缴纳消费税为（　　）。

    A. $111.5 \div (1 + 5\%) \times 5\% = 5.85$（万元）

    B. $111.5 \times 5\% = 5.575$（万元）

    C. $111.5 \div (1 + 13\%) \times 5\% = 4.93$（万元）

    D. $111.5 \div (1 + 13\%) \div (1 - 5\%) \times 5\% = 5.19$（万元）

16. 根据增值税法律制度的规定，纳税人采取托收承付和委托银行收款方式销售货物的，其纳税义务的发生时间为（　　）。

    A. 货物发出的当天

    B. 发出货物并办妥托收手续的当天

    C. 收到销货款的当天

    D. 合同约定的收款日期的当天

17. 根据增值税法律制度的规定，下列情形中，应缴纳增值税的是（　　）。

    A. 孙某将购买1年的一套住房对外销售

    B. 钱某销售一套自建自用的住房

    C. 涉及家庭财产分割的陈某无偿向其妻子转让一套住房

    D. 甲公司为配合国家住房制度改革而以房改成本价出售住房

18. 甲公司为增值税一般纳税人。2023年10月采取以旧换新方式销售100台W型家电，该W型家电同期含增值税销售价格为5 650元/台，扣减旧家电收购价格后实际收取含增值税价格5 141.5元/台，已知增值税税率为13%，计算公司当月该业务增值税销项税额的下列算式中，正确的是（　　）。

    A. $100 \times 5\ 141.5 \times 13\% = 66\ 839.56$（元）

    B. $100 \times 5\ 650 \div (1 + 13\%) \times 13\% = 65\ 000$（元）

    C. $100 \times 5\ 650 \times 13\% = 73\ 450$（元）

    D. $100 \times 5\ 141.5 \div (1 + 13\%) \times 13\% = 59\ 150$（元）

19. 甲植物油厂为增值税一般纳税人，2023年7月从农民手中收购一批花生，农产品收购发票上注明买价为182 000元，甲植物油厂当月将收购的花生80%用于加工食用植物油，剩余的部分用于无偿赠送给客户，已知购进农产品按9%的扣除率计算进项税额，计算甲植物油厂当月上述业务准予抵扣的进项税额的下列算式中，正确的是（　　）。

    A. $182\ 000 \times 9\% = 16\ 380$（元）

    B. $182\ 000 \div (1 - 9\%) \times 9\% = 18\ 000$（元）

    C. $182\ 000 \times 9\% \times 80\% = 13\ 104$（元）

    D. $182\ 000 \div (1 - 9\%) \times 9\% \times 80\% = 14\ 400$（元）

20. 甲金店为增值税一般纳税人，将金银首饰连同包装物零售给消费者，取得含增值税销售额 118 650 元，其中，金银首饰含增值税售价 113 000 元，包装物含增值税售价 5 650 元。已知，增值税税率为 13%，消费税税率为 5%。计算甲金店上述业务应缴纳消费税税额的下列算式中，正确的是（　　）。

  A. 113 000 ÷ (1 + 13%) × 5%

  B. 118 650 ÷ (1 + 13%) × 5%

  C. (113 000 - 5 650) ÷ (1 + 13%) × 5%

  D. (118 650 + 5 650) ÷ (1 + 13%) × 5%

21. 甲酒厂为增值税一般纳税人，销售用自产葡萄酒和外购月饼组成的"中秋"礼盒 400 套，每套含增值税售价 565 元，其中葡萄酒含增值税售价 339 元。已知，增值税税率为 13%，消费税税率为 10%。计算甲酒厂销售"中秋"礼盒应缴纳消费税税额的下列算式中，正确的是（　　）。

  A. 400 × 565 × 10%

  B. 400 × 565 ÷ (1 + 13%) × 10%

  C. 400 × 339 × 10%

  D. 500 × 339 ÷ (1 + 13%) × 10%

二、多项选择题

1. 根据增值税法律制度的规定，下列属于免征增值税的有（　　）。

  A. 农业生产者销售的自产农产品

  B. 企业直接进口的供残疾人专用的物品

  C. 其他个人销售自己使用过的物品

  D. 外国政府无偿援助的进口物资和设备

2. 根据增值税法律制度的规定，下列凭证属于增值税扣税凭证的有（　　）。

  A. 增值税普通发票

  B. 海关进口增值税专用缴款书

  C. 农产品收购发票

  D. 农产品销售发票

3. 根据增值税法律制度的规定，下列各项中，应当按照金融服务缴纳增值税的有（　　）。

  A. 银行销售金银　　　　　　　　B. 贷款利息收入

  C. 存款利息收入　　　　　　　　D. 基金管理

4. 根据营业税改增值税的相关规定，一般纳税人发生的下列应税销售行为中，可以选择使用简易计税方法计缴增值税的有（　　）。

A. 公共交通运输服务　　　　　　　B. 文化体育服务

C. 销售煤气　　　　　　　　　　　D. 仓储服务

5. 下列关于增值税纳税义务发生时间的表述中，正确的有（　　）。

　　A. 纳税人发生视同销售货物行为，为货物移送的当天

　　B. 销售应税劳务，为提供劳务同时收讫销售款或者取得索取销售款的凭据的
　　　当天

　　C. 纳税人进口货物，为从海关提货的当天

　　D. 采取托收承付方式销售货物，为发出货物的当天

6. 2023 年 12 月甲酒厂发生的下列业务中，应缴纳消费税的有（　　）。

　　A. 以自产低度白酒用于奖励职工

　　B. 以自产高度白酒用于馈赠客户

　　C. 以自产高度白酒用于连续加工低度白酒

　　D. 以自产低度白酒用于市场推广

7. 根据增值税法律制度的规定，纳税人提供的下列服务中，享受增值税免税优惠的有（　　）。

　　A. 病虫害防治

　　B. 金融同业往来利息

　　C. 幼儿园提供保育和教育服务收取的费用

　　D. 提供学历教育的学校收取的赞助费

8. 根据消费税法律制度的规定，下列有关消费税纳税义务发生时间的表述中，正确的有（　　）。

　　A. 纳税人采取分期收款方式销售应税消费品的，为购买方收到应税消费品的
　　　当天

　　B. 纳税人采取委托银行收款方式销售应税消费品的，为银行收到销售款的当天

　　C. 纳税人自产自用应税消费品的，为移送使用的当天

　　D. 纳税人委托加工应税消费品的，为纳税人提货的当天

9. 根据车辆购置税法律制度的规定，下列车辆中，免征车辆购置税的有（　　）。

　　A. 城市公交企业购置的公共汽电车辆

　　B. 设有固定装置的非运输专用作业车辆

　　C. 学校购置的燃油通勤车辆

　　D. 悬挂应急救援专用号牌的国家综合性消防救援车辆

10. 甲企业购进国内旅客运输服务，取得了下列凭证，其中属于可以抵扣进项税额的合法扣税凭证的有（　　）。

　　A. 未注明旅客身份信息的增值税电子普通发票

B. 未注明旅客身份信息的航空运输电子客票行程单

C. 注明旅客身份信息的铁路车票

D. 注明旅客身份信息的水路客票

11. 根据税收征收管理法律制度的规定，下列各项中，属于税收法律关系主体的有（　　）。

A. 税务机关　　　　　　　　　　B. 纳税人

C. 海关　　　　　　　　　　　　D. 扣缴义务人

12. 增值税一般纳税人发生的下列情形中，不得开具增值税专用发票的有（　　）。

A. 商业企业零售烟酒　　　　　　B. 工业企业销售白酒

C. 向消费者个人提供加工劳务　　D. 向个人销售房屋

三、判断题

1. 出租车公司向使用本公司自有出租车的出租车司机收取的管理费用，按照陆路运输服务缴纳增值税。（　　）

2. 销售货物的同时代办保险等向购买方收取的保险费，以及向购买方收取的代购买方缴纳的车辆购置税、车辆牌照费不属于价外费用。（　　）

3. 甲运输公司无偿向四川地震灾区政府和民众提供货物运输，应视同销售征收增值税。（　　）

4. 通过代加工方式生产电子烟的，由持有商标的企业缴纳消费税。（　　）

5. 增值税一般纳税人提供长途客运服务，可选择适用简易计税方法计缴增值税。（　　）

6. 个人将购买不足2年的住房对外销售的，免征增值税。（　　）

7. 增值税起征点的适用范围包括自然人和登记为一般纳税人的个体工商户。（　　）

8. 会计核算不健全，不能向税务机关准确提供增值税销项税额、进项税额以及应纳税额数据的增值税一般纳税人，不得领购开具增值税专用发票。（　　）

9. 甲电器商场向消费者个人销售的传真机，不得开具增值税专用发票。（　　）

10. 商业企业一般纳税人零售的烟、酒、食品、服装、鞋帽（不包括劳保专用部分）、化妆品等消费品可以开具专用发票。（　　）

四、不定项选择题

1. 甲企业为增值税一般纳税人。2023年9月购销业务情况如下：

（1）购进生产原料一批，已验收入库取得的增值税专用发票上注明的价款、税款分别为23万元、2.99万元。

（2）购进生产用半成品1 000件，未入库，取得的增值税专用发票上注明价款、税款分别为8万元、1.04万元。

（3）直接向农民收购用于生产加工的农产品一批，取得农产品销售发票，注明价款35万元，运费3万元。

（4）销售产品一批，已发出并办妥银行托收手续，但货款尚未收到，向买方开具的专用发票注明销售额82万元。

已知：以上增值税专用发票均在取得当月通过了税务机关的认证。企业产品适用的增值税税率为13%。

要求：根据上述资料，不考虑其他因素，分别回答下列问题。

（1）甲企业本期收购农产品可抵扣的进项税额为（　　）。

    A. 0   B. $35 \times 9\% = 3.15$（万元）

    C. $3 \times 9\% = 0.27$（万元）   D. $35 \times 9\% + 3 \times 9\% = 3.42$（万元）

（2）关于业务（4）中销售产品纳税义务发生的时间的确定，下列说法中不正确的是（　　）。

    A. 该项业务因为尚未收到货款，不能确认销售收入，也不能确定纳税义务已经发生

    B. 该项业务应当在货物发出时确认纳税义务发生

    C. 该项业务应当在发出货物并办妥托收手续的当天确认纳税义务发生

    D. 该项业务应当在开具发票的当天确认纳税义务发生

（3）甲企业本期销项税额为（　　）。

    A. $82 \times 9\% = 7.83$（万元）   B. $82 \times 13\% = 10.66$（万元）

    C. $82 \times 6\% = 4.92$（万元）   D. $82 \times 16\% = 13.12$（万元）

（4）甲企业本期可以抵扣的进项税额合计为（　　）万元。

    A. 4.03   B. 7.45   C. 6.41   D. 4.46

2. 甲商业银行H支行为增值税一般纳税人，主要提供相关金融服务。乙公司在H支行取得贷款，在该行办理票据贴现、资金结算和账户管理等业务，为甲商业银行H支行星级客户。甲商业银行H支行2023年第三季度有关经营业务的收入如下：

（1）提供贷款服务，取得含增值税利息收入9 505.6万元。

（2）提供票据贴票服务，取得含增值税利息收入874.5万元。

（3）提供资金结算服务，取得含增值税服务费收入37.1万元。

（4）提供账户管理服务，取得含增值税服务费收入20万元。

要求：根据上述资料，不考虑其他因素，分析回答下列问题。

（1）甲商业银行 H 支行2023年第三季度取得的下列收入中，应按照"金融服务——直接收费金融服务"税目计量增值税的是（   ）。

    A. 账户管理服务费收入20万元

    B. 票据贴现利息收入874.5万元

    C. 资金结算服务费收入37.1万元

    D. 贷款利息收入9 505.6万元

（2）计算甲商业银行 H 支行2023年第三季度贷款服务增值税销项税额的下列算式中，正确的是（   ）。

    A. $(9\,505.6+874.5)\div(1+6\%)\times6\%=587.55$（万元）

    B. $37.1\times6\%+20\div(1+6\%)\times6\%=3.36$（万元）

    C. $37.1\div(1+6\%)\times6\%+874.5\times6\%=54.57$（万元）

    D. $(9\,505.6+37.1)\times6\%=572.56$（万元）

（3）计算甲商业银行 H 支行2023年第三季度直接收费金融服务增值税销项税额的下列算式中，正确的是（   ）。

    A. $37.1\div(1+6\%)\times6\%+20\times6\%=3.3$（万元）

    B. $(37.1+20)\div(1+6\%)\times6\%=3.23$（万元）

    C. $(9\,505.6+37.1)\div(1+6\%)\times6\%=540.15$（万元）

    D. $874.5\times6\%+20\div(1+6\%)\times6\%=53.6$（万元）

巩固练习参考答案及解析

一、单项选择题

1.【答案】D

【解析】纳税人销售应税消费品，于纳税人销售时按照销售数量缴纳消费税，纳税人自产自用应税消费品，用于连续生产应税消费品的，不纳税，用于其他方面的，于移送时使用，以移送数量为准，故本题要缴纳消费税的数量为$50+0.5+0.2=50.7$吨。故本题甲石化公司当月应缴纳的消费税$=50.7\times1\,388\times1.52=106\,964.832$（元）。

2.【答案】B

【解析】本题甲企业先开具发票，开具发票的时间为纳税义务发生时间，即9月15日。

3.【答案】B

【解析】选项B，将自产、委托加工的货物用于集体福利或者个人消费，视同销售。外购货品用于集体福利不视同销售。

4.【答案】A

【解析】根据消费税法律制度的规定，应税消费品销售额不包括向购买方收取的增值税税款。

5.【答案】B

【解析】根据消费税法律制度的规定，纳税人委托加工应税消费品的，其纳税义务的发生时间，为提货的当天。

6.【答案】B

【解析】选项A、C，小规模纳税人实行简易征税办法，不得抵扣进项税额；选项B、D，一般情况下，小规模纳税人不得自行对外开具增值税专用发票，但可以申请税务机关代开增值税专用发票。

7.【答案】C

【解析】企业将购进货物用于投资、分配、赠送给其他单位视同销售；用于简易计税项目、集体福利和个人消费不视同销售。

8.【答案】D

【解析】消费税法律制度规定按照复合计征消费税的有白酒和卷烟。因此，答案为选项D。

9.【答案】C

【解析】纳税人兼营不同税率的货物、劳务、服务、无形资产或者不动产，应当分别核算不同税率或者征收率的销售额；未分别核算销售额的，从高适用税率。

10.【答案】C

【解析】销售冰箱的销项税额 $= 4\,300 \times 100 \times 13\% = 55\,900$（元）；收取运费的销项税额 $= 1\,500 \div (1 + 9\%) \times 9\% = 123.85$（元）（注：含税销售额的换算公式），该笔业务应纳销项税额 $= 55\,900 + 123.85 = 56\,023.85$（元）。

11.【答案】A

【解析】以物易物双方都应作购销处理，以各自发出的货物核算销售额并计算销项税额，以各自收到的货物按规定核算购货额并计算进项税额。在以物易物活动中，应分别开具合法的票据，如收到的货物不能取得相应的增值税专用发票或其他合法票据的，不能抵扣进项税额。

12.【答案】C

【解析】纳税人采取折扣方式销售货物，如果销售额和折扣额在同一张发票上分别注明，可以按折扣后的销售额征收增值税；如果将折扣额另开发票，不论其在财务上如何处理，均不得从销售额中减除折扣额。

13. 【答案】C

【解析】本题的"收入46.4万元"为含增值税收入，应当价税分离，收取的手续费1.5万元属于价外费用，也应价税分离后再并入销售额；非酒类产品（本题为高档化妆品），不随同产品销售、单独收取的包装物押金，在收取时不应并入应税消费品的销售额中征收消费税。所以答案为选项C。

14. 【答案】C

【解析】纳税人用于"换取生产资料和消费资料、投资入股和抵偿债务"等方面的应税消费品，应当以纳税人同类应税消费品的"最高"销售价格作为计税依据计算征收消费税。

15. 【答案】C

【解析】消费税计税依据和增值税计税依据是一致的，均为不含税（增值税）价格，因此应纳消费税为$111.5 \div (1 + 13\%) \times 5\% = 4.93$（万元）。

16. 【答案】B

【解析】根据《增值税暂行条例》的规定，采取托收承付和委托收款方式销售货物，为发出货物并办妥托收手续的当天。

17. 【答案】A

【解析】北京市、上海市、广州市和深圳市之外的地区，个人将购买不足2年的住房对外销售的，按照5%的征收率全额缴纳增值税，个人将购买2年以上（含2年）的住房对外销售的，免征增值税，本题中孙某销售1年的住房需要缴纳增值税。

18. 【答案】B

【解析】以旧换新应当按照新产品的价格计算增值税销项税额，不得扣减旧货物的收购价格。并且销售价格是含增值税价格需要先换算成不含税价格，因此应选择选项B。

19. 【答案】A

【解析】无偿赠送视同于销售，故可以计算抵扣进项税额。

20. 【答案】B

【解析】金银首饰连同包装物销售的，无论包装物是否单独计价，也无论会计上如何核算，均应并入金银首饰的销售额计征消费税（不需要剔除包装物价值，以"118 650元"价税分离后计税）。

21. 【答案】B

【解析】（1）纳税人将应税消费品与非应税消费品组成成套消费品销售的，应按销售额全额征收消费税，排除选项C、D。（2）题目明确交代565元为含增值税售价，应价税分离，选项A错误，选项B正确。

二、多项选择题

1.【答案】ACD

【解析】由残疾人的组织直接进口的供残疾人专用的物品，免征增值税。

2.【答案】BCD

【解析】增值税扣税凭证包括增值税专用发票、海关进口增值税专用缴款书、农产品收购发票和农产品销售发票以及税收缴款凭证。

3.【答案】BD

【解析】选项A，银行销售金银按销售货物缴纳增值税。选项C，存款利息收入不缴纳增值税。

4.【答案】ABD

【解析】选项C，属于销售货物，应当按一般计税方法征收增值税。

5.【答案】AB

【解析】根据增值税法律制度的规定，纳税人进口货物，为进口报关的当天。采取托收承付方式销售货物，为发出货物并办妥托收手续的当天。

6.【答案】ABD

【解析】纳税人自产的应税消费品，用于连续生产应税消费品的，不缴纳消费税，因此选项C不选择；凡用于其他方面的，于移送使用时，照章缴纳消费税。

7.【答案】ABC

【解析】提供学历教育的学校收取的赞助费、择校费等不属于免征增值税的范畴。

8.【答案】CD

【解析】（1）选项A，通常为"书面合同约定的收款日期当天"；（2）选项B，为"发出应税消费品并办妥托收手续的当天"。

9.【答案】ABD

【解析】选项C，没有免税优惠，照章缴纳车辆购置税。

10.【答案】ACD

【解析】未注明旅客身份信息的航空运输电子客票行程单不可以作为抵扣进项税额的合法凭证。

11.【答案】ABCD

【解析】税收法律关系主体分为征税主体（各级税务机关、海关等）和纳税主体（纳税人、扣缴义务人和纳税担保人）。

12.【答案】ACD

【解析】一般纳税人销售货物或者劳务，应向购买方开具专用发票。属于下列情形之一的，不得开具增值税专用发票：商业企业一般纳税人零售烟、酒、食品、服装、鞋帽、化妆品等消费品的；销售货物或者应税劳务适用免税规定的；向消费者个人销售货物或者提供应税劳务的。

三、判断题

1. 【答案】√

【解析】该表述符合法律规定。

2. 【答案】√

【解析】该表述符合法律规定。

3. 【答案】×

【解析】单位和个体工商户向其他单位或者个人无偿提供应税服务应视同销售，但用于公益事业或者以社会公众为对象的除外。

4. 【答案】√

【解析】该表述符合法律规定。

5. 【答案】√

【解析】长途客运属于"公共交通运输服务"，一般纳税人可以选择简易计税方法计税。

6. 【答案】×

【解析】个人将购买不足 2 年的住房对外销售的，按照 5% 的征收率全额缴纳增值税。

7. 【答案】×

【解析】增值税起征点的适用范围限于个人，不包括登记为一般纳税人的个体工商户。

8. 【答案】√

【解析】会计核算不健全，不能向税务机关准确提供增值税销项税额、进项税额以及应纳税额数据的增值税一般纳税人，不得领购、开具增值税专用发票。

9. 【答案】√

【解析】向消费者个人销售货物、服务、劳务、无形资产和不动产的不得开具增值税专用发票。

10. 【答案】×

【解析】属于下列情形之一的，不得开具增值税专用发票：（1）商业企业一般纳税人零售的烟、酒、食品、服装、鞋帽（不包括劳保专用部分）、化妆品等消费品不得开具增值税专用发票；（2）销售货物、劳务、服务、无形资产和不动产适用免税规定的；（3）向消费者个人销售货物、劳务、服务、无形资产和不动产的；（4）小规模纳税人销售货物、劳务、服务、无形资产和不动产的。

四、不定项选择题

1.（1）【答案】D

【解析】纳税人购进农产品，按照农产品收购发票或者销售发票上注明的农产品买价和9%的扣除率计算进项税额。运费可按9%的扣除率计算进项税额。进项税额 = $35 \times 9\% + 3 \times 9\% = 3.42$（万元）。

（2）【答案】ABD

【解析】采取托收承付和委托银行收款方式销售货物，为发出货物并办妥托收手续的当天。

（3）【答案】B

【解析】甲企业本期可以确认当期销项税额 = $82 \times 13\% = 10.66$（万元）。

（4）【答案】B

【解析】当期实际抵扣进项税额合计 = $2.99 + 1.04 + 3.42 = 7.45$（万元）。

2.（1）【答案】AC

【解析】账户管理和资金结算服务属于直接收费金融服务，贷款服务和票据贴现服务属于贷款服务。

（2）【答案】A

【解析】业务（1）、业务（2）属于贷款服务，且都是含税收入，销项税额 = $(9\ 505.6 + 874.5) \div (1 + 6\%) \times 6\% = 587.55$（万元）。

（3）【答案】B

【解析】业务（3）、业务（4）属于直接收费金融服务，且都是含税收入，销项税额 = $(37.1 + 20) \div (1 + 6\%) \times 6\% = 3.23$（万元）。

第五章　所得税法律制度

本章为重点章节。分为企业所得税、个人所得税两部分。

企业所得税知识点较多，需要多花时间进行理解和记忆。考生需要重点学习：企业所得税征税对象、应纳税所得额计算、资产税务处理、应纳税额计算。

个人所得税知识点分布较散，学习时需要及时归纳总结。考生需要重点学习：个人所得税应税所得项目、应纳税所得额确定、应纳税额计算。

教材变化

2024 年本章教材内容的主要变化有：

1. 对企业所得税税收优惠的内容进行了部分调整，新增中国保险保障基金有限责任公司取得的收入、从事污染防治的第三方企业、农户小额贷款利息收入相关的税收优惠，修订小型微利企业、研究开发费用加计扣除、加速折旧相关的税收优惠。

2. 调整企业所得税特别纳税调整的相关内容。

3. 个人所得税部分，主要对专项附加扣除的相关内容进行了调整。

教材框架

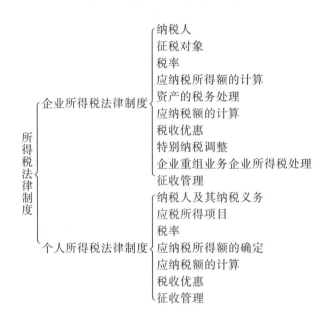

所得税法律制度
- 企业所得税法律制度
  - 纳税人
  - 征税对象
  - 税率
  - 应纳税所得额的计算
  - 资产的税务处理
  - 应纳税额的计算
  - 税收优惠
  - 特别纳税调整
  - 企业重组业务企业所得税处理
  - 征收管理
- 个人所得税法律制度
  - 纳税人及其纳税义务
  - 应税所得项目
  - 税率
  - 应纳税所得额的确定
  - 应纳税额的计算
  - 税收优惠
  - 征收管理

考点提炼

考点1　企业所得税纳税人及其分类★★

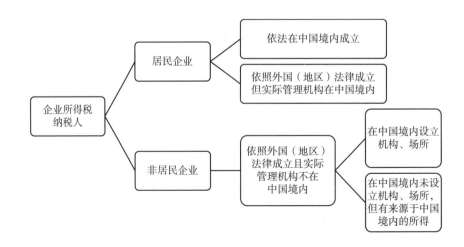

- 企业所得税纳税人
  - 居民企业
    - 依法在中国境内成立
    - 依照外国（地区）法律成立但实际管理机构在中国境内
  - 非居民企业
    - 依照外国（地区）法律成立且实际管理机构不在中国境内
      - 在中国境内设立机构、场所
      - 在中国境内未设立机构、场所，但有来源于中国境内的所得

典型例题

【例5-1】（单选题）根据企业所得税法律制度，以下选项中说法不正确的是（　　）。

A. 依法在中国境内成立的是居民企业

B. 企业所得税纳税人分为居民企业、非居民企业

C. 依照外国法律成立的企业都是非居民企业

D. 非居民企业不一定在中国境内设有机构、场所

【答案】C

【解析】依照外国（地区）法律成立但实际管理机构在中国境内的是居民企业，选项C错误。

考点2　企业所得税征税范围及税率★

纳税人	征税范围	税率
居民企业	境内＋境外的所得	25%
设有机构场所的非居民企业	与该机构场所有关的境内＋境外所得	25%
	与该机构场所无关的境内所得	20%（减按10%）*
未设有机构场所，但有来源于境内的所得的非居民企业	境内所得	20%（减按10%）**

注：*、**在中国境内未设立机构、场所的，或者虽设立机构、场所但取得的所得与其所设机构、场所没有实际联系的非居民企业，其取得的来源于中国境内的所得，减按10%的税率征收企业所得税。

典型例题

【例5-2】（判断题）非居民企业取得的来源于中国境外，但与其在中国境内设立的机构、场所有实际联系的所得，应缴纳企业所得税。（　　）

【答案】√

【解析】根据规定，对于在中国境内设立机构场所的非居民企业，对与该机构场所有关的境内、境外所得都需要征收企业所得税。

考点3　确定所得来源地★★

所得	来源地
销售货物	交易活动发生地
提供劳务	劳务发生地

续表

所得	来源地
转让不动产	不动产所在地
转让动产	转让动产的企业或者机构、场所所在地
转让权益性投资资产	被投资企业所在地
股息、红利等权益性投资	分配所得的企业所在地
利息、租金、特许权使用费	负担、支付所得的企业、机构、场所所在地，或者负担、支付所得的个人的住所地
其他	国务院财政、税务主管部门确定

> **典型例题**

【例5－3】（判断题）A公司在美国注册成立且实际管理机构在美国，在中国未设有机构场所。2023年3月，A公司将一套位于我国境内的房屋以1 000万元的价格出售，A公司需要向我国税务机关缴纳企业所得税。（　　）

【答案】√

【解析】根据题意，A公司为在中国未设有机构场所的非居民企业，因此，A公司仅对来源于中国境内的所得缴纳企业所得税。A公司出售的不动产位于我国境内，所以转让不动产的所得属于来源于我国境内的所得，应当缴纳企业所得税。

考点4　企业所得税应纳税所得额的计算★★

项目	内　　容
计算原则	权责发生制＋税法优先
计算方法	应纳税所得额＝收入总额－不征税收入－免税收入－各项扣除－以前年度亏损

> **典型例题**

【例5－4】（判断题）在计算应纳税所得额时，企业财务、会计处理办法与税收法律法规的规定不一致的，应当依照税收法律法规的规定计算。（　　）

【答案】√

【解析】本题考核企业所得税应纳税所得额计算中的"税法优先"原则。

考点5 收入总额★★★

项目	具体规定
收入总额	包括：销售货物收入，提供劳务收入，转让财产收入，股息、红利等权益性投资收益，利息收入，租金收入，特许权使用费收入，接受捐赠收入，其他收入

项目			具体规定
销售货物收入	普通销售方式下，收入实现时间确认	托收承付方式	办妥托收手续时确认收入
		预收款方式	发出商品时确认收入
		销售需要安装和检验的商品	购买方接受商品以及安装和检验完毕时确认收入；如果安装程序简单，可在发出商品时确认收入
		支付手续费委托代销方式销售	收到代销清单时确认收入
	售后回购方式销售商品		销售的商品按售价确认收入，回购的商品作为购进商品处理
	以旧换新方式销售商品		销售商品应按照销售商品收入确认条件确认收入，回购的商品作为购进商品处理
	商业折扣		扣除商业折扣后的金额确认销售商品收入金额
	现金折扣（债务扣除）		扣除现金折扣前的金额确认销售商品收入金额，现金折扣在实际发生时作为财务费用扣除
	销售折让、销售退回		发生折让、退回当期冲减当期销售商品收入
提供劳务收入	各个纳税期末，提供劳务交易的结果能够可靠估计的，采用完工进度百分比法确认提供劳务收入		
转让财产收入	按照从财产受让方已收或应收的合同或协议价款确认收入		
股息、红利等权益性投资收益	按被投资方作出利润分配决定的日期确认收入的实现		
利息收入	按合同约定的债务人应付利息的日期确认收入的实现		
租金收入	按合同约定的承租人应付租金的日期确认收入的实现		
特许权使用费收入	按合同约定的特许权使用人应付特许权使用费的日期确认收入的实现		

续表

项目	具体规定		
接受捐赠收入	按照实际收到捐赠资产的日期确认收入的实现		
其他收入	包括企业资产溢余收入、逾期未退包装物押金收入、确实无法偿付的应付款项、已作坏账损失处理后又收回的应收款项、债务重组收入、补贴收入、汇兑收益等		
特殊收入	分期收款	合同约定的收款日期确认收入的实现	
	提供建筑安装劳务持续时间超过12个月	按纳税年度内完工进度或者完成的工作量确定收入的实现	
	产品分成	按企业分得产品的日期确认收入的实现	

典型例题

【例5-5】（多选题）根据企业所得税法律制度的规定，下列关于确认收入实现时间的表述中，正确的有（　　　）。

A. 销售商品采用托收承付方式的，在办妥托收手续时确认收入

B. 接受捐赠收入，按照约定收到捐赠资产的日期确认收入的实现

C. 采取产品分成方式取得收入的，按照被投资方作出分配决定的日期确认收入的实现

D. 销售安装程序比较简单的商品，可在发出商品时确认收入的实现

【答案】AD

【解析】销售商品采用托收承付方式的，在办妥托收手续时确认收入，选项A正确；接受捐赠收入，按照实际收到捐赠资产的日期确认收入的实现，选项B错误；采取产品分成方式取得收入的，按照分得产品的日期确认收入的实现，选项C错误；销售商品需要安装和检验的，在购买方接受商品以及安装和检验完毕时确认收入，如果安装程序比较简单，可在发出商品时确认收入，选项D正确。

【例5-6】（多选题）下列各项中，在计算企业所得税应纳税所得额时，应计入收入总额的有（　　　）。

A. 提供劳务收入　　　　　　　　B. 债务重组收入

C. 租金收入　　　　　　　　　　D. 利息收入

【答案】ABCD

【解析】本题考核收入总额的范围。收入总额包括：销售货物收入，提供劳务收入，转让财产收入，股息、红利等权益性投资收益，利息收入，租金收入，特许权使用费收入，接受捐赠收入，其他收入。

考点6　企业所得税不征税收入与免税收入★★

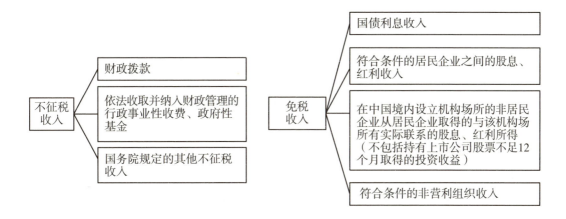

典型例题

【例5-7】（单选题）根据企业所得税法律制度的规定，下列各项中，属于免税收入的是（　　）。

A. 企业购买国债取得的利息收入

B. 纳入预算管理的事业单位取得的财政拨款

C. 事业单位从事营利性活动取得的收入

D. 企业转让股权取得的收入

【答案】A

【解析】根据企业所得税相关法律制度，选项A属于免税收入，选项B属于不征税收入，选项C事业单位从事营利性活动取得的收入属于应税收入，选项D属于应税收入。

考点7　税前扣除项目★

项目	解析
成本	在生产经营活动中发生的销售成本、销货成本、业务支出以及其他耗费
费用	在生产经营活动中发生的销售费用、管理费用和财务费用
税金	除企业所得税和允许抵扣的增值税以外的其他各项税金
损失	损失是指企业在生产经营活动中发生的固定资产和存货的盘亏、毁损、报废损失，转让财产损失，呆账损失，坏账损失，以及自然灾害等不可抗力因素造成的损失以及其他损失

续表

项目	解　　析
其他支出	除成本、费用、税金、损失外，企业在生产经营活动中发生的与生产经营活动有关的、合理的支出

典型例题

【例 5 – 8】（多选题）以下税金中，可以在企业所得税税前扣除的有（　　）。

A. 关税　　　　　　　　　　　　B. 资源税

C. 土地增值税　　　　　　　　　D. 允许抵扣的增值税

【答案】ABC

【解析】允许抵扣的增值税，不允许在企业所得税税前扣除，故选项 D 不正确。选项 A、B、C 皆可以在企业所得税税前扣除。

考点 8　工资及三项经费税前扣除标准 ★ ★

项目		扣除标准
工资、薪金支出		发生的合理的工资薪金支出，允许税前扣除
三项经费	职工福利费	不超过工资薪金总额的 **14%**，超过部分不得扣除
	工会经费	不超过工资薪金总额的 **2%**，超过部分不得扣除
	职工教育经费	不超过工资薪金总额的 **8%**，超过部分准予在以后纳税年度扣除

注：三项经费分别计算扣除限额，不能合并计算。

典型例题

【例 5 – 9】（单选题）2023 年度甲公司发生合理的工资、薪金支出 800 万元，发生职工教育经费支出 9 万元，上年度未在税前扣除的职工教育经费支出 61 万元。已知，职工教育经费支出，不超过工资薪金总额 8% 的部分，准予在计算企业所得税应纳税所得额时扣除；超过部分，准予在以后纳税年度结转扣除。在计算甲公司该年度企业所得税应纳税所得额时，准予扣除的职工教育经费支出为（　　）万元。

A. 61　　　　　　B. 64　　　　　　C. 9　　　　　　D. 70

【答案】B

【解析】扣除限额 = 800 × 8% = 64（万元），待扣除金额 = 9（本年发生额）+ 61（上年结转额）= 70（万元），待扣除金额超过了扣除限额，准予扣除的职工教育经费支出为 64 万元。

考点 9 社会保险费税前扣除标准 ★ ★

保险名称	扣除规定
基本养老保险费、基本医疗保险费、失业保险费、工伤保险费	准予扣除
补充养老保险、补充医疗保险	分别不超过工资总额的 **5%** 标准内的部分，准予扣除，超过部分不准扣除

典型例题

【例 5 – 10】（判断题）根据企业所得税相关法律制度的规定，企业按规定为员工缴纳的失业保险费准予税前扣除。（　　）

【答案】√

【解析】企业按规定为员工缴纳的社会保险费（基本养老保险费、基本医疗保险费、失业保险费、工作保险费）准予税前扣除。

考点 10 利息费用税前扣除标准 ★ ★

出借方	扣除标准
金融企业	据实扣除
非金融企业	不超过按照金融企业同期同类贷款利率计算部分可据实扣除，超过部分不可扣除

典型例题

【例 5 – 11】（单选题）2023 年 3 月，A 企业在生产经营的过程中向非关联方 B 企业借入生产用资金 6 000 万元，并与 B 企业签订了借款期限 6 个月、年利率为 10% 的借款合同（金融企业同期同类贷款年利率 6%）。根据企业所得税法律制度的规定，A 企业在计算 2023 年企业所得税时，可以在税前扣除的利息支出为（　　）万元。

A. 180　　　　　　B. 300　　　　　　C. 360　　　　　　D. 600

【答案】A

【解析】非金融企业向非金融企业借款的利息支出，不超过按照金融企业同期同类贷款利率计算的数额的部分可据实扣除，超过部分不予扣除。实际产生利息支出 =

$6\ 000 \times 10\% \div 12 \times 6 = 300$（万元），扣除限额 $= 6\ 000 \times 6\% \div 12 \times 6 = 180$（万元）。实际利息支出（300万元）超过了扣除限额（180万元），不得在税前据实扣除，可以在税前扣除的利息支出为180万元。

【例5-12】（单选题）2023年甲公司因资金紧张，向银行贷款600万元，支付利息30万元。同时甲公司向乙公司贷款600元，支付利息70万元。甲公司发生的利息费用可以税前扣除的金额是（　　）万元。

A. 70　　　　　　B. 100　　　　　　C. 30　　　　　　D. 60

【答案】 D

【解析】 根据企业所得税相关法律制度，非金融企业向金融企业贷款发生的利息支出可以据实扣除；非金融企业向非金融企业贷款发生的利息支出不超过银行同期同类贷款利率的部分可以据实扣除，超过部分不能扣除。所以甲公司向银行贷款发生的利息30万元可以扣除，同期向非金融机构贷款的利息支出70万元只能税前扣除30万元。因此可以税前扣除的利息费用总共为60万元。

考点11　公益性捐赠税前扣除标准 ★★

项目	规　定
定义	企业通过公益性社会组织或者县级以上人民政府及其部门，用于慈善活动、公益事业的捐赠支出
扣除标准	**不超过年度利润总额12%的部分，在计算应纳税所得额时准予扣除**
超标规定	超过部分准予结转以后三年内在计算应纳税所得额时扣除
扣除顺序	企业在对公益性捐赠支出计算扣除时，应先扣除以前年度结转的捐赠支出，再扣除当年发生的捐赠支出

典型例题

【例5-13】（单选题）甲公司2023年度利润总额300万元，预缴企业所得税税额60万元，在"营业外支出"账户中列支了通过公益性社会组织向灾区的捐款38万元。已知企业所得税税率为25%；公益性捐赠支出不超过年度利润总额12%的部分，准予在计算企业所得税应纳税所得额时扣除。计算甲公司当年应补缴企业所得税税额的下列算式中，正确的是（　　）。

A. $300 \times 25\% - 60 = 15$（万元）

B. $(300 + 300 \times 12\%) \times 25\% - 60 = 24$（万元）

C. $[300 + (38 - 300 \times 12\%)] \times 25\% - 60 = 15.5$（万元）

D. $(300 + 38) \times 25\% - 60 = 24.5$（万元）

【答案】C

【解析】捐款38万元的扣除限额 = 300 × 12% = 36（万元），38万元大于扣除限额36万元，所以税前允许扣除的公益性捐赠支出为36万元，超过扣除限额的2万元不得税前扣除，需纳税调整的增加项，因此甲公司当年的企业所得税应纳税所得额 = 300 + 2 = 302（万元）；应纳税额 =（300 + 2）× 25% = 75.5（万元）；应补缴 = 75.5 – 60 = 15.5（万元）。

考点 12　业务招待费税前扣除标准 ★★

发生时期	扣除标准
生产经营活动	**业务招待费发生额的60%，但不能超过当年销售收入的5‰**
筹建期间	按实际发生额的60%计入筹办费用，税前扣除

典型例题

【例5–14】（单选题）B公司2023年度取得销售收入2 500万元，发生与生产经营活动有关的业务招待费支出15万元。已知，业务招待费支出按照发生额的60%扣除，但最高不得超过当年销售（营业）收入的5‰。在计算B公司2023年度企业所得税应纳税所得额时，准予扣除的业务招待费支出为（　　）万元。

A. 12.5　　　　B. 9　　　　C. 12.425　　　　D. 15

【答案】B

【解析】限额1 = 2 500 × 5‰ = 12.5（万元），限额2 = 15 × 60% = 9（万元），故税前准予扣除的业务招待费为9万元。

考点 13　广告费和业务宣传费税前扣除标准 ★★

发生时期	扣除标准
生产经营活动	**不超过销售收入的15%的部分准予扣除，超过部分准予在以后纳税年度扣除**
筹建期间	按实际发生额计入筹办费，税前扣除

典型例题

【例5–15】（单选题）2023年甲企业取得销售收入3 000万元，广告费支出400万元，上年结转广告费60万元。根据企业所得税法律制度的规定，甲企业2023年准予扣除的广告费是（　　）万元。

　　A. 460　　　　　　B. 510　　　　　　C. 450　　　　　　D. 340

【答案】C

【解析】根据规定，广告费和业务宣传费的扣除标准是销售收入的15%，超过部分准予在以后纳税年度扣除。甲企业广告费的税前扣除标准是 3 000 × 15% = 450（万元）。甲企业当年发生的广告费 400 万元准予全部扣除，上年结转的广告费 60 万元可以税前扣除 50 万元，所以本年度允许扣除的广告费是 450 万元。

考点 14　不得扣除项目★★

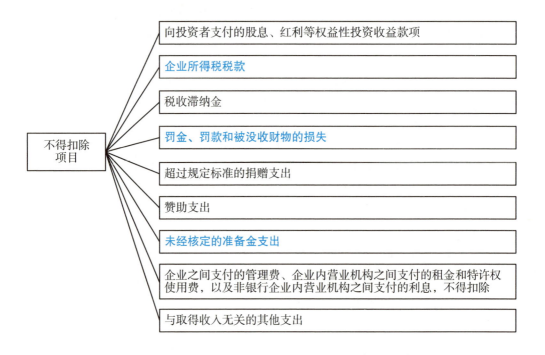

不得扣除项目

- 向投资者支付的股息、红利等权益性投资收益款项
- 企业所得税税款
- 税收滞纳金
- 罚金、罚款和被没收财物的损失
- 超过规定标准的捐赠支出
- 赞助支出
- 未经核定的准备金支出
- 企业之间支付的管理费、企业内营业机构之间支付的租金和特许权使用费，以及非银行企业内营业机构之间支付的利息，不得扣除
- 与取得收入无关的其他支出

典型例题

【例 5 - 16】（单选题）根据企业所得税法律制度的规定，下列各项中，在计算企业所得税应纳税所得额时准予扣除的是（　　）。

　　A. 向投资者支付的股息　　　　　　B. 税收滞纳金

　　C. 合理的劳动保护支出　　　　　　D. 罚金

【答案】C

【解析】合理的劳动保护支出，准予在税前据实扣除；其他三个选项属于税前不得扣除的项目。

考点 15　亏损弥补 ★★

项目	规　　定
定义	亏损是指企业将每一纳税年度的收入总额减除不征税收入、免税收入和各项扣除后小于零的数额
结转	企业某一年度发生的亏损可以用下一年度的所得弥补，下一年度的所得不足以弥补的，可以逐年（先亏损先弥补）延续弥补，但最长不能超过 5 年
特殊规定	企业在汇总计算缴纳所得税时，境外营业机构的亏损不得抵减境内营业机构的盈利
	自 2018 年 1 月 1 日起，当年具备高新技术企业或科技型中小企业资格的企业，其具备资格年度之前 5 个年度发生的尚未弥补完的亏损，准予结转以后年度弥补，最长结转年限由 5 年延长至 10 年

典型例题

【例 5－17】（判断题）居民企业在汇总计算缴纳企业所得税时，其境外营业机构的亏损可以抵减境内营业机构的盈利。（　　　）

【答案】×

【解析】企业在汇总计算缴纳企业所得税时，其境外营业机构的亏损不得抵减境内营业机构的盈利。

考点 16　固定资产税务处理 ★★★

项目	规　　定		
不得计算折旧扣除的固定资产	1. 房屋、建筑物以外未投入使用的固定资产。 2. 以经营租赁方式租入的固定资产。 3. 以融资租赁方式租出的固定资产。 4. 已足额计提折旧仍继续使用的固定资产。 5. 与经营活动无关的固定资产。 6. 单独估价作为固定资产入账的土地。 7. 其他不得计算折旧扣除的固定资产		
计税基础的确定	外购	购买价款 + 支付的相关税费 + 直接归属于使该固定资产达到预定用途发生的其他支出	
	自行建造	竣工结算以前发生的支出	
	融资租入	租赁合同约定付款总额的	租赁合同约定的付款总额 + 承租人在签订租赁合同过程中发生的相关费用
		租赁合同未约定付款总额的	该资产的公允价值 + 承租人在签订租赁合同过程中发生的相关费用

续表

项目		规　定
计税基础的确定	盘盈	同类固定资产的重置完全价值
	捐赠、投资、非货币性资产交换、债务重组等方式取得的固定资产	该资产的公允价值＋支付的相关税费
	改建	以改建支出增加计税基础
折旧方式		当月投入使用的固定资产次月计提折旧； 当月停止使用的固定资产当月计提折旧，次月停止计提折旧； 固定资产预计净残值一经确定，不得变更

典型例题

【例5-18】（多选题）根据企业所得税法律制度的规定，下列固定资产中，在计算企业所得税应纳税所得额时不得计算折旧扣除的有（　　）。

A. 未投入使用的厂房

B. 以经营租赁方式租入的运输工具

C. 以融资租赁方式租出的生产设备

D. 已足额提取折旧仍继续使用的电子设备

【答案】BCD

【解析】固定资产折旧计提范围是常考点。根据税法规定，不得计算折旧扣除的固定资产包括房屋、建筑物以外未投入使用的固定资产，所以选项A未投入使用的厂房不选。

考点17　生产性生物资产税务处理★★

项目		规　定
概念		企业为生产农产品、提供劳务或者出租等而持有的生物资产，包括经济林、薪炭林、产畜和役畜等
最低折旧年限	林木类	10年
	畜类	3年
折旧方法		当月投入使用的生产性生物资产次月计提折旧；停止使用的生产性生物资产，应当自停止使用月份的次月起停止计提折旧

典型例题

【例5－19】（多选题）生产性生物资产指为生产农产品、提供劳务或者出租等目的持有的生物资产，以下属于生产型生物资产的有（　　）。

A. 经济林　　　　　B. 薪炭林　　　　　C. 产畜　　　　　D. 役畜

【答案】ABCD

【解析】生产性生物资产，是指企业为生产农产品、提供劳务或者出租等目的而持有的生物资产。

考点18　无形资产税务处理★★

项目	规　定	
不得计算摊销费用扣除的无形资产	1. 自行开发的支出已在计算应纳税所得额时扣除的无形资产； 2. 自创商誉； 3. 与经营活动无关的无形资产； 4. 其他不需要计算摊销费用扣除的无形资产	
计税基础的确定	外购	购买价款＋支付的相关税费＋直接归属于使该资产达到预定用途发生的其他支出
	自行开发	开发过程中该资产符合资本化条件后至达到预定用途前发生的支出
	捐赠、投资、非货币性资产交换、债务重组等方式取得的	资产的公允价值＋相关税费
摊销方法及年限	无形资产按照直线法计提摊销，摊销年限不得低于10年	

典型例题

【例5－20】（单选题）根据规定，计算企业所得税时以下无形资产的摊销费用扣减应纳税所得额的是（　　）。

A. 自行开发的支出已在计算应纳税所得额时扣除的无形资产

B. 自创商誉

C. 与经营活动无关的无形资产

D. 自行研发的无形资产

【答案】D

【解析】根据规定，选项A、B、C都属于不得计算摊销费用扣除的无形资产，选项D为可以计算摊销费用扣除的无形资产。

考点 19　长期待摊费用税务处理 ★ ★

类型	规 定
已足额提取折旧的固定资产的改建支出	按照固定资产预计尚可使用年限分期摊销
租入固定资产的改建支出	1. 定义：指改变房屋或者建筑物结构，延长使用年限等发生的支出 2. 按照合同约定的剩余租赁期限分期摊销
固定资产的大修理支出	1. 定义：（1）修理支出达到取得固定资产时的计税基础 50% 以上；（2）修理后固定资产的使用年限延长 2 年以上。 2. 按照固定资产尚可使用年限分期摊销
其他长期待摊费用	自发生月份次月起分期摊销，摊销年限不得低于 3 年

典型例题

【例 5－21】（单选题）2022 年 1 月 1 日，甲公司购入一台机器设备，该设备使用年限为 10 年，价值 100 万元。2023 年 3 月公司对该设备进行了修理，发生费用 60 万元，预计该设备剩余使用寿命可达到 14 年。关于该费用的税务处理，下列说法正确的是（　　）。

A. 应作为长期待摊费用处理　　　　B. 应从 2023 年 1 月进行摊销

C. 可以在发生当期一次性税前扣除　　D. 应在 2 年的期限内摊销

【答案】A

【解析】根据题意，甲公司发生的该项支出满足固定资产的大修理支出条件，修理支出可以作为长期待摊费用摊销，按照固定资产尚可使用年限分期摊销。所以选项 C、D 错误，选项 A 正确。应从次月起开始摊销，所以选项 B 错误。

考点 20　投资资产税务处理 ★

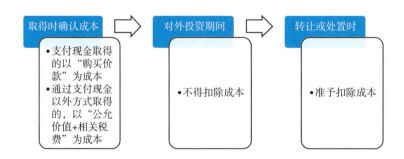

典型例题

【例5－22】（判断题）甲公司2023年1月购入A公司股票10万元，购入B公司股票15万元。假设2023年12月A公司股票分红12万元，以13万元的价格转让B公司股票。甲公司在计算2023年企业所得税时可以扣除的投资资产成本是25万元。（　　）

【答案】×

【解析】对于投资资产在对外投资期间，投资资产的成本在计算应纳税所得额时不得扣除，因此A公司股票的购入成本10万元不得扣除。转让或者处置投资资产时，投资资产的成本准予扣除，因此B公司股票的购入成本15万元准予扣除。所以甲公司在计算企业所得税时可以扣除的成本是15万元。

考点21　资产损失税务处理★★

类型	规　　定
当年损失	税法规定实际确认或者实际发生的当年申报扣除
未能在当年税前扣除的以前年度损失	向税务机关说明并进行专项申报扣除，其中，属于实际资产损失，准予追补至该项损失发生年度扣除，其追补确认期限一般不得超过5年
企业因以前年度实际资产损失未在税前扣除而多缴的企业所得税税款	可在追补确认年度企业所得税应纳税款中予以抵扣，不足抵扣的，向以后年度递延抵扣

典型例题

【例5－23】（判断题）未能在当年税前扣除的以前年度损失，可以追补至该项损失发生年度扣除，无追补确认期限规定。（　　）

【答案】×

【解析】未能在当年税前扣除的以前年度损失，准予追补至该项损失发生年度扣除，其追补确认期限一般不得超过5年。

考点22　企业所得税应纳税额的计算★★★

应纳税额＝应纳税所得额×适用税率－减免税额－抵免税额

典型例题

【例5－24】（单选题）甲公司2023年度企业所得税应纳税所得额1 000万元，减免税额10万元，抵免税额20万元。已知企业所得税税率为25%，甲公司当年企业所得税应纳税额的下列计算列式中，正确的是（　　）。

A. 1 000×25% – 10 – 20 = 220（万元）

B. 1 000×25% – 10 = 240（万元）

C. 1 000×25% = 250（万元）

D. 1 000×25% – 20 = 230（万元）

【答案】A

【解析】本题考查企业所得税应纳税额的计算公式。

考点 23　免税收入★★★

序号	类型	具体规定
1	国债利息收入	国债利息收入，是指企业持有国务院财政部门发行的国债取得的利息收入
2	符合条件的居民企业之间的股息、红利等权益性投资收益	不包括连续持有居民企业公开发行并上市流通的股票不足 12 个月取得的投资收益
3	在中国境内设立机构、场所的非居民企业从居民企业取得与该机构、场所有实际联系的股息、红利等权益性投资收益	不包括连续持有居民企业公开发行并上市流通的股票不足 12 个月取得的投资收益
4	符合条件的非营利组织的收入	对非营利组织从事非营利性活动取得的收入给予免税，但从事营利性活动取得的收入则要征税
5	基础研究资金收入	自 2022 年 1 月 1 日起，对非营利性科研机构、高等学校接收企业、个人和其他组织机构基础研究资金收入，免征企业所得税
6	中国保险保障基金有限责任公司取得的收入	2027 年 12 月 31 日前，对中国保险保障基金有限责任公司根据《保险保障基金管理办法》取得的下列收入，免征企业所得税： （1）境内保险公司依法缴纳的保险保障基金。 （2）依法从撤销或破产保险公司清算财产中获得的受偿收入和向有关责任方追偿所得，以及依法从保险公司风险处置中获得的财产转让所得。 （3）接受捐赠收入。 （4）银行存款利息收入。 （5）购买政府债券、中央银行、中央企业和中央级金融机构发行债券的利息收入。 （6）国务院批准的其他资金运用取得的收入

典型例题

【例5-25】（多选题）根据企业所得税法律制度相关规定，下列各项中属于免税收入的有（　　）。

A. 财政拨款

B. 高等学校接收来自企业的基础研究资金收入

C. 依法收取并纳入财政管理的政府性基金

D. 中国保险保障基金有限责任公司购买政府债券的利息收入

【答案】BD

【解析】选项A、C属于不征税收入。要注意区分不征税收入与免税收入的区别。

考点24　所得减免★★

类型	规　定
免征企业所得税的项目	1. 蔬菜、谷物、薯类、油料、豆类、棉花、麻类、糖料、水果、坚果的种植。 2. 农作物新品种的选育。 3. 中药材的种植。 4. 林木的培育和种植。 5. 牲畜、家禽的饲养。 6. 林产品的采集。 7. 灌溉、农产品初加工、兽医、农技推广、农机作业和维修等农、林、牧、渔服务业项目。 8. 远洋捕捞
减半征收企业所得税的项目	1. 花卉、茶以及其他饮料作物和香料作物的种植。 2. 海水养殖、内陆养殖
三免三减半	企业从事国家重点扶持的公共基础设施项目的投资经营的所得、企业从事环境保护、节能节水项目的所得
符合条件的技术转让所得	一个纳税年度内，居民企业技术转让所得不超过500万元的部分，免征企业所得税；超过500万元的部分，减半征收企业所得税
非居民企业减免税所得	在中国境内未设立机构、场所的，或者虽设立机构、场所但取得的所得与其所设机构、场所没有实际联系的非居民企业，其取得的来源于中国境内的所得，减按10%的税率征收企业所得税
境外机构投资者免税所得	对于合格境外机构投资者（QFII）、人民币合格境外机构投资者（RQFII）取得来源于中国境内的股票等权益性投资资产转让所得，暂免征收企业所得税

典型例题

【例5-26】（单选题）企业从事下列项目取得的所得中，减半征收企业所得税的是（　　）。

　　A. 饲养家禽　　　　　　　　　B. 远洋捕捞

　　C. 海水养殖　　　　　　　　　D. 种植中药材

【答案】C

【解析】选项A、B、D免征企业所得税。企业从事下列项目的所得，减半征收企业所得税：（1）花卉、茶以及其他饮料作物和香料作物的种植；（2）海水养殖、内陆养殖。

考点25　减低税率与定期减免税★★

类型	税收优惠
小型微利企业	减按25%计入应纳税所得额，按20%的税率缴纳企业所得税
高新技术企业	减按15%的税率征收企业所得税
技术先进型服务企业	减按15%的税率征收企业所得税
从事污染防治的第三方企业	减按15%的税率征收企业所得税
集成电路生产企业或项目	税收优惠根据集成电路线宽、经营期不同而区分
集成电路相关企业和软件企业	国家鼓励的集成电路设计、装备、材料、封装、测试企业和软件企业，自获利年度起，第1年至第2年免征企业所得税，第3年至第5年按照25%的法定税率减半征收企业所得税
	国家鼓励的重点集成电路设计企业和软件企业，自获利年度起，第1年至第5年免征企业所得税，接续年度减按10%的税率征收企业所得税
经营性文化事业单位转制为企业	自转制注册之日起5年内免征企业所得税，执行至2027年12月31日
生产和装配伤残人员专门用品企业	符合条件的，免征企业所得税

典型例题

【例5-27】（多选题）根据企业所得税法律制度的规定，下列关于企业所得税税率的表述中，正确的有（　　）。

　　A. 对在中国境内未设立机构、场所的非居民企业来源于中国境内的所得，按

10%的税率征收企业所得税

B. 对经认定的技术先进型服务企业（服务贸易类），减按20%的税率征收企业所得税

C. 对设在西部地区的鼓励类产业企业，减按10%的税率征收企业所得税

D. 对符合条件的小型微利企业，减按20%的税率征收企业所得税

【答案】AD

【解析】对经认定的技术先进型服务企业（服务贸易类），减按15%的税率征收企业所得税，选项B错误；对设在西部地区的鼓励类产业企业，减按15%的税率征收企业所得税，选项C错误。

【例5-28】（单选题）甲公司2023年度为符合条件的小型微利企业，当年企业所得税应纳税所得额200万元。计算甲公司2023年度应缴纳企业所得税税额的下列算式中，正确的是（　　）。

A. 200×20%＝40（万元）

B. 200×25%×20%＝10（万元）

C. 200×50%×20%＝20（万元）

D. 100×12.5%×20%＋（200－100）×25%×20%＝7.5（万元）

【答案】B

【解析】小型微利企业，减按25%计入应纳税所得额，按20%的税率缴纳企业所得税。

考点26　加计扣除★★

序号	项目	具体规定
1	研究开发费用	企业开展研发活动中实际发生的研发费用，未形成无形资产计入当期损益的，在按规定据实扣除的基础上，自2023年1月1日起，再按照实际发生额的100%在税前加计扣除；形成无形资产的，自2023年1月1日起，按照无形资产成本的200%在税前摊销
		符合条件的集成电路企业和工业母机企业开展研发活动中实际发生的研发费用，未形成无形资产计入当期损益的，在按规定据实扣除的基础上，在2023年1月1日至2027年12月31日期间，再按照实际发生额的120%在税前扣除；形成无形资产的，在上述期间按照无形资产成本的220%在税前摊销
		烟草制造业、住宿和餐饮业、批发和零售业、房地产业、租赁和商务服务业、娱乐业、财政部和国家税务总局规定的其他行业不适用税前加计扣除政策

续表

序号	项目	具体规定
2	安置国家鼓励就业人员所支付的工资	在据实扣除的基础上，按照支付给残疾职工工资的100%加计扣除
3	出资给非营利单位用于基础研究的支出	自2022年1月1日起，对企业出资给非营利性科学技术研究开发机构、高等学校和政府性自然科学基金用于基础研究的支出，在计算应纳税所得额时可按实际发生额在税前扣除，并可按100%在税前加计扣除

典型例题

【例5-29】（单选题）根据企业所得税法相关法律制度，企业安置残疾人及国家鼓励安置的其他就业人员所支付的工资在据实扣除的基础上可以加计扣除。该加计扣除比例是（   ）。

A. 50%   B. 100%

C. 150%   D. 200%

【答案】B

【解析】企业安置残疾人及国家鼓励安置的其他就业人员所支付的工资在据实扣除的基础上可以加计100%扣除。

考点27　西部地区减免税★★

项目	规定
政策期间	自2021年1月1日至2030年12月31日
企业类型	以《西部地区鼓励类产业目录》中规定的产业项目为主营业务，且其主营业务收入占企业收入总额60%以上的企业为鼓励类产业企业
税收优惠	减按15%的税率征收企业所得税

典型例题

【例5-30】（多选题）根据企业所得税法律制度，下列关于西部地区减免税政策的说法正确的有（   ）。

A. 对设在西部地区的鼓励类产业企业减按15%的税率征收企业所得税

B. 对设在西部地区的鼓励类产业企业减按20%的税率征收企业所得税

C. 鼓励类产业企业是指以《西部地区鼓励类产业目录》中规定的产业项目为主营业务，且其主营业务收入占企业收入总额 60% 以上的企业

D. 鼓励类产业企业是指以《西部地区鼓励类产业目录》中规定的产业项目为主营业务，且其主营业务收入占企业收入总额 80% 以上的企业

【答案】AC

【解析】自 2021 年 1 月 1 日至 2030 年 12 月 31 日，对设在西部地区的鼓励类产业企业减按 15% 的税率征收企业所得税。鼓励类产业企业是指以《西部地区鼓励类产业目录》中规定的产业项目为主营业务，且其主营业务收入占企业收入总额 60% 以上的企业。

考点 28　海南自由贸易港企业所得税优惠 ★

序号	类型	政策
1	注册在海南自由贸易港并实质性运营的鼓励类产业企业	减按 15% 的税率征收企业所得税
2	在海南自由贸易港设立的旅游业、现代服务业、高新技术产业企业新增境外直接投资取得的所得	免征企业所得税
3	在海南自由贸易港设立的企业，新购置（含自建、自行开发）固定资产或无形资产，单位价值不超过 500 万元（含）的	允许一次性计入当期成本费用在计算应纳税所得额时扣除，不再分年度计算折旧和摊销
4	在海南自由贸易港设立的企业，新购置（含自建、自行开发）固定资产或无形资产，单位价值超过 500 万元的	可以缩短折旧、摊销年限或采取加速折旧、摊销的方法

典型例题

【例 5 - 31】（判断题）对在海南自由贸易港设立的旅游业、现代服务业、高新技术产业企业新增境外直接投资取得的所得，减按 15% 的税率征收企业所得税。（　）

【答案】×

【解析】对在海南自由贸易港设立的旅游业、现代服务业、高新技术产业企业新增境外直接投资取得的所得，免征企业所得税。

考点 29　其他优惠政策 ★★

项目	规定	
抵扣应纳税所得额	1. 创投企业采取股权投资方式投资未上市的中小高新技术企业 2 年以上的，按照其投资额的 70% 在股权持有满 2 年的当年抵扣该创业投资企业的应纳税所得额；当年不足抵扣的，可以在以后纳税年度结转抵扣。 2. 公司制创业投资企业采取股权投资方式直接投资于种子期、初创期科技型企业满 2 年的，有限合伙制创业投资企业采取股权投资方式直接投资于初创科技型企业满 2 年的，享类似第 1 点的税收优惠	
加速折旧	1. 技术进步、产品更新换代较快； 2. 常年处于强震动、高腐蚀状态	缩短折旧年限（≥60%）或者采用加速折旧计算方法
	企业在 2018 年 1 月 1 日至 2027 年 12 月 31 日期间新购进（包括自行建造）的设备、器具，单位价值不超过 500 万元的	允许一次性计入当期成本费用在计算应纳税所得额时扣除
减计收入	1. 资源综合利用生产的产品取得的收入，减按 90% 计入收入总额。 2. 社区提供养老、托育、家政等服务的机构，提供社区养老、托育、家政服务取得的收入，在计算应纳税所得额时，减按 90% 计入收入总额。 3. 2027 年 12 月 31 日前，对金融机构农户小额贷款的利息收入（应单独核算），在计算应纳税所得额时，按 90% 计入收入总额。 4. 2027 年 12 月 31 日前，对保险公司为种植业、养殖业提供保险业务取得的保费收入，在计算应纳税所得额时，按 90% 计入收入总额。 5. 2027 年 12 月 31 日前，对经省级地方金融监督管理部门批准成立的小额贷款公司取得的农户小额贷款利息收入，在计算应纳税所得额时，按 90% 计入收入总额	
税额抵免	购置并实际使用环境保护、节能节水、安全生产等专用设备，按照设备投资额 10% 抵免应纳税额，当年不足抵免的，可以在以后 5 个纳税年度结转抵免	
债券利息减免税	对企业取得的 2012 年及以后年度发行的地方政府债券利息收入，免征企业所得税	
	对境外机构投资境内债券市场取得的债券利息收入暂免征收企业所得税（不包括境外机构在境内设立的机构、场所取得的与该机构、场所有实际联系的债券利息）	
	对企业投资者持有 2019 ~ 2027 年发行的铁路债券取得的利息收入，减半征收企业所得税	

注：自 2019 年 1 月 1 日起，适用固定资产加速折旧优惠相关规定的行业范围，扩大至全部制造业领域。

典型例题

【例 5 - 32】（单选题）A 公司为增值税一般纳税人，2023 年购置并实际使用

《环境保护专用设备企业所得税优惠目录》中规定的环境保护专用设备,取得增值税专用发票注明金额600万元、税额78万元。A公司2023年度企业所得税应纳税所得额为360万元,A公司享受应纳税额抵免的企业所得税优惠。已知,企业所得税税率为25%。A公司2023年度应缴纳企业所得税税额为( )万元。

A. 22.2   B. 36   C. 30   D. 75

【答案】C

【解析】企业购置并实际使用规定的环境保护、节能节水、安全生产等专用设备的,该专用设备的投资额的10%可以从企业当年的应纳税额中抵免。A公司应缴纳企业所得税税额 $= 360 \times 25\% - 600 \times 10\% = 30$（万元）。

【例5-33】(单选题)2021年8月1日,某创投企业以股权投资的方式向境内某未上市的中小高新技术企业投资200万元。两年后的2023年该企业利润总额890万元,假定该公司无纳税调整事项,则该企业应纳税所得额是( )万元。

A. 890   B. 750   C. 690   D. 650

【答案】B

【解析】根据企业所得税相关法律制度,创业投资企业优惠是指投资于一家未上市的中小高新技术企业满2年的当年可以抵减应纳税所得额的70%。该公司于2021年8月1日投资,满2年即2023年8月1日,因此2023年计算应纳税所得额是可以抵减投资额的70%,即 $200 \times 70\% = 140$（万元）,所以应纳税所得额 $= 890 - 140 = 750$（万元）。

考点30　企业所得税特别纳税调整★★

概念		内　容
转让定价税制	基本概念	企业与其关联方之间的业务往来,不符合独立交易原则而减少企业或者其关联方应纳税收入或者所得额的,税务机关有权按照合理方法调整
	成本分摊	企业与其关联方共同开发、受让无形资产,或者共同提供、接受劳务发生的成本,在计算应纳税所得额时应当按照独立交易原则进行分摊
	预约定价安排	企业可以向税务机关提出与其关联方之间业务往来的定价原则和计算方法,税务机关与企业协商、确认后,达成预约定价安排。 预约定价安排,是指企业就其未来年度关联交易的定价原则和计算方法,向税务机关提出申请,与税务机关按照独立交易原则协商、确认后达成的协议
	核定应纳税所得额	企业不提供与其关联方之间业务往来资料,或者提供虚假、不完整资料,未能真实反映其关联业务往来情况的,税务机关有权依法核定其应纳税所得额

续表

概念	内　　容
受控外国企业税制	由居民企业，或者由居民企业和中国居民控制的设立在实际税负低于12.5%的国家（地区）的企业，并非由于合理的经营需要而对利润不作分配或者减少分配的，上述利润中应归属于该居民企业的部分，应当计入该居民企业的当期收入
资本弱化税制	企业从其关联方接受的债权性投资与权益性投资的比例超过规定标准而发生的利息支出，不得在计算应纳税所得额时扣除。企业实际支付给关联方的利息支出，其接受关联方债权性投资与其权益性投资比例为：（1）金融企业，为5:1；（2）其他企业，为2:1
一般反避税制度	企业实施其他不具有合理商业目的（以减少、免除或者推迟缴纳税款为主要目的）的安排而减少其应纳税收入或者所得额的，税务机关有权按照合理方法调整
对避税行为的处理	加收利息、特别纳税调整期限

典型例题

【例5-34】（单选题）某企业注册资本为3 000万元，2023年按同期金融机构贷款利率从其关联方借款6 800万元，发生利息408万元。该企业在计算企业所得税应纳税所得额时，准予扣除的利息金额为（　　　）万元。

A. 408　　　　　　　B. 360　　　　　　　C. 180　　　　　　　D. 90

【答案】B

【解析】根据规定，企业实际支付给关联方的利息支出，除另有规定外，其接受关联方债权性投资与其权益性投资比例为：除金融企业外的其他企业为2:1。该企业的注册资本为3 000万元，关联方债权性投资不应超过3 000×2＝6 000（万元），现借款6 800万元，准予扣除的利息金额是6 000万元产生的利息：6 000÷6 800×408＝360（万元）。

考点31　企业重组业务企业所得税处理的相关概念 ★

概念	定　　义
企业重组类型	企业重组是指企业在日常经营活动以外发生的法律结构或经济结构重大改变的交易，包括企业法律形式改变、债务重组、股权收购、资产收购、合并、分立等
股权支付	股权支付是指企业重组中购买、换取资产的一方支付的对价中，以本企业或其控股企业的股权、股份作为支付的形式

续表

概念	定义
非股权支付	非股权支付是指以本企业的现金、银行存款、应收款项、本企业或其控股企业股权和股份以外的有价证券、存货、固定资产、其他资产以及承担债务等作为支付的形式

考点 32　企业重组一般性税务处理规定 ★

情形		税务处理规定
企业法律形式改变	企业由法人转变为个人独资企业、合伙企业等非法人组织，或将登记注册地转移至中华人民共和国境外（包括中国港澳台地区）	应视同企业进行清算、分配，股东重新投资成立新企业。企业的全部资产以及股东投资的计税基础均应以公允价值为基础确定
	企业发生其他法律形式简单改变的	可直接变更税务登记。有关企业所得税纳税事项（包括亏损结转、税收优惠等权益和义务）由变更后企业承继，但因住所发生变化而不符合税收优惠条件的除外
企业债务重组		1. 以非货币资产清偿债务，应当分解为转让相关非货币性资产、按非货币性资产公允价值清偿债务两项业务，确认相关资产的所得或损失。 2. 发生债权转股权的，应当分解为债务清偿和股权投资两项业务，确认有关债务清偿所得或损失。 3. 债务人应当按照支付的债务清偿额低于债务计税基础的差额，确认债务重组所得；债权人应当按照收到的债务清偿额低于债权计税基础的差额，确认债务重组损失
企业股权收购、资产收购重组交易		1. 被收购方应确认股权、资产转让所得或损失。 2. 收购方取得股权或资产的计税基础应以公允价值为基础确定。 3. 被收购企业的相关所得税事项原则上保持不变
企业合并		1. 合并企业应按公允价值确定接受被合并企业各项资产和负债的计税基础。 2. 被合并企业及其股东都应按清算进行所得税处理。 3. 被合并企业的亏损不得在合并企业结转弥补
企业分立		1. 被分立企业对分立出去资产应按公允价值确认资产转让所得或损失。 2. 分立企业应按公允价值确认接受资产的计税基础。 3. 被分立企业继续存在时，其股东取得的对价应视同被分立企业分配进行处理。 4. 被分立企业不再继续存在时，被分立企业及其股东都应按清算进行所得税处理。 5. 企业分立相关企业的亏损不得相互结转弥补

典型例题

【例5-35】（单选题）A化妆品生产企业为增值税一般纳税人，2023年5月与B公司达成债务重组协议，A化妆品生产企业以资产的化妆品抵偿所欠B公司一年前发生的债务300万元，该批化妆品成本为200万元，市场不含税价值为260万元。该项业务中，A企业应缴纳的企业所得税为（   ）万元（不考虑其他税费）。

A. 16. 55   B. 15   C. 25   D. 75

【答案】A

【解析】A企业以自产货物抵债应确认的所得为：260 - 200 = 60（万元）。债务重组所得为：300 - （260 + 260 × 13%） = 6.2（万元）。因此，A企业该项业务应缴纳的企业所得税为：（60 + 6.2）× 25% = 16.55（万元）。

考点33　企业所得税征收管理★★

项目		规　定	
纳税地点	居民企业*	登记注册地在境内	登记注册地
		登记注册地在境外	实际管理机构所在地
	非居民企业	在中国境内设立一个机构、场所	机构、场所所在地
		在中国境内设立两个或两个以上机构、场所	符合国务院税务主管部门规定条件的，选择主要机构、场所所在地
		未设立机构、场所或者虽设立机构、场所，但取得的所得与所设立机构、场所没有实际联系	扣缴义务人所在地
按年计征与分期预缴	纳税年度：公历1月1日至12月31日		
	按年计税，分月或分季度预缴，年终汇算清缴，多退少补		
汇算清缴期限	年度终了后5个月内，报送所得税纳税申报表，并汇算清缴，结清应缴应退税款		
	年度中间终止经营活动的，应当自实际经营终止之日起60日内，向税务机关办理汇算清缴		
纳税申报	按月或者季度预缴税款，在月份或季度终了之日起15日内，向税务机关报送纳税申报表，并预缴税款		
	企业报送所得税纳税申报表时，应当按照规定附送财务会计报告和其他有关资料		
	按月或季度预缴企业所得税时，按月或者季度的实际利润预缴；如果按月或者季度实际利润预缴有困难的，可以按照上一纳税年度应纳税所得额的月度或者季度平均额预缴		

续表

项　目	规　　定
纳税申报	办理注销登记前，就其清算所得向税务机关申报并依法缴纳企业所得税
	企业无论盈亏，都应当依照规定纳税申报

注：*居民企业在中国境内设立不具有法人资格的营业机构的，应当汇总计算并缴纳企业所得税。除国务院另有规定外，企业之间不得合并缴纳企业所得税。

典型例题

【例5-36】（单选题）根据企业所得税法律制度的规定，企业在年度中间终止经营活动的，应当自实际经营终止之日起一定期限内向税务机关办理当期企业所得税汇算清缴。该期限为（　　）日。

A. 30　　　　　　　　　　　　　B. 60

C. 90　　　　　　　　　　　　　D. 180

【答案】B

【解析】企业在年度中间终止经营活动的，应当自实际经营终止之日起60日内，向税务机关办理当期企业所得税汇算清缴。

考点34　个人所得税纳税人及征税范围★★

类型	定义	征税范围
居民纳税人	在中国境内有住所，或者无住所而一个纳税年度内在中国境内居住累计满183天的个人，为居民个人	境内＋境外
非居民纳税人	在中国境内无住所又不居住，或者无住所而一个纳税年度内在中国境内居住累计不满183天的个人，为非居民个人	仅就来源于境内的所得纳税

典型例题

【例5-37】（判断题）无论是居民纳税人还是非居民纳税人，来源于境内、境外的所得都需要缴纳个人所得税。（　　）

【答案】×

【解析】居民纳税人就来源于境内和境外的所得缴纳个人所得税，非居民纳税人仅就来源于境内的所得缴纳个人所得税。

考点 35　所得来源的确定 ★★

来源	规　　定
来源于中国境内的所得	下列所得，不论支付地点是否在中国境内，均为来源于中国境内的所得： (1) 因任职、受雇、履约等在中国境内提供劳务取得的所得； (2) 将财产出租给承租人在中国境内使用而取得的所得； (3) 许可各种特许权在中国境内使用而取得的所得； (4) 转让中国境内的不动产等财产或者在中国境内转让其他财产取得的所得； (5) 从中国境内企业、事业单位、其他组织以及居民个人取得的利息、股息、红利所得
来源于中国境外的所得	下列所得，为来源于中国境外的所得： (1) 因任职、受雇、履约等在中国境外提供劳务取得的所得。 (2) 中国境外企业以及其他组织支付且负担的稿酬所得。 (3) 许可各种特许权在中国境外使用而取得的所得。 (4) 在中国境外从事生产、经营活动而取得的与生产、经营活动相关的所得。 (5) 从中国境外企业、其他组织以及非居民个人取得的利息、股息、红利所得。 (6) 将财产出租给承租人在中国境外使用而取得的所得。 (7) 转让中国境外的不动产、转让对中国境外企业以及其他组织投资形成的股票、股权以及其他权益性资产（以下简称"权益性资产"）或者在中国境外转让其他财产取得的所得。但转让对中国境外企业以及其他组织投资形成的权益性资产，该权益性资产被转让前 3 年（连续 36 个公历月份）内的任一时间，被投资企业或其他组织的资产公允价值 50% 以上直接或间接来自位于中国境内的不动产的，取得的所得为来源于中国境内的所得。 (8) 中国境外企业、其他组织以及非居民个人支付且负担的偶然所得。 (9) 财政部、税务总局另有规定的，按照相关规定执行

典型例题

【例 5 - 38】（多选题）根据个人所得税法律制度的相关规定，下列各项中，不论支付地点是否在中国境内，均为来源于中国境内的所得的有（　　）。

A. 从中国境内企业、事业单位、其他组织以及居民个人取得的利息、股息、红利所得

B. 因任职、受雇、履约等在中国境内提供劳务取得的所得

C. 许可各种特许权在中国境内使用而取得的所得

D. 将财产出租给中国境内企业在中国境外使用而取得的所得

【答案】ABC

【解析】将财产出租给承租人在中国境外使用而取得的所得，为来源于中国境外的所得。

考点36 个人所得税应税所得项目★★★

序号	应税项目	部分相关规定
1	工资、薪金所得	下列项目不属于工资、薪金性质的补贴、津贴，不予征收个人所得税：（1）独生子女补贴；（2）执行公务员工资制度未纳入基本工资总额的补贴、津贴差额和家属成员的副食补贴；（3）托儿补助费；（4）差旅费津贴、误餐补助
2	劳务报酬所得	（1）个人兼职取得的收入应按照"劳务报酬所得"项目缴纳个人所得税；（2）律师以个人名义再聘请其他人员为其工作而支付的报酬，应由该律师按"劳务报酬所得"项目负责代扣代缴个人所得税
3	稿酬所得	作者去世后，财产继承人取得的遗作稿酬，也应按"稿酬所得"征收个人所得税
4	特许权使用费所得	（1）提供著作权的使用权取得的所得，不包括稿酬所得。（2）对于作者将自己的文字作品手稿原件或复印件拍卖取得的所得，应按"特许权使用费所得"项目缴纳个人所得税。（3）个人取得专利赔偿所得，应按"特许权使用费所得"项目缴纳个人所得税。（4）剧本作者从电影、电视剧的制作单位取得的剧本使用费，不再区分剧本的使用方是否为其任职单位，统一按"特许权使用费所得"项目计征个人所得税
5	经营所得	—
6	利息、股息、红利所得	个人从公开发行和转让市场取得的上市公司股票，持股期限在1个月以内（含1个月）的，其股息红利所得全额计入应纳税所得额；持股期限在1个月以上至1年（含1年）的，暂减按50%计入应纳税所得额；上述所得统一适用20%的税率计征个人所得税
7	财产租赁所得	个人取得的房屋转租收入，属于"财产租赁所得"项目。取得转租收入的个人向房屋出租方支付的租金，凭房屋租赁合同和合法支付凭据允许在计算个人所得税时，从该项转租收入中扣除
8	财产转让所得	个人通过网络收购玩家的虚拟货币，加价后向他人出售取得的收入，应按照"财产转让所得"项目计算缴纳个人所得税；个人转让新三板公司原始股所得，按"财产转让所得"缴纳个税
9	偶然所得	部分应按"偶然所得"缴纳个人所得税的所得：（1）个人取得单张有奖发票奖金所得超过800元的；（2）个人为单位或他人提供担保获得收入；（3）无偿受赠房屋取得收入；（4）企业活动向本单位以外个人赠送礼品，个人取得的收入

注：居民个人取得上述1至4项所得（综合所得），按纳税年度合并计算个人所得税；非居民个人取得上述1至4项所得，按月或者按次分项计算个人所得税。纳税人取得上述5至9项所得，依照法律规定分别计算个人所得税。

典型例题

【例5－39】（多选题）根据个人所得税法律制度的规定，下列各项中，不应按照工资、薪金所得项目计算缴纳个人所得税的有（　　）。

A. 误餐补助

B. 独生子女补贴

C. 单位以误餐补助名义发给职工的津贴

D. 差旅费津贴

【答案】ABD

【解析】下列项目不属于工资、薪金性质的补贴、津贴，不予征收个人所得税。这些项目包括：独生子女补贴；执行公务员工资制度未纳入基本工资总额的补贴、津贴差额和家属成员的副食补贴；托儿补助费；差旅费津贴、误餐补助。误餐补助是指按照财政部规定，个人因公在城区、郊区工作，不能在工作单位或返回就餐的，根据实际误餐顿数，按规定的标准领取的误餐费。单位以误餐补助名义发给职工的补助、津贴不包括在内，应当并入当月工资、薪金所得计征个人所得税。

【例5－40】（多选题）根据个人所得税法律制度的规定，A公司员工梁某取得的下列收益中，应按"偶然所得"项目缴纳个人所得税的有（　　）。

A. 取得房屋转租收入5 000元

B. 在B商场累积消费达到规定额度获得额外抽奖机会抽中手机一部

C. 在C公司业务宣传活动中取得随机赠送的耳机一副

D. 为丁某提供担保获得收入8 000元

【答案】BCD

【解析】房屋转租收入，应按"财产租赁所得"项目计算缴纳个人所得税。

【例5－41】（多选题）根据个人所得税法律制度的规定，C公司员工赵某取得的下列收益中，应按照"偶然所得"项目缴纳个人所得税的有（　　）。

A. 取得单张有奖发票奖金2 000元

B. 取得E公司赠送的6折优惠券

C. 在D公司业务宣传活动中取得随机赠送的手机

D. 为F公司提供担保获得收入10 000元

【答案】ACD

【解析】企业在业务宣传、广告等活动中，随机向本单位以外的个人赠送礼品，以及企业在年会、座谈会、庆典以及其他活动中向本单位以外的个人赠送礼品，个人取得的礼品收入，按照"偶然所得"项目计算缴纳个人所得税，但企业赠送的具有价格折扣或折让性质的消费券、代金券、抵用券、优惠券等礼品除外，故选项B不选。其他三项应按照"偶然所得"项目缴纳个人所得税。

【例 5 - 42】（多选题）根据个人所得税法律制度的规定，下列按照"特许权使用费所得"项目征收个人所得税的有（　　　）。

A. 编剧从任职的电视剧制作单位取得的剧本使用费

B. 作者将自己的文字作品手稿原件公开竞价拍卖取得的所得

C. 个人取得专利赔偿所得

D. 编辑从任职杂志社取得的编辑费收入

【答案】ABC

【解析】编辑从任职杂志社取得的编辑费收入，按照"工资、薪金所得"项目征收个人所得税，选项 D 错误。

考点 37　个人所得税应纳税所得额的确定 ★★★

项目		规　　定
计算		个人所得税应纳税所得额 = 个人取得的各项收入 - 税法规定的费用扣除金额和减免税收入
收入的形式		个人取得的应纳税所得形式，包括现金、实物、有价证券和其他形式的经济利益
费用减除标准	居民个人的综合所得	以每一纳税年度的收入额减除费用 6 万元以及专项扣除、专项附加扣除和依法确定的其他扣除后的余额，为应纳税所得额。劳务报酬所得、稿酬所得、特许权使用费所得以收入减除 20% 的费用后的余额为收入额。稿酬所得的收入额减按 70% 计算
	非居民个人四项所得	工资、薪金所得，以每月收入额减除费用 5 000 元后的余额为应纳税所得额 劳务报酬所得、稿酬所得、特许权使用费所得，以每次收入额为应纳税所得额
	经营所得	以每一纳税年度的收入总额减除成本、费用以及损失后的余额，为应纳税所得额
	财产租赁所得	每次收入不超过 4 000 元的，减除费用 800 元；4 000 元以上的，减除 20% 的费用，其余额为应纳税所得额
	财产转让所得	以转让财产的收入额减除财产原值和合理费用后的余额，为应纳税所得额
	利息、股息、红利所得和偶然所得	以每次收入额为应纳税所得额
每次收入确定		1. 财产租赁所得，以一个月内取得的收入为一次； 2. 利息、股息、红利所得，以支付利息、股息、红利时取得的收入为一次； 3. 偶然所得，以每次取得该项收入为一次； 4. 非居民个人取得的劳务报酬所得、稿酬所得、特许权使用费所得，属于一次性收入的，以取得该项收入为一次；属于同一项目连续性收入的，以一个月内取得的收入为一次

典型例题

【例5-43】（单选题）2023年6月中国公民王某取得稿酬5 000元，根据个人所得税法律制度，有关在计算王某2023年综合所得的应纳税所得额时该项收入应确认的收入额，下列计算列式正确的是（　　）。

A. 5 000×（1-20%）
B. 5 000×（1-20%）×70%
C. 5 000-800
D. （5 000-800）×70%

【答案】B

【解析】居民个人计入综合所得应纳税所得额的稿酬所得收入额=收入×（1-20%）×70%。

考点38　扣缴义务人对居民综合所得预扣预缴个人所得税★★★

收入类型	计算方法	公式	预扣率
工资、薪金	累计预扣法	本期应预扣预缴税额=（累计预扣预缴应纳税所得额×预扣率-速算扣除数）-累计减免税额-累计已预扣预缴税额 累计预扣预缴应纳税所得额=累计收入-累计免税收入-累计减除费用-累计专项扣除-累计专项附加扣除-累计依法确定的其他扣除 其中，累计减除费用，按照5 000元/月乘以纳税人当年截至本月在本单位的任职受雇月份数计算	3%~45%
劳务报酬所得	1. 劳务报酬所得、稿酬所得、特许权使用费所得以收入减除费用后的余额为收入额。其中，稿酬所得的收入额减按70%计算。 2. 减除费用：劳务报酬所得、稿酬所得、特许权使用费所得每次收入不超过4 000元的，减除费用按800元计算；每次收入4 000元以上的，减除费用按20%计算。 3. 应纳税所得额：劳务报酬所得、稿酬所得、特许权使用费所得，以每次收入额为预扣预缴应纳税所得额	劳务报酬所得应预扣预缴税额=预扣预缴应纳税所得额×预扣率-速算扣除数	20%~40%
稿酬所得		稿酬所得、特许权使用费所得应预扣预缴税额=预扣预缴应纳税所得额×20%	20%
特许权使用费			

典型例题

【例5-44】（判断题）扣缴义务人向居民个人支付工资、薪金所得时，应当按照累计预扣法计算预扣税款，并按月办理全员全额扣缴申报。（　　）

【答案】√

【解析】本题考核扣缴义务人对居民综合所得预扣预缴个人所得税的相关规定。

考点39 个人所得税专项附加扣除范围和标准★★

序号	专项附加扣除	具体规定
1	子女教育	纳税人的子女处于学前教育阶段、全日制学历教育的相关支出，自2023年1月1日起，按照**每个子女2 000元/月**的标准定额扣除
2	继续教育	1. 中国境内学历（学位）教育期间按照400元/月定额扣除（同一教育扣除期限不能超过48个月）。 2. 纳税人接受技能人员职业资格继续教育、专业技术人员职业资格继续教育支出，在取得相关证书的当年，按照3 600元定额扣除
3	大病医疗	1. 在一个纳税年度内，扣除医保报销后个人负担（指医保目录范围内的自付部分）累计超过15 000元的部分，由纳税人在办理年度汇算清缴时，在80 000元限额内据实扣除。 2. 纳税人及其配偶、未成年子女发生的医药费用支出，按上述规定分别计算扣除额
4	住房贷款利息	纳税人本人或配偶单独或共同使用商业银行或者住房公积金个人住房贷款为本人或其配偶购买中国境内住房，发生的首套住房贷款利息支出，在实际发生贷款利息的年度，按照每月1 000元的标准定额扣除，**扣除期限最长不超过240个月**。纳税人只能享受一次首套住房贷款利息扣除
5	住房租金	1. 纳税人在主要工作城市没有自有住房而发生的住房租金支出，可以按照相关标准定额扣除； 2. 直辖市、省会（首府）城市、计划单列市以及国务院确定的其他城市，扣除标准为每月1 500元； 3. 除上述所列城市以外，市辖区户籍人口超过100万的城市，扣除标准为每月1 100元； 4. 市辖区户籍人口不超过100万的城市，扣除标准为每月800元。 5. 纳税人及其配偶在一个纳税年度内不能同时分别享受住房贷款利息和住房租金专项附加扣除
6	赡养老人	自2023年1月1日起，纳税人为独生子女的，按照每月3 000元的标准定额扣除；纳税人为非独生子女的，应当与其兄弟姐妹分摊每月3 000元的扣除额度，每人分摊的额度不能超过1 500元/月

续表

序号	专项附加扣除	具体规定
7	3 岁以下婴幼儿照护	纳税人照护 3 岁以下婴幼儿子女的相关支出，自 2023 年 1 月 1 日起按照每个婴幼儿每月 2 000 元的标准定额扣除。可一方扣除标准的 100%，也可分别扣除 50%

典型例题

【例 5 - 45】（单选题）居民个人钱某任职于境内某银行，2023 年每月从任职的银行取得工资薪金所得 12 000 元，每月符合规定的专项扣除是 2 700 元，其独生子（6 岁）的教育支出是 2 500 元/月。已知，子女教育的专项附加扣除按照每月 2 000 元定额扣除，并且选择由钱某 100% 扣除；累计应纳税所得额不超过 36 000 元的，适用预扣率 3%，速算扣除数是 0。2023 年 1 月，钱某任职银行预扣预缴钱某个人所得税（　　）元。

A. 219　　　　　B. 54　　　　　C. 189　　　　　D. 69

【答案】D

【解析】子女教育专项附加扣除应该按照规定的标准（2 000 元/月）定额扣除，钱某任职银行预扣预缴钱某个人所得税 =（12 000 - 5 000 - 2 700 - 2 000）= 69（元）。

【例 5 - 46】（多选题）根据个人所得税法律制度的规定，下列各项中，属于专项附加扣除的有（　　）。

A. 购车贷款利息　　　　　　　　　B. 3 岁以下婴幼儿子女照护

C. 大病医疗支出　　　　　　　　　D. 子女教育支出

【答案】BCD

【解析】专项附加扣除包括：子女教育、继续教育、大病医疗、住房贷款利息、住房租金、赡养老人、3 岁以下婴幼儿照护。

考点 40　综合所得应纳税额的计算 ★ ★ ★

应纳税额 = 应纳税所得额 × 适用税率 - 速算扣除数
　　　　 = （每一纳税年度的收入额 - 费用 6 万元 - 专项扣除 - 专项附加扣除
　　　　　 - 依法确定的其他扣除）× 适用税率 - 速算扣除数

典型例题

【例 5 - 47】（单选题）刘某为我国居民个人，本人为独生子女，每月工资 30 000 元，业余时间写作，其长篇小说在某报纸上连载 3 个月，每月收到稿酬 10 000 元。刘某已向税务机关报送专项附加扣除的相关信息，则刘某全年需要缴纳个税是（　　）

元（刘某当年专项扣除 67 500 元，专项附加扣除共 36 000 元，居民综合所得全年应纳税所得额超过 144 000 元至 300 000 元的，适用 20% 税率，速算扣除数 16 920）。

A. 44 580　　　　B. 13 380　　　　C. 23 580　　　　D. 25 740

【答案】D

【解析】（1）全年减除费用 60 000 元，专项扣除 67 500 元，专项附加扣除 36 000 元；扣除项合计 = 60 000 + 67 500 + 36 000 = 163 500（元）；（2）刘某所得稿酬应并入综合所得计算，稿酬所得以收入减除 20% 的费用后的余额为收入额，收入额减按 70% 计算，应纳税所得额 = 30 000 × 12 + 10 000 × 3 × （1 - 20%）× 70% - 163 500 = 213 300（元）；（3）所以刘某全年应缴纳的个税 = 213 300 × 20% - 16 920 = 25 740（元）。

考点 41　利息、股息、红利所得应纳税额 ★★

应纳税额 = 应纳税所得额 × 适用税率 = 每次收入额 × 适用税率

典型例题

【例 5 - 48】（单选题）中国公民甲本月取得非上市公司的股息 30 000 元，已知利息、股息、红利所得适用的个人所得税税率为 20%。根据个人所得税法律制度的规定，就该项收入甲应缴纳的个人所得税为（　　　）元。

A. 3 000　　　　B. 4 800　　　　C. 5 200　　　　D. 6 000

【答案】D

【解析】甲应缴纳的个人所得税 = 30 000 × 20% = 6 000（元）。

考点 42　财产租赁所得个税计算 ★★

计税方法	税率	计税依据	计税公式
按次计税以一个月内取得的收入为一次	20%；个人出租居住用房，按 10% 的税率计算个税	每次收入不超过 4 000 元时，应纳税所得额 = 收入 - 财产租赁中发生的税费 - 由纳税人负担的租赁过程中的修缮费（800 元为限）- 800　注意：修缮费用每月最多扣除 800 元	应纳税额 = ［每次收入额 - 财产租赁过程中发生的税费 - 由纳税人负担的修缮费（800 元为限）- 800］× 适用税率
		每次收入超过 4 000 元时，应纳税所得额 = ［收入 - 财产租赁中发生的税费 - 由纳税人负担的租赁过程中的修缮费（800 元为限）］× （1 - 20%）	应纳税额 = ［每次收入额 - 财产租赁过程中发生的税费 - 由纳税人负担的修缮费（800 元为限）］× （1 - 20%）× 适用税率

> 典型例题

【例 5－49】（单选题）2023 年 7 月，王某出租住房取得不含税租金收入 3 000 元，房屋租赁过程中缴纳的可以税前扣除的相关税费 120 元，支付出租住房维修费 1 000 元，已知个人出租住房取得的所得按 10％ 的税率征收个人所得税，每次收入不超过 4 000 元的，减除费用 800 元。王某当月出租住房应缴纳个人所得税税额的下列计算列式中，正确的是（　　）。

A.（3 000 － 120 － 800 － 800）× 10％ ＝ 128（元）

B.（3 000 － 120 － 800）× 10％ ＝ 208（元）

C.（3 000 － 120 － 1 000）× 10％ ＝ 188（元）

D.（3 000 － 120 － 1 000 － 800）× 10％ ＝ 108（元）

【答案】 A

【解析】 根据规定，财产租赁所得个税计算过程中，税金和修缮费（800 元为限）可以减除；又因为财产租赁收入 3 000 元小于 4 000 元，所以可以定额扣除 800 元。个人出租住房适用 10％ 的税率。所以应纳税额为：（3 000 － 120 － 800 － 800）× 10％ ＝ 128（元）。

考点 43　财产转让所得个税计算★★

计税方法	税率	计税依据	计税公式
按次计税	20％	一般情况：应纳税所得额 ＝ 收入总额 － 财产原值 － 合理费用 注意：合理费用指与转让财产相关的费用	应纳税额 ＝（收入总额 － 财产原值 － 合理费用）× 20％
		销售无偿受赠不动产： 应纳税所得额可以扣除原捐赠人取得该房屋的实际购置成本以及赠与和转让过程中受赠人支付的相关税费	应纳税额 ＝ 应纳税所得额 × 20％

注：个人转让自用达 5 年以上，并且是唯一的家庭生活用房取得的所得，暂免征收个税。

> 典型例题

【例 5－50】（判断题）财产转让所得按次计税，每次收入大于 4 000 元的，应纳税额 ＝ 收入 ×（1 － 20％）× 20％；每次收入小于 4 000 元的，应纳税额 ＝（收入 － 800）× 20％。（　　）

【答案】 ×

【解析】 根据个人所得税法相关规定，应纳税额 ＝（收入总额 － 财产原值 － 合理费用）× 20％，所以题目中的表述错误。

考点 44　偶然所得个税计算 ★★

计税方法	税率	计税依据	计税公式
按次计税以每次收入为一次	20%	以每次收入额为应纳税所得额，不扣减任何费用	应纳税额 = 每次收入 × 20%

注：（1）个人购买福利彩票、体育彩票，一次中奖收入 1 万元以下的（含 1 万元）暂免征收个税，超过 1 万元的，全额征收个税。（2）个人取得单张有奖发票奖金所得不超过 800 元（含 800元）的，暂免征收个税。

典型例题

【例 5-51】（判断题）小张获得体育彩票中奖收入 12 000 元，则小张需要缴纳的个税是 12 000 × 20% = 2 400（元）。（　　　）

【答案】√

【解析】体育彩票中奖收入属于偶然所得，计算个税时不允许扣除任何费用，适用税率 20%，所以小张需要缴纳的个税是 12 000 × 20% = 2 400（元）。

考点 45　个人所得税征收管理 ★★

项目		规定
纳税申报	纳税人	所得人
	扣缴义务人	支付所得的单位或者个人
	纳税人应当依法办理纳税申报的情形	1. 取得综合所得需要办理汇算清缴； 2. 取得应税所得没有扣缴义务人； 3. 取得应税所得，扣缴义务人未扣缴税款； 4. 取得境外所得； 5. 因移居境外注销中国户籍； 6. 非居民个人在中国境内从两处以上取得工资、薪金所得； 7. 国务院规定的其他情形
	专项附加扣除规定	居民个人取得工资、薪金所得时，可以向扣缴义务人提供专项附加扣除有关信息，由扣缴义务人扣缴税款时办理专项附加扣除。纳税人同时从两处以上取得工资、薪金所得，并由扣缴义务人办理专项附加扣除的，对同一专项附加扣除项目，在一个纳税年度内只能选择从一处取得的所得中减除。居民个人取得劳务报酬所得、稿酬所得、特许权使用费所得，应当在汇算清缴时向税务机关提供有关信息，减除专项附加扣除
	委托办理	纳税人可以委托扣缴义务人或者其他单位和个人办理汇算清缴

续表

项目	规定
纳税期限	1. 居民个人取得综合所得，按年计算个人所得税；有扣缴义务人的，由扣缴义务人按月或者按次预扣预缴税款；需要办理汇算清缴的，**应当在取得所得的次年 3 月 1 日至 6 月 30 日内办理汇算清缴**。预扣预缴办法由国务院税务主管部门制定。 2. 非居民个人取得工资、薪金所得，劳务报酬所得，稿酬所得和特许权使用费所得，有扣缴义务人的，由扣缴义务人按月或者按次代扣代缴税款，不办理汇算清缴。 3. 纳税人取得经营所得，按年计算个人所得税，由纳税人在月度或者季度终了后 15 日内向税务机关报送纳税申报表，并预缴税款；**在取得所得的次年 3 月 31 日前办理汇算清缴**。 4. 纳税人取得利息、股息、红利所得，财产租赁所得，财产转让所得和偶然所得，按月或者按次计算个人所得税，有扣缴义务人的，由扣缴义务人按月或者按次代扣代缴税款。 5. 纳税人取得应税所得没有扣缴义务人的，应当在取得所得的次月 15 日内向税务机关报送纳税申报表，并缴纳税款。 6. 纳税人取得应税所得，扣缴义务人未扣缴税款的，纳税人应当在取得所得的次年 6 月 30 日前，缴纳税款；税务机关通知限期缴纳的，纳税人应当按照期限缴纳税款。 7. 居民个人从中国境外取得所得的，应当在取得所得的次年 3 月 1 日至 6 月 30 日内申报纳税。 8. 非居民个人在中国境内从两处以上取得工资、薪金所得的，应当在取得所得的次月 15 日内申报纳税。 9. 纳税人因移居境外注销中国户籍的，应当在注销中国户籍前办理税款清算。 10. 扣缴义务人每月或者每次预扣、代扣的税款，应当在次月 15 日内缴入国库，并向税务机关报送扣缴个人所得税申报表
货币单位	各项所得的计算，以人民币为单位。所得为人民币以外货币的，按照办理纳税申报或扣缴申报的上一月最后一日人民币汇率中间价，折合成人民币计算应纳税所得额

典型例题

【例 5－52】（单选题）根据个人所得税法律制度的规定，居民个人从中国境外取得所得的，应当在取得所得的次年 3 月 1 日至（   ）内申报纳税。

A. 4 月 30 日

B. 5 月 1 日

C. 6 月 1 日

D. 6 月 30 日

【答案】D

【解析】居民个人从中国境外取得所得的，应当在取得所得的次年 3 月 1 日至 6 月 30 日内申报纳税。

巩固练习

一、单项选择题

1. 甲公司 2023 年度计入成本、费用的实发工资为 800 万元，按照规定为员工缴纳社会保险费 120 万元，为员工支付补充养老保险 10 万元，补充医疗保险 50 万元，为员工支付商业保险 2 万元。根据规定，甲公司发生的保险费在计算企业所得税时准予税前扣除的金额是（　　）万元。

    A. 170　　　　　　　B. 180　　　　　　　C. 182　　　　　　　D. 190

2. 企业 A 为受排污企业委托，负责环境污染治理设施运营维护的第三方企业，按照企业所得税法律制度相关规定，企业 A 在 2024 年度应减按（　　）征收企业所得税。

    A. 10%　　　　　　B. 15%　　　　　　C. 20%　　　　　　D. 25%

3. 甲公司 2023 年度利润总额是 1 000 万元，直接向贫困山区捐赠 10 万元，发生赞助支出 8 万元，通过当地县级人民政府捐赠 20 万元，在计算甲公司 2023 年度应纳税所得额时可以税前扣除的金额是（　　）万元。

    A. 20　　　　　　　B. 30　　　　　　　C. 38　　　　　　　D. 120

4. 甲公司 2023 年度实现收入总额 1 000 万元，当年发生广告费 120 万元，上年度结转未扣除广告费 20 万元。甲公司在计算 2023 年企业所得税时，可以扣除的广告费金额为（　　）万元。

    A. 120　　　　　　B. 140　　　　　　C. 150　　　　　　D. 170

5. 根据企业所得税法律制度，以下所得减半征收企业所得税的是（　　）。

    A. 企业从事海水养殖所得

    B. 企业从事林木培育所得

    C. 企业从事林产品采集所得

    D. 高等学校接受其他组织的基础研究资金收入

6. 甲公司 2023 年度安置残疾人就业，支付给残疾职工的工资总额为 160 万元。按照税法规定，甲公司在计算 2023 年度企业所得税时，可以税前扣除的安置残疾职工的工资总额是（　　）万元。

    A. 80　　　　　　　B. 160　　　　　　C. 240　　　　　　D. 320

7. 甲企业为符合条件的集成电路企业，2023年度开展研发活动实际发生研发费用1000万元（未形成无形资产），甲企业2023年度可在税前扣除的研发费用为（　　）万元。

    A. 1 000　　　　　B. 1 750　　　　　C. 2 000　　　　　D. 2 200

8. 2023年，金融机构B取得农户小额贷款的利息收入50万元，且该机构对上述符合条件的农户小额贷款利息收入进行单独核算。上述农户小额贷款的利息收入在计算企业所得税应纳税所得额时，应按（　　）万元计入收入总额。

    A. 50　　　　　　B. 40　　　　　　C. 45　　　　　　D. 25

9. 根据个人所得税法律制度的规定，下列所得中，应缴纳个人所得税的是（　　）。

    A. 加班工资

    B. 独生子女补贴

    C. 差旅费津贴

    D. 国债利息收入

10. 根据个人所得税法律制度的规定，下列从事非雇佣劳动取得的收入中，应按"稿酬所得"税目缴纳个人所得税的是（　　）。

    A. 审稿收入

    B. 翻译收入

    C. 题字收入

    D. 出版作品收入

11. 根据个人所得税法律制度的规定，下列各项中，不属于应按照"财产转让所得"项目计缴个人所得税的是（　　）。

    A. 个人取得专利赔偿所得

    B. 个人通过竞拍购置债权后，通过司法程序主张债权而取得的所得

    C. 个人转让新三板挂牌公司原始股取得的所得

    D. 个人通过网络收购玩家的虚拟货币，加价后向他人出售取得的所得

12. 根据个人所得税法律制度的规定，居民个人的下列各项所得中，以一个月内取得收入为一次计缴个人所得税的是（　　）。

    A. 稿酬所得

    B. 财产租赁所得

    C. 偶然所得

    D. 特许权使用费所得

13. 中国公民丁某2023年1月取得工资12 000元，缴纳基本养老保险费、基本医疗保险费、失业保险费、住房公积金共2 400元，支付首套住房贷款本息2 500元。已知，工资、薪金所得个人所得税预扣率为3%，减除费用为5 000元/月，住房贷款利息专项附加扣除标准为1 000元/月，由丁某按扣除标准的100%扣除。计算丁某当月工资应预扣预缴个人所得税税额的下列算式中，正确的是（　　）。

    A. （12 000 − 5 000 − 2 400 − 1 000）× 3% = 108（元）

    B. （12 000 − 5 000 − 2 400 − 2 500）× 3% = 63（元）

    C. （12 000 − 2 500）× 3% = 285（元）

D. （12 000 − 5 000 − 2 400）×3% ＝138（元）

14. 中国公民王某2023年6月提供咨询服务，取得劳务报酬6 300元，支付交通费300元。已知，劳务报酬所得个人所得税预扣率为20%；每次收入4 000元以上的，减除费用按20%计算。计算王某当月该笔劳务报酬应预扣预缴个人所得税税额的下列算式中，正确的是（　　）。

A. （6 300 − 300）×20% ＝1 200（元）

B. 6 300 ×20% ＝1 260（元）

C. （6 300 − 300）×（1 − 20%）×20% ＝960（元）

D. 6 300 ×（1 − 20%）×20% ＝1 008（元）

二、多项选择题

1. 根据企业所得税法律制度的规定，下列各项中，不属于企业所得税纳税人的有（　　）。

A. 股份有限公司   B. 个体工商户

C. 个人独资企业   D. 合伙企业

2. 根据企业所得税法律制度的规定，下列关于确定销售收入实现时间的表述中，不正确的有（　　）。

A. 销售商品采用托收承付方式的，在收到货款时确认收入

B. 销售商品需要安装和检验的，在销售合同签订时确认收入

C. 销售商品采用预收款方式的，在发出商品时确认收入

D. 销售商品采用支付手续费方式委托代销的，在发出代销商品时确认收入

3. 根据企业所得税法律制度的规定，纳税人发生的下列行为中，应视同销售确认收入的有（　　）。

A. 将货物用于偿还债务   B. 将货物用于赞助

C. 将货物用于捐赠   D. 将货物用于换入设备

4. 根据企业所得税法律制度的规定，下列各项中，属于不征税收入的有（　　）。

A. 国债利息收入

B. 居民企业直接投资于其他居民企业取得的投资收益

C. 财政拨款

D. 依法收取并纳入财政管理的行政事业性收费

5. 根据规定，企业的下列收入属于免税收入的有（　　）。

A. 国债利息收入

B. 行政事业性收费

C. 捐赠收入

D. 符合条件的居民企业之间的股息、红利收入

6. 根据企业所得税法律制度的规定，企业依照国务院有关主管部门或省级人民政府规定的范围和标准为职工缴纳的下列社会保险费中，在计算企业所得税应纳税所得额时准予扣除的有（　　）。

A. 基本养老保险费   B. 工伤保险费

C. 失业保险费   D. 基本医疗保险费

7. 下列选项中，企业所得税可以税前扣除的有（　　）。

A. 违约金   B. 母公司管理费

C. 诉讼费   D. 罚款

8. 根据企业所得税法律制度相关规定，下列企业取得的相应收入，在计算应纳税所得额时，减按90%计入收入总额的有（　　）。

A. 金融机构取得的、单独核算的农户小额贷款利息收入

B. 资源综合利用生产的产品取得的收入

C. 保险公司为种植业、养殖业提供保险业务取得的保费收入

D. 社区提供养老服务的机构，提供社区养老服务取得的收入

9. 根据个人所得税法律制度的规定，下列所得中，不论支付地点是否在中国境内，均为来源于中国境内的所得的有（　　）。

A. 将财产出租给承租人在中国境内使用而取得的所得

B. 许可各种特许权在中国境内使用而取得的所得

C. 转让中国境内的不动产取得的所得

D. 因任职在中国境内提供劳务取得的所得

10. 根据个人所得税法律制度的规定，下列各项中，不属于专项扣除的有（　　）。

A. 个人缴付符合国家规定的企业年金

B. 个人购买符合国家规定的商业健康保险

C. 个人缴付符合国家规定的基本养老保险

D. 个人缴付符合国家规定的职业年金

11. 根据个人所得税法律制度的规定，下列各项中，免予缴纳个人所得税的有（　　）。

A. 编剧的剧本使用费   B. 职工的保险赔款

C. 模特的时装表演费   D. 军人的转业费

12. 根据个人所得税法律制度的规定，自2023年1月1日起，在计算居民个人

综合所得的应纳税所得额时，以下专项附加扣除中，按 2 000 元/月标准定额扣除的有（　　）。

　　A. 子女教育　　　　　　　　　B. 赡养老人

　　C. 3 岁以下婴幼儿照护　　　　D. 住房贷款利息

三、判断题

1. 企业应当自生产性生物资产投入使用的月份起计算折旧，停止使用的生产性生物资产，应当自停止使用的月份起停止计算折旧。（　　）

2. 根据规定，企业从事国家重点扶持的公共基础设施项目，符合条件的环境保护和节能节水项目的所得，自取得第一笔生产经营收入所属纳税年度起，第一年至第三年免征企业所得税，第四年至第六年减半征收企业所得税。（　　）

3. 除税收法律和行政法规另有规定外，居民企业以企业登记注册地为纳税地点，但登记注册地在境外的，以实际管理机构所在地为纳税地点。（　　）

4. 中国居民张某，在境外工作，只就来源于中国境外的所得征收个人所得税。

（　　）

5. 个人取得的住房转租收入，应按"财产转让所得"征收个人所得税。（　　）

6. 自 2022 年 1 月 1 日起，持有股权、股票、合伙企业财产份额等权益性投资的个人独资企业、合伙企业，一律适用查账征收方式计征个人所得税。（　　）

7. 自 2022 年 1 月 1 日起，对法律援助人员按照《中华人民共和国法律援助法》规定获得的法律援助补贴，减半征收个人所得税。（　　）

四、不定项选择题

1. 甲公司为居民企业，2022 年度有关财务收支情况如下：

（1）销售商品收入 6 000 万元，出售一台设备收入 30 万元，转让一宗土地使用权收入 200 万元，从其直接投资的未上市居民企业分回股息收益 60 万元，获得国债利息收入 10 万元。

（2）税收滞纳金 6 万元，未按期交货赔偿 10 万元，赞助支出 33 万元，被没收财物的损失 20 万元，环保罚款 40 万元。

（3）其他可在企业所得税税前扣除的成本、费用、税金合计 3 500 万元。

已知：甲公司 2021 年在境内 A 市登记注册成立，企业所得税实行按月预缴。

　　要求：根据上述资料，不考虑其他因素，分析回答下列问题。

（1）甲公司取得的下列收入中，属于免税收入的是（　　）。

A. 出售设备收入 30 万元

B. 销售商品收入 6 000 万元

C. 国债利息收入 10 万元

D. 从其直接投资的未上市居民企业分回股息收益 60 万元

（2）甲公司在计算 2022 年度企业所得税应纳税所得额时，不得扣除的项目是（　　）。

A. 未按期交货赔偿 10 万元

B. 赞助支出 33 万元

C. 税收滞纳金 6 万元

D. 被没收财物的损失 20 万元

（3）甲公司 2022 年度企业所得税应纳税所得额是（　　）万元。

A. 2 681

B. 2 714

C. 2 720

D. 2 790

（4）下列关于甲公司企业所得税征收管理的表述中，正确的是（　　）。

A. 甲公司应当自 2022 年度终了之日起 5 个月内，向税务机关报送年度企业所得税申报表，并汇算清缴

B. 甲公司企业所得税的纳税地点为 A 市

C. 甲公司应当于每月终了之日起 15 日内，向税务机关预缴企业所得税

D. 甲公司 2022 年的纳税年度自 2022 年 1 月 1 日起至 2022 年 12 月 31 日止

2. 中国公民王某是国内甲公司工程师。2023 年全年有关收支情况如下：

（1）每月工资、薪金收入 10 000 元，公司代扣代缴社会保险费共 840 元，住房公积金 960 元。

（2）到乙公司连续开展技术培训取得报酬 3 800 元。

（3）出版技术专著取得稿酬收入 15 000 元，发生材料费支出 4 000 元。

（4）取得企业债券利息 3 000 元，取得机动车保险赔款 4 000 元，参加有奖竞赛活动取得奖金 2 000 元，电台抽奖获得价值 5 000 元免费旅游一次。

已知：王某正在偿还首套住房贷款及利息；王某为独生女，其独生子正在就读大学 3 年级；王某父母均已年过 60 岁。王某夫妻约定由王某扣除住房贷款利息和子女教育费。

（1）在计算王某 2023 年综合所得应纳税所得额时，专项扣除合计额为（　　）。

A. （840 + 960）× 12 = 21 600（元）

B. 60 000 + （840 + 960）× 12 = 81 600（元）

C. 60 000 + （840 + 960）× 12 + 12 000 = 93 600（元）

D. 60 000 + （840 + 960）× 12 + 12 000 + 12 000 + 24 000 = 129 600（元）

（2）有关王某技术培训收入在计算当年综合所得应纳税所得额时的收入额时，下列计算列示正确的是（ ）。

A. 3 800 – 800 = 3 000（元）

B. 3 800 ×（1 – 20%）= 3 040（元）

C. 3 800 ×（1 – 20%）× 70% = 2 128（元）

D. （3 800 – 800）× 70% = 2 100（元）

（3）有关王某稿酬收入在计算当年综合所得应纳税所得额时的收入额，下列计算列示正确的是（ ）。

A. 15 000 ×（1 – 20%）= 12 000（元）

B. 15 000 ×（1 – 20%）× 70% = 8 400（元）

C. （15 000 – 4 000）×（1 – 20%）= 8 800（元）

D. （15 000 – 4 000）×（1 – 20%）× 70% = 6 160（元）

（4）王某的下列收入中，免予征收个人所得税的是（ ）。

A. 企业债券利息 3 000 元

B. 机动车保险赔款 4 000 元

C. 参加有奖竞赛活动取得奖金 2 000 元

D. 电台抽奖获得价值 5 000 元免费旅游一次

巩固练习参考答案及解析

一、单项选择题

1.【答案】A

【解析】根据税法规定，企业按规定为员工缴纳的社会保险费 120 万元可以税前扣除；为员工支付的补充养老保险的税前扣除标准是不超过工资总额的 5%［800 × 5% = 40（万元）］，实际发生 10 万元，税前扣除 10 万元；为员工支付的补充医疗保险的税前扣除标准是不超过工资总额的 5%［800 × 5% = 40（万元）］，实际发生 50 万元，税前扣除 40 万元；为员工支付的商业保险不允许税前扣除。所以可以税前扣除的各项费用合计是 170 万元（120 + 10 + 40）。

2.【答案】B

【解析】自 2024 年 1 月 1 日起至 2027 年 12 月 31 日止，对符合条件的从事污染防治的第三方企业减按 15% 的税率征收企业所得税。

3. 【答案】A

【解析】根据税法规定，企业直接向贫困山区的捐款不可以税前扣除，赞助支出不能税前扣除，通过公益性社会团体或者国家机关发生的捐赠不超过利润总额的 12%［1 000×12% =120（万元）］可以扣除，企业实际通过政府发生的捐赠 20 万元，可以税前扣除。

4. 【答案】B

【解析】根据税法规定，广告费的扣除标准是不超过当年销售收入的 15%，超过部分准予在以后纳税年度扣除。2023 年销售收入的 15% 是 150 万元（1 000×15%），当年度广告费 120 万元可以全部扣除，上年未扣除广告费 20 万元可以放在 2021 年税前扣除。所以 2023 年可以扣除的广告费合计 140 万元。

5. 【答案】A

【解析】选项 A，企业从事海水养殖、内陆养殖所得，减半征收企业所得税。选项 B、C，为免征企业所得税项目。选项 D，自 2022 年 1 月 1 日起，对非营利性科研机构、高等学校接收企业、个人和其他组织结构基础研究资金收入，免征企业所得税。

6. 【答案】D

【解析】根据规定，企业安置残疾人员的，在按照支付给残疾职工工资据实扣除的基础上，按照支付给残疾职工工资 100% 加计扣除。所以，可以税前扣除的安置残疾人职工工资总额为 320 万元（160×200%）。

7. 【答案】D

【解析】符合条件的集成电路企业和工业母机企业开展研发活动中实际发生的研发费用，未形成无形资产计入当期损益的，在按规定据实扣除的基础上，在 2023 年 1 月 1 日至 2027 年 12 月 31 日期间，再按照实际发生额的 120% 在税前扣除；形成无形资产的，在上述期间按照无形资产成本的 220% 在税前摊销。因此，甲企业 2023 年度可在税前扣除的研发费用 = 1 000 + 1 000×120% = 2 200（万元）。

8. 【答案】C

【解析】2027 年 12 月 31 日前，对金融机构农户小额贷款的利息收入，在计算应纳税所得额时，按 90% 计入收入总额。小额贷款，是指单笔且该农户贷款余额总额在 10 万元（含本数）以下的贷款。金融机构应对符合条件的农户小额贷款利息收入进行单独核算，不能单独核算的不得适用前述优惠政策。因此，题目所提及的农户小额贷款的利息收入应按 45 万元（50×90%）计入收入总额。

9. 【答案】A

【解析】下列不属于纳税人本人工资、薪金所得项目的收入，不予征收个人所得税：（1）独生子女补贴；（2）执行公务员工资制度未纳入基本工资总额的补贴、津贴差额和家属成员的副食品补贴；（3）托儿补助费；（4）差旅费津贴、误餐补助。国债利息收入免税。

10.【答案】D

【解析】稿酬所得，是指个人因其作品以图书、报刊形式出版、发表而取得的所得。选项 A、B、C 均属于劳务报酬所得。

11.【答案】A

【解析】选项 A 应按"特许权使用费所得"项目征收个人所得税。选项 B、C、D 均应按照"财产转让所得"项目计缴个人所得税。

12.【答案】B

【解析】（1）财产租赁所得，以一个月内取得的收入为一次；（2）偶然所得，以每次收入为一次；（3）稿酬所得、特许权使用费所得都属于综合所得，综合所得应该按纳税年度合并计算个人所得税。

13.【答案】A

【解析】住房贷款利息专项附加扣除不按"实际发生额"扣除，按"法定标准"扣除（1 000 元/月），故选项 B、C 错误。选项 D 没有考虑住房贷款利息专项附加扣除。

14.【答案】D

【解析】劳务报酬所得在预扣预缴时，每次收入 4 000 元以下的定额减除 800 元，每次收入 4 000 元以上的定率减除 20%。交通费作为其他支出，不得减除。

二、多项选择题

1.【答案】BCD

【解析】选项 B，个人独资企业投资者、合伙企业自然人合伙人缴纳个人所得税。选项 C、D，依照中国法律、行政法规成立的个人独资企业、合伙企业，不属于企业所得税纳税人。

2.【答案】ABD

【解析】选项 A，在办妥托收手续时确认；选项 B，在购买方接受商品以及安装和检验完毕时确认；选项 D，在收到代销清单时确认收入。

3.【答案】ABCD

【解析】企业发生非货币性资产交换，以及将货物、财产、劳务用于捐赠、偿债、赞助、集资、广告、样品、职工福利或者利润分配等用途的，应当视同销售货物、转让财产或者提供劳务。选项 A、B、C、D 均符合。

4.【答案】CD

【解析】选项C、D，属于不征税收入，其包括：财政拨款；依法收取并纳入财政管理的行政事业性收费、政府性基金；国务院规定的其他不征税收入。选项A、B属于免税收入。

5.【答案】AD

【解析】根据规定，国债利息收入和符合条件的居民企业之间的股息红利收入属于免税收入，行政事业性收费属于不征税收入，捐赠收入属于应税收入。所以选项A、D正确。

6.【答案】ABCD

【解析】企业依照国务院有关主管部门或省级人民政府规定的范围和标准为职工缴纳的基本养老保险费、基本医疗保险费、工伤保险费、失业保险费等基本社会保险费，在计算企业所得税应纳税所得额时准予扣除。选项A、B、C、D均可扣除。

7.【答案】AC

【解析】企业所得税不得扣除项目有：（1）向投资者支付的股息、红利等权益性投资收益款项；（2）企业所得税税款；（3）税收滞纳金；（4）罚金、罚款和被没收财物的损失；（5）超过规定标准的捐赠支出；（6）赞助支出，具体是指企业发生的与生产经营活动无关的各种非广告性质支出；（7）未经核定的准备金支出；（8）企业之间支付的管理费、企业内营业机构之间支付的租金和特许权使用费，以及非银行企业内营业机构之间支付的利息，不得扣除；（9）与取得收入无关的其他支出；选项B、D都是不得扣除项目，答案选A、C。

8.【答案】ABCD

【解析】本题考核企业所得税税收优惠中减计收入的相关知识点，选项A、B、C、D的情形都符合题干表述。

9.【答案】ABCD

【解析】除国务院财政、税务主管部门另有规定外，下列所得，不论支付地点是否在中国境内，均为来源于中国境内的所得：（1）因任职、受雇、履约等在中国境内提供劳务取得的所得；（2）将财产出租给承租人在中国境内使用而取得的所得；（3）许可各种特许权在中国境内使用而取得的所得；（4）转让中国境内的不动产等财产或者在中国境内转让其他财产取得的所得；（5）从中国境内企业、事业单位、其他组织以及居民个人取得的利息、股息、红利所得。选项A、B、C、D均为来源于中国境内的所得。

10.【答案】ABD

【解析】选项C属于专项扣除。专项扣除包括"三险一金"。

11.【答案】BD

【解析】编剧从电视剧制作单位取得的剧本使用费，不再区分剧本使用方是否为其任职单位，统一按"特许权使用费所得"项目征收个人所得税；模特的时装表演费一般按"劳务报酬所得"征收个人所得税。

12.【答案】AC

【解析】选项 B，按照每月 3 000 元标准定额扣除（纳税人为独生子女）或分摊扣除（纳税人为非独生子女）；选项 D，符合条件的住房贷款利息，按 1 000 元/月的标准定额扣除。

三、判断题

1.【答案】×

【解析】根据规定，企业应当自生产性生物资产投入使用的月份次月起计算折旧，停止使用的生产性生物资产，应当自停止使用的月份次月起停止计算折旧。

2.【答案】√

【解析】注意区分"三免三减半"的起点是获得生产经营收入还是盈利的那年起。

3.【答案】√

【解析】本题考核企业所得税征收管理关于纳税地点的相关规定。

4.【答案】×

【解析】居民纳税人，应就其来源于中国境内和境外的所得，依照个人所得税法律制度的规定向中国政府履行全面纳税义务，缴纳个人所得税。

5.【答案】×

【解析】个人所得的财产转租收入，属于"财产租赁所得"的征税范围。

6.【答案】√

【解析】本题考核个人所得税查账征收的相关规定。

7.【答案】×

【解析】自 2022 年 1 月 1 日起，对法律援助人员按照《中华人民共和国法律援助法》规定获得的法律援助补贴，免征个人所得税。

四、不定项选择题

1.（1）【答案】CD

【解析】根据税法规定，出售设备收入和销售商品收入属于征税收入，国债利息收入和从其直接投资的未上市居民企业分回股息收益属于免税收入。

（2）【答案】BCD

【解析】根据税法规定，企业经营活动中发生的合理的违约金、诉讼费可以税前扣除，所以选项A未按期交货的赔偿可以税前扣除。赞助支出、税收滞纳金和被没收财物的损失不能税前扣除。

（3）【答案】C

【解析】甲公司的应税收入为6 230万元（6 000 + 30 + 200），可以税前扣除的成本费用损失是3 510万元（3 500 + 10），所以甲公司的应纳税所得额是2 720万元。

（4）【答案】ABCD

【解析】本题考核企业所得税征收管理的相关规定。

2．（1）【答案】A

【解析】专项扣除，包括居民个人按照国家规定的范围和标准缴纳的基本养老保险、基本医疗保险、失业保险等社会保险费和住房公积金等。

（2）【答案】B

【解析】综合所得，包括工资、薪金所得，劳务报酬所得，稿酬所得，特许权使用费所得四项。劳务报酬所得以收入减除20%的费用后的余额为收入额。

（3）【答案】B

【解析】综合所得，包括工资、薪金所得，劳务报酬所得，稿酬所得，特许权使用费所得四项。稿酬所得以收入减除20%的费用后的余额为收入额，且收入额减按70%计算。

（4）【答案】B

【解析】选项B，个人所得税的免税项目：①省级人民政府、国务院部委和中国人民解放军军以上单位，以及外国组织、国际组织颁发的科学、教育、技术、文化、卫生、体育、环境保护等方面的奖金。②国债和国家发行的金融债券利息。③按照国家统一规定发给的补贴、津贴。④福利费、抚恤金、救济金。⑤保险赔款。⑥军人的转业费、复员费、退役金。⑦按照国家统一规定发给干部、职工的安家费、退职费、基本养老金或者退休费、离休费、离休生活补助费。⑧依照有关法律规定应予免税的各国驻华使馆、领事馆的外交代表、领事官员和其他人员的所得。⑨中国政府参加的国际公约、签订的协议中规定免税的所得。⑩对外籍人员取得的探亲费免征个人所得税。⑪国务院规定的其他免税所得。

第六章 财产和行为税法律制度

　　本章历年考查的重点是税收征收范围和应纳税额的计算。考生应重点关注社会热点涉税问题以及教材变化的小税种税收政策。本章考查的范围较广，各个税种几乎每年都有涉及。主要题型为单项选择题、多项选择题和判断题，在不定项选择题中考核较少，考生应重点关注房产税、契税、土地增值税、城镇土地使用税、印花税的内容。

教材变化

　　2024年本章教材内容主要变化是删除了烟叶税和船舶吨税法律制度的内容。

教材框架

　　　　　　　　　　　房产税
　　　　　　　　　　　契税　　　　　　纳税人
　　　　　　　　　　　土地增值税　　　征税范围
　　　　　　　　　　　城镇土地使用税　税率
　财产和行为税　　　　耕地占用税　　　计税依据
　法律制度　　　　　　车船税　　　　　应纳税额的计算
　　　　　　　　　　　资源税　　　　　税收优惠
　　　　　　　　　　　环境保护税　　　征收管理
　　　　　　　　　　　印花税

考点提炼

考点1　房产税的纳税人和征税范围 ★★★

项目	内　　容
纳税人	1. 一般规定：在我国城市、县城、建制镇和工矿区内（不包括农村）拥有房屋产权的单位和个人。 2. 包括产权所有人、承典人、房产代管人或者使用人
征税范围	1. 征税对象：房屋。 2. 征税范围：房产税的征税范围为城市、县城、建制镇和工矿区的房屋。 3. 房屋附属设备和配套设施的计税规定：凡以房屋为载体，不可随意移动的附属设备和配套设施，如给排水、采暖、消防、中央空调、电气及智能化楼宇设备等，无论在会计核算中是否单独记账与核算，都应计入房产原值，计征房产税。纳税人对原有房屋进行改建、扩建的，要相应增加房屋的原值

典型例题

【例6-1】（多选题）关于房产税纳税人的下列表述中，正确的有（　　）。

A. 房屋出租的，承租人为纳税人

B. 房屋产权所有人不在房产所在地的，房产代管人为纳税人

C. 产权出典的，出典人为纳税人

D. 房屋产权未确定的，房产代管人或使用人为纳税人

【答案】BD

【解析】选项 A，房产出租的，出租人按照租金收入缴纳从租计征的房产税，出租人为房产税的纳税义务人；选项 C，产权出典的，承典人为纳税人。

考点 2　从租计征房产税 ★

计税依据	内容
租金收入	以房屋出租取得的租金收入为计税依据（租金收入不含增值税）

典型例题

【例 6-2】（单选题）2023 年 9 月张某出租自有住房，当月收取不含增值税租金 5 800 元，当月需偿还个人住房贷款 1 500 元。已知，个人出租住房房产税税率为 12%。计算张某当月应缴纳房产税税额的下列算式中，正确的是（　　）。

A. （5 800 - 1 500）×12%

B. 5 800 ×12%

C. （5 800 - 1 500）×（1 - 12%）×12%

D. 5 800 ×（1 - 12%）×12%

【答案】B

【解析】（1）房屋出租的，以取得的不含增值税租金收入为计税依据（全额计税，没有任何减除），排除选项 A、C；（2）从租计征的房产税应纳税额不含增值税租金收入 ×12%，不存在"×（1 - 12%）"的问题，排除选项 D。

考点 3　比较房产税的税率、计税依据和应纳税额的计算 ★ ★

方法	从价计征方法	从租计征方法
税率	1.2%	12%
计税依据	以房产余值为计税依据。房产税依照房产原值一次减除 10% ~30% 后的余值计算缴纳	以房屋出租取得的不含增值税租金收入为计税依据，计算缴纳房产税。免征增值税的，确定计税依据时，租金收入不扣减增值税税额
应纳税额的计算	应纳税额 = 应税房产原值 ×（1 - 扣除比例）×1.2%	应纳税额 = 不含税租金收入 ×12%

典型例题

【例6-3】（单选题）某企业一幢房产原值500 000元，已知房产税税率为1.2%，当地规定的房产税扣除比例为30%，该房产年度应缴纳的房产税税额为（　　）元。

A. 4 200　　　　　B. 9 600　　　　　C. 2 880　　　　　D. 2 160

【答案】 A

【解析】 应缴纳房产税 = 500 000 × (1 - 30%) × 1.2% = 4 200（元）。

【例6-4】（单选题）甲企业厂房原值800万元，2021年9月发现通风设备损坏进行更新，更换的新设备价值80万元，换下的旧设备价值50万元，已知房产税的原值扣除比例为30%，房产税比例税率为1.2%。计算甲企业2022年应缴纳房产税的下列算式中，正确的是（　　）。

A. (800 + 80) × 1.2%

B. (800 + 80 - 50) × 1.2%

C. (800 + 80) × (1 - 30%) × 1.2%

D. (800 + 80 - 50) × (1 - 30%) × 1.2%

【答案】 D

【解析】 从价计征的房产税，是以房产余值为计税依据。房产税依照房产原值一次减除10% ~ 30%的余值计算缴纳。

考点4　房产税的税收优惠 ★

项目	内　　容
房产税税收优惠范围	1. 国家机关、人民团体、军队自用的房产免征房产税。自2004年8月1日起，对军队空余房产租赁收入暂免征收房产税。 2. 由国家财政部门拨付事业经费的单位（学校、医疗卫生单位、托儿所、幼儿园、敬老院以及文化、体育、艺术类单位）所有的、本身业务范围内使用的房产免征房产税。 3. 宗教寺庙、公园、名胜古迹自用的房产免征房产税。 4. 个人所有非营业用的房产免征房产税。 5. 其他减免税的房产
特别注意	自2019年1月1日至2027年供暖期结束，对向居民供热收取采暖费的供热企业，为居民供热所使用的厂房免征房产税；对供热企业其他厂房，应当按照规定征收房产税
	自2021年10月1日起，对企事业单位、社会团体以及其他组织向个人、专业化、规模化住房租赁企业出租住房的，减按4%的税率征收房产税
	2022年1月1日至2024年12月31日，由省、自治区、直辖市人民政府根据本地区实际情况，以及宏观调控需要确定，对增值税小规模纳税人、小型微利企业和个体工商户可以在50%的税额幅度内减征房产税

典型例题

【例6-5】（单选题）下列房产，应当征收房产税的是（　　）。

A. 医疗卫生机构自用的房产   B. 公园自用的房产

C. 军队用于体育活动的场馆   D. 公园小卖部

【答案】D

【解析】公园自用的房产免税，用于出租作为营业性场所的应缴纳房产税。军队自用的房产免征房产税。

【例 6 – 6】（单选题）根据房产税法律制度的规定，下列房产中，应缴纳房产税的是（   ）。

A. 名胜古迹自用的房产

B. 高校学生公寓

C. 个人出租位于县城的住房

D. 非营利性老年服务机构自用的房产

【答案】C

【解析】选项 C，个人出租住房需要缴纳房产税。

考点 5 房产税的征收管理★

项目	具体规定	
纳税义务发生时间	纳税人将原有房产用于生产经营的	从生产经营之月起，缴纳房产税
	纳税人自行新建房屋用于生产经营的	从建成之次月起，缴纳房产税
	纳税人委托施工企业建设的房屋	从办理验收手续之次月起，缴纳房产税
	纳税人购置新建商品房的	自房屋交付使用之次月起，缴纳房产税
	纳税人购置存量房的	自办理房屋权属转移、变更登记手续，房地产权属登记机关签发房屋权属证书之次月起，缴纳房产税
	纳税人出租、出借房产的	自交付出租、出借本企业房产之次月起，缴纳房产税
	房地产开发企业自用、出租、出借本企业建造的商品房的	自房屋使用或交付之次月起，缴纳房产税
	纳税人因房产的实物或权利状态发生变化而依法终止房产税纳税义务的，其应纳税款的计算截至房产的实物或权利状态发生变化的当月末	
纳税地点	房产税在房产所在地缴纳。 房产不在同一地方的纳税人，应按房产的坐落地点分别向房产所在地的税务机关申报纳税	
纳税期限	按年计算、分期缴纳	

典型例题

【例6-7】（单选题）关于房产税的纳税义务发生时间，下列说法中不正确的是（　　）。

A. 纳税人将原有房产用于生产经营，从生产经营之次月起缴纳房产税

B. 纳税人自行新建房屋用于生产经营，从建成之次月起缴纳房产税

C. 纳税人委托施工企业建设的房屋，从办理验收手续之次月起，缴纳房产税

D. 纳税人购置新建商品房，自房屋交付使用之次月起，缴纳房产税

【答案】A

【解析】纳税人将原有房产用于生产经营，从生产经营之月起，缴纳房产税。

考点6　契税的纳税人和征税范围★★

项目	内　容
纳税人	在我国境内承受土地、房屋权属转移的单位和个人
征税范围	以在我国境内转移土地、房屋权属的行为作为征税对象。包括：土地使用权出让、土地使用权转让、房屋买卖、房屋赠与、房屋互换，以其他方式转移土地、房屋权属的征税规定
不属于契税的征税范围	土地、房屋典当、分拆（分割）、抵押以及出租等行为

考点7　发生土地、房屋权属转移、承受方应缴纳契税的情形★

情形	内　容
情形1	因共有不动产份额变化的
情形2	因共有人增加或者减少的
情形3	因人民法院、仲裁委员会的生效法律文书或者监察机关出具的监察文书等因素，发生土地、房屋权属转移的

典型例题

【例6-8】（多选题）下列不属于契税的征收范围的有（　　）。

A. 土地典当　　　　　　　　　　B. 房屋抵押

C. 房屋典当　　　　　　　　　　D. 房屋分拆

【答案】ABCD

【解析】土地、房屋典当、分拆（分割）、抵押以及出租等，不属于契税的征税范围。

考点8　契税的税率、计税依据和应纳税额的计算 ★

项目	具体规定	
税率	契税采用比例税率，实行3%～5%的幅度税率	
计税依据	土地使用权出让、出售，房屋买卖	以不含增值税的成交价格作为计税依据
	土地使用权赠与、房屋赠与以及其他没有价格的转移土地、房屋权属行为	税务机关参照土地使用权出售、房屋买卖的市场价格核定
	土地使用权互换、房屋互换	以所互换的土地使用权、房屋价格的差额为计税依据（只考虑差额）
	以划拨方式取得土地使用权，经批准改为出让方式重新取得该土地使用权的	由该土地使用权人以补缴的土地出让价款为计税依据
	依法核定计税价格	参照市场价格
应纳税额的计算	应纳税额＝计税依据（不含增值税）×税率	

典型例题

【例6-9】（单选题）某公司2023年3月以不含税价10 000万元购得某写字楼作为办公用房使用，该写字楼原值12 000万元，累计折旧3 000万元。如果适用的契税税率为3%，该公司应缴契税为（　　）万元。

A. 210　　　　　　B. 60　　　　　　C. 300　　　　　　D. 150

【答案】C

【解析】土地使用权出让、出售、房屋买卖，以成交价格作为计税依据。应纳契税＝10 000×3%＝300（万元）。

考点9　契税的税收优惠 ★★★

项目		具体规定
税收优惠	免征契税	1. 国家机关、事业单位、社会团体、军事单位承受土地、房屋权属用于办公、教学、医疗、科研、军事设施。 2. 非营利性的学校、医疗机构、社会福利机构承受土地、房屋权属用于办公、教学、医疗、科研、养老、救助。 3. 承受荒山、荒地、荒滩土地使用权用于农、林、牧、渔业生产。 4. 婚姻关系存续期间夫妻之间变更土地、房屋权属。 5. 法定继承人通过继承承受土地、房屋权属。 6. 依照法律规定应当予以免税的外国驻华使馆、领事馆和国际组织驻华代表机构承受土地、房屋权属。 根据国民经济和社会发展的需要，国务院对居民住房需求保障、企业改制重组、灾后重建等情形可以规定免征或者减征契税，报全国人大常委会备案

续表

项目		具体规定
税收优惠	地方酌定减免税情形	1. 因土地、房屋被县级以上人民政府征收、征用，重新承受土地、房屋权属。 2. 因不可抗力灭失住房，重新承受住房权属
	临时减免税	1. 夫妻因离婚分割共同财产发生土地、房屋权属变更的，免征契税。 2. 城镇职工按规定第一次购买公有住房的，免征契税。 3. 外国银行分行按规定改制为外商独资银行（或其分行），改制后的外商独资银行（或其分行）承受原外国银行分行的房屋权属的，免征契税。 4. 企业改制。 5. 事业单位改制。 6. 公司合并。 7. 公司分立。 8. 资金划转。 9. 债券转股权。 10. 划拨用地出让或作价出资。 11. 公司股权（股份）转让

典型例题

【例 6 – 10】（单选题）下列属于临时免征契税的是（   ）。

A. 夫妻因离婚分割共同财产发生土地、房屋权属变更的

B. 因不可抗力灭失住房，重新承受住房权属

C. 婚姻关系存续期间夫妻之间变更土地、房屋权属

D. 法定继承人通过继承承受土地、房屋权属

【答案】A

【解析】夫妻因离婚分割共同财产发生土地、房屋权属变更的，免征契税。其他临时免税的还有城镇职工按规定第一次购买公有住房的，免征契税；外国银行分行按规定改制为外商独资银行（或其分行），改制后的外商独资银行（或其分行）承受原外国银行分行的房屋权属的，免征契税；企业改制；事业单位改制；公司合并；公司分立；资金划转；债券转股权；划拨用地出让或作价出资；公司股权（股份）转让。

考点 10　契税征收管理 ★★

项目	具体规定
纳税义务发生时间	纳税人签订土地、房屋权属转移合同的当日，或者纳税人取得其他具有土地、房屋权属转移合同性质凭证的当日
	纳税人应当在依法办理土地、房屋权属登记手续前申报缴纳契税

续表

项目	具体规定
纳税义务发生时间	因人民法院、仲裁委员会的生效法律文书或者监察机关出具的监察文书等发生土地、房屋权属转移的，纳税义务发生时间为法律文书等生效当日
	因改变土地、房屋用途等情形应当缴纳已经减征、免征契税的，纳税义务发生时间为改变有关土地、房屋用途等情形的当日
	因改变土地性质、容积率等土地使用条件须补缴土地出让价款，应当缴纳契税的，纳税义务发生时间为改变土地使用条件当日
纳税地点	土地、房屋所在地的税务机关申报纳税
契税的退还	纳税人缴纳契税后发生下列情形，可依照有关法律法规申请退税	（1）因人民法院判决或者仲裁委员会裁决导致土地、房屋权属转移行为无效、被撤销或者被解除，且土地、房屋权属变更至原权利人的； （2）在出让土地使用权交付时，因容积率调整或实际交付面积小于合同约定面积须退还土地出让价款的； （3）在新建商品房交付时，因实际交付面积小于合同约定面积须返还房价款的

典型例题

【例6-11】（单选题）下列关于契税纳税义务发生时间，表述正确的是（　　）。

A. 纳税人签订土地、房屋权属转移合同的当日

B. 纳税人签订土地、房屋权属转移合同的次日

C. 因改变土地、房屋用途等情形应当缴纳已经减征、免征契税的，纳税义务发生时间为改变有关土地、房屋用途等情形的次日

D. 因改变土地性质、容积率等土地使用条件须补缴土地出让价款，应当缴纳契税的，纳税义务发生时间为改变土地使用条件次日

【答案】A

【解析】纳税人签订土地、房屋权属转移合同的当日，或者纳税人取得其他具有土地、房屋权属转移合同性质凭证的当日。

考点11　土地增值税的纳税人和征税范围★★

项目	具体规定
纳税人	转让国有土地使用权、地上建筑及其附着物并取得收入的单位和个人。 单位包括各类企业单位、事业单位、国家机关和社会团体及其他组织。 个人包括个体经营者和其他个人

续表

项目	具体规定		
征税范围	一般规定： 1. 土地增值税只对转让国有土地使用权的行为征税，对出让国有土地的行为均不征税（国有土地）； 2. 土地增值税既对转让国有土地使用权的行为征税，也对转让地上建筑物及其他附着物产权的行为征税（改变权属）； 3. 土地增值税只对有偿转让的房地产征税，对以继承、赠与等方式无偿转让的房地产，不予征税（有收入）。 不征收土地增值税的房地产赠与行为包括：（1）房产所有人、土地使用权所有人将房屋产权、土地使用权赠与直系亲属或承担直接赡养义务人的行为；（2）房产所有人、土地使用权所有人通过中国境内非营利的社会团体、国家机关将房屋产权、土地使用权赠与教育、民政和其他社会福利、公益事业的行为		
	应当征税的情形	1. 转让国有土地使用权。 2. 转让存量房地产。 3. 抵押期满以房地产抵债（发生权属转让）。 4. 单位之间交换房地产（有实物形态收入）；（个人之间互换免征土地增值税）。 5. 合作建房建成后转让的	
	不征税的情形	1. 房地产继承（无收入）； 2. 房地产赠与（无收入）； 3. 房地产出租（权属未变）； 4. 房地产抵押期内（权属未变）； 5. 房地产的代建房行为（权属未变）； 6. 房地产评估增值（无收入且权属未变）	
	免征或暂免征收的情形	1. 个人之间互换自有居住用房地产，经当地税务机关核实； 2. 合作建房，建成后按比例分房自用； 3. 因国家建设需要依法征用收回的房地产	

典型例题

【例6-12】（单选题）根据土地增值税法律制度的规定，下列行为中，应缴纳土地增值税的是（　　）。

A. 甲企业将自有厂房出租给乙企业

B. 丙企业转让国有土地使用权给丁企业

C. 国土资源部门出让国有土地使用权给戊房地产开发商

D. 己公司将闲置的房屋通过民政局捐赠给福利院

【答案】B

【解析】选项A，甲企业将自有厂房出租给乙企业，厂房的所有权没有发生转移，不征收土地增值税；选项C，出让国有土地的行为不征收土地增值税；选项D，将房屋通过民政局捐赠给福利院，无收入，不征收土地增值税。

考点 12　土地增值税的税率、计税依据和应纳税额的计算 ★

项目	具体规定		
税率	土地增值税实行四级超率累进税率		
计税依据	土地增值税的计税依据为纳税人转让房地产所取得的增值额。 转让房地产所取得的增值额 = 转让房地产的收入 − 规定的各项扣除 土地增值额的大小取决于：（1）转让房地产的收入额；（2）扣除项目金额		
	转让房地产的应税收入（不含增值税）	包括货币收入、实物收入和其他收入	
	扣除项目及其金额	1. 取得土地使用权所支付的金额	纳税人为取得土地使用权所支付的地价款和按国家统一规定缴纳的有关费用和税金
		2. 房地产开发成本	包括土地征用及拆迁补偿费、前期工程费、建筑安装工程费、基础设施费、公共配套设施费、开发间接费用
		3. 房地产开发费用	与房地产开发项目有关的销售费用、管理费用、财务费用
		4. 与转让房地产有关的税金	指在转让房地产时缴纳的城市维护建设税、教育费附加和印花税等
		5. 财政部确定的其他扣除项目	对从事房地产开发的纳税人可按（地价款 + 房地产开发成本）×20% 加计扣除
		6. 旧房及建筑物的评估价格	房地产评估机构评定的重置成本价 × 成新度折扣率
应纳税额的计算	计算步骤： （1）确定收入；（2）汇总扣除项目；（3）计算增值额（1）−（2）；（4）计算增值率（3）÷（2）；（5）根据税率计算土地增值税： 土地增值税应纳税额 = 增值额 × 适用税率 − 扣除项目金额 × 速算扣除系数		

典型例题

【例 6 − 13】（单选题）某房地产企业开发普通标准住宅，已知支付的土地出让金为 2 800 万元，缴纳相关税费 200 万元；住宅开发成本 2 000 万元；房地产开发费用中的利息支出为 500 万元（不能提供金融机构证明）；当年住宅全部销售，取得销售收入 10 200 万元；缴纳城市维护建设税和教育费附加 300 万元。已知：该企业所在省人民政府规定的房地产开发费用的计算扣除比例为10%，房地产开发加计扣除比率为20%。则该企业应缴纳的土地增值税为（　　）万元。

A. 0　　　　　　B. 3 400　　　　　C. 2 040　　　　　D. 1 020

【答案】D

【解析】（1）住宅销售收入为10 200万元。

（2）确定转让房地产的扣除项目金额包括：

①取得土地使用权所支付的金额＝2 800＋200＝3 000（万元）。

②住宅开发成本为2 000万元。

③房地产开发费用＝（3 000＋2 000）×10%＝500（万元）。

④与转让房地产有关的税金为300万元。

⑤加计扣除＝（3 000＋2 000）×20%＝1 000（万元）。

转让房地产的扣除项目金额＝3 000＋2 000＋500＋300＋1 000＝6 800（万元）。

（3）转让房地产的增值额＝10 200－6 800＝3 400（万元）。

（4）增值额与扣除项目金额的比率＝3 400÷6 800＝50%。

增值额与扣除项目金额的比率未超过50%，适用的税率为30%。

（5）应纳土地增值税税额＝3 400×30%＝1 020（万元）。

考点13　土地增值税的税收优惠和征收管理 ★

项目	具体规定
税收优惠	1. 纳税人建造"普通标准住宅"出售，增值额未超过扣除项目金额20%的，予以免税。 2. 因国家建设需要依法征用、收回的房地产，免征土地增值税。 3. 企事业单位、社会团体以及其他组织转让旧房作为公共租赁住房房源且增值额未超过扣除项目金额20%的，免征土地增值税。 4. 自2008年11月1日起，对个人转让住房暂免征收土地增值税。 5. 自2021年1月1日至2023年12月31日，执行企业改制重组有关土地增值税政策
纳税申报	纳税人应在转让房地产合同签订后7日内纳税申报。 经常发生房地产转让而难以在每次转让后申报的，经税务机关审核同意后，可以定期申报土地增值税
纳税清算	符合下列情形之一的，纳税人应进行土地增值税的清算： （1）房地产开发项目全部竣工、完成销售的。 （2）整体转让未竣工决算房地产开发项目的。 （3）直接转让土地使用权的

典型例题

【例6-14】（多选题）根据土地增值税法律制度的规定，下列情形中，可以免征土地增值税的有（　　）。

　　A. 国家机关转让自用房产

　　B. 个人转让住房

　　C. 房地产公司以不动产作价入股进行投资

　　D. 某商场因城市实施规划、国家建设的需要而自行转让原房产

【答案】BD

【解析】国家机关转让自用房产属于土地增值税的征税范围；改制重组有关土地增值税优惠政策不适用于房地产开发企业，房地产公司以不动产作价入股进行投资不免征土地增值税；个人转让住房和某商场因城市实施规划、国家建设的需要而自行转让原房产属于免征土地增值税的情形。

考点 14　城镇土地使用税的纳税人和征税范围★★

项目	具体规定
纳税人	在城市、县城、建制镇、工矿区范围内使用土地的单位和个人
征税范围	城市、县城、建制镇和工矿区的国家所有、集体所有、个人所有的土地。 建立在城市、县城、建制镇和工矿区以外的工矿企业则不需要缴纳城镇土地使用税。 公园、名胜古迹内的索道公司经营用地，应按规定缴纳城镇土地使用税

【例 6－15】（多选题）根据城镇土地使用税法律制度的规定，下列各项中属于城镇土地使用税征税范围的有（　　）。

　　A. 集体所有的位于农村的土地

　　B. 集体所有的位于建制镇的土地

　　C. 国家所有的位于工矿区的土地

　　D. 集体所有的位于城市的土地

【答案】BCD

【解析】城镇土地使用税的征税范围是税法规定的纳税区域内的土地。凡在城市、县城、建制镇、工矿区范围内的土地，不论是属于国家所有的土地，还是集体所有的土地，都属于城镇土地使用税的征税范围。

考点 15　城镇土地使用税的税率、计税依据和应纳税额的计算★

项目	内容
税率	城镇土地使用税采用定额税率
计税依据	城镇土地使用税的计税依据是纳税人实际占用的土地面积
应纳税额的计算	年应纳税额＝实际占用应税土地面积（平方米）×适用税额

典型例题

【例6-16】（单选题）某企业实际占地面积为50 000平方米，经税务机关核定，该企业所在地段适用城镇土地使用税税率每平方米税额为4元。下列选项中，企业全年应缴纳的城镇土地使用税税额为（　　）元。

A. 200 000　　　　B. 55 000　　　　C. 60 000　　　　D. 45 000

【答案】A

【解析】该企业年应缴纳的城镇土地使用税税额＝实际占用应税土地面积（平方米）×适用税额＝50 000×4＝200 000（元）。

考点16　城镇土地使用税的税收优惠和征收管理★★

项目		具体规定
税收优惠	免税规定	1. 国家机关、人民团体、军队自用的土地。 2. 由国家财政部门拨付事业经费的单位自用的土地。 3. 宗教寺庙、公园、名胜古迹自用的土地。 4. 市政街道、广场、绿化地带等公共用地。 5. 直接用于农、林、牧、渔业的生产用地。 6. 经批准开山填海整治的土地和改造的废弃土地，从使用的月份起免缴土地使用税5～10年。 7. 由财政部另行规定免税的能源、交通、水利设施用地和其他用地
	特殊规定	1. 对免税单位无偿使用纳税单位的土地，免征城镇土地使用税。 2. 房地产开发公司开发建造商品房的用地，除经批准开发建设经济适用房的用地外，对各类房地产开发用地一律不得减免城镇土地使用税。 3. 对企业的铁路专用线、公路等用地除另有规定者外，在企业厂区（包括生产、办公及生活区）以内的，应照章征收城镇土地使用税；在厂区以外、与社会公用地段未加隔离的，暂免征收城镇土地使用税。 4.（1）石油天然气生产建设用地暂免征收： ①地质勘探、钻井、井下作业、油气田地面工程等施工临时用地； ②企业厂区以外的铁路专用线、公路及输油（气、水）管道用地； ③油气长输管线用地。 （2）在城市、县城、建制镇以外工矿区内的消防、防洪排涝、防风、防沙设施用地，暂免征收城镇土地使用税。 5. 林业系统用地。 6. 盐场、盐矿用地。 7. 矿山的采矿场、排土场、尾矿库、炸药库的安全区，以及运矿运岩公路、尾矿输送管道及回水系统用地，免征城镇土地使用税。 8. 电力行业用地。 9. 水利设施及其管护用地（如水库库区、大坝、堤防、灌渠、泵站等用地），免征城镇土地使用税。 10. 对港口的码头（即泊位，包括岸边码头、伸入水中的浮码头、堤岸、堤坝、栈桥等）用地，免征城镇土地使用税。

续表

项目		具体规定
税收优惠	特殊规定	11. 民航机场用地。 12. 老年服务机构自用的土地，免征城镇土地使用税。 13. 国家机关、军队、人民团体、财政补助事业单位、居民委员会、村民委员会拥有的体育场馆，用于体育活动的土地，免征城镇土地使用税。 14. 自2019年1月1日至2027年供暖期结束，对向居民供热收取采暖费的供热企业，为居民供热所使用的土地免征城镇土地使用税。 15. 对物流企业自有（包括自用和出租）或承租的大宗商品仓储设施用地，减按所属土地等级适用税额标准的50%计征城镇土地使用税。 16. 自2022年1月1日至2024年12月31日，由省、自治区、直辖市人民政府根据本地区实际情况，以及宏观调控需要确定，对增值税小规模纳税人、小型微利企业和个体工商户可以在50%的税额幅度内减征城镇土地使用税
征收管理	纳税义务发生时间	1. 纳税人购置新建商品房，自房屋交付使用之次月起。 2. 纳税人购置存量房的，自办理房屋权属转移、变更登记手续，房地产权属登记机关签发房屋权属证书之次月起。 3. 纳税人出租、出借房产的，自交付出租、出借房产之次月起。 4. 以出让或转让方式有偿取得土地使用权的，应由受让方从合同约定交付土地时间的次月起；合同未约定交付土地时间的，由受让方从合同签订的次月起。 5. 纳税人新征用的耕地，自批准征用之日起满1年时。 6. 纳税人新征用的非耕地，自批准征用次月起
	纳税地点	土地所在地
	纳税期限	按年计算，分期缴纳

典型例题

【例6-17】（多选题）关于城镇土地使用税纳税义务发生时间说法正确的有（　　）。

A. 纳税人购置新建商品房，自房产交付使用之次月起，缴纳城镇土地使用税

B. 纳税人购置存量房，自办理房屋权属转移、变更登记手续，房地产权属登记机关签发房屋权属证书之次月起，缴纳城镇土地使用税

C. 纳税人新征用的耕地，自批准征用之次月起开始缴纳土地使用税

D. 纳税人出租、出借房产的，自交付出租、出借房产之次月起缴纳城镇土地使用税

【答案】ABD

【解析】纳税人新征用的耕地，自批准征用之日起满1年时开始缴纳城镇土地使用税。

考点17　耕地占用税 ★

耕地占用税是为了合理利用土地资源，加强土地管理，保护耕地，对占用耕地

建设建筑物、构筑物或者从事非农业建设的单位和个人征收的一种税。1987 年 4 月 1 日国务院颁布《中华人民共和国耕地占用税暂行条例》。2018 年 12 月 29 日第十三届全国人大常委会第七次会议通过了《中华人民共和国耕地占用税法》，自 2019 年 9 月 1 日起施行，耕地占用税实现了由规升法。

项目	具体规定
纳税人	为在我国境内占用耕地建设建筑物、构筑物或者从事非农业建设的单位和个人
征税范围	包括纳税人为建设建筑物、构筑物或从事其他非农业建设而占用的国家所有和集体所有的耕地（耕地、园地、林地、草地、农田水利用地、养殖水面、渔业水域滩涂）
税率	实行定额税率
计税依据	以纳税人实际占用的耕地面积为计税依据
应纳税额的计算	应纳税额＝实际占用耕地面积（平方米）×适用税率
税收优惠	1. 军事设施、学校、幼儿园、社会福利机构、医疗机构占用耕地，免征耕地占用税。 2. 农村居民在规定用地标准以内占用耕地新建自用住宅，减半征收；其中农村居民经批准搬迁，新建自用住宅占用耕地不超过原宅基地面积的部分，免征。 3. 农村烈士遗属、因公牺牲军人遗属、残疾军人以及符合农村最低生活保障条件的农村居民，新建自用住宅，免征。 4. 铁路线路、公路线路、飞机场跑道、停机坪、港口、航道、水利工程占用耕地，减按每平方米 2 元的税额征收。 5. 自 2022 年 1 月 1 日至 2024 年 12 月 31 日，由政府根据本地区实际情况对增值税小规模纳税人、小型微利企业和个体工商户可以在 50% 的税额幅度内减征
征收管理	纳税义务发生时间：为纳税人收到自然资源主管部门办理占用耕地手续的书面通知的当日
	纳税申报：纳税人占用耕地或其他农用地，应当在耕地或其他农用地所在地申报纳税。 耕地占用税由税务机关负责征收
异常情形	1. 纳税人改变原占地用途，不再属于免征或者减征耕地占用税情形，未按照规定进行申报的。 2. 纳税人已申请用地但尚未获得批准先行占地开工，未按照规定进行申报的。 3. 纳税人实际占用耕地面积大于批准占用耕地面积，未按照规定进行申报的。 4. 纳税人未履行报批程序擅自占用耕地，未按照规定进行申报的。 5. 其他应提请相关部门复核的情形

典型例题

【例 6-18】（多选题）根据耕地占用税法律制度的规定，以下免征耕地占用税的有（　　　）。

A. 学校教职工公寓占用的耕地

B. 农民自建房占用的耕地

C. 军事训练场占用的耕地

D. 医院住院部占用的耕地

【答案】CD

【解析】选项 A，学校教职工公寓占用的耕地正常纳税；选项 B，农村居民占用耕地建设自用住宅，减半征收耕地占用税。

考点18　车船税的纳税人、征税范围税目和税率★★

项目	具体规定
纳税人	在中华人民共和国境内属于税法规定的车辆、船舶的所有人或者管理人
征税范围	1. 依法应当在车船登记管理部门登记的机动车辆和船舶。 2. 依法不需要在车船登记管理部门登记的在单位内部场所行驶或者作业的机动车辆和船舶

税目		计税单位	年基准税额（元）	备注
乘用车［按发动机汽缸容量（排汽量）分档］		每辆	60～5 400	核定载客人数 9 人（含）以下
商用车	客车	每辆	480～1 440	核定载客人数 9 人以上，包括电车
	货车	整备质量每吨	16～120	包括半挂牵引车、三轮汽车和低速载货汽车等
挂车		整备质量每吨	按照货车税额的 50% 计算	
其他车辆	专用作业车	整备质量每吨	16～120	不包括拖拉机
	轮式专用机械车			
摩托车		每辆	36～180	
船舶	机动船舶	净吨位每吨	3～6	拖船、非机动驳船分别按照机动船舶税额的 50% 计算
	游艇	艇身长度每米	600～2 000	

考点 19　车船税的计税依据和应纳税额的计算 ★

税目	计税依据	应纳税额的计算公式
乘用车、客车和摩托车	辆数	辆数×适用年基准税额
货车、挂车、专用作业车和轮式专用机械车（不包括拖拉机）	整备质量吨位数	整备质量吨位数×适用年基准税额
机动船舶	净吨位数	净吨位数×适用年基准税额
非机动驳船、拖船	净吨位数	净吨位数×适用年基准税额×50%
游艇	艇身长度	艇身长度×适用年基准税额

典型例题

【例 6 - 19】（单选题）根据车船税法律制度的规定，下列车船税中，以"净吨位数"为计税依据的是（　　）。

A. 机动船舶　　　　　　　　　　B. 专用作业车

C. 挂车　　　　　　　　　　　　D. 乘用车

【答案】 A

【解析】 选项 B、C，按"整备质量吨位数"计算。选项 D，载人车，按"辆数"计算。

【例 6 - 20】（单选题）根据车船税法律制度的规定，下列车船中，应缴纳车船税的是（　　）。

A. 商用货车　　　　　　　　　　B. 捕捞渔船

C. 军队专用车船　　　　　　　　D. 纯电动商用车

【答案】 A

【解析】 选项 B、C、D 免征车船税。

考点 20　车船税的税收优惠和征收管理 ★

项目		具体规定
税收优惠	免税	1. 捕捞、养殖渔船。 2. 军队、武装警察部队专用的车船。 3. 警用车船。 4. 悬挂应急救援专用号牌的国家综合性消防救援车辆和国家综合性消防救援船舶。 5. 依照法律规定应当予以免税的外国驻华使领馆、国际组织驻华代表机构及其有关人员的车船

续表

项目		具体规定
税收优惠	其他税收优惠	1. 新能源车船，免税。 2. 临时入境的外国车船和香港特别行政区、澳门特别行政区、台湾地区的车船，不征收。 3. 按规定缴纳船舶吨税的机动船舶，自《车船税法》实施之日起 5 年内免征。 4. 依法不需要在车船登记管理部门登记的机场、港口、铁路站场内部行驶或者作业的车船，自《车船税法》实施之日起 5 年内免征。 5. 符合标准的节约能源车船，减半征收。 6. 对受地震、洪涝等严重自然灾害影响纳税困难以及其他特殊原因确需减免税的车船，减征或者免征车船税。 7. 省、自治区、直辖市人民政府根据当地实际情况，对公共交通车船，农村居民拥有并主要在农村地区使用的摩托车、三轮汽车和低速载货汽车定期减征或者免征车船税
征收管理	纳税义务发生时间	车船税的纳税义务发生时间为取得车船所有权或者管理权的当月
	纳税地点	车船的登记地或者车船税扣缴义务人所在地
	纳税期限	按年申报，分月计算，一次性缴纳

典型例题

【例 6–21】（多选题）根据车船税法律制度的规定，下列各项中，免予缴纳车船税的有（　　）。

A. 电动汽车　　　　B. 银行运钞车　　　　C. 机关公务车　　　　D. 养殖渔船

【答案】AD

【解析】新能源车船和捕捞、养殖渔船免征车船税。

考点 21　资源税的纳税人和征税范围★

项目	具体规定
纳税人	在中华人民共和国领域和中华人民共和国管辖的其他海域开发应税资源的单位和个人
征税范围	1. 能源矿产。 2. 金属矿产。 3. 非金属矿产。 4. 水气矿产。 5. 盐类

> 典型例题

【例6-22】（多选题）根据资源税法律制度的规定，下列单位和个人的生产经营行为应缴纳资源税的有（　　）。

A. 冶炼企业进口铁矿石　　　　　　　B. 个体经营者开采煤矿

C. 国有企业开采石油　　　　　　　　D. 中外合作企业开采天然气

【答案】BCD

【解析】根据资源税纳税人的规定，在我国领域和管辖的其他海域开发应税矿产品的单位和个人征收资源税，进口资源产品不征收资源税。

考点22　资源税的税率适用、计税依据和应纳税额的计算 ★

项目		具体规定
税率		资源税采用比例税率或者定额税率两种形式
计税依据	销售额	1. 资源税应税产品销售额是指纳税人销售应税产品向购买方收取的全部价款，但不包括收取的增值税税款。 2. 可以按下列方法和顺序确定其应税产品销售额： （1）按纳税人最近时期同类产品的平均销售价格确定。 （2）按其他纳税人最近时期同类产品的平均销售价格确定。 （3）按后续加工非应税产品销售价格，减去后续加工环节的成本利润后确定。 （4）按应税产品组成计税价格确定。 组成计税价格 = 成本 × (1 + 成本利润率) ÷ (1 - 资源税税率) 上述公式中的成本利润率由省、自治区、直辖市税务机关确定
	销售数量	应税产品的销售数量，包括纳税人开采或者生产应税产品的实际销售数量和自用于应当缴纳资源税情形的应税产品数量
应纳税额的计算	从价定率	应纳税额 = 应税产品的销售额 × 适用的比例税率
	从量定额	应纳税额 = 应税产品的销售数量 × 适用的定额税率
	代扣代缴	代扣代缴应纳税额 = 收购未税产品的数量 × 适用定额税率

> 典型例题

【例6-23】（单选题）某铜矿2023年10月销售铜矿石原矿收取价款合计600万元，其中从坑口到车站的运输费用20万元，随运销产生的装卸、仓储费用10万元，均取得增值税发票。已知：该矿山铜矿石原矿适用的资源税税率为6%，则该铜矿10月应纳资源税税额为（　　）万元。

A. 32　　　　　　　B. 34.2　　　　　　　C. 36　　　　　　　D. 37.2

【答案】B

【解析】因为铜矿征税对象为原矿或选矿，本题计税依据应为原矿销售额，减除运输费用和装卸、仓储费用。（1）该铜矿当月应税产品销售额 = 600 - (20 + 10) = 570（万元）；（2）该铜矿 10 月应纳资源税税额 = 570 × 6% = 34.2（万元）。

考点 23　资源税的税收优惠和征收管理 ★

项目		具体规定
税收优惠	免税	1. 开采原油以及在油田范围内运输原油过程中用于加热的原油、天然气。 2. 煤炭开采企业因安全生产需要抽采的煤成（层）气
	减税	1. 从低丰度油气田开采的原油、天然气，减征 20%。 2. 高含硫天然气、三次采油和从深水油气田开采的原油、天然气，减征 30%。 3. 稠油、高凝油减征 40%。 4. 从衰竭期矿山开采的矿产品，减征 30%。 5. 2022 年 1 月 1 日至 2024 年 12 月 31 日，由政府对增值税小规模纳税人、小型微利企业和个体工商户可以在 50% 的税额幅度内减征。 6. 自 2014 年 12 月 1 日至 2023 年 8 月 31 日，对充填开采置换出来的煤炭，减征 50%
	省、自治区、直辖市可以决定免征或者减征	1. 纳税人开采或者生产应税产品过程中，因意外事故或者自然灾害等原因遭受重大损失； 2. 纳税人开采共伴生矿、低品位矿、尾矿
征收管理	纳税义务发生时间	纳税人销售应税产品，纳税义务发生时间为收讫销售款或者取得索取销售款凭据的当日；自用应税产品的，纳税义务发生时间为移送应税产品的当日
	纳税地点	纳税人应当在矿产品的开采地或者海盐的生产地缴纳资源税
	纳税期限	资源税按月或者按季申报缴纳

典型例题

【例 6 - 24】（多选题）下列减征资源税的有（　　）。

A. 开采原油以及在油田范围内运输原油过程中用于加热的原油、天然气

B. 从低丰度油气田开采的原油、天然气

C. 高含硫天然气、三次采油和从深水油气田开采的原油、天然气

D. 从衰竭期矿山开采的矿产品

【答案】BCD

【解析】有下列情形之一的，减征资源税：（1）从低丰度油气田开采的原油、天然气，减征 20% 资源税。（2）高含硫天然气、三次采油和从深水油气田开采的原

油、天然气，减征30%资源税。（3）稠油、高凝油减征40%资源税。（4）从衰竭期矿山开采的矿产品，减征30%资源税。（5）2022年1月1日至2024年12月31日，由省、自治区、直辖市人民政府根据本地区实际情况，以及宏观调控需要确定，对增值税小规模纳税人、小型微利企业和个体工商户可以在50%的税额幅度内减征资源税。（6）自2014年12月1日至2023年8月31日，对充填开采置换出来的煤炭，资源税减征50%。

考点24　环境保护税 ★★★

项目	具体规定
纳税人	在中华人民共和国领域和中华人民共和国管辖的其他海域，直接向环境排放应税污染物的企业事业单位和其他生产经营者
征税范围	规定的大气污染物、水污染物、固体废物和噪声等应税污染物
税率	实行定额税率
计税依据	1. 应税大气污染物按照污染物排放量折合的污染当量数确定； 2. 应税水污染物按照污染物排放量折合的污染当量数确定； 3. 应税固体废物按照固体废物的排放量确定； 4. 应税噪声按照超过国家规定标准的分贝数确定
应纳税额的计算	1. 应税大气污染物的应纳税额＝污染当量数×具体适用税额； 2. 应税水污染物的应纳税额＝污染当量数×具体适用税额； 3. 应税固体废物的应纳税额＝固体废物排放量×具体适用税额； 4. 应税噪声的应纳税额＝超过国家规定标准的分贝数对应的具体适用税额
税收优惠	下列情形中，暂予免征环境保护税： （1）农业生产（不包括规模化养殖）排放应税污染物的； （2）机动车、铁路机车、非道路移动机械、船舶和航空器等流动污染源排放应税污染物的； （3）依法设立的城乡污水集中处理、生活垃圾集中处理场所排放的相应应税污染物，不超过国家和地方规定的排放标准的； （4）纳税人综合利用的固体废物，符合国家和地方环境保护标准的
	减征环境保护税的情形： （1）纳税人排放应税大气污染物或者水污染物的浓度值低于国家和地方规定的污染物排放标准30%的，减按75%征收环境保护税。 （2）纳税人排放应税大气污染物或者水污染物的浓度值低于国家和地方规定的污染物排放标准50%的，减按50%征收环境保护税
征收管理	环境保护税由税务机关依照《中华人民共和国税收征收管理法》《环境保护税法》的有关规定征收管理
	纳税义务发生时间为纳税人排放应税污染物的当日
	环境保护税按月计算，按季申报缴纳

典型例题

【例6-25】（单选题）根据环境保护税法律制度的规定，下列情形中，应征收环境保护税的是（　　）。

A. 企业综合利用的固体废物，符合国家和地方环境保护标准

B. 机动车等流动污染源排放应税污染物

C. 依法设立的生活垃圾集中处理场所在国家和地方规定排放标准内排放应税污染物

D. 企业处置固体废物不符合国家和地方环境保护标准

【答案】D

【解析】选项A、B、C暂予免征环境保护税。

【例6-26】（多选题）下列各项中，暂予免征环境保护税的有（　　）。

A. 农业生产（不包括规模化养殖）排放应税污染物的

B. 机动车、铁路机车、非道路移动机械、船舶和航空器等流动污染源排放应税污染物的

C. 纳税人综合利用的固体废物，符合国家和地方环境保护标准的

D. 排放应税大气污染物或者水污染物的浓度值低于国家和地方规定的污染物排放标准30%的

【答案】ABC

【解析】选项D，纳税人排放应税大气污染物或者水污染物的浓度值低于国家和地方规定的污染物排放标准30%的，减按75%征收环境保护税。

考点25　印花税的纳税人和征税范围★★★

项目		具体规定
纳税人		订立、领受在中华人民共和国境内具有法律效力的应税凭证，或者在中华人民共和国境内进行证券交易的单位和个人。具体包括： （1）立合同人——合同的当事人，不包括合同的担保人、证人、鉴定人。 （2）立账簿人——开立并使用营业账簿的单位和个人。 （3）立据人——书立产权转移书据的单位和个人。 （4）使用人——在国外书立、领受，但在国内使用应税凭证的单位和个人
征税范围	合同	买卖合同、借款合同、融资租赁合同、租赁合同、承揽合同、建设工程合同、运输合同、技术合同、保管合同、仓储合同、财产保险合同
	产权转移书据	土地使用权出让书据，土地使用权、房屋等建筑物和构筑物所有权转让书据（不包括土地承包经营权和土地经营权转移），股权转让书据（不包括应缴纳证券交易印花税的）以及商标专用权、著作权、专利权、专有技术使用权转让书据

续表

项目		具体规定
征税范围	营业账簿	资金账簿、其他营业账簿
	证券交易	公司股票、以股票为基础发行的存托凭证

典型例题

【例 6 - 27】（单选题）根据印花税法律制度的规定，下列各项中，属于印花税纳税人的是（　　）。

A. 合同的双方当事人　　　　　　　B. 合同的担保人

C. 合同的证人　　　　　　　　　　D. 合同的鉴定人

【答案】A

【解析】合同的当事人是印花税的纳税人，不包括合同的担保人、证人、鉴定人。

考点 26　印花税的税目和税率 ★

	税目	税率	备注
合同（指书面合同）	借款合同	借款金额的万分之零点五	指银行业金融机构、经国务院银行业监督管理机构批准设立的其他金融机构与借款人（不包括同业拆借）的借款合同
	融资租赁合同	租金的万分之零点五	
	买卖合同	价款的万分之三	指动产买卖合同（不包括个人书立的动产买卖合同）
	承揽合同	报酬的万分之三	
	建设工程合同	价款的万分之三	
	运输合同	运输费用的万分之三	指货运合同和多式联运合同（不包括管道运输合同）
	技术合同	价款、报酬或者使用费的万分之三	不包括专利权、专有技术使用权转让书据
	租赁合同	租金的千分之一	
	保管合同	保管费的千分之一	
	仓储合同	仓储费的千分之一	
	财产保险合同	保险费的千分之一	不包括再保险合同

续表

税目		税率	备注
产权转移书据	土地使用权出让书据	价款的万分之五	转让包括买卖（出售）、继承、赠与、互换、分割
	土地使用权、房屋等建筑物和构筑物所有权转让书据（不包括土地承包经营权和土地经营权转移）	价款的万分之五	
	股权转让书据（不包括应缴纳证券交易印花税的）	价款的万分之五	
	商标专用权、著作权、专利权、专有技术使用权转让书据	价款的万分之三	
营业账簿		实收资本（股本）、资本公积合计金额的万分之二点五	
证券交易		成交金额的千分之一	

考点 27　印花税的计税依据和应纳税额的计算 ★★

税目	计税依据	应纳税额的计算
合同	合同列明的价款或者报酬	应纳税额＝价款或者报酬×适用税率
产权转移书据	产权转移书据列明的价款	应纳税额＝价款×适用税率
营业账簿	营业账簿记载的实收资本（股本）、资本公积合计金额	应纳税额＝实收资本（股本）、资本公积合计金额×适用税率
证券交易	成交金额	应纳税额＝成交金额或者依法确定的计税依据×适用税率
未列明金额时的计税依据	应税合同、产权转移书据未列明金额的，印花税的计税依据按照实际结算的金额确定。证券交易无转让价格的，按照办理过户登记手续时该证券前一个交易日收盘价计算确定计税依据；无收盘价的，按照证券面值计算确定计税依据	

典型例题

【例6－28】（单选题）某企业本月签订两份合同：（1）加工承揽合同，合同载明材料金额30万元，加工费10万元；（2）借款合同，合同载明借款金额100万元。已知加工合同印花税税率为0.3‰，借款合同印花税税率为0.05‰。则应缴纳的印花税为（   ）万元。

A. $30 \times 0.3‰ + 100 \times 0.05‰ = 0.014$

B. $40 \times 0.3‰ + 100 \times 0.05‰ = 0.017$

C. $10 \times 0.5‰ + 100 \times 0.05‰ = 0.01$

D. $10 \times 0.3‰ + 100 \times 0.05‰ = 0.008$

【答案】D

【解析】加工承揽合同按加工或承揽收入的0.3‰计算印花税，借款合同按借款金额的0.05‰计算印花税，因此本题应缴纳的印花税为 $10 \times 0.3‰ + 100 \times 0.05‰ = 0.008$（万元）。

考点28   印花税的税收优惠和征收管理★★★

项目		具体规定
税收优惠	法定免税	1. 应税凭证的副本或者抄本。 2. 依照法律规定应当予以免税的外国驻华使馆、领事馆和国际组织驻华代表机构为获得馆舍书立的应税凭证。 3. 中国人民解放军、中国人民武装警察部队书立的应税凭证。 4. 农民、家庭农场、农民专业合作社、农村集体经济组织、村民委员会购买农业生产资料或者销售农产品书立的买卖合同和农业保险合同。 5. 无息或者贴息借款合同、国际金融组织向中国提供优惠贷款书立的借款合同。 6. 财产所有权人将财产赠与政府、学校、社会福利机构、慈善组织书立的产权转移书据。 7. 非营利性医疗卫生机构采购药品或者卫生材料书立的买卖合同。 8. 个人与电子商务经营者订立的电子订单
	临时性减免税优惠	1. 对铁路、公路、航运、水路承运快件行李、包裹开具的托运单据，暂免贴花。 2. 各类发行单位之间，以及发行单位与订阅单位或个人之间书立的征订凭证，暂免征印花税。 3. 军事物资运输，凡附有军事运输命令或使用专用的军事物资运费结算凭证，免纳印花税。 4. 抢险救灾物资运输，凡附有县级以上（含县级）人民政府抢险救灾物资运输证明文件的运费结算凭证，免纳印花税。 5. 对资产公司成立时设立的资金账簿免征印花税。

项目	具体规定	
税收优惠	临时性减免税优惠	6. 金融资产管理公司按财政部核定的资本金数额，接收国有商业银行的资产，办理过户手续时免征印花税。 7. 国有商业银行按财政部核定的数额，划转给金融资产管理公司的资产，办理过户手续时免征印花税。 8. 对社保理事会委托社保基金投资管理人运用社保基金买卖证券应缴纳的印花税实行先征后返。 9. 对社保基金持有的证券，在社保基金证券账户之间的划拨过户，不征收印花税。 10. 对被撤销金融机构接收债权、清偿债务过程中签订的产权转移书据，免征印花税。 11. 实行公司制改造的企业在改制过程中成立的新企业（重新办理法人登记的），其新启用的资金账簿记载的资金或因企业建立资本纽带关系而增加的资金，凡原已贴花的部分可不再贴花，未贴花的部分和以后新增加的资金按规定贴花。 12. 以合并或分立方式成立的新企业，凡原已贴花的部分可不再贴花，未贴花的部分和以后新增加的资金按规定贴花。 13. 企业改制前签订但尚未履行完的各类应税合同，改制后需要变更执行主体的，对仅改变执行主体、其余条款未作变动且改制前已贴花的，不再贴花。 14. 企业因改制签订的产权转移书据免予贴花。 15. 对经国务院和省级人民政府决定或批准进行的国有（含国有控股）企业改组改制而发生的上市公司国有股权无偿转让行为，暂不征收证券（股票）交易印花税。 16. 股权分置改革过程中因非流通股股东向流通股股东支付对价而发生的股权转让，暂免征收印花税。 17. 发起机构、受托机构在信贷资产证券化过程中，签订的其他应税合同，暂免征收印花税。 18. 受托机构发售信贷资产支持证券以及投资者买卖信贷资产支持证券暂免征收印花税。 19. 发起机构、受托机构因开展信贷资产证券化业务而专门设立的资金账簿暂免征收印花税。 20. 对证券投资者保护基金有限责任公司（以下简称保护基金公司）新设立的资金账簿免征印花税。财产保险合同，免征印花税。 21. 对发电厂与电网之间、电网与电网之间签订的购售电合同按购销合同征收印花税。电网与用户之间签订的供用电合同不征收印花税。 22. 外国银行分行改制为外商独资银行（或其分行）后，不再重新贴花。 23. 对经济适用住房经营管理单位与经济适用住房相关的印花税以及经济适用住房购买人涉及的印花税予以免征。 24. 对个人出租、承租住房签订的租赁合同，免征印花税。 25. 对个人销售或购买住房暂免征收印花税。 26. 向全国社会保障基金理事会转持国有股，免征证券（股票）交易印花税。 27. 对改造安置住房建设用地免征城镇土地使用税。 28. 在融资性售后回租业务中，对承租人、出租人因出售租赁资产及购回租赁资产所签订的合同，不征收印花税

续表

项目		具体规定
税收优惠	临时性减免税优惠	29. 对香港市场投资者通过沪股通和深股通参与股票担保卖空涉及的股票借入、归还，暂免征收证券（股票）交易印花税。 30. 对因农村集体经济组织以及代行集体经济组织职能的村民委员会、村民小组进行清产核资收回集体资产而签订的产权转移书据，免征印花税。 31. 对金融机构与小型企业、微型企业签订的借款合同免征印花税。 32. 对保险保障基金公司的部分应税凭证，免征印花税。 33. 对社保基金会、社保基金投资管理人管理的社保基金转让非上市公司股权，免征社保基金会、社保基金投资管理人应缴纳的印花税。 34. 对社保基金会及养老基金投资管理机构运用养老基金买卖证券应缴纳的印花税实行先征后返。 35. 对易地扶贫搬迁项目实施主体取得用于建设易地扶贫搬迁安置住房的土地，免征印花税。 36. 对与高校学生签订的高校学生公寓租赁合同，免征印花税。 37. 在国有股权划转和接收过程中，划转非上市公司股份的，对划出方与划入方签订的产权转移书据免征印花税；划转上市公司股份和全国中小企业股份转让系统挂牌公司股份的，免征证券交易印花税；对划入方因承接划转股权而增加的实收资本和资本公积，免征印花税。 38. 对公租房经营管理单位免征建设、管理公租房涉及的印花税。 39. 对饮水工程运营管理单位为建设饮水工程取得土地使用权而签订的产权转移书据，以及与施工单位签订的建设工程承包合同，免征印花税。 40. 对商品储备管理公司及其直属库资金账簿免征印花税。 41. 2022 年 1 月 1 日至 2024 年 12 月 31 日，由人民政府根据实际情况对增值税小规模纳税人、小型微利企业和个体工商户可以在 50% 的税额幅度内减征印花税。 42. 自 2023 年 8 月 8 日起，证券交易印花税实施减半征收
征收管理	纳税义务发生时间	纳税人订立、领受应税凭证或者完成证券交易的当日。 证券交易印花税扣缴义务发生时间为证券交易完成的当日
	纳税地点	单位纳税人应当向其机构所在地的主管税务机关申报缴纳印花税；个人纳税人应当向应税凭证书立或者居住地的税务机关申报缴纳印花税
	纳税期限	按季、按年或者按次计征

典型例题

【例 6 – 29】（多选题）根据印花税法律制度的规定，下列各项中，免征印花税的有（　　）。

A. 装修设计合同　　　　　　　　　　B. 贴息借款合同

C. 专利权转移书据　　　　　　　　　D. 茶叶冻害保险合同

【答案】BD

【解析】无息、贴息借款合同、农业保险合同属于免税合同。

巩固练习

一、单项选择题

1. 2022 年 10 月甲公司开发住宅社区，经批准共占用耕地 150 000 平方米，其中 500 平方米兴建幼儿园，8 000 平方米修建学校。已知，耕地占用税适用税率为 30 元/平方米。甲公司应缴纳耕地占用税税额的下列算式中，正确的是（　　　）。

　　A. 150 000 × 30

　　B. （150 000 − 500 − 8 000）× 30

　　C. （150 000 − 8 000）× 30

　　D. （150 000 − 500）× 30

2. 根据耕地占用税法律制度的规定，纳税人应当自纳税义务发生之日起一定期限内申报缴纳耕地占用税。该期限为（　　　）日。

　　A. 30　　　　　　B. 180　　　　　　C. 60　　　　　　D. 90

3. 甲房地产开发企业开发一住宅项目，实际占地面积 15 000 平方米，建筑面积 30 000 平方米，容积率为 2.0，甲房地产开发企业缴纳城镇土地使用税的计税依据为（　　　）平方米。

　　A. 30 000　　　　　　　　　　　　　B. 15 000

　　C. 22 500　　　　　　　　　　　　　D. 45 000

4. 2022 年位于某县城的甲公司实际占地面积 3 000 平方米，其中办公楼占地面积 800 平方米，厂房占地面积 15 000 平方米，仓库占地面积 7 500 平方米，厂区内铁路专用线、公路等用地 6 700 平方米已知，当地规定的城镇土地使用税每平方米年税额为 5 元。甲公司当年应缴纳城镇土地使用税税额的下列算式中，正确的是（　　　）。

　　A. 30 000 × 5　　　　　　　　　　　B. （30 000 − 6 700）× 5

　　C. （30 000 − 800）× 5　　　　　　 D. （30 000 − 15 000）× 5

5. 某火电厂 2022 年占地 80 万平方米，其中厂区围墙内占地 40 万平方米，厂区围墙外灰场占地 3 万平方米，生活区占地 37 万平方米。已知，该火电厂所在地适用的城镇土地使用税每平方米年税额为 1.5 元。根据城镇土地使用税法律制度的规定，该火电厂 2022 年应缴纳的城镇土地使用税税额为（   ）万元。

  A. 55.5   B. 60   C. 115.5   D. 120

  6. 关于房产税纳税人的下列表述中，不符合法律制度规定的是（   ）。

    A. 房屋出租的，承租人为纳税人

    B. 房屋产权所有人不在房产所在地的，房产代管人或使用人为纳税人

    C. 房屋产权属于国家的，其经营管理单位为纳税人

    D. 房屋产权未确定的，房产代管人或使用人为纳税人

  7. 甲企业 2022 年初拥有一栋房产，房产原值 1 000 万元，3 月 31 日将其对外出租，租期 1 年，每月收取租金 1 万元。已知从价计征房产税税率为 1.2%，从租计征房产税税率为 12%，当地省政府规定计算房产余值的减除比例为 30%。2022 年甲企业上述房产应缴纳房产税（   ）万元。

  A. 1.08   B. 3.18   C. 3.76   D. 8.40

  8. 某企业一栋房产原值 500 000 元，已知房产税税率为 1.2%，当地规定的房产税扣除比例为 30%，该房产年度应缴纳的房产税税额为（   ）元。

  A. 4 200   B. 4 500   C. 5 000   D. 5 500

  9. 甲公司于 2022 年 11 月向乙公司购买一处闲置厂房，合同注明的土地使用权价款 40 000 万元（不含增值税），厂房及地上附着物价款 1 000 万元（不含增值税），已知当地规定的契税税率为 3%，甲公司应缴纳的契税税额为（   ）万元。

  A. 1 300   B. 1 350   C. 1 200   D. 1 230

  10. 某企业销售房产取得不含增值税售价 5 000 万元，扣除项目金额合计为 3 000 万元，已知适用的土地增值税税率为 40%，速算扣除系数为 5%。则该企业应缴纳土地增值税（   ）万元。

  A. 650   B. 700   C. 1 850   D. 1 900

  11. 甲公司开发一项房地产项目，取得土地使用权支付的金额为 1 000 万元，发生开发成本 6 000 万元，发生开发费用 2 000 万元，其中利息支出 900 万元无法提供金融机构贷款利息证明。已知当地房地产开发费用的计算扣除比例为 10%。甲公司计算缴纳土地增值税时，可以扣除的房地产开发费用为（   ）。

    A. 2 000 – 900 = 1 100（万元）

    B. 6 000 × 10% = 600（万元）

    C. 2 000 × 10% = 200（万元）

    D. （1 000 + 6 000）× 10% = 700（万元）

  12. 下列属于免征契税的选项是（   ）。

    A. 婚姻关系存续期间夫妻之间变更土地、房屋权属

B. 夫妻因离婚分割共同财产发生土地、房屋权属变更的

C. 企业改制

D. 公司合并、分立

13. 根据车船税法律制度的规定，下列车辆中，免征车船税的是（　　）。

A. 建筑公司专用作业车　　　　　　B. 人民法院警务用车

C. 商场管理部门用车　　　　　　　D. 物流公司货车

14. 下列选项中，属于印花税法定免税范围的是（　　）。

A. 中国人民解放军书立的就税凭证

B. 铁路、公路、航运、水路承运快件行李、包裹开具的托运单据

C. 各类发行单位之间，以及发行单位与订阅单位或个人之间书立的征订凭证

D. 资产公司成立时设立的资金账簿

15. 根据资源税法律制度的规定，下列各项中，属于资源税纳税人的是（　　）。

A. 进口金属矿石的冶炼企业

B. 销售精盐的商场

C. 开采原煤的公司

D. 销售石油制品的加油站

16. 根据车船税法律制度的规定，下列各项中，免征车船税的是（　　）。

A. 家庭自用的燃料电池乘用车

B. 国有企业的公用汽油动力乘用车

C. 外国驻华使馆的自用客用客车

D. 个体工商户自用的摩托车

17. 根据车船税法律制度的规定，下列各项中，以"辆数"为计税依据的是（　　）。

A. 客用货车　　　　　　　　　　　B. 轮式专用机械车

C. 商用客车　　　　　　　　　　　D. 专用作业车

18. 根据房产税法律制度的规定，下列各项中，免征房产税的是（　　）。

A. 企业因修理停用 3 个月的行政办公楼

B. 企业拥有并运营管理的体育场馆

C. 公园中附设的饮食部所使用的房产

D. 公立高校的教学楼

19. 2022 年 6 月，甲公司与乙公司签订一份加工承揽合同，合同载明由甲公司提供原材料 200 万元，支付乙公司加工费 30 万元；又与丙公司签订了一份财产保险合同，保险金额 1 000 万元，支付保险费 1 万元。已知加工承揽合同印花税税率为 0.3‰，财产保险合同印花税税率为 1‰，则甲公司签订的上述两份合同应缴纳印花

税税额的下列算式中，正确的是（   ）。

    A. $200 \times 0.3‰ + 1\,000 \times 1‰ = 1.06$（万元）

    B. $200 \times 0.3‰ + 1 \times 1‰ = 0.061$（万元）

    C. $30 \times 0.3‰ + 1 \times 1‰ = 0.01$（万元）

    D. $30 \times 0.3‰ + 1\,000 \times 1‰ = 1.009$（万元）

20. 根据契税法律制度的规定，下列行为中，应当征收契税的是（   ）。

    A. 甲公司出租地下停车场

    B. 乙公司将房屋抵押给银行

    C. 丙公司承租仓库

    D. 丁公司购买办公楼

21. 甲企业厂房原值2 000万元，2021年11月对该厂房进行扩建，2021年底扩建完工并办理验收手续，增加房产原值500万元，已知房产税的原值扣除比例为30%，房产税比例税率为1.2%，计算甲企业2022年应缴纳房产税税额的下列算式中，正确的是（   ）。

    A. $2\,000 \times (1-30\%) \times 1.2\% + 500 \times 1.2\% = 22.8$（万元）

    B. $(2\,000+500) \times (1-30\%) \times 1.2\% = 21$（万元）

    C. $2\,000 \times 1.2\% + 500 \times (1-30\%) \times 1.2\% = 28.2$（万元）

    D. $2\,000 \times (1-30\%) \times 1.2\% = 16.8$（万元）

22. 甲房地产开发企业开发一住宅项目，实际占地面积12 000平方米，建筑面积24 000平方米，容积率为2，甲房地产开发企业缴纳的城镇土地使用税的计税依据为（   ）平方米。

    A. 24 000   B. 12 000

    C. 36 000   D. 18 000

23. 2022年7月甲公司开发住宅社区经批准占用耕地共150 000平方米，其中800平方米兴建幼儿园，5 000平方米修建学校，已知耕地占用税适用税率为30元/平方米，甲公司应缴纳耕地占用税税额的下列算式中，正确的是（   ）。

    A. $150\,000 \times 30 = 4\,500\,000$（元）

    B. $(150\,000 - 800 - 5\,000) \times 30 = 4\,326\,000$（元）

    C. $(150\,000 - 5\,000) \times 30 = 4\,350\,000$（元）

    D. $(150\,000 - 800) \times 30 = 4\,476\,000$（元）

24. 下列选项中，以辆数为车船税计税依据的是（   ）。

    A. 摩托车   B. 货车   C. 挂车   D. 专用作业车

25. 根据契税法律制度的规定，下列各项中，不征收契税的是（   ）。

    A. 张某受赠房屋

B. 王某与李某互换房屋并向李某补偿差价款 10 万元

C. 赵某抵押房屋

D. 夏某购置商品房

26. 2022 年 2 月周某以 150 万元价格出售自有住房一套，又购进价格 200 万元住房一套。已知契税适用税率为 5%，计算周某上述行为应缴纳契税税额的下列算式中，正确的是（　　）。

A. $150 \times 5\% = 7.5$（万元）

B. $200 \times 5\% = 10$（万元）

C. $150 \times 5\% + 200 \times 5\% = 17.5$（万元）

D. $200 \times 5\% - 150 \times 5\% = 2.5$（万元）

27. A 拥有一套价值 90 万元的住房，B 拥有一套价值 70 万元的住房，双方交换住房，由 B 补差价 20 万元给 A。已知本题涉及的价值、价格均不含增值税，契税的税率为 3%，下列各项中正确的是（　　）。

A. A 应缴纳契税 2.7 万元　　　　B. B 应缴纳契税 0.6 万元

C. A 应缴纳契税 0.6 万元　　　　D. B 应缴纳契税 2.7 万元

28. 根据城镇土地使用税法律制度的规定，下列土地中，不征收城镇土地使用税的是（　　）。

A. 位于农村的集体所有土地

B. 位于工矿区的集体所有土地

C. 位于县城的国家所有土地

D. 位于城市的公园内索道公司经营用地

29. 2023 年 7 月 1 日，甲公司出租商铺，租期半年，一次性收取含增值税租金 126 000 元。已知增值税征收率为 5%，房产税从租计征的税率为 12%。计算甲公司出租商铺应缴纳房产税税额的下列算式中，正确的是（　　）。

A. $126\,000 \div (1 + 5\%) \times (1 - 30\%) \times 12\% = 10\,080$（元）

B. $126\,000 \div (1 + 5\%) \times 12\% = 14\,400$（元）

C. $126\,000 \times (1 - 30\%) \times 12\% = 10\,584$（元）

D. $126\,000 \times 12\% = 15\,120$（元）

30. 根据土地增值税法律制度的规定，下列各项中，不属于土地增值税纳税人的是（　　）。

A. 出租商铺的甲公司

B. 转让国有土地使用权的乙公司

C. 出售商铺的赵某

D. 出售写字楼的丙公司

二、多项选择题

1. 根据房产税法律制度的规定，下列各项中，属于房产税征税范围的有（　　）。

    A. 农村的村民住宅
    B. 建制镇工业企业的厂房

    C. 市区商场的地下车库
    D. 县城的商业办公楼

2. 根据契税法律制度的规定，下列各项中，不属于契税纳税人的有（　　）。

    A. 获得住房奖励的个人
    B. 转让土地使用权的企业

    C. 继承父母汽车的子女
    D. 出售房屋的个体工商户

3. 根据土地增值税法律制度的规定，纳税人转让旧房及建筑物，在计算土地增值税税额时，准予扣除的项目有（　　）。

    A. 评估价格

    B. 转让环节缴纳的税金

    C. 取得土地使用权所支付的地价款

    D. 开发成本

4. 根据耕地占用税法律制度的规定，下列各项中，不缴纳耕地占用税的有（　　）。

    A. 占用耕地建设储存农用机具的仓库

    B. 占用养殖水面建设专为农业生产服务的灌溉排水设施

    C. 占用竹林地建设木材集材道

    D. 占用天然牧草地建设旅游度假村

5. 下列关于城镇土地使用税的计税依据，表述正确的有（　　）。

    A. 尚未组织测定，但纳税人持有政府部门核发的土地使用证书的，以证书确定的土地面积为准

    B. 尚未核发土地使用证书的，应由纳税人据实申报土地面积，并据以纳税，待核发土地使用证书后再作调整

    C. 凡由省级人民政府确定的单位组织测定土地面积的，以测定的土地面积为准

    D. 城镇土地使用税以实际申报的应税土地面积为计税依据

6. 下列关于印花税的计税依据，正确的有（　　）。

    A. 合同以合同列明的价款或者报酬为计税依据

    B. 证券交易以成交金额为计税依据

    C. 产权转移书据以产权转移书据列明的价款为计税依据

D. 营业账簿以记载的实收资本（股本）、资本公积合计金额为计税依据

7. 根据车船税法律制度的规定，下列有关车船税计税依据的表述中，正确的有（　　）。

A. 商用客车以辆数为计税依据

B. 机动船舶以整备质量吨位数为计税依据

C. 游艇以艇身长度为计税依据

D. 商用货车以净吨位数为计税依据

8. 甲、乙两家企业共有一项土地使用权，土地面积为 3 000 平方米，甲、乙企业的实际占用比例为 3∶2。已知该土地适用的城镇土地使用税年税额为每平方米 5 元。关于甲、乙企业共用该土地应缴纳的城镇土地使用税，下列处理正确的有（　　）。

A. 甲企业应纳城镇土地使用税 = 3 000 × 3/5 × 5

B. 甲企业应纳城镇土地使用税 = 3 000 × 5

C. 乙企业应纳城镇土地使用税 = 3 000 × 2/5 × 5

D. 乙企业应纳城镇土地使用税 = 3 000 × 5

9. 根据资源税法律制度的规定，下列各项中，属于资源税征税范围的有（　　）。

A. 原煤　　　　　　　　　　　B. 人造石油

C. 海盐原盐　　　　　　　　　D. 稀土矿原矿

10. 根据车船税法律制度的规定，下列各项中，属于车船税计税单位的有（　　）。

A. 整备质量每吨　　　　　　　B. 艇身长度每米

C. 每辆　　　　　　　　　　　D. 净吨位每吨

11. 根据车船税法律制度的规定，下列关于车船税纳税地点的表述中，正确的有（　　）。

A. 依法不需要办理登记的车船，纳税地点为车船的所有人或者管理人所在地

B. 纳税人自行申报纳税的车船，纳税地点为车船登记地的主管税务机关所在地

C. 需要办理登记的车船，纳税地点为车船生产地

D. 扣缴义务人代收代缴税款的车船，纳税地点为扣缴义务人所在地

12. 根据耕地占用税法律制度的规定，下列各项中，免征耕地占用税的有（　　）。

A. 工厂生产车间占用的耕地

B. 军用公路专用线占用的耕地

C. 学校教学楼占用的耕地

D. 医院职工住宅楼占用的耕地

13. 根据房产税法律制度的规定，下列与房屋不可分割的附属设备中，应计入房

产原值计缴房产税的有（　　）。

A. 中央空调 　　　　　　　　　　B. 电梯

C. 暖气设备 　　　　　　　　　　D. 给水排水管道

14. 下列各项中，应计入资源税销售额的有（　　）。

A. 收取的价款 　　　　　　　　　B. 收取的运输费

C. 收取的增值税税额 　　　　　　D. 收取的仓储费

15. 根据印花税法律制度的规定，下列合同和凭证中，免征印花税的有（　　）。

A. 农业保险合同

B. 仓储合同

C. 抢险救灾物资运输结算凭证

D. 证券交易

16. 下列选项中，属于临时性减免印花税的有（　　）。

A. 对铁路、公路、航运、水路承运快件行李、包裹开具的托运单据

B. 各类发行单位之间，以及发行单位与订阅单位或个人之间书立的征订凭证

C. 军事物资运输，凡附有军事运输命令或使用专用的军事物资运费结算凭证

D. 抢险救灾物资运输，凡附有县级以上（含县级）人民政府抢险救灾物资运输证明文件的运费结算凭证

17. 下列关于城镇土地使用税的计税依据，表述正确的有（　　）。

A. 城镇土地使用税以实际占用的应税土地面积为计税依据

B. 尚未组织测定，但纳税人持有政府部门核发的土地使用证书的以证书确定的土地面积为准

C. 尚未核发土地使用证书的，应由纳税人据实申报土地面积，并据以纳税，待核发土地使用证书后再作调整

D. 凡由省级人民政府确定的单位组织测定土地面积的，以测定的土地面积为准

18. 根据印花税法律制度的规定，下列各项中，不属于印花税纳税人的有（　　）。

A. 合同的双方当事人 　　　　　　B. 合同的担保人

C. 合同的证人 　　　　　　　　　D. 合同的鉴定人

19. 下列选项中，不属于印花税法定免税范围的有（　　）。

A. 应税凭证的副本或者抄本

B. 铁路、公路、航运、水路承运快件行李、包裹开具的托运单据

  C. 各类发行单位之间，以及发行单位与订阅单位或个人之间书立的征订凭证

  D. 资产公司成立时设立的资金账簿

20. 下列说法中，正确的有（ ）。

  A. 应税大气污染物按照污染物排放量折合的污染当量数确定

  B. 应税水污染物按照污染物排放量折合的污染当量数确定

  C. 应税固体废物按照固体废物的排放量确定

  D. 应税噪声按照超过国家规定标准的分贝数确定

三、判断题

1. 企业拥有并运营管理的大型体育场馆，其用于体育活动的房产，免征房产税。（ ）

2. 直接转让土地使用权的，纳税人应当进行土地增值税的清算。（ ）

3. 厂区围墙外的灰场、输灰管、输油（气）管道、铁路专用线用地，免征城镇土地使用税。（ ）

4. 挂车应按照货车税额的 50% 计算车船税。（ ）

5. 纳税人新征用的耕地，自批准征用之日起满 2 年时开始缴纳城镇土地使用税。（ ）

6. 车船税纳税义务发生时间为取得车船所有权或者管理权的当月。（ ）

7. 扣缴义务人已代收代缴车船税的，纳税人不再向车辆登记地的主管税务机关申报缴纳车船税。（ ）

8. 纳税人建造普通标准住宅出售，增值额超过扣除金额 40% 的，应按全部增值额计算缴纳土地增值税。（ ）

9. 车船税纳税义务发生时间为取得车船所有权或者管理权的次月。以购买车船的发票或其他证明文件所载日期的次月为准。（ ）

10. 海盐不属于资源税征税范围。（ ）

巩固练习参考答案及解析

一、单项选择题

1. 【答案】B

【解析】占用耕地建设住宅社区（非农建设）应当依法缴纳耕地占用税，但用于修建幼儿园、学校的部分享受免税优惠。

2. 【答案】A

【解析】纳税人应当自纳税义务发生之日起30日内申报缴纳耕地占用税。

3. 【答案】B

【解析】城镇土地使用税的计税依据是纳税人实际占用的土地面积，与建筑面积、容积率无关。

4. 【答案】A

【解析】城镇土地使用税是以纳税人实际占用的土地面积为计税依据，按照规定的适用税额计算征收。其应纳税额计算公式为：年应纳税额＝实际占用应税土地面积（平方米）×适用税额。

5. 【答案】C

【解析】该火电厂2022年应缴纳的城镇土地使用税＝（80−3）×15＝115.5（万元）。

6. 【答案】A

【解析】房屋出租的，出租人为房产税的纳税人。

7. 【答案】B

【解析】2022年甲企业上述房产应缴纳房产税＝1 000×（1−30%）×1.2%×3÷12＋1×9×12%＝3.18（万元）。

8. 【答案】A

【解析】应纳房产税＝500 000×（1−30%）×1.2%＝4 200（元）。

9. 【答案】D

【解析】土地使用权出让、出售，房屋买卖，以不含增值税的成交价格作为计税依据，甲公司应缴纳契税＝（40 000＋1 000）×3%＝1 230（万元）。

10. 【答案】A

【解析】土地增值税应纳税额＝增值额×适用税率−扣除项目金额×速算扣除系数＝2 000×40%−3 000×5%＝650（万元）。

11. 【答案】D

【解析】财务费用中的利息支出，凡不能按转让房地产项目计算分摊利息支出或不能提供金融机构证明的，允许扣除的房地产开发费用＝（取得土地使用权所支付的金额＋房地产开发成本）×所在省、自治区、直辖市人民政府规定的扣除比例；因此，甲公司可以扣除的房地产开发费用＝（1 000＋6 000）×10%＝700（万元）。

12. 【答案】A

【解析】临时减免契税的有：（1）夫妻因离婚分割共同财产发生土地、房屋权属变更的，免征契税。（2）城镇职工按规定第一次购买公有住房的，免征契税。（3）外国银行分行按规定改制为外商独资银行（或其分行），改制后的外商独资银行（或其分行）承受原外国银行分行的房屋权属的，免征契税。（4）企业改制。（5）事业单位改制。（6）公司合并。（7）公司分立。（8）资金划转。（9）债券转股权。（10）划拨用地出让或作价出资。（11）公司股权（股份）转让。选项 B、C、D 属于临时减免契税而非免征契税。

13. 【答案】B

【解析】选项 B，警用车船免征车船税。

14. 【答案】A

【解析】选项 B、C、D 属于印花税临时性减免税优惠。

15. 【答案】C

【解析】选项 A，"进口"矿产品不征收资源税；选项 B、D，应税产品在生产销售环节已经缴纳资源税的，在批发、零售等环节不再征收资源税（当然，精盐、石油制品也不属于资源税应税产品）。

16. 【答案】C

【解析】选项 A，纯电动乘用车和燃料电池乘用车，不属于车船税的征税范围。选项 C，依照法律规定应当予以免税的外国驻华使领馆、国际组织驻华代表机构及其有关人员的车船，免征车船税。

17. 【答案】C

【解析】选项 A、B、D，以"整备质量吨位数"为计税依据；选项 C，乘用车、商用客车、摩托车均以"辆数"为计税依据。

18. 【答案】D

【解析】（1）选项 A，纳税人因房屋大修导致连续停用半年以上的，在房屋大修期间免征房产税。（2）选项 B，企业拥有并运营管理的大型体育场馆，其用于体育活动的房产，减半征收房产税。（3）选项 C，宗教寺庙、公园、名胜古迹自用的房产，免征房产税，公园中附设的饮食部所使用的房产不属于公园自用房产，不享受免税。（4）选项 D，由国家财政部门拨付事业经费的单位（例如，学校）所有的、本身业务范围内使用的房产免征房产税。

19. 【答案】D

【解析】加工承揽合同，按加工或承揽收入（指加工费，不包括原材料价格）0.3‰贴花；财产保险合同，按保险费收入（而非保险金额）1‰贴花。故本题中，加工承揽合同的印花税为 0.009 万元（30×3‰），财产保险合同的印花税为 1 万元（1 000×1‰），合计 1.009 万元。

20. 【答案】D

【解析】契税以在我国境内转移土地、房屋权属的行为作为征税对象。选项 D

正确。

21.【答案】B

【解析】甲企业2022年应缴纳房产税税额＝（2 000＋500）×（1－30%）×1.2%＝21（万元）。

22.【答案】B

【解析】城镇土地使用税的计税依据是纳税人实际占用的土地面积，与建筑面积无关。

23.【答案】B

【解析】学校、幼儿园占用耕地，免征耕地占用税；甲公司应缴纳耕地占用税＝（150 000－800－5 000）×30＝4 326 000（元）。

24.【答案】A

【解析】摩托车的车船税计税依据是"辆数"。货车、挂车、专用作业车的车船税计税依据为"整备质量吨位数"。

25.【答案】C

【解析】选项A、B、D，在我国境内"承受"（受让、购买、受赠、互换等）土地、房屋权属转移的单位和个人，应照章缴纳契税；选项C，土地、房屋典当、分拆（分割）、抵押以及出租等行为，不属于契税的征税范围。

26.【答案】B

【解析】契税由房屋、土地权属的承受人缴纳；在本题中，周某出售住房应由承受方缴纳契税，周某不必缴纳；周某购进住房应照章缴纳契税＝200×5%＝10（万元）。

27.【答案】B

【解析】（1）B是支付差价的一方，应由B缴纳契税，排除选项A、C；（2）应以价格差额为计税依据，即B应缴纳的契税＝20×3%＝0.6（万元）。

28.【答案】A

【解析】凡是"城市、县城、建制镇和工矿区"范围内（不包括农村）的土地，不论是国家所有的土地，还是集体所有的土地，都是城镇土地使用税的征税范围。因此选项A不选。

29.【答案】B

【解析】（1）出租房产计征房产税的租金收入不含增值税；（2）甲公司应纳房产税税额＝126 000÷（1＋5%）×12%＝14 400（元）。

30.【答案】A

【解析】（1）选项A，涉及的是出租，产权不发生转移，不征收土地增值税。（2）选项C，如果赵某转让的是住房而非商铺，则适用个人转让住房的优惠政策，暂免征收土地增值税。

二、多项选择题

1. 【答案】BCD

【解析】房产税的征税范围是指在我国城市、县城、建制镇和工矿区（不包括农村）内的房屋。

2. 【答案】BD

【解析】选项B、D，契税纳税人为承受方，转让方、出售方不缴纳契税。

3. 【答案】ABC

【解析】转让旧房应按房屋及建筑物的评估价格、取得土地使用权所支付的地价款和按国家统一规定缴纳的有关费用，以及在转让环节缴纳的税金作为扣除项目金额计征土地增值税，不包括开发成本和开发费用。

4. 【答案】ABC

【解析】（1）占用的是否为"耕地"或"视同耕地"，选项A占用"耕地"，选项B、C、D所占用土地"视同耕地"；（2）是否用于非农建设，选项A、B、C用于建设直接为农业生产服务的生产设施，选项D用于非农建设。综上，选项A、B、C不缴纳耕地占用税，选项D应依法缴纳耕地占用税。

5. 【答案】ABC

【解析】城镇土地使用税的计税依据是纳税人实际占用的土地面积，非实际申报，选项D错误。土地面积以平方米为计量标准，确定顺序依次为：测定面积＞证书所载面积＞自行据实申报面积。选项A、B、C表述均正确。

6. 【答案】ABCD

【解析】合同以合同列明的价款或者报酬为计税依据。证券交易以成交金额为计税依据。产权转移书据以产权转移书据列明的价款为计税依据。营业账簿以记载的实收资本（股本）、资本公积合计金额为计税依据。选项A、B、C、D均正确。

7. 【答案】AC

【解析】选项B，机动船舶以净吨位数为计税依据；选项D，商用货车以整备质量吨位数为计税依据。

8. 【答案】AC

【解析】土地使用权共有的，共有各方均为纳税人，由共有各方按实际使用土地的面积占总面积的比例分别缴纳城镇土地使用税。

9. 【答案】ACD

【解析】选项B，人造石油不征收资源税。

10. 【答案】ABCD

【解析】商用货车、挂车、专用作业车和轮式专用机械车，以"整备质量每吨"为计税单位；游艇以"艇身长度每米"为计税单位；乘用车、商用客车、摩托车以"每辆"为计税单位；机动船舶、非机动驳船、拖船以"净吨位每吨"为计税单位。选项A、B、C、D均正确。

11.【答案】ABD

【解析】车船税的纳税地点为车船的登记地或车船税扣缴义务人所在地，选项C错误。依法不需要办理登记的车船，纳税地点为车船的所有人或者管理人所在地。纳税人自行申报纳税的车船，纳税地点为车船登记地的主管税务机关所在地。扣缴义务人代收代缴税款的车船，纳税地点为扣缴义务人所在地。

12.【答案】BC

【解析】选项A、D，没有免征耕地占用税的优惠。

13.【答案】ABCD

【解析】房产原值应包括与房屋不可分割的各种附属设备或一般不单独计算价值的配套设施。凡以房屋为载体，不可随意移动的附属设备和配套设施，如给排水、采暖、消防、中央空调、电气及智能化楼宇设备等，无论在会计核算中是否单独记账与核算，都应计入房产原值，计征房产税。选项A、B、C、D均正确。

14.【答案】ABD

【解析】资源税的销售额为纳税人销售应税产品向购买方收取的全部价款（选项A）和相关运杂费用（选项B、D），但不包括收取的增值税税额（选项C）。

15.【答案】AC

【解析】印花税法定免税的范围有：（1）应税凭证的副本或者抄本。（2）依照法律规定应当予以免税的外国驻华使馆、领事馆和国际组织驻华代表机构为获得馆舍书立的应税凭证。（3）中国人民解放军、中国人民武装警察部队书立的应税凭证。（4）农民、家庭农场、农民专业合作社、农村集体经济组织、村民委员会购买农业生产资料或者销售农产品书立的买卖合同和农业保险合同。（5）无息或者贴息借款合同、国际金融组织向中国提供优惠贷款书立的借款合同。（6）财产所有权人将财产赠与政府、学校、社会福利机构、慈善组织书立的产权转移书据。（7）非营利性医疗卫生机构采购药品或者卫生材料书立的买卖合同。（8）个人与电子商务经营者订立的电子订单。选项C属于临时性减免税优惠，抢险救灾物资运输，凡附有县级以上（含县级）人民政府抢险救灾物资运输证明文件的运费结算凭证，免纳印花税。选项B、D正常征税。

16.【答案】ABCD

【解析】（1）对铁路、公路、航运、水路承运快件行李、包裹开具的托运单据，暂免贴花。（2）各类发行单位之间，以及发行单位与订阅单位或个人之间书立的征订凭证，暂免征印花税。（3）军事物资运输，凡附有军事运输命令或使用专用的军事物资运费结算凭证，免纳印花税。（4）抢险救灾物资运输，凡附有县级以上（含县级）人民政府抢险救灾物资运输证明文件的运费结算凭证，免纳印花税。选项A、B、C、D全包括。

17.【答案】ABCD

【解析】城镇土地使用税的计税依据：尚未组织测定，但纳税人持有政府部门核发的土地使用证书的以证书确定的土地面积为准；尚未核发土地使用证书的，应由纳税人据实申报土地面积，并据以纳税，待核发土地使用证书后再作调整；凡由省级人民政府确定的单位组织测定土地面积的，以测定的土地面积为准；城镇土地使用税以实际占用的应税土地面积为计税依据。选项A、B、C、D均表述正确。

18.【答案】BCD

【解析】合同的当事人是印花税的纳税人，不包括合同的担保人、证人、鉴定人。

19.【答案】BCD

【解析】选项B、C、D属于印花税临时性减免税优惠。为2023年新增内容。

20.【答案】ABCD

【解析】应税大气污染物按照污染物排放量折合的污染当量数确定。应税水污染物按照污染物排放量折合的污染当量数确定。应税固体废物按照固体废物的排放量确定。应税噪声按照超过国家规定标准的分贝数确定。选项A、B、C、D均正确。

三、判断题

1.【答案】×

【解析】企业拥有并运营管理的大型体育场馆，其用于体育活动的房产，减半征收房产税。

2.【答案】√

3.【答案】√

4.【答案】√

【解析】挂车应按照货车税额的50%计算车船税。

5.【答案】×

【解析】纳税人新征用的耕地，自批准征用之日起满1年时开始缴纳城镇土地使用税。

6.【答案】√

7.【答案】√

8.【答案】×

【解析】纳税人建造普通标准住宅出售，增值额超过扣除金额20%的，应按全部增值额计算缴纳土地增值税。

9.【答案】×

【解析】车船税纳税义务发生时间为取得车船所有权或者管理权的当月。以购买车船的发票或其他证明文件所载日期的当月为准。

10.【答案】×

【解析】海盐属于资源税征收范围。

第七章　税收征管法律制度

考情分析

本章以税收征收管理的程序性法律、法规为主要内容，主要涉及税收征收管理法、税务管理、税款征收、税务检查、税务行政复议、税收法律责任等。

本章在经济法基础考试中一般不涉及不定项选择题，其他题型均有涉及，每年分数在 8 分以内。

需重点掌握：税务登记管理；账簿和凭证管理；发票管理；纳税申报管理；应纳税额的核定、调整和缴纳；税款征收的保障措施；税务机关在税务检查中的职权和职责；税务行政复议范围；税务行政复议管辖。

教材变化

2024 年本章教材内容变化主要体现在以下方面：

1. 第二节修改了"设立（开业）税务登记""变更税务登记""注销税务登记""发票管理"中的部分内容；

2. 第三节将"税款征收法定原则"修改为"税款征收主体"；

3. 第四节修改了"纳税信用管理""重大税收违法失信主体信息公布管理"中的部分内容；

4. 第五节修改了"税务行政复议申请与受理"中的部分内容。

教材框架

税收征管法律制度

- 税收征收管理法概述
  - 税收征收管理法的概念
  - 税收征收管理法的适用范围
  - 税收征收管理法的适用对象
  - 税收征纳主体的权利和义务
- 税务管理
  - 税务管理的概念
  - 税务登记管理
  - 账簿和凭证管理
  - 发票管理
  - 纳税申报管理
- 税款征收
  - 税款征收主体
  - 税款征收方式
  - 应纳税额的核定和调整
  - 应纳税款的缴纳
  - 税款征收的保障措施
  - 税款征收的其他规定
- 税务检查
  - 税务机关在税务检查中的职权和职责
  - 被检查人在税务检查中的义务
  - 纳税信用管理
  - 税收违法行为检举管理
  - 重大税收违法失信主体信息公布管理
- 税务行政复议
  - 税务行政复议的概念
  - 税务行政复议范围
  - 税务行政复议管辖
  - 税务行政复议申请与受理
  - 税务行政复议审理和决定
- 税收法律责任
  - 税务管理相对人税收违法行为的法律责任
  - 税务行政主体税收违法行为的法律责任

考点提炼

考点1 征税主体的权利和义务 ★

项目	具体内容
职权	**1. 税收立法权。**包括参与起草税收法律法规草案，提出税收政策建议，在职权范围内制定、发布关于税收征管的部门规章等。 **2. 税务管理权。**包括对纳税人进行税务登记管理、账簿和凭证管理、发票管理、纳税申报管理等。 **3. 税款征收权。**包括依法计征权、核定税款权、税收保全和强制执行权、追征税款权等，税款征收是征税主体享有的最基本、最主要的职权。 **4. 税务检查权。**包括查账权、场地检查权、询问权、责成提供资料权、存款账户核查权等。 **5. 税务行政处罚权。**税务行政处罚权是对税收违法行为依照法定标准予以行政制裁的职权，如罚款等。 **6. 其他职权。**如在法律、行政法规规定的权限内，对纳税人的减、免、退、延期缴纳的申请予以审批的权利；阻止欠税纳税人离境的权利；委托代征权；估税权；代位权与撤销权；定期对纳税人欠缴税款情况予以公告的权利；上诉权等
职责	1. 宣传税收法律、行政法规，普及纳税知识，无偿地为纳税人提供纳税咨询服务。 2. 依法为纳税人、扣缴义务人的情况保守秘密，为检举违反税法行为者保密。纳税人、扣缴义务人的税收违法行为不属于保密范围。 3. 加强队伍建设，提高税务人员的政治业务素质。 4. 秉公执法、忠于职守、清正廉洁、礼貌待人、文明服务，尊重和保护纳税人、扣缴义务人的权利，依法接受监督。 5. 税务人员不得索贿受贿、徇私舞弊、玩忽职守、不征或者少征应征税款；不得滥用职权多征税款或者故意刁难纳税人和扣缴义务人。 6. 税务人员在核定应纳税额、调整税收定额、进行税务检查、实施税务行政处罚、办理税务行政复议时，与纳税人、扣缴义务人或者其法定代表人、直接责任人有利害关系，包括夫妻关系、直系血亲关系、三代以内旁系血亲关系、近姻亲关系、可能影响公正执法的其他利害关系的，应当回避。 7. 建立健全内部制约和监督管理制度

典型例题

【例7-1】（多选题）根据税收征管法律制度的规定，下列各项中，属于征税主体职权的有（   ）。

　　A. 税收立法权

　　B. 税收监督权

　　C. 阻止欠税纳税人离境权

　　D. 税务检查权

【答案】ACD

【解析】征税机关和税务人员的职权主要包括：税收立法权、税务管理权、税款征收权、税务检查权、税务行政处罚权、其他职权。选项B属于纳税主体的权利。

考点2　纳税主体的权利和义务 ★

项目	内　　容
权利	1. 知情权。 2. 要求保密权。 3. 依法享受税收优惠权。 4. 申请退还多缴税款权。 5. 申请延期申报权。 6. 纳税申报方式选择权。 7. 申请延期缴纳税款权。 8. 索取有关税收凭证的权利。 9. 委托税务代理权。 10. 陈述权、申辩权。 11. 对未出示税务检查证和税务检查通知书的拒绝检查权。 12. 依法要求听证的权利。 13. 税收法律救济权。 14. 税收监督权
义务	1. 按期办理税务登记，及时核定应纳税种、税目的义务。 2. 依法设置账簿、保管账簿和有关资料以及依法开具、使用、取得和保管发票的义务。 3. 财务会计制度和会计核算软件备案的义务。 4. 按照规定安装、使用税控装置的义务。 5. 按期、如实办理纳税申报的义务。 6. 按期缴纳或解缴税款的义务。 7. 接受税务检查的义务。 8. 代扣、代收税款的义务。 9. 及时提供信息的义务，如纳税人有歇业、经营情况变化、遭受各种灾害等特殊情况的，应及时向征税机关说明等。 10. 报告其他涉税信息的义务，如企业合并、分立的报告义务等

典型例题

【例7-2】（单选题）根据税收征管法律制度的规定，下列各项中，属于纳税主体权利的是（   ）。

A. 按期办理税务登记　　　　　　　B. 选择纳税申报方式

C. 接受税务检查　　　　　　　　　D. 代扣、代收税款

【答案】B

【解析】根据税收征管法律制度的规定，按期办理税务登记、接受税务检查，以及代扣、代收税款是纳税主体的义务，而纳税申报方式选择权为纳税主体的权利，因此，选项B正确。

考点3　税务登记管理★

项目	内　　容
税务登记	1. 税务机关对纳税人实施税收征收管理的**起点**；作用在于掌握纳税人的基本情况和税源分布情况。 2. 从税务登记开始，纳税人的身份及征纳双方的法律关系即得到确认

税务登记 申请人	从事生产、经营的 纳税人	企业，企业在外地设立的分支机构和从事生产、经营的场所，个体工商户和从事生产、经营的事业单位
	非从事生产经营但依规定负有纳税人义务的单位和个人	**除国家机关、个人和无固定生产经营场所的流动性农村小商贩外**
	除国家机关外的负有扣缴义务的扣缴义务人，应办理扣缴税款登记	

税务登记 主管机关	**县**以上（含本级）税务局（分局）
	负责税务登记的设立登记、变更登记、注销登记和税务登记证验证、换证以及非正常户处理、报验登记等有关事项

典型例题

【例7-3】（判断题）企业在外地设立的分支机构，需要办理税务登记，但企业在外地设立的从事生产、经营的场所，属于企业的业务部门，无须办理税务登记。（   ）

【答案】×

【解析】企业，企业在外地设立的分支机构和从事生产、经营的场所，个体工商户和从事生产、经营的事业单位，都应当办理税务登记。

考点4　设立（开业）税务登记★★★

含义	纳税人情况	登记时限	受理的税务机关	程序
设立（开业税务登记）是指纳税人依法办理市场主体登记注册后，为确认其纳税人的身份、纳入国家税务管理体系而在税务机关进行的登记	从事生产、经营的纳税人领取营业执照的	自领取营业执照之日起30日内	生产、经营所在地税务机关	1. 纳税人应当在法定时限内，向主管税务机关申报办理税务登记，按照要求如实提供证件和资料、填写税务登记表，符合规定的，税务机关应当当日办理并发放税务登记证件；不符合规定的，税务机关应当通知其补正或重新填报。 2. 登记制度改革后，市场监管部门全面实行"一套资料、一表登记、一窗受理、信息共享"的工作模式，核发加载统一社会信用代码的营业执照。统一社会信用代码成为纳税人识别号，纳税人领取的加载统一社会信用代码的证件作为税务登记证件使用
	从事生产、经营的纳税人未办理营业执照但经有关部门批准设立的	自有关部门批准设立之日起30日内		
	从事生产、经营的纳税人未办理营业执照也未经有关部门批准设立的	自纳税义务发生之日起30日内		
	有独立的生产经营权、在财务上独立核算并定期向发包人或者出租人上交承包费或租金的承包承租人	自承包承租合同签订之日起30日内	承包承租业务发生地税务机关	
	境外企业在中国境内承包建筑、安装、装配、勘探工程和提供劳务的	自项目合同或协议签订之日起30日内	项目所在地税务机关	
	非从事生产经营但依照规定负有纳税义务的其他纳税人（除国家机关、个人和无固定生产、经营场所的流动性农村小商贩外）	自纳税义务发生之日起30日内	纳税义务发生地税务机关	

典型例题

【例7-4】（判断题）有独立的生产经营权、在财务上独立核算并定期向发包人或者出租人上交承包费或租金的承包承租人，应当自承包承租合同签订之日起30日内，向其生产、经营所在地税务机关申报办理税务登记。（　　）

【答案】　×

【解析】有独立的生产经营权、在财务上独立核算并定期向发包人或者出租人上交承包费或租金的承包承租人，应当自承包承租合同签订之日起30日内，向其承包承租业务发生地税务机关申报办理税务登记。

考点5 变更税务登记★★★

含义	纳税人情况	登记时限	受理的税务机关
纳税人办理设立税务登记后，因登记内容发生变化，需要对原有登记内容进行更改，而向主管税务机关申报办理的税务登记，税务机关应当于受理当日办理变更税务登记	已在市场监管部门办理变更登记的	自2023年4月1日起，无须向税务机关报告登记变更信息；各省税务机关根据市场监管部门共享的变更登记信息，自动同步变更登记信息	
	按照规定不需要在市场监管部门办理变更登记，或者其变更登记的内容与市场主体登记内容无关的	自税务登记内容实际发生变化之日起30日内或者自有关机关批准或者宣布变更之日起30日内	**原税务登记机关**
	纳税人提交的有关变更登记的证件、资料齐全的	应如实填写税务登记变更表，符合规定的，税务机关应当日办理；不符合规定的，税务机关应通知其补正	
	纳税人税务登记表和税务登记证中的内容都发生变更的	税务机关按变更后的内容重新发放税务登记证件	
	纳税人税务登记表的内容发生变更而税务登记证中的内容未发生变更的	税务机关**不重新发放**税务登记证件	

典型例题

【例7-5】（多选题）根据税收征管法律制度的规定，自2023年4月1日起，纳税人已在市场监督部门办理变更税务登记的，下列处理方式中，正确的有（　　）。

A. 自变更之日起30日内向原税务登记机关申报办理变更税务登记

B. 自变更之日起60日内向原税务登记机关申报办理变更税务登记

C. 无须向税务机关报告登记变更信息

D. 各省税务机关根据市场监管部门共享的变更登记信息，自动同步变更登记信息

【答案】CD

【解析】根据税收征管法律制度的规定，纳税人已在市场监管部门办理变更登记的，自2023年4月1日起，无须向税务机关报告登记变更信息；各省税务机关根据市场监管部门共享的变更登记信息，自动同步变更登记信息，因此，选项C、D正确。

考点6 停业、复业登记★★★

类别	纳税人情况	办理程序	登记时限	其他
停业登记	实行定期定额征收方式的个体工商户需要停业的（停业期限不得超过1年）	如实填写停业复业报告书，说明停业理由、停业期限、停业前的纳税情况和发票的领、用、存情况，并结清应纳税款、滞纳金、罚款。税务机关应收存其税务登记证件及副本、发票领购簿、未使用完的发票和其他税务证件	停业前	纳税人在停业期间发生纳税义务的，应当按照税收法律、行政法规的规定申报缴纳税款
复业登记	—	如实填写停业复业报告书，领回并启用税务登记证件、发票领购簿及其停业前领购的发票	恢复生产经营之前	纳税人停业期满不能及时恢复生产经营的，应当在停业期满前到税务机关办理延长停业登记，并如实填写停业复业报告书

典型例题

【例7-6】（判断题）实行查账征收方式的个体工商户需要停业的，应当在停业前向税务机关申报办理停业登记。（   ）

【答案】×

【解析】实行定期定额征收方式的个体工商户需要停业的，应当在停业前向税务机关申报办理停业登记。

考点7 外出经营报验登记★★

项目	内　　容
含义	从事生产经营的纳税人到外县（市）进行临时性的生产经营活动时，按规定申报办理的税务登记手续
纳税人跨省经营	应当在外出生产经营以前，持税务登记证到主管税务机关开具《外出经营活动税收管理证明》（以下简称《外管证》）。纳税人在省税务机关管辖区域内跨县（市）经营的，是否开具《外管证》由省税务机关自行确定

续表

项目	内 容
《外管证》发放原则	"一地一证"
期限	一般为 30 日，最长不得超过 180 日，但建筑安装行业纳税人项目合同期限超过 180 日的，按照合同期限确定有效期限
纳税人应当在《外管证》注明地进行生产经营前	向当地税务机关报验登记并提交税务登记证副本和《外管证》（实行实名办税的纳税人，可不提供）。从事建筑安装的纳税人另需提供外出经营合同或外出经营活动情况说明。纳税人在《外管证》注明地销售货物的，除提交以上证件、资料外，还应如实填写外出经营货物报验单，申报查验货物
自《外管证》签发之日起 30 日内	纳税人应当持《外管证》向经营地税务机关报验登记，并接受经营地税务机关的管理
纳税人外出经营活动结束	应当向经营地税务机关填报《外出经营活动情况申报表》，并结清税款、缴销发票
在《外管证》有效期届满后 10 日内	纳税人应当持《外管证》回原税务登记地税务机关办理《外管证》缴销手续

典型例题

【例 7-7】（单选题）根据税收征收管理法律制度的规定，下列关于《外管证》的说法中错误的是（   ）。

A. 是否开具《外管证》由省税务机关自行确定

B. 税务机关按照"一地一证"的原则，发放《外管证》

C. 《外管证》的有效期限均不得超过 180 日

D. 纳税人应当在《外管证》有效期届满后 10 日内，持《外管证》回原税务登记地税务机关办理《外管证》缴销手续

【答案】C

【解析】《外管证》的有效期限一般为 30 日，最长不得超过 180 日，但建筑安装行业纳税人项目合同期限超过 180 日的，按照合同期限确定有效期限。

考点8 注销税务登记★★★

含义	办理原因	纳税人情况	登记时限	受理的税务机关	优化税务注销登记程序的其他规定
纳税人由于出现法定情形终止纳税义务时，向原税务机关申请办理的取消税务登记的手续。办理注销税务登记后，该当事人不再接受原税务机关的管理	1. 纳税人发生解散、破产、撤销以及其他情形，依法终止纳税义务的。2. 纳税人被市场监管部门吊销营业执照或者被其他机关予以撤销登记的。3. 纳税人因住所、经营地点变动，涉及变更税务登记机关的。4. 境外企业在中国境内承包建筑、安装、装配、勘探工程和提供劳务的，项目完工、离开中国的	解散、破产、撤销以及其他情形，依法终止纳税义务的	向市场监管部门或者其他机关办理注销登记前	原税务登记机关	1. 纳税人办理注销税务登记前，应当向税务机关提交相关证明文件和资料，结清应纳税款、多退（免）税款、滞纳金和罚款，缴销发票和税控设备，经税务机关核准后，办理注销税务登记手续。2. 对已在市场监管部门办理注销，但在金税三期核心征管系统2019年5月1日前已被列为非正常户注销状态的纳税人，主管税务机关可直接进行税务注销
		不需要在市场监管部门或者其他机关办理注册登记	自有关机关批准或者宣告终止之日起15日内		
		被市场监管部门吊销营业执照或者被其他机关予以撤销登记	自营业执照被吊销或者被撤销登记之日起15日内		
		因住所、经营地点变动，涉及改变税务登记机关的	向市场监管部门或者其他机关申请办理变更、注销登记前，或者住所、经营地点变动前	向原税务登记机关申报办理注销税务登记，并自注销税务登记之日起30日内向迁达地税务机关申报办理税务登记	
		境外企业在中国境内承包建筑、安装、装配、勘探工程和提供劳务的	在项目完工、离开中国前15日内	原税务登记机关	

典型例题

【例7-8】（多选题）根据税收征收管理法律制度的规定，下列属于纳税人办理注销税务登记原因的有（   ）。

A. 纳税人破产依法终止纳税义务

B. 纳税人被市场监管部门吊销营业执照

C. 纳税人因住所变动，涉及变更税务登记机关

D. 境外企业正在中国境内承包建筑工程，尚未完工

【答案】ABC

【解析】纳税人发生以下情形的，向主管税务机关申报办理注销税务登记：（1）纳税人发生解散、破产、撤销以及其他情形，依法终止纳税义务的；（2）纳税人被市场监管部门吊销营业执照或者被其他机关予以撤销登记的；（3）纳税人因住所、经营地点变动，涉及变更税务登记机关的；（4）境外企业在中国境内承包建筑、安装、装配、勘探工程和提供劳务的，项目完工、离开中国的。

考点9 税务登记的其他事项 ★★

项目	情形	内容
清税证明的出具	申报清税	已实行"多证合一、一照一码"登记模式的纳税人办理注销登记，须先向主管税务机关申报清税，填写清税申报表。清税完毕后，受理税务机关根据清税结果向纳税人统一出具清税证明
	清税证明免办	符合市场监管部门简易注销条件申请简易注销的纳税人，未办理过涉税事宜或办理过涉税事宜但未领用发票（含代开发票）、无欠税（滞纳金）及罚款且没有其他未办结涉税事项的，可免予到税务机关办理清税证明
	清税证明即办	1. 纳税人采用普通流程申请注销的，税务机关进行税务注销预检。纳税人未办理过涉税事宜且主动到税务机关办理清税的，税务机关可根据纳税人提供的营业执照即时出具清税文书。 2. 符合容缺即时办理条件的纳税人，在办理税务注销时，资料齐全的，税务部门即时出具清税文书；若资料不齐，可在作出承诺后，税务部门即时出具清税文书。纳税人应按承诺的时限补齐资料并办结相关事项。 3. 经人民法院裁定宣告破产的纳税人，持人民法院终结破产程序裁定书向税务机关申请税务注销的，税务机关即时出具清税文书。 4. 经人民法院裁定强制清算的市场主体，持人民法院终结强制清算程序的裁定申请税务注销的，税务机关即时出具清税文书
临时税务登记		从事生产、经营的个人应办而未办营业执照，但发生纳税义务的，可以按规定申请办理临时税务登记
非正常户的认定与解除	已办理税务登记的纳税人未按照规定的期限进行纳税申报	税务机关依法责令其限期改正。纳税人逾期不改正的，税务机关可以收缴其发票或者停止向其发售发票

续表

项目	情形	内容
非正常户的认定与解除	纳税人负有纳税申报义务，但连续3个月所有税种均未进行纳税申报的	税收征管系统自动将其认定为非正常户，并停止其发票领购簿和发票的使用
	欠税的非正常户	税务机关依照《征管法》的规定追征税款及滞纳金。 已认定为非正常户的纳税人，就其逾期未申报行为接受处罚、缴纳罚款，并补办纳税申报的，税收征管系统自动解除非正常状态，无须纳税人专门申请解除
扣缴税款登记	办理对象	根据规定，负有扣缴税款义务的扣缴义务人（国家机关除外）
	已办理税务登记的扣缴义务人	应当自扣缴义务发生之日起30日内，向税务登记地税务机关申报办理扣缴税款登记。税务机关在其税务登记证件上登记扣缴税款事项，税务机关不再发放扣缴税款登记证件
	根据规定可不办理税务登记的扣缴义务人	应当自扣缴义务发生之日起30日内，向机构所在地税务机关申报办理扣缴税款登记，并由税务机关发放扣缴税款登记证件

典型例题

【例7-9】（判断题）纳税人负有纳税申报义务，但连续3个月所有税种均未进行纳税申报的，税收征收系统自动将其认定为非正常户，并停止其发票领购簿和发票的使用。（　　）

【答案】√

【解析】纳税人负有纳税申报义务，但连续3个月所有税种均未进行纳税申报的，税收征收系统自动将其认定为非正常户，并停止其发票领购簿和发票的使用。

考点10　账簿和凭证管理★★

项目		内容
账簿的设置	从事生产、经营的纳税人	应当自领取营业执照或者发生纳税义务之日起15日内，按照国家有关规定设置账簿

续表

项目		内　容
账簿的设置	生产、经营规模小又确无建账能力的纳税人	1. 可聘请经批准从事会计代理记账业务的专业机构或者财会人员代为建账和办理账务。 2. 聘请上述机构或人员有实际困难的，经县以上税务机关批准，可以按照税务机关的规定，建立收支凭证粘贴簿、进货销货登记簿或使用税控装置
	扣缴义务人	应当自税收法律、行政法规规定的扣缴义务发生之日起**10日内**，按照所代扣代收的税种，分别设置代扣代缴、代收代缴税款账簿
对纳税人财务会计制度及其处理办法的管理	备案制度	从事生产、经营的纳税人应当自领取税务登记证件之日**起15日**内，将其财务、会计制度或者财务、会计处理办法报送主管税务机关备案。 纳税人使用计算机记账的，应当在使用前将会计电算化系统的会计核算软件、使用说明书及有关资料报送主管税务机关备案
	税法规定优先	从事生产、经营的纳税人、扣缴义务人的财务、会计制度或者财务、会计处理办法与国务院或者国务院财政、税务主管部门有关税收的规定抵触的，依照国务院或者国务院财政、税务主管部门有关税收的规定计算应纳税款、代扣代缴和代收代缴税款
	使用计算机记账	纳税人建立的会计电算化系统应当符合国家有关规定，并能正确、完整核算其收入或者所得
账簿、凭证等涉税资料的保存		1. 除法律、行政法规另有规定外，账簿、记账凭证、报表、完税凭证、发票、出口凭证及其他有关涉税资料应当保存**10年**。 2. 账簿、记账凭证、完税凭证及其他有关资料不得伪造、变造或者擅自损毁

典型例题

【例7-10】（单选题）根据税收征管法律制度的规定，除另有规定外，从事生产、经营的纳税人的账簿、记账凭证、报表、完税凭证、发票、出口凭证以及其他有关涉税资料应当保存一定期限，该期限为（　　）年。

A. 30　　　　　　B. 10　　　　　　C. 15　　　　　　D. 20

【答案】B

【解析】从事生产、经营的纳税人、扣缴义务人必须按照规定保管期保管账簿、记账凭证、报表、完税凭证及其他有关资料，账簿、记账凭证、报表、完税凭证、发票、出口凭证以及其他有关涉税资料应当保存10年，但法律、行政法规另有规定的除外。

考点 11　发票管理★★

项目	内　容
发票	发票是在购销商品、提供或者接受服务以及从事其他经营活动中，开具、收取的收付款凭证；是确定经济收支行为发生的法定凭证；是会计核算的原始依据

项目		内　容
发票的管理机关	税务机关	发票的主管机关，负责发票印制、领购、开具、取得、保管、缴销的管理和监督
	国务院税务主管部门	统一负责全国发票管理工作。省、自治区、直辖市税务机关依据各自的职责，共同做好本行政区域内的发票管理工作
	有关部门	财政、审计、市场监管、公安等有关部门在各自职责范围内，配合税务机关做好发票管理工作

项目		内　容
发票的种类、联次	种类	包括纸质发票和电子发票； 电子发票与纸质发票具有同等法律效力
	基本联次	包括存根联、发票联、记账联
	用票单位可以书面向税务机关要求使用印有本单位名称的发票，税务机关依法确认印有该单位名称发票的种类和数量	
	发票的种类、联次、内容、编码规则、数据标准、使用范围等具体管理办法由国务院税务主管部门规定	

项目		内　容
发票的领用	领用发票的程序	需要领用发票的单位和个人，应当持相关资料向主管税务机关办理发票领用手续。主管税务机关根据领用单位和个人的经营范围、规模和风险等级，在 5 个工作日内确认领用发票的种类、数量以及领用方式
	代开发票	1. 需要临时使用发票的单位和个人，可以凭购销商品、提供或者接受服务以及从事其他经营活动的书面证明、经办人身份证明，直接向经营地税务机关申请代开发票。 2. 依法应当缴纳税款的，税务机关应当先征收税款，再开具发票。 3. 税务机关根据发票管理的需要，可以按照国务院税务主管部门的规定委托其他单位代开发票。 4. 禁止非法代开发票
	外地经营领用发票	1. 临时到本省、自治区、直辖市以外从事经营活动的单位或者个人，应当凭所在地税务机关的证明，向经营地税务机关领用经营地的发票。 2. 临时在本省、自治区、直辖市以内跨市、县从事经营活动领用发票的办法，由省、自治区、直辖市税务机关规定

项目	内　容		
发票的开具和使用	发票的开具	开票主体	1. 销售商品、提供服务以及从事其他经营活动的单位和个人，对外发生经营业务收取款项，收款方应当向付款方开具发票。 2. 特殊情况下，由付款方向收款方开具发票。特殊情况是指：收购单位和扣缴义务人支付个人款项时；国家税务总局认为其他需要由付款方向收款方开具发票的
		开票程序	1. 开具发票应当按照规定的时限、顺序、栏目，全部联次一次性如实开具，开具纸质发票应当加盖发票专用章。 2. 单位和个人开发电子发票信息系统自用或者为他人提供电子发票服务的，应当遵守国务院税务主管部门的规定。 3. 除国务院税务主管部门规定的特殊情形外，纸质发票限于领用单位和个人在本省、自治区、直辖市内开具
		禁止性规定	取得发票的主体在取得发票时，不得要求开票主体变更品名和金额。 （1）不符合规定的发票，不得作为财务报销凭证，任何单位和个人有权拒收。 （2）任何单位和个人不得有下列虚开发票行为： ①为他人、为自己开具与实际经营业务情况不符的发票。 ②让他人为自己开具与实际经营业务情况不符的发票。 ③介绍他人开具与实际经营业务情况不符的发票
	发票的使用和保管		任何单位和个人应当按照发票管理规定使用发票，不得有下列行为： （1）转借、转让、介绍他人转让发票、发票监制章和发票防伪专用品。 （2）知道或者应当知道是私自印制、伪造、变造、非法取得或者废止的发票而受让、开具、存放、携带、邮寄、运输。 （3）拆本使用发票。 （4）扩大发票使用范围。 （5）以其他凭证代替发票使用。 （6）窃取、截留、篡改、出售、泄露发票数据。 开具发票的单位和个人应当建立发票使用登记制度，配合税务机关进行身份验证，并定期向主管税务机关报告发票使用情况。开具发票的单位和个人应当在办理变更或者注销税务登记的同时，办理发票的变更、缴销手续。开具发票的单位和个人应当按照国家有关规定存放和保管发票，不得擅自损毁。已经开具的发票存根联和发票登记簿，应当保存5年
	发票的检查		税务机关在发票管理中有权进行下列检查： （1）检查印制、领用、开具、取得、保管和缴销发票的情况。 （2）调出发票查验。 （3）查阅、复制与发票有关的凭证、资料。 （4）向当事各方询问与发票有关的问题和情况。 （5）在查处发票案件时，对与案件有关的情况和资料，可以记录、录音、录像、照相和复制

典型例题

【例 7 - 11】（单选题）根据税收征管法律制度的规定，下列关于发票管理的说法中，不正确的是（　　）。

A. 国务院税务主管部门统一负责全国的发票管理工作

B. 纸质发票的法律效力优先于电子发票

C. 除国务院税务主管部门规定的特殊情形外，纸质发票限于领用单位和个人在本省、自治区、直辖市内开具

D. 发票的基本联次包括存根联、发票联、记账联

【答案】B

【解析】发票包括纸质发票和电子发票，电子发票与纸质发票具有同等法律效力，国家积极推广使用电子发票。因此，选项 B 错误。

考点 12　纳税申报管理★★

项目		内　　容
纳税申报的方式		自行申报（直接申报）、邮寄申报、数据电文申报、其他方式（如实行定期定额缴纳税款的纳税人，可以实行简易申报、简并征期等方式申报纳税）
纳税申报的要求	基本要求	1. 纳税人办理纳税申报时，应当如实填写纳税申报表，并根据不同的情况相应报送下列有关证件、资料： （1）财务会计报表及其说明材料。 （2）与纳税有关的合同、协议书及凭证。 （3）税控装置的电子报税资料。 （4）外出经营活动税收管理证明和异地完税凭证。 （5）境内或者境外公证机构出具的有关证明文件。 （6）税务机关规定应当报送的其他有关证件、资料。 2. 扣缴义务人办理代扣代缴、代收代缴税款报告时，应当如实填写代扣代缴、代收代缴税款报告表，并报送代扣代缴、代收代缴税款的合法凭证以及税务机关规定的其他有关证件、资料
	无税及减免税期间的纳税申报	1. 纳税人在纳税期内没有应纳税款的，也应当按照规定办理纳税申报。 2. 纳税人享受减税、免税待遇的，在减税、免税期间应当按照规定办理纳税申报
	破产期间的纳税申报	在人民法院裁定受理破产申请之日至企业注销之日期间，企业应当接受税务机关的税务管理，履行税法规定的相关义务。破产程序中如发生应税情形，应按规定申报纳税。自人民法院指定管理人之日起，管理人可以按照《中华人民共和国企业破产法》第二十五条规定，以企业名义办理纳税申报等涉税事宜

续表

项目		内　容
纳税申报的要求	简并税费申报	自 2021 年 8 月 1 日起，增值税、消费税分别与城市维护建设税、教育费附加、地方教育费附加申报整合
	纳税申报的延期办理	1. 纳税人、扣缴义务人按照规定的期限办理纳税申报或者报送代扣代缴、代收代缴税款报告表确有困难，需要延期的，应当在规定的期限内向税务机关提出书面延期申请，经税务机关核准，在核准的期限内办理。 2. 纳税人、扣缴义务人因不可抗力，不能按期办理纳税申报或者报送代扣代缴、代收代缴税款报告表的，可以延期办理；但是，应当在不可抗力情形消除后立即向税务机关报告。税务机关应当查明事实，予以核准

典型例题

【例 7 - 12】（多选题）根据税收征管法律制度的规定，下列关于纳税申报的表述中，不正确的有（　　）。

A. 纳税人在纳税期内没有应纳税款的，不需要办理纳税申报

B. 扣缴义务人因不可抗力，不能按期报送代扣代缴、代收代缴税款报告表的，可以申请延期办理

C. 纳税人享受减税待遇的，在减税期间，不需要办理纳税申报

D. 纳税人在破产程序中如发生应税情形，应按规定申报纳税

【答案】AC

【解析】选项 A，纳税人在纳税期内没有应纳税款的，也应当按照规定办理纳税申报；选项 C，纳税人享受减税、免税待遇的，在减税、免税期间应当按照规定办理纳税申报。

考点 13　税款征收主体及方式★★★

项目	内　容
税款征收主体	税务机关是税款征收的法定主体。 (1) 除税务机关、税务人员以及经税务机关依照法律、行政法规委托的单位和人员外，任何单位和个人不得进行行税收征收活动。 (2) 税务机关依照法律、行政法规的规定征收税款，不得违反法律、行政法规的规定开征、停征、多征、少征、提前征收、延缓征收或者摊派税款。 (3) 税务机关应当加强对税款征收的管理，建立、健全责任制度。税务机关应当将各种税收的税款、滞纳金、罚款，按照国家规定的预算科目和预算级次及时缴入国库，不得占压、挪用、截留，不得缴入国库以外或者国家规定的税款账户以外的任何账户

续表

项目		内　　容
税款 征收方式	查账征收	适用于财务会计制度健全，能够如实核算和提供生产经营情况，并能正确计算应纳税款和如实履行纳税义务的纳税人
	查定征收	适用生产经营规模较小、产品零星、税源分散、会计账册不健全，但能控制原材料或进销货的小型厂矿和作坊
	查验征收	适用于纳税人财务制度不健全，生产经营不固定，零星分散、流动性大的税源
	定期定额 征收	适用于经主管税务机关认定和县以上税务机关（含县级）批准的生产、经营规模小，达不到《个体工商户建账管理暂行办法》规定设置账簿标准，难以查账征收，不能准确计算计税依据的个体工商户（包括个人独资企业）
	扣缴征收	包括代扣代缴和代收代缴两种征收方式
	委托征收	税务机关根据有利于税收控管和方便纳税的原则，按照国家有关规定，通过委托形式将税款委托给代征单位或个人以税务机关的名义代为征收，并将税款缴入国库。这种征收方式适用于零星分散和异地缴纳的税收

典型例题

【例7-13】（单选题）根据税收征管法律制度的规定，下列关于税款征收的说法中，不正确的是（　　）。

A. 除税务机关、税务人员以及经税务机关依照法律、行政法规委托的单位和人员外，任何单位和个人不得进行税款征收活动

B. 查验征收适用于财务会计制度健全、能够如实核算和提供生产经营情况，并能正确计算应纳税款和如实履行纳税义务的纳税人

C. 查定征收适用于生产经营规模较小、产品零星、税源分散、会计账册不健全，但能控制原材料或进销货的小型厂矿和作坊

D. 税务机关应当将各种税收的税款、滞纳金、罚款，按照国家规定的预算科目和预算级次及时缴入国库

【答案】 B

【解析】 查账征收适用于财务会计制度健全、能够如实核算和提供生产经营情况，并能正确计算应纳税款和如实履行纳税义务的纳税人；查验征收适用于纳税人财务制度不健全、生产经营不固定、零星分散、流动性大的税源。

考点 14　应纳税额的核定、调整和缴纳 ★★

项目		内　容
应纳税额的核定	情形	纳税人有下列情形之一的，税务机关有权核定其应纳税额： （1）依照法律、行政法规的规定可以不设置账簿的。 （2）依照法律、行政法规的规定应当设置但未设置账簿的。 （3）擅自销毁账簿或者拒不提供纳税资料的。 （4）虽设置账簿，但账目混乱或者成本资料、收入凭证、费用凭证残缺不全，难以查账的。 （5）发生纳税义务，未按照规定的期限办理纳税申报，经税务机关责令限期申报，逾期仍不申报的。 （6）纳税人申报的计税依据明显偏低，又无正当理由的
应纳税额的调整	情形	纳税人与其关联企业之间的业务往来有下列情形之一的，税务机关可以调整其应纳税额： （1）购销业务未按照独立企业之间的业务往来作价。 （2）融通资金所支付或者收取的利息超过或者低于没有关联关系的企业之间所能同意的数额，或者利率超过或者低于同类业务的正常利率。 （3）提供劳务，未按照独立企业之间业务往来收取或者支付劳务费用。 （4）转让财产、提供财产使用权等业务往来，未按照独立企业之间业务往来作价或者收取、支付费用。 （5）未按照独立企业之间业务往来作价的其他情形
	期限	纳税人与其关联企业未按照独立企业之间的业务往来支付价款、费用的，税务机关自该业务往来发生的纳税年度起3年内进行调整； 有特殊情况的，可以自该业务往来发生的纳税年度起10年内进行调整
应纳税款的缴纳	当期缴纳	纳税人、扣缴义务人按照法律、行政法规规定或者税务机关依照法律、行政法规的规定确定的期限，缴纳或者解缴税款
	延期缴纳 条件	1. 有特殊困难，不能按期缴纳税款； 2. 经省、自治区、直辖市税务局批准； 3. 最长不得超过3个月； 4. 特殊困难是指因不可抗力，导致纳税人发生较大损失，正常生产经营活动受到较大影响的；当期货币资金在扣除应付职工工资、社会保险费后，不足以缴纳税款的
	纳税人	应当在缴纳税款期限届满前提出申请，并报送相关材料
	税务机关	自收到申请延期缴纳税款报告之日起20日内作出批准或者不予批准的决定；不予批准的，从缴纳税款期限届满之日起加收滞纳金

典型例题

【例7-14】（多选题）纳税人的下列情形中，税务机关有权核定纳税人应纳税额的有（   ）。

A. 因正当理由申报较低的计税依据　　B. 依法应当设置账簿但未设置的

C. 拒不提供纳税资料的　　　　　　　D. 依法可以不设置账簿的

【答案】BCD

【解析】纳税人有下列情形之一的，税务机关有权核定其应纳税额：（1）依照法律、行政法规的规定可以不设置账簿的；（2）依照法律、行政法规的规定应当设置但未设置账簿的；（3）擅自销毁账簿或者拒不提供纳税资料的；（4）虽设置账簿，但账目混乱或者成本资料、收入凭证、费用凭证残缺不全，难以查账的；（5）发生纳税义务，未按照规定的期限办理纳税申报，经税务机关责令限期申报，逾期仍不申报的；（6）纳税人申报的计税依据明显偏低，又无正当理由的。

考点15　税款征收的保障措施★★

项目		内　　容
责令缴纳	程序	1. 从事生产、经营的纳税人、扣缴义务人未按照规定的期限缴纳或者解缴税款的，纳税担保人未按照规定的期限缴纳所担保的税款的，由税务机关发出限期缴纳税款通知书，责令缴纳或者解缴税款的最长期限不得超过**15日**。 2. 纳税人、扣缴义务人、纳税担保人存在欠税行为——税务机关可责令其先行缴纳欠税，再依法缴纳滞纳金——逾期仍未缴纳的，对其采取税收强制执行措施。 3. 滞纳金按日加收，日收取标准为滞纳税款的**万分之五**。加收滞纳金的起止时间，为法律、行政法规规定或者税务机关依照法律、行政法规的规定确定的税款缴纳期限届满次日起至纳税人、扣缴义务人实际缴纳或者解缴税款之日止
责令提供纳税担保	适用纳税担保的情形	1. 税务机关有根据认为从事生产、经营的纳税人有逃避纳税义务行为，在规定的纳税期之前责令其限期缴纳应纳税款，在限期内发现纳税人有明显的转移、隐匿其应纳税的商品、货物以及其他财产或者应纳税收入的迹象，责成纳税人提供纳税担保的。 2. 欠缴税款、滞纳金的纳税人或者其法定代表人需要出境的。 3. 纳税人同税务机关在纳税上发生争议而未缴清税款，需要申请行政复议的。 4. 税收法律、行政法规规定的可以提供纳税担保的其他情形
	纳税担保的范围	包括税款、滞纳金和实现税款、滞纳金的费用

续表

项目			内　容
责令提供纳税担保	纳税担保方式	纳税保证	1. 纳税保证人同意为纳税人提供纳税担保的，应当填写纳税担保书。纳税保证自税务机关在纳税担保书签字盖章之日起生效。 2. 纳税保证为连带责任保证，纳税人和纳税保证人对所担保的税款及滞纳金承担连带责任。 3. 保证期间为纳税人应缴纳税款期限届满之日起60日，纳税保证期间内税务机关未通知纳税保证人缴纳税款及滞纳金以承担担保责任的，纳税保证人免除担保责任。 4. 履行保证责任的期限为15日，纳税保证人未按照规定的履行保证责任的期限缴纳税款及滞纳金的，由税务机关发出责令限期缴纳通知书，责令纳税保证人限期缴纳；逾期仍未缴纳的，经县以上税务局（分局）局长批准，对纳税保证人采取强制执行措施
		纳税抵押	1. 纳税人提供抵押担保的，应当填写纳税担保书和纳税担保财产清单。 2. 纳税抵押财产应当办理抵押物登记。纳税抵押自抵押物登记之日起生效。 3. 纳税人在规定的期限内未缴清税款、滞纳金的，税务机关应当依法拍卖、变卖抵押物，变价抵缴税款、滞纳金
		纳税质押	1. 纳税人提供质押担保的，应当填写纳税担保书和纳税担保财产清单并签字盖章。 2. 纳税人在规定的期限内缴清税款及滞纳金的，税务机关应当自纳税人缴清税款及滞纳金之日起3个工作日内返还质物，解除质押关系。纳税人在规定的期限内未缴清税款、滞纳金的，税务机关应当依法拍卖、变卖质物，抵缴税款、滞纳金
采取税收保全措施	前提条件		1. 税务机关有根据认为从事生产、经营的纳税人有逃避纳税义务行为。 2. 纳税人逃避纳税义务的行为发生在规定的纳税期之前，以及在责令限期缴纳应纳税款的限期内。 3. 税务机关责成纳税人提供纳税担保后，纳税人不能提供纳税担保。 4. 经县以上税务局（分局）局长批准
	税收保全的措施		1. 书面通知纳税人开户银行或者其他金融机构冻结纳税人的金额相当于应纳税款的存款。 2. 扣押、查封纳税人的价值相当于应纳税款的商品、货物或者其他财产。其他财产包括纳税人的房地产、现金、有价证券等不动产和动产

续表

项目		内　　容
采取税收保全措施	不适用税收保全的财产	个人及其所扶养家属维持生活必需的住房和用品，不包括机动车辆、金银饰品、古玩字画、豪华住宅或者一处以外的住房。 税务机关对单价5 000元以下的其他生活用品，不采取税收保全措施
	税收保全措施的解除	1. 纳税人在规定期限内缴纳了应纳税款的，税务机关必须立即解除税收保全措施。 2. 纳税人在规定的限期期满仍未缴纳税款的，经县以上税务局（分局）局长批准，终止保全措施，转入强制执行措施
	期限	一般不得超过6个月；重大案件需要延长的，应当报国家税务总局批准
采取强制执行措施	适用对象	1. 未按照规定的期限缴纳或者解缴税款，经税务机关责令限期缴纳，逾期仍未缴纳税款的从事生产、经营的纳税人、扣缴义务人。 2. 未按照规定的期限缴纳所担保的税款，经税务机关责令限期缴纳，逾期仍未缴纳税款的纳税担保人
	措施	1. 强制扣款，即书面通知其开户银行或者其他金融机构从其存款中扣缴税款。 2. 拍卖变卖，即扣押、查封、依法拍卖或者变卖其价值相当于应纳税款的商品、货物或者其他财产，以拍卖或者变卖所得抵缴税款。 提示：个人及其所扶养家属维持生活必需的住房和用品，不在强制执行措施的范围之内。税务机关对单价5 000元以下的其他生活用品，不采取强制执行措施
	滞纳金的执行	税务机关采取强制执行措施时，对纳税人、扣缴义务人、纳税担保人未缴纳的滞纳金同时强制执行。对纳税人已缴纳税款，但拒不缴纳滞纳金的，税务机关可以单独对纳税人应缴未缴的滞纳金采取强制措施
	抵税财物的拍卖与变卖	1. 税务机关将扣押、查封的商品、货物或者其他财产变价抵缴税款时，应当交由依法成立的拍卖机构拍卖。 2. 无法委托拍卖或者不适于拍卖的，可以交由当地商业企业代为销售，也可以责令纳税人限期处理。 3. 无法委托商业企业销售，纳税人也无法处理的，可以由税务机关变价处理，具体办法由国家税务总局规定。国家禁止自由买卖的商品，应当交由有关单位按照国家规定的价格收购。 4. 拍卖或者变卖所得抵缴税款、滞纳金、罚款以及拍卖、变卖等费用后，剩余部分应当在3日内退还被执行人
欠税清缴	离境清缴	欠缴税款的纳税人或者他的法定代表人需要出境的，应当在出境前向税务机关结清应纳税款、滞纳金或者提供担保

续表

项目		内　容
欠税清缴	税收代位权和撤销权	欠缴税款的纳税人因怠于行使到期债权，或者放弃到期债权，或者无偿转让财产，或以明显不合理的低价转让财产而受让人知道该情形，对国家税收造成损害的，税务机关可以依法行使代位权、撤销权。税务机关依法行使代位权、撤销权的，不免除欠缴税款的纳税人尚未履行的纳税义务和应承担的法律责任
	欠税报告	适用情形：纳税人有欠税情形而以其财产设定抵押、质押的；纳税人有解散、撤销、破产情形的；纳税人有合并、分立情形的；欠缴税款 5 万元以上的纳税人处分其不动产或者大额资产
	欠税公告	县级以上各级税务机关应当将纳税人的欠税情况，在办税场所或者广播、电视、报纸、期刊、网络等新闻媒体上定期公告
税收优先权		税收优先于无担保债权，法律另有规定的除外；税收应当先于抵押权、质权、留置权执行；税收优先于罚款、没收违法所得
阻止出境		欠缴税款的纳税人或者其法定代表人在出境前未按规定结清应纳税款、滞纳金或者提供纳税担保的，税务机关可以通知出入境管理机关阻止其出境

典型例题

【例 7－15】（单选题）根据税收征收管理法律制度的规定，税务机关在税款征收中可以根据不同情况采取相应的税款征收措施，下列各项中，不属于税款征收措施的是（　　）。

A. 罚款

B. 采取税收保全措施

C. 阻止出境

D. 采取强制执行措施

【答案】A

【解析】选项 A 属于行政处罚。其他均属于税款征收措施。

考点16　税务检查★

项目	内容
税务检查的范围	查账
	检查场地
	责成提供资料
	询问
	检查交通邮政
	查询存款账户

续表

项目	内容	
税务检查的措施与手段	发现纳税人有逃避纳税义务行为，且有明显转移、隐匿资产迹象	按照《征管法》规定的批准权限采取税收保全措施或者强制执行措施
	调查税务违法案件	对与案件有关的情况和资料，可以记录、录音、录像、照相和复制
	进行税务检查时	有权向有关单位和个人调查纳税人、扣缴义务人和其他当事人与纳税或者代扣代缴、代收代缴税款有关的情况
税务机关在税务检查中的职责	税务机关派出的人员进行税务检查时，应当出示税务检查证和税务检查通知书，并有责任为被检查人保守秘密；未出示税务检查证和税务检查通知书的，被检查人有权拒绝检查	
被检查人在税务检查中的义务	接受税务机关依法进行的税务检查，如实反映情况，提供有关资料，不得拒绝、隐瞒	
	税务机关向有关单位和个人调查纳税人、扣缴义务人和其他当事人与纳税或者代扣代缴、代收代缴税款有关的情况时，有关单位和个人有义务向税务机关如实提供有关资料及证明材料	

典型例题

【例7-16】（多选题）根据税收征收管理法律制度的规定，下列各项中，属于税务机关税务检查范围的有（　　）。

A. 检查纳税人的账簿

B. 经法定程序可以查询纳税人的存款账户

C. 责成纳税人提供与纳税有关的文件、证明材料和有关资料

D. 到车站、码头检查纳税人托运应税商品、货物有关的单据、凭证

【答案】 ABCD

【解析】 税务机关进行税务检查享有下列权力：（1）查账。（2）检查场地。（3）责成提供资料。（4）询问。（5）交通邮政检查。（6）存款账户检查。

考点17　纳税信用管理★★★

项目	内　容
纳税信用管理的主体	下列企业参与纳税信用评价： （1）已办理税务登记，从事生产、经营并适用查账征收的独立核算企业纳税人（以下简称"纳税人"）。 （2）从首次在税务机关办理涉税事宜之日起时间不满一个评价年度的企业（以下简称"新设立企业"）。评价年度是指公历年度，即1月1日至12月31日。 （3）评价年度内无生产经营业务收入的企业。 （4）适用企业所得税核定征收办法的企业

续表

项目		内　容
纳税信用评价	评价的方式	采取年度评价指标得分和直接判级方式。年度评价指标得分采取扣分方式；直接判级适用于有严重失信行为的纳税人
	评价周期	纳税信用评价周期为一个纳税年度，有下列情形之一的纳税人，不参加本期的评价： （1）纳入纳税信用管理时间不满一个评价年度的。 （2）因涉嫌税收违法被立案查处尚未结案的。 （3）被审计、财政部门依法查出税收违法行为，税务机关正在依法处理，尚未办结的。 （4）已申请税务行政复议、提起行政诉讼尚未结案的。 （5）其他不应参加本期评价的情形
	评价结果	（1）纳税信用评价结果的确定和发布遵循谁评价、谁确定、谁发布的原则。税务机关每年4月确定上一年度纳税信用评价结果，并为纳税人提供自我查询服务。 （2）纳税信用级别设A、B、M、C、D五级。税务机关对纳税人的纳税信用级别实行动态调整。纳税人信用评价状态变化时，税务机关可采取适当方式通知、提醒纳税人。 （3）税务机关对纳税信用评价结果，按分级分类原则，依法有序开放：主动公开A级纳税人名单及相关信息；根据社会信用体系建设需要，以及与相关部门信用信息共建共享合作备忘、协议等规定，逐步开放B、M、C、D级纳税人名单及相关信息；定期或者不定期公布重大税收违法失信主体信息。纳税人对纳税信用评价结果有异议的，可以书面向作出评价的税务机关申请复评。作出评价的税务机关应按规定进行复核。 （4）税务机关按照守信激励、失信惩戒的原则，对不同信用级别的纳税人实施分类服务和管理
纳税信用修复		（1）纳入纳税信用管理的企业纳税人，符合法定条件的，可在规定期限内向主管税务机关申请纳税信用修复。 （2）主管税务机关自受理纳税信用修复申请之日起15个工作日内完成审核，并向纳税人反馈信用修复结果。 （3）纳税信用修复完成后，纳税人按照修复后的纳税信用级别适用相应的税收政策和管理服务措施，之前已适用的税收政策和管理服务措施不作追溯调整

典型例题

【例7-17】（多选题）根据税收征管法律制度的规定，下列关于纳税信用评价的说法中，不正确的有（　　）。

A. 主管税务机关自受理纳税信用修复申请之日起10个工作日内完成审核，并向纳税人反馈信用修复结果。

B. 直接判级适用于有严重失信行为的纳税人

C. 因涉嫌税收违法被立案查处已经结案的纳税人不参加本期纳税信用评价

D. 纳税信用级别设 A、B、M、C、D 五级

【答案】AC

【解析】选项 A，纳入纳税信用管理的企业纳税人，符合法定条件的，可在规定期限内向主管税务机关申请纳税信用修复。主管税务机关自受理纳税信用修复申请之日起 15 个工作日内完成审核，并向纳税人反馈信用修复结果。选项 C，因涉嫌税收违法被立案查处尚未结案的纳税人不参加本期纳税信用评价。

考点 18　税收违法行为检举管理★★

项目		内　容
检举事项的提出与受理	提出	检举人可以实名检举，也可以匿名检举。 检举人以个人名义实名检举应当由其本人提出；以单位名义实名检举应当委托本单位工作人员提出。以电话形式要求实名检举的，税务机关应当告知检举人采取前述的形式进行检举
	场所	检举接待场所应当与办公区域适当分开
	受理	举报中心对接收的检举事项，应当及时审查，有下列情形之一的，不予受理： （1）无法确定被检举对象，或者不能提供税收违法行为线索的。 （2）检举事项已经或者依法应当通过诉讼、仲裁、行政复议以及其他法定途径解决的。 （3）对已经查结的同一检举事项再次检举，没有提供新的有效线索的
检举事项的处理		检举事项受理后，应当分级分类，按照以下方式处理： （1）检举内容详细、税收违法行为线索清楚、证明资料充分的，由稽查局立案检查。 （2）检举内容与线索较明确但缺少必要证明资料，有可能存在税收违法行为的，由稽查局调查核实。发现存在税收违法行为的，立案检查；未发现的，作查结处理。 （3）检举对象明确，但其他检举事项不完整或者内容不清、线索不明的，可以暂存待查，待检举人将情况补充完整以后，再进行处理。 （4）已经受理尚未查结的检举事项，再次检举的，可以合并处理。 （5）规定以外的检举事项，转交有处理权的单位或者部门
检举人的答复和奖励	答复	实名检举人可以要求答复检举事项的处理情况与查处结果。举报中心可以视具体情况采取口头或者书面方式答复实名检举人。 实名检举事项的处理情况，由作出处理行为的税务机关的举报中心答复。 实名检举事项的查处结果，由负责查处的税务机关的举报中心答复
	奖励	检举事项经查证属实，为国家挽回或者减少损失的，按照财政部和国家税务总局的有关规定对实名检举人给予相应奖励

典型例题

【例 7－18】（单选题）实名检举人要求答复查处结果时，举报中心答复实名检举人的方式是（　　）。

A. 只能采用口头方式　　　　　　B. 只能采用书面方式

C. 视具体情况采取口头或者书面方式　　D. 只能采用会议方式

【答案】 C

【解析】 实名检举人可以要求答复检举事项的处理和查处结果。举报中心可以视具体情况采取口头或者书面方式答复实名检举人。

考点 19　重大税收违法失信主体信息公布管理 ★★★

项目	内　　容		
失信主体的确定	确定失信主体的依据	纳税人、扣缴义务人或者其他涉税当事人（以下简称"当事人"）	有下列情形之一的，税务机关确定其为失信主体。 （1）伪造、变造、隐匿、擅自销毁账簿、记账凭证，或者在账簿上多列支出或者不列、少列收入，或者经税务机关通知申报而拒不申报或者进行虚假的纳税申报，不缴或者少缴应纳税款 100 万元以上，且任一年度不缴或者少缴应纳税款占当年各税种应纳税总额 10% 以上的，或者采取前述手段，不缴或者少缴已扣、已收税款，数额在 100 万元以上的。 （2）欠缴应纳税款，采取转移或者隐匿财产的手段，妨碍税务机关追缴欠缴的税款，欠缴税款金额 100 万元以上的。 （3）骗取国家出口退税款的。 （4）以暴力、威胁方法拒不缴纳税款的。 （5）虚开增值税专用发票或者虚开用于骗取出口退税、抵扣税款的其他发票的。 （6）虚开增值税普通发票 100 份以上或者金额 400 万元以上的。 （7）私自印制、伪造、变造发票，非法制造发票防伪专用品，伪造发票监制章的。 （8）具有偷税、逃避追缴欠税、骗取出口退税、抗税、虚开发票等行为，在稽查案件执行完毕前，不履行税收义务并脱离税务机关监管，经税务机关检查确认走逃（失联）的。 （9）为纳税人、扣缴义务人非法提供银行账户、发票、证明或者其他方便，导致未缴、少缴税款 100 万元以上或者骗取国家出口退税款的。 （10）税务代理人违反税收法律、行政法规造成纳税人未缴或者少缴税款 100 万元以上的。 （11）其他性质恶劣、情节严重、社会危害性较大的税收违法行为

续表

项目		内　容
失信主体的确定	确定失信主体的程序	税务机关应当在作出确定失信主体决定前向当事人送达告知文书，告知其依法享有陈述、申辩的权利。 经设区的市、自治州以上税务局局长或者其授权的税务局领导批准，税务机关在申请行政复议或提起行政诉讼期限届满，或者行政复议决定、人民法院判决或裁定生效后，于30个工作日内制作失信主体确定文书，并依法送达当事人
失信主体的信息公布	信息公布的内容	税务机关应当在失信主体确定文书送达后的次月15个工作日内，向社会公布下列信息： （1）失信主体基本情况； （2）失信主体的主要税收违法事实； （3）税务处理、税务行政处罚决定及法律依据； （4）确定失信主体的税务机关； （5）法律、行政法规规定应当公布的其他信息。 税务机关向社会公布失信主体基本情况时，经人民法院生效裁判确定的实际责任人，与违法行为发生时的法定代表人或者负责人不一致的，除有证据证明法定代表人或者负责人有涉案行为外，税务机关只向社会公布实际责任人信息
	失信主体信息公布管理	（1）遵循原则：依法行政、公平公正、统一规范、审慎适当。 （2）纳税信用评价：税务机关对按规定确定的失信主体，纳入纳税信用评价范围的，按照纳税信用管理规定，将其纳税信用级别判为D级，适用相应的D级纳税人管理措施。 （3）失信主体信息自公布之日起满3年的，税务机关在5个工作日内停止信息公布。失信信息公布期间，符合条件的失信主体或者其破产管理人可以向作出确定失信主体决定的税务机关申请提前停止公布失信信息。受理申请后，税务机关审核，经省、自治区、直辖市、计划单列市税务局局长或者其授权的税务局领导批准，准予提前停止公布

典型例题

【例7-19】（多选题）根据税收征管法律制度的规定，下列纳税人中，属于失信主体的有（　　）。

A. 虚开增值税普通发票50份的

B. 私自印制、伪造、变造发票，非法制造发票防伪专用品，伪造发票监制章的

C. 税务代理人违反税收法律、行政法规造成纳税人未缴或者少缴税款80万元的

D. 骗取国家出口退税款的

【答案】BD

【解析】虚开增值税普通发票100份以上或者金额400万元以上的；私自印制、

伪造、变造发票，非法制造发票防伪专用品，伪造发票监制章的；税务代理人违反税收法律、行政法规造成纳税人未缴或者少缴税款 100 万元以上的；骗取国家出口退税款的均为失信主体。因此，选项 B、D 正确。

考点 20　税务行政复议及复议范围★★★

项目	内　容
税务行政复议	纳税人和其他税务当事人对税务机关的税务行政行为不服，依法向上级税务机关提出申诉，请求上一级税务机关对原行政行为的合理性、合法性作出审议；复议机关依法对原行政行为的合理性、合法性作出裁决的行政司法活动。 目的是维护和监督税务机关依法行使税收执法权，防止和纠正违法或者不当的税务行政行为，保护纳税人和其他当事人的合法权益
税务行政复议范围 必经复议（先复议，不服后才可诉讼）	征税行为，包括确认纳税主体、征税对象、征税范围、减税、免税、退税、抵扣税款、适用税率、计税依据、纳税环节、纳税期限、纳税地点和税款征收方式等行政行为，征收税款、加收滞纳金，扣缴义务人、受税务机关委托的单位和个人作出的代扣代缴、代收代缴、代征行为等
选择复议（可直接申请复议或诉讼）	1. 行政许可、行政审批行为； 2. 发票管理行为，包括发售、收缴、代开发票等； 3. 税收保全措施、强制执行措施； 4. 行政处罚行为：罚款、没收非法财物和违法所得、停止出口退税权； 5. 不依法履行下列职责的行为：开具、出具完税凭证、行政赔偿，行政奖励，其他不依法履行职责的行为； 6. 资格认定行为； 7. 不依法确认纳税担保行为； 8. 政府信息公开工作中的行政行为； 9. 纳税信用等级评定行为； 10. 通知出入境管理机关阻止出境行为； 11. 其他行政行为
可以一并申请行政复议的规范性文件	申请人认为税务机关的行政行为所依据的下列规范性文件（不含规章）不合法，对行政行为申请行政复议时，可以一并向行政复议机关提出对有关规范性文件的附带的审查申请；申请人对行政行为提出行政复议申请时不知道该行政行为所依据的规范性文件的，可以在行政复议机关作出行政复议决定以前提出对该规范性文件的审查申请： （1）国家税务总局和国务院其他部门的规范性文件； （2）其他各级税务机关的规范性文件； （3）地方各级人民政府的规范性文件； （4）地方人民政府工作部门的规范性文件

典型例题

【例7-20】（多选题）根据税收征管法律制度的规定，纳税人对税务机关的下列具体行政行为不服时，应当先向复议机关申请税务行政复议的有（ ）。

A. 加收滞纳金
B. 发票管理行为

C. 适用税率
D. 停止出口退税权

【答案】 AC

【解析】 选项A、C，属于征税行为，必经复议，即先复议，不服后才可诉讼；选项B、D，属于非征税行为，选择复议，即可直接申请复议或诉讼。

考点21 税务行政复议管辖★

项目	内 容	
一般规定	对各级税务局的行政行为不服的	向其上一级税务局申请行政复议
	对计划单列市税务局的行政行为不服的	向国家税务总局申请行政复议
	对税务所（分局）、各级税务局的稽查局的行政行为不服的	向其所属税务局申请行政复议
	对国家税务总局的行政行为不服的	向国家税务总局申请行政复议。对行政复议决定不服，申请人可以向人民法院提起行政诉讼，也可以向国务院申请裁决。国务院的裁决为最终裁决
特殊规定	对两个以上税务机关共同作出的行政行为不服的	向共同上一级税务机关申请行政复议
	对税务机关与其他行政机关以共同的名义作出的行政行为不服的	向其共同上一级行政机关申请行政复议
	对被撤销的税务机关在撤销以前所作出的行政行为不服的	向继续行使其职权的税务机关的上一级税务机关申请行政复议
	对税务机关作出逾期不缴纳罚款加处罚款的决定不服的	向作出行政处罚决定的税务机关申请行政复议。但是对已处罚款和加处罚款都不服的，一并向作出行政处罚决定的税务机关的上一级税务机关申请行政复议
	申请人也可以向具体行政行为发生地的县级地方人民政府提交行政复议申请，由接受申请的县级地方人民政府依法予以转送	

典型例题

【例7-21】（单选题）对国家税务总局的行政行为不服的，向（   ）申请行政复议。

A. 国务院

B. 国家税务总局

C. 人民法院

D. 上一级税务机关

【答案】B

【解析】对国家税务总局的行政行为不服的，向国家税务总局申请行政复议。

考点 22　税务行政复议申请与受理 ★

项目		内　容
税务行政复议申请	申请条件	申请人可以在知道或应当知道税务机关作出行政行为之日起 60 日内提出行政复议申请。因不可抗力或者其他正当理由耽误法定申请期限的，申请期限自障碍清除之日起继续计算
		对征税行为不服的，应当先向行政复议机关申请行政复议；对行政复议决定不服的，可以再向人民法院提起行政诉讼。 申请人按照前款规定申请行政复议的，必须依照税务机关根据法律、法规确定的税额、期限，先行缴纳或者解缴税款和滞纳金，或者提供相应的担保，才可以在缴清税款和滞纳金以后或者所提供的担保得到作出行政行为的税务机关确认之日起 60 日内提出行政复议申请
		对征税行为以外的其他行政行为不服的，可以申请行政复议，也可以直接向人民法院提起行政诉讼。 申请人对税务机关作出逾期不缴纳罚款加处罚款的决定不服的，应当先缴纳罚款和加处罚款，再申请行政复议
	申请方式	可以书面申请；书面申请确有困难的，也可以口头申请
	审查	复议机关收到行政复议申请以后，应当在 5 日内审查，决定是否受理
	受理	对符合规定的行政复议申请，复议机关应当予以受理
	不予受理	对不符合本规则规定的行政复议申请，复议机关决定不予受理，并说明理由
	视为受理	行政复议申请的审查期限届满，复议机关未作出不予受理决定的，审查期限届满之日起，视为受理
	提起行政诉讼的情形	对应当先向复议机关申请行政复议，对行政复议决定不服再向人民法院提起行政诉讼的行政行为，复议机关决定不予受理，驳回申请或者受理以后超过行政复议期限不作答复的，申请人可以自收到决定书之日起或者行政复议期满之日起 15 日内，依法向人民法院提起行政诉讼
	申请人向复议机关申请行政复议，复议机关已经受理的，在法定行政复议期限内申请人不得向人民法院提起行政诉讼；申请人向人民法院提起行政诉讼，人民法院已经依法受理的，不得申请行政复议	

续表

项目		内　容
税务行政复议申请	复议期间具体行政行为的执行	行政复议期间具体行政行为不停止执行；但是有下列情形之一的，应当停止执行：（1）被申请人认为需要停止执行的；（2）行政复议机关认为需要停止执行的；（3）申请人、第三人申请停止执行，行政复议机关认为其要求合理，决定停止执行的；（4）法律、法规、规章规定停止执行的

典型例题

【例7-22】（单选题）根据税收征管法律制度的规定，纳税人申请税务行政复议的法定期限是（　　）。

A. 在税务机关作出具体行政行为之日起60日内

B. 在税务机关作出具体行政行为之日起3个月内

C. 在知道或应当知道税务机关作出具体行政行为之日起3个月内

D. 在知道或应当知道税务机关作出具体行政行为之日起60日内

【答案】D

【解析】申请人可以在知道或应当知道税务机关作出具体行政行为之日起60日内提出行政复议申请。因不可抗力或者其他正当理由耽误法定申请期限的，申请期限自障碍清除之日起继续计算。

考点23　税务行政复议审理和决定★★

项目		内　容
税务行政复议审理	工作人员	复议机关审理税务行政复议案件，应当由2名以上行政复议工作人员参加
	方式	行政复议应当当面或者通过互联网、电话等方式听取当事人的意见，并将听取的意见记录在案；因为当事人原因不能听取意见的，可以书面审理
	听证	审理重大、疑难、复杂的案件应当组织听证；复议机构认为有必要听证，或者申请人请求听证的，复议机构可以组织听证。听证由一名行政复议人员任主持人，两名以上行政复议人员任听证员，一名记录员制作听证笔录
税务行政复议决定		1. 复议机关审理税务行政复议案件，由复议机构对行政行为进行审查，提出意见，经复议机关的负责人同意或者集体讨论通过后，以复议机关的名义作出行政复议决定。经过听证的税务行政复议案件，复议机关应当根据听证笔录、审查认定的事实和证据，作出行政复议决定。 2. 复议机关应当自受理申请之日起60日内作出行政复议决定。情况复杂、不能在规定期限内作出行政复议决定的，经复议机构负责人批准，可以适当延期，并书面告知当事人，但延期不得超过30日。 3. 复议机关作出行政复议决定，应当制作行政复议决定书，并加盖复议机关印章。行政复议决定书一经送达，即发生法律效力

典型例题

【例 7 - 23】（单选题）下列关于税务行政复议审理和决定的说法中，不正确的是（   ）。

A. 审理重大、疑难、复杂的案件应当组织听证

B. 复议机关审理税务行政复议案件，应当由 3 名以上行政复议工作人员参加

C. 申请人请求听证的，复议机构可以组织听证

D. 行政复议决定书一经送达，即发生法律效力

【答案】B

【解析】复议机关审理税务行政复议案件，应当由 2 名以上行政复议工作人员参加，选项 B 错误。

考点 24 税务管理相对人税收违法行为的法律责任 ★ ★

项目		内 容
税务管理相对人违法行为应承担的法律责任	违反税务管理基本规定	1. 违反税务管理基本规定的法律责任： 纳税人有下列行为之一的，由税务机关责令限期改正，可以处 **2 000** 元以下的罚款；情节严重的，处 **2 000 元以上 1 万元以下**的罚款： （1）未按照规定设置、保管账簿或者保管记账凭证和有关资料的。 （2）未按照规定将财务、会计制度或者财务、会计处理办法和会计核算软件报送税务机关备查的。 （3）未按照规定将其全部银行账号向税务机关报告的。 （4）未按照规定安装、使用税控装置，或者损毁或擅自改动税控装置的
		2. 扣缴义务人未按照规定设置、保管代扣代缴、代收代缴税款账簿或者保管代扣代缴、代收代缴税款记账凭证及有关资料的，由税务机关责令限期改正，可以处 2 000 元以下的罚款；情节严重的，处 2 000 元以上 5 000 元以下的罚款
"首违不罚"制度	含义	"首违不罚"是指初次违法且危害后果轻微并及时纠正的，可以不予行政处罚
	事项清单 · 纳税人违规事项	1. 未按有关规定将其全部银行账号向税务机关报送； 2. 未按规定设置、保管账簿或者保管记账凭证和有关资料； 3. 未按规定的期限办理纳税申报和报送纳税资料； 4. 使用税控装置开具发票，未按规定的期限向主管税务机关报送税控装置开票数据且没有违法所得； 5. 未按规定取得发票，以其他凭证代替发票使用且没有违法所得； 6. 未按规定缴销发票且没有违法所得； 7. 使用非税控电子器具开具发票，未按规定将非税控电子器具使用的软件程序说明资料报主管税务机关备案且没有违法所得； 8. 未按规定办理税务登记证件验证或者换证手续； 9. 未按规定将财务、会计制度或者财务、会计处理办法和会计核算软件报送税务机关备查； 10. 未按规定加盖发票专用章且没有违法所得

续表

项目		内　　容	
"首违不罚"制度	事项清单	扣缴义务人违规事项	1. 未按规定设置、保管代扣代缴、代收代缴税款账簿或记账凭证及有关资料； 2. 未按规定的期限报送代扣代缴、代收代缴税款有关资料； 3. 未按规定开具税收票证
		境内机构或个人违规事项	境内机构或个人向非居民发包工程作业或劳务项目，未按规定向主管税务机关报告有关事项
	适用		适用税务行政处罚"首违不罚"的，主管税务机关应及时作出不予行政处罚决定，充分保障当事人合法权益。对适用税务行政处罚"首违不罚"的当事人，主管税务机关应采取签订承诺书等方式教育、引导、督促其自觉守法，对再次违反的当事人应严格按照规定予以行政处罚

典型例题

【例 7 - 24】（判断题）"首违不罚"是指初次违法且危害后果轻微的，应当予以行政处罚。（　　）

【答案】×

【解析】"首违不罚"是指初次违法且危害后果轻微并及时纠正的，可以不予行政处罚。

巩固练习

一、单项选择题

1. 根据税收征管法律制度的规定，下列情形中，纳税人应当申报办理注销税务登记的是（　　）。

　　A. 纳税人改变生产经营方式的

　　B. 纳税人改变生产经营范围的

　　C. 纳税人改变名称的

　　D. 纳税人改变住所、经营地点涉及改变税务登记机关的

2. 根据税收征管法律制度的规定，税务机关作出的下列行政行为中，纳税人不服时可以选择申请税务行政复议或者直接提起行政诉讼的是（　　）。

A. 征收税款
B. 加收滞纳金
C. 确认纳税主体
D. 没收财物和违法所得

3. 根据税收征管法律制度的规定，下列关于账簿和凭证管理的说法中，不正确的是（　　）。

A. 从事生产、经营的纳税人应当自领取营业执照或者发生纳税义务之日起15日内，按规定设置账簿
B. 生产、经营规模小又确无建账能力的纳税人，可以聘请经批准从事会计代理记账业务的专业机构或者财会人员代为建账和办理账务
C. 纳税人使用计算机记账的，无须向主管税务机关备案
D. 账簿、记账凭证、报表、完税凭证、发票、出口凭证以及其他有关涉税资料应当保存10年，但是法律、行政法规另有规定的除外

4. 纳税人被市场监管部门吊销营业执照的，应当自营业执照被吊销之日起（　　）日内，向原税务登记机关申报办理注销税务登记。

A. 7
B. 10
C. 15
D. 30

5. 根据税收征管法律制度的规定，下列各项中，不属于纳税担保范围的是（　　）。

A. 罚款
B. 滞纳金
C. 税款
D. 实现税款、滞纳金的费用

6. 根据税收征管法律制度的规定，下列说法中，错误的是（　　）。

A. 非法印制、转借、倒卖、变造或者伪造完税凭证的，由税务机关责令改正，处2 000元以上1万元以下的罚款；情节严重的，处1万元以上5万元以下的罚款；构成犯罪的，依法追究刑事责任
B. 银行和其他金融机构未依照《征管法》的规定在从事生产、经营的纳税人的账户中登录税务登记证件号码，或者未按规定在税务登记证件中登录从事生产、经营的纳税人的账户账号的，由税务机关责令其限期改正，处2 000元以上2万元以下的罚款；情节严重的，处2万元以上5万元以下的罚款
C. 税务代理人违反税收法律、行政法规，造成纳税人未缴或者少缴税款的，除由纳税人缴纳或者补缴应纳税款、滞纳金外，对税务代理人处纳税人未缴或者少缴税款50%以上5倍以下的罚款
D. 未按照规定设置账簿的，由税务机关责令限期改正，可以处2 000元以下的罚款；情节严重的，处2 000元以上1万元以下的罚款

7. 根据税收征管法律制度的规定，下列关于重大税收违法失信主体信息公布的说法中，不正确的是（　　）。

A. 失信主体信息自公布之日起满 3 年的，税务机关在 5 个工作日内停止信息公布

B. 税务机关应当在失信主体确定文书送达后的次月 10 个工作日内，向社会公布失信主体信息

C. 纳入纳税信用评价范围的失信主体，税务机关应将其纳税信用级别判为 D 级

D. 税务机关应当在作出确定失信主体决定前向当事人送达告知文书，告知其依法享有陈述、申辩的权利

8. 因纳税人、扣缴义务人计算等失误，未缴或者少缴税款的，税务机关在 3 年内可以追征税款、滞纳金；有特殊情况的，可（　　）。

A. 只追征税款不加收滞纳金　　　　　B. 将追征期延长到 10 年

C. 将追征期延长到 5 年　　　　　　D. 处以 2 000 元以上 1 万元以下的罚款

9. 根据税收征管法律制度的规定，下列不属于"首违不罚"事项清单的是（　　）。

A. 纳税人未按照《征管法》等有关规定将其全部银行账号向税务机关报送

B. 纳税人使用非税控电子器具开具发票，未按照《征管法》《发票管理办法》等有关规定将非税控电子器具使用的软件程序说明资料报主管税务机关备案且没有违法所得

C. 纳税人未按照《征管法》《发票管理办法》等有关规定加盖发票专用章且有违法所得

D. 纳税人未按照《征管法》等有关规定将财务、会计制度或者财务、会计处理办法和会计核算软件报送税务机关备查

10. 张某因税务违法行为被 E 市 F 县税务局处以罚款，逾期未缴纳罚款，又被 F 县税务局加处罚款。张某对罚款和加处罚款的决定均不服，欲申请行政复议。下列机关中，有权受理该税务行政复议申请的是（　　）。

A. E 市税务局　　　　　　　　　　B. F 县税务局

C. F 县人民政府　　　　　　　　　D. E 市人民政府

二、多项选择题

1. 根据税收征管法律制度的规定，纳税人对税务机关的下列行政行为不服时，可以申请行政复议的有（　　）。

A. 确认适用税率

B. 具体贯彻落实税收法规的规章

C. 罚款

D. 加收滞纳金

2. 下列属于偷税（逃税）手段的有（　　）。

A. 伪造、变造账簿、记账凭证　　　B. 以暴力拒不缴纳税款

C. 隐匿、擅自销毁账簿和记账凭证　D. 转移或隐匿财产

3. 根据税收征管法律制度的规定，下列各项中，属于虚开发票行为的有（　　）。

A. 让他人为自己开具与实际经营业务情况不符的发票

B. 为他人开具与实际经营业务情况不符的发票

C. 介绍他人开具与实际经营业务情况不符的发票

D. 为自己开具与实际经营业务情况不符的发票

4. 根据税收征管法律制度的规定，单位和个人在使用发票的过程中，不得有的行为包括（　　）。

A. 窃取、截留、篡改、出售、泄露发票数据

B. 缩小发票使用范围

C. 拆本使用发票

D. 以其他凭证代替发票使用

5. 根据税收征管法律制度的规定，下列关于税收保全措施和税收强制执行措施的说法中，正确的有（　　）。

A. 纳税人价值 4 000 元的金戒指不在税收保全措施的范围之内

B. 税务机关对价值 2 000 元的空调，不采取税收强制执行措施

C. 税务机关采取强制执行措施时，对纳税人未缴纳的滞纳金也同时强制执行

D. 税收强制执行的措施包括强制扣款、拍卖变卖

6. 根据税收征管法律制度的规定，下列关于税务行政复议申请与受理的表述中，正确的有（　　）。

A. 复议机关收到行政复议申请以后未按照规定期限审查并作出不予受理决定的，视为受理

B. 申请人申请行政复议，必须采取书面申请，不能口头申请

C. 申请人对税务机关作出逾期不缴纳罚款加处罚款的决定不服的，应当先缴纳罚款和加处罚款，再申请行政复议

D. 申请人可以在税务机关作出行政行为之日起 60 日内提出行政复议申请

7. 税务机关欠税清缴制度包括（　　）。

A. 大额欠税处分财产报告制度

B. 对欠缴税款的纳税人依法行使代位权

C. 对欠缴税款的纳税人行使撤销权

D. 建立欠税公告制度

三、判断题

1. 对已在市场监管部门办理注销，但在金税三期核心征管系统2019年5月1日前已被列为非正常户注销状态的纳税人，主管税务机关可直接进行税务注销。　（　）

2. 希望公司按照国家规定享受3年免缴企业所得税的优惠待遇，希望公司在这3年内不需要办理企业所得税的纳税申报。　（　）

3. 纳税人办理纳税申报采用邮寄方式的，以申报资料到达的邮戳日期为实际申报日期。　（　）

4. 主管税务机关根据领用单位和个人的经营范围、规模和风险等级，在7个工作日内确认领用发票的种类、数量以及领用方式。　（　）

5. 纳税担保方式仅有纳税抵押和纳税质押。　（　）

6. 张某对同属甲市的乙县税务局和丙县税务局以共同的名义作出的行政行为不服的，应向甲市市政府申请行政复议。　（　）

巩固练习参考答案及解析

一、单项选择题

1.【答案】D

【解析】纳税人发生以下情形的，向主管税务机关申报办理注销税务登记：（1）纳税人发生解散、破产、撤销以及其他情形，依法终止纳税义务的；（2）纳税人被市场监管部门吊销营业执照或者被其他机关予以撤销登记的；（3）纳税人因住所、经营地点变动，涉及变更税务登记机关的；（4）境外企业在中国境内承包建筑、安装、装配、勘探工程和提供劳务的，项目完工、离开中国的。

2.【答案】D

【解析】选项A、B、C属于征税行为，纳税人不服的，必须先申请行政复议，对行政复议决定不服的，可以向人民法院提起行政诉讼；选项D不属于征税行为，纳税人不服的，可以申请行政复议，也可以直接向人民法院提起行政诉讼。

3. 【答案】C

【解析】纳税人使用计算机记账的，应当在使用前将会计电算化系统的会计核算软件、使用说明书及有关资料报送主管税务机关备案，选项C错误。

4. 【答案】C

【解析】纳税人被市场监管部门吊销营业执照或者被其他机关予以撤销登记的，应当自营业执照被吊销或者被撤销登记之日起15日内，向原税务登记机关申报办理注销税务登记。

5. 【答案】A

【解析】纳税担保的范围包括税款、滞纳金和实现税款、滞纳金的费用。

6. 【答案】C

【解析】选项C，税务代理人违反税收法律、行政法规，造成纳税人未缴或者少缴税款的，除由纳税人缴纳或者补缴应纳税款、滞纳金外，对税务代理人处纳税人未缴或者少缴税款50%以上3倍以下的罚款。

7. 【答案】B

【解析】税务机关应当在失信主体确定文书送达后的次月15个工作日内，向社会公布下列信息：（1）失信主体基本情况；（2）失信主体的主要税收违法事实；（3）税务处理、税务行政处罚决定及法律依据；（4）确定失信主体的税务机关；（5）法律、行政法规规定应当公布的其他信息。

8. 【答案】C

【解析】因纳税人、扣缴义务人计算等失误，未缴或者少缴税款的，税务机关在3年内可以追征税款、滞纳金；有特殊情况的，追征期可以延长到5年。

9. 【答案】C

【解析】"首违不罚"是行政处罚法上的一项制度，依据《行政处罚法》第三十三条第一款，初次违法且危害后果轻微并及时纠正的，可以不予行政处罚，纳税人未按照《征管法》《发票管理办法》等有关规定加盖发票专用章且没有违法所得才属于"首违不罚"事项清单。

10. 【答案】A

【解析】对各级税务局的行政行为不服的，向其上一级税务局申请行政复议，本题中，张某对F县税务局作出的罚款和加处罚款的行政行为均不服，应向其上一级税务局E市税务局申请行政复议。

二、多项选择题

1. 【答案】ACD

【解析】选项A、C、D均为具体行政行为，可以申请行政复议。选项B，申请人认为税务机关的行政行为所依据的规范性文件（不含规章）不合法，对行政行为申请行政复议时，可以一并向行政复议机关提出对该规范性文件的附带的审查申请。

2.【答案】AC

【解析】偷税（逃税）是指纳税人以不缴或者少缴税款为目的，采取伪造、变造、隐匿、擅自销毁账簿、记账凭证，在账簿上多列支出或者不列、少列收入，或采取各种不公开的手段，或者进行虚假的纳税申报的手段，隐瞒真实情况，不缴或少缴税款，欺骗税务机关的行为。

3.【答案】ABCD

【解析】任何单位和个人不得有下列虚开发票行为：（1）为他人、为自己开具与实际经营业务情况不符的发票。（2）让他人为自己开具与实际经营业务情况不符的发票。（3）介绍他人开具与实际经营业务情况不符的发票。

4.【答案】ACD

【解析】任何单位和个人应当按照发票管理规定使用发票，不得有下列行为：（1）转借、转让、介绍他人转让发票、发票监制章和发票防伪专用品。（2）知道或者应当知道是私自印制、伪造、变造、非法取得或者废止的发票而受让、开具、存放、携带、邮寄、运输。（3）拆本使用发票。（4）扩大发票使用范围。（5）以其他凭证代替发票使用。（6）窃取、截留、篡改、出售、泄露发票数据。

5.【答案】BCD

【解析】选项A、B，个人及其所扶养家属维持生活必需的住房和用品（不包括机动车辆、金银饰品、古玩字画、豪华住宅或者一处以外的住房），不在税收保全措施和强制执行措施的范围之内；税务机关对单价5 000元以下的其他生活用品，不采取税收保全措施和强制执行措施。选项C、D表述正确。

6.【答案】AC

【解析】选项B，申请人申请行政复议，可以书面申请；书面申请有困难的，也可以口头申请。选项D，申请人可以在知道或应当知道税务机关作出行政行为之日起60日内提出行政复议申请。

7.【答案】ABCD

【解析】选项A、B、C、D都包括在税务机关欠税清缴制度中。选项A，欠缴税款5万元以上的纳税人在处分其不动产或者大额资产之前，应当向税务机关报告。选项B、C，欠缴税款的纳税人因怠于行使到期债权，或者放弃到期债权，或者无偿转让财产，或者以明显不合理的低价转让财产而受让人知道该情形，对国家税收造成损害的，税务机关可以依法行使代位权、撤销权。选项D，县级以上各级税务机关应当将纳税人的欠税情况，在办税场所或者广播、电视、报纸、期刊、网络等新闻媒体上定期公告。

三、判断题

1.【答案】√

【解析】对已在市场监管部门办理注销，但在金税三期核心征管系统 2019 年 5 月 1 日前已被列为非正常户注销状态的纳税人，主管税务机关可直接进行税务注销。

2.【答案】×

【解析】纳税人享受减税、免税待遇的，在减税、免税期间应当按照规定办理纳税申报。

3.【答案】×

【解析】邮寄申报以寄出的邮戳日期为实际申报日期。

4.【答案】×

【解析】主管税务机关根据领用单位和个人的经营范围、规模和风险等级，在 5 个工作日内确认领用发票的种类、数量以及领用方式。

5.【答案】×

【解析】纳税担保方式主要有纳税保证、纳税抵押和纳税质押。

6.【答案】×

【解析】对两个以上税务机关以共同的名义作出的行政行为不服的，向共同上一级税务机关申请行政复议。

第八章　劳动合同
与社会保险法律制度

考情分析

本章是教材的重点章节，主要介绍了劳动合同法律制度与社会保险法律制度两部分内容。本章的考查范围较广，每年所占分值较高，在 15 分左右，且每种题型都出现过。考生在复习过程中，需要掌握和理解基本知识点，比如劳动合同的订立、劳动合同的履行和变更、劳动合同的解除和终止、劳动争议的解决以及社会保险的基本险种等。考生需要重点掌握劳动合同的主要内容、劳动合同的解除和终止。

教材变化

2024 年本章教材内容改动不大，删除了"劳动关系的特征"相关内容，增加了"社会保险经办"相关内容。

教材框架

劳动合同与社会保险法律制度
- 劳动合同法律制度
  - 劳动关系与劳动合同
  - 劳动合同的订立
  - 劳动合同的主要内容
  - 劳动合同的履行和变更
  - 劳动合同的解除和终止
  - 集体合同
  - 劳务派遣
  - 劳动争议的解决
  - 违反劳动合同法律制度的法律责任
- 社会保险法律制度
  - 基本养老保险
  - 基本医疗保险
  - 工伤保险
  - 失业保险
  - 社会保险经办
  - 社会保险费征缴与社会保险基金管理
  - 违反社会保险法律制度的法律责任

考点提炼

考点1　劳动关系与劳动合同 ★

项目	内　　容
劳动关系	劳动关系是指劳动者与用人单位依法签订劳动合同而在劳动者与用人单位之间产生的法律关系

续表

项目	内 容
劳动合同	劳动合同是劳动者和用人单位之间依法确立劳动关系，明确双方权利义务的协议
适用范围	1. 适用《劳动合同法》的劳动关系。 中华人民共和国境内的企业、个体经济组织、民办非企业单位等组织（以下简称"用人单位"）与劳动者建立劳动关系，订立、履行、变更、解除或者终止劳动合同，适用《劳动合同法》。 注：依法成立的会计师事务所、律师事务所等合伙组织和基金会，也属于《劳动合同法》规定的用人单位。 2. 依照《劳动合同法》执行的劳动关系。 国家机关、事业单位、社会团体和与其建立劳动关系的劳动者，订立、履行、变更、解除或者终止劳动合同，依照《劳动合同法》执行。 3. 部分适用《劳动合同法》的劳动关系。 地方各级人民政府及县级以上人民政府有关部门为安置就业困难人员提供的给予岗位补贴和社会保险补贴的公益性岗位，其劳动合同不适用《劳动合同法》有关无固定期限劳动合同的规定以及支付经济补偿的规定

典型例题

【例8-1】（判断题）依法成立的会计师事务所、律师事务所等合伙组织和基金会，不属于《劳动合同法》规定的用人单位。（　　）

【答案】×

【解析】中华人民共和国境内的企业、个体经济组织、民办非企业单位等组织（简称"用人单位"）与劳动者建立劳动关系，订立、履行、变更、解除或者终止劳动合同，适用《劳动合同法》。依法成立的会计师事务所、律师事务所等合伙组织和基金会，也属于《劳动合同法》规定的用人单位。

考点2　劳动合同的订立★★★

项目	内 容
概念	劳动合同的订立是指劳动者和用人单位经过相互选择与平等协商，就劳动合同的各项条款达成一致意见，并以书面形式明确规定双方权利、义务的内容，从而确立劳动关系的法律行为
原则	遵循合法、公平、平等自愿、协商一致、诚实信用的原则

续表

项目		内　　容
主体	主体的资格要求	1. 劳动者有劳动权利能力和行为能力（禁止招用未满 16 周岁的未成年人，文艺、体育和特种工艺单位除外）。 2. 用人单位有用人权利能力和行为能力
	义务	1. 劳动者：用人单位有权了解劳动者与劳动合同直接相关的基本情况，劳动者应当如实说明。 2. 用人单位：用人单位招用劳动者时，应当如实告知劳动者工作内容、工作条件、工作地点、职业危害、安全生产状况、劳动报酬，以及劳动者要求了解的其他情况。不得扣押证件或收取财物
劳动关系建立的时间：用人单位自用工之日起即与劳动者建立劳动关系		

形式	书面	建立劳动关系，应当订立书面劳动合同。已建立劳动关系，未同时订立书面劳动合同的，应当自用工之日起 1 个月内订立书面劳动合同 未签订合同的处理：	

		情形		处理与后果
形式	书面	自用工之日起 1 个月内	经用人单位书面通知后，劳动者不与用人单位订立书面劳动合同	1. 用人单位应当书面通知劳动者终止劳动关系。 2. 用人单位无须向劳动者支付经济补偿，但是应当依法向劳动者支付其实际工作时间的劳动报酬
		自用工之日起超过 1 个月不满 1 年	用人单位未与劳动者订立书面劳动合同	用人单位应当向劳动者每月支付 2 倍的工资，并与劳动者补订书面劳动合同。每月支付 2 倍工资的起算时间为用工之日起满 1 个月的次日，截止时间为补订书面劳动合同的前一日。 注：劳动者不与用人单位订立书面劳动合同的，用人单位应当书面通知劳动者终止劳动关系，并支付经济补偿
		自用工之日起满 1 年	用人单位未与劳动者订立书面劳动合同	1. 自用工之日起满 1 个月的次日至满 1 年的前一日（共 11 个月）应当向劳动者每月支付 2 倍的工资。 2. 并视为自用工之日起满 1 年的当日已经与劳动者订立无固定期限劳动合同，应当立即与劳动者补订书面劳动合同
	口头	非全日制用工双方当事人可以订立口头协议。非全日制用工双方当事人不得约定试用期。非全日制用工双方当事人任何一方都可以随时通知对方终止用工。终止用工，用人单位不向劳动者支付经济补偿		

续表

项目	内 容
效力	劳动合同经用人单位与劳动者在劳动合同文本上签字或者盖章生效。劳动合同文本由用人单位和劳动者各执一份。 注：劳动合同的生效不等同于劳动关系的建立
	下列劳动合同无效或者部分无效： （1）以欺诈、胁迫的手段或者乘人之危，使对方在违背真实意思的情况下订立或者变更劳动合同的。 （2）用人单位免除自己的法定责任、排除劳动者权利的。 （3）违反法律、行政法规强制性规定的。 注：无效劳动合同，从订立时起就没有法律约束力。劳动合同部分无效，不影响其他部分效力的，其他部分仍然有效

典型例题

【例8－2】（单选题）下列情形中，订立劳动合同的当事人具备主体合法性的是（   ）。

A. 未满16周岁的小赵与某餐厅签订的劳动合同

B. 未满16周岁的小钱与某杂技团签订的劳动合同

C. 未满16周岁的小孙与某快递公司签订的劳动合同

D. 未满16周岁的小李与某保安公司签订的劳动合同

【答案】B

【解析】文艺、体育、特种工艺单位录用人员可以不满16周岁。

【例8－3】（单选题）2023年2月1日，孙某到甲公司上班，每月工资为3 000元。2023年4月1日，甲公司与孙某订立书面劳动合同。甲公司应向孙某支付2023年2月和3月的工资总额为（   ）元。

A. 9 000   B. 12 000

C. 6 000   D. 3 000

【答案】A

【解析】用人单位自用工之日起超过1个月不满1年未与劳动者订立书面劳动合同的，应当向劳动者每月支付2倍的工资，并与劳动者补订书面劳动合同；劳动者不与用人单位订立书面劳动合同的，用人单位应当书面通知劳动者终止劳动关系，并支付经济补偿。用人单位向劳动者每月支付2倍工资的起算时间为用工之日起满1个月的次日，截止时间为补订书面劳动合同的前一日。

考点 3　劳动合同的主要内容 ★★★

项目	内 　容
必备条款	1. 用人单位的名称、住所和法定代表人或者主要负责人。 2. 劳动者的姓名、住址和居民身份证或者其他有效身份证件号码。 3. 劳动合同期限。 （1）固定期限劳动合同。 （2）以完成一定工作任务为期限的劳动合同。 （3）无固定期限劳动合同。 应当订立无固定期限劳动合同的情形：①劳动者在该用人单位连续工作满 10 年的。连续工作满 10 年的起始时间，应当自用人单位用工之日起计算，包括《劳动合同法》施行前的工作年限。劳动者非因本人原因从原用人单位被安排到新用人单位工作的，劳动者在原用人单位的工作年限合并计算为新用人单位的工作年限。（2022 年新增内容）用人单位符合下列情形之一的，应当认定属于"劳动者非因本人原因从原用人单位被安排到新用人单位工作"：劳动者仍在原工作场所、工作岗位工作，劳动合同主体由原用人单位变更为新用人单位；用人单位以组织委派或任命形式对劳动者进行工作调动；因用人单位合并、分立等原因导致劳动者工作调动；用人单位及其关联企业与劳动者轮流订立劳动合同；其他合理情形。②用人单位初次实行劳动合同制度或者国有企业改制重新订立劳动合同时，劳动者在该用人单位连续工作满 10 年且距法定退休年龄不足 10 年的。③连续订立 2 次固定期限劳动合同，且劳动者没有相关法定情形，续订劳动合同的。 4. 工作内容和工作地点。 5. 工作时间和休息、休假。 （1）工作时间。目前我国实行的工时制度主要有标准工时制、不定时工作制和综合计算工时制三种类型。 （2）休息、休假。职工累计工作已满 1 年不满 10 年的，年休假 5 天；已满 10 年不满 20 年的，年休假 10 天；已满 20 年的，年休假 15 天。国家法定休假日、休息日不计入年休假的假期。 但当职工有下列情形之一时，不享受当年的年休假：①职工依法享受寒暑假，其休假天数多于年休假天数的；②职工请事假累计 20 天以上且单位按照规定不扣工资的；③累计工作满 1 年不满 10 年的职工，请病假累计 2 个月以上的；④累计工作满 10 年不满 20 年的职工，请病假累计 3 个月以上的；⑤累计工作满 20 年以上的职工，请病假累计 4 个月以上的。 6. 劳动报酬。 劳动报酬与支付：劳动报酬是指用人单位根据劳动者劳动的数量和质量，以货币形式支付给劳动者的工资。工资应当以法定货币支付，不得以实物及有价证券替代货币支付。工资必须在用人单位与劳动者约定的日期支付。 法定标准工作时间外的工资支付：（1）延长工作时间，按不低于劳动者本人小时工资标准的 150% 支付；（2）休息日工作，不能安排补休的，按不低于劳动者本人日或小时工资标准的 200% 支付；（3）法定休假节日工作的，按不低于劳动者本人日或小时工资标准的 300% 支付。逾期不支付加班工资的，责令用人单位按应付金额

续表

项目	内　　容		
必备条款	50%以上100%以下的标准向劳动者加付赔偿金。实行不定时工时制度的劳动者，不执行上述规定。 最低工资制度：是指国家通过立法强制规定用人单位支付给劳动者的工资不得低于国家规定的最低工资标准，以保障劳动者能够满足其自身及其家庭成员基本生活的法律制度。 7. 社会保险。 8. 劳动保护、劳动条件和职业危害防护。 9. 法律、法规规定应当纳入劳动合同的其他事项		
可备条款	试用期	劳动合同期限	试用期期限
		3 个月≤劳动合同期限<1 年	不得超过 1 个月
		1 年≤劳动合同期限<3 年	不得超过 2 个月
		劳动合同期限≥3 年	不得超过 6 个月
		无固定期限的劳动合同	
		注：1. 试用期属于劳动合同的可备条款，双方可以约定，也可以不约定试用期。 2. 试用期包含在劳动合同期限内。劳动合同仅约定试用期的，试用期不成立，该期限即为劳动合同期限。 3. 同一用人单位与同一劳动者只能约定一次试用期。 4. 试用期工资不得低于本单位相同岗位最低档工资或者劳动合同约定工资的80%，并不得低于用人单位所在地的最低工资标准	
	服务期	劳动者违反服务期约定的，应当按照约定向用人单位支付违约金。违约金的数额不得超过用人单位提供的培训费用。劳动者因下列情形而被用人单位解除劳动关系，用人单位仍有权要求其支付违约金： （1）劳动者严重违反用人单位的规章制度的； （2）劳动者严重失职，营私舞弊，给用人单位造成重大损害的； （3）劳动者同时与其他用人单位建立劳动关系，对完成本单位的工作任务造成严重影响，或者经用人单位提出，拒不改正的； （4）劳动者以欺诈、胁迫的手段或者乘人之危，使用人单位在违背真实意思的情况下订立或者变更劳动合同的； （5）劳动者被依法追究刑事责任的	
		劳动者解除劳动合同不属于违反服务期约定的情形（用人单位不得要求劳动者支付违约金）： （1）用人单位未按照劳动合同约定提供劳动保护或者劳动条件的； （2）用人单位未及时足额支付劳动报酬的； （3）用人单位未依法为劳动者缴纳社会保险费的； （4）用人单位的规章制度违反法律、法规的规定，损害劳动者权益的；	

续表

项目		内　　容
可备条款	服务期	（5）用人单位以欺诈、胁迫的手段或者乘人之危，使劳动者在违背真实意思的情况下订立或者变更劳动合同致使劳动合同无效的； （6）用人单位在劳动合同中免除自己的法定责任、排除劳动者权利的； （7）用人单位违反法律、行政法规强制性规定的； （8）法律、行政法规规定劳动者可以解除劳动合同的其他情形
	保密和竞业限制	对负有保密义务的劳动者，用人单位可以在劳动合同或者保密协议中与劳动者约定竞业限制条款，并约定在解除或者终止劳动合同后，在竞业限制期限内按月给予劳动者经济补偿。劳动者违反竞业限制约定的，应当按照约定向用人单位支付违约金
		注：（1）竞业限制的人员限于用人单位的高级管理人员、高级技术人员和其他负有保密义务的人员，而不是所有的劳动者； （2）竞业限制的范围、地域、期限由用人单位与劳动者约定； （3）竞业限制期限不得超过 2 年

典型例题

【例 8 - 4】（单选题）2021 年 7 月 2 日，吴某初次就业即到甲公司工作。2023 年 9 月 28 日，吴某向公司提出当年年休假申请。吴某依法可享受的年休假天数为（　　）天。

A. 0

B. 5

C. 10

D. 15

【答案】 B

【解析】 职工累计工作已满 1 年不满 10 年的，年休假 5 天；已满 10 年不满 20 年的，年休假 10 天；已满 20 年的，年休假 15 天。

【例 8 - 5】（单选题）乙公司录用郑某并订立 5 年期劳动合同。该劳动合同中，双方依法可约定的试用期期限最长为（　　）个月。

A. 1

B. 2

C. 6

D. 12

【答案】 C

【解析】 劳动合同期限 3 个月以上（含本数，下同）不满 1 年的，试用期不得超过 1 个月；劳动合同期限 1 年以上不满 3 年的，试用期不得超过 2 个月；3 年以上固定期限和无固定期限的劳动合同，试用期不得超过 6 个月。

考点4　劳动合同的履行和变更★★

项目	内　　容
履行	劳动合同的履行是指劳动合同生效后，当事人双方按照劳动合同的约定，完成各自承担的义务和实现各自享受的权利，使当事人双方订立合同的目的得以实现的法律行为： 1. 用人单位与劳动者应当按照劳动合同的约定，全面履行各自的义务。 （1）向劳动者及时足额支付劳动报酬。 （2）用人单位应当严格执行劳动定额标准，不得强迫或者变相强迫劳动者加班。用人单位安排加班的，应当按照国家有关规定向劳动者支付加班费。 （3）劳动者拒绝用人单位管理人员违章指挥、强令冒险作业的，不视为违反劳动合同。劳动者对危害生命安全和身体健康的劳动条件，有权对用人单位提出批评、检举和控告。 （4）用人单位变更名称、法定代表人、主要负责人或者投资人等事项，不影响劳动合同的履行。 （5）用人单位发生合并或者分立等情况，原劳动合同继续有效，劳动合同由承继其权利和义务的用人单位继续履行。 2. 用人单位应当依法建立和完善劳动规章制度，保障劳动者享有劳动权利、履行劳动义务
变更	劳动合同的变更是指劳动合同依法订立后，在合同尚未履行或者尚未履行完毕之前，经用人单位和劳动者双方当事人协商同意，对劳动合同内容作部分修改、补充或者删减的法律行为。 注：劳动合同的变更是对原合同内容作部分修改、补充或者删减，而不是签订新的劳动合同
	1. 用人单位与劳动者协商一致，可以变更劳动合同约定的内容。变更劳动合同，应当采用书面形式。变更后的劳动合同文本由用人单位和劳动者各执一份。 2. 用人单位与劳动者协商一致变更劳动合同，虽未采用书面形式，但已经实际履行了口头变更的劳动合同超过1个月，变更后的劳动合同内容不违反法律、行政法规且不违背公序良俗，当事人以未采用书面形式为由主张劳动合同变更无效的，人民法院不予支持

典型例题

【例8－6】（多选题）根据劳动合同法律制度的规定，下列说法中正确的有（　　　）。

A. 用人单位变更名称、法定代表人、主要负责人或者投资人等事项，会影响劳动合同的履行

B. 用人单位发生合并或者分立等情况，原劳动合同继续有效，劳动合同由承继其权利和义务的用人单位继续履行

C. 劳动者拒绝用人单位管理人员违章指挥、强令冒险作业的，不视为违反劳动合同

D. 劳动者对危害生命安全和身体健康的劳动条件，有权对用人单位提出批评、检举和控告

【答案】BCD

【解析】劳动合同的履行不受用人单位变更名称、法定代表人、主要负责人或者投资人等事项的影响。

【例8－7】（判断题）变更劳动合同未采用书面形式，无论是否实际履行了口头变更的劳动合同，合同变更无效。（　　）

【答案】×

【解析】用人单位与劳动者协商一致变更劳动合同，虽未采用书面形式，但已经实际履行了口头变更的劳动合同超过1个月，变更后的劳动合同内容不违反法律、行政法规且不违背公序良俗，当事人以未采用书面形式为由主张劳动合同变更无效的，人民法院不予支持。

考点5　劳动合同的解除和终止★★★

项目	内容		
解除	劳动合同解除是指在劳动合同订立后，劳动合同期限届满之前，因双方协商提前结束劳动关系，或因出现法定的情形，一方当事人单方通知对方结束劳动关系的法律行为		
	协商解除：是指劳动合同订立后，双方当事人因某种原因，在完全自愿的基础上协商一致，提前终止劳动合同，结束劳动关系。 注：由用人单位提出解除劳动合同而与劳动者协商一致的，必须依法向劳动者支付经济补偿；由劳动者主动辞职而与用人单位协商一致解除劳动合同的，用人单位不需向劳动者支付经济补偿		
	法定解除：是指在出现国家法律、法规或劳动合同规定的可以解除劳动合同的情形时，不需当事人协商一致，一方当事人即可决定解除劳动合同，劳动合同效力可以自然终止或由单方提前终止		
	1. 劳动者单方解除劳动合同的情形：		
	类型	情形	用人单位是否支付经济补偿
	提前通知解除劳动合同	（1）劳动者提前30日以书面形式通知用人单位的； （2）劳动者在试用期内提前3日通知用人单位的	否
	随时通知解除劳动合同	（1）用人单位未按照劳动合同约定提供劳动保护或者劳动条件的； （2）用人单位未及时足额支付劳动报酬的； （3）用人单位未依法为劳动者缴纳社会保险费的； （4）用人单位的规章制度违反法律、法规的规定，损害劳动者权益的； （5）用人单位以欺诈、胁迫的手段或者乘人之危，使劳动者在违背真实意思的情况下订立或者变更劳动合同致使劳动合同无效的；	是

续表

项目	内　容		
	类型	情形	用人单位是否支付经济补偿
	随时通知解除劳动合同	（6）用人单位在劳动合同中免除自己的法定责任、排除劳动者权利的； （7）用人单位违反法律、行政法规强制性规定的； （8）法律、行政法规规定劳动者可以解除劳动合同的其他情形	是
	不需事先告知即可解除	（1）用人单位以暴力、威胁或者非法限制人身自由的手段强迫劳动者劳动的； （2）用人单位违章指挥、强令冒险作业危及劳动者人身安全的	是
解除	2. 用人单位可单方解除劳动合同的情形： （1）劳动者有过错（随时通知解除）： ①劳动者在试用期间被证明不符合录用条件的； ②劳动者严重违反用人单位的规章制度的； ③劳动者严重失职，营私舞弊，给用人单位造成重大损害的； ④劳动者同时与其他用人单位建立劳动关系，对完成本单位的工作任务造成严重影响，或者经用人单位提出，拒不改正的； ⑤劳动者以欺诈、胁迫的手段或者乘人之危，使用人单位在违背真实意思的情况下订立或者变更劳动合同致使劳动合同无效的； ⑥劳动者被依法追究刑事责任的。 在上述情形下，用人单位可随时通知劳动者解除劳动关系，不需向劳动者支付经济补偿。 （2）劳动者无过错（预告解除）： ①劳动者患病或者非因工负伤，在规定的医疗期满后不能从事原工作，也不能从事由用人单位另行安排的工作的； ②劳动者不能胜任工作，经过培训或者调整工作岗位，仍不能胜任工作的； ③劳动合同订立时所依据的客观情况发生重大变化，致使劳动合同无法履行，经用人单位与劳动者协商，未能就变更劳动合同内容达成协议的。 在上述情形下，用人单位提前30日以书面形式通知劳动者本人或者额外支付劳动者1个月工资后，可以解除劳动合同。用人单位选择额外支付劳动者1个月工资解除劳动合同的，其额外支付的工资应当按照该劳动者上1个月的工资标准确定。用人单位还应当向劳动者支付经济补偿。 （3）经济性裁员（裁员解除）：是指用人单位由于经营不善等经济性原因，解雇多个劳动者的情形。 用人单位有下列情形之一，需要裁减人员20人以上或者裁减不足20人但占企业职工总数10%以上的，用人单位提前30日向工会或者全体职工说明情况，听取工会或者职工的意见后，裁减人员方案经向劳动行政部门报告，可以裁减人员： ①依照《企业破产法》规定进行重整的； ②生产经营发生严重困难的； ③企业转产、重大技术革新或者经营方式调整，经变更劳动合同后，仍需裁减人员的；		

续表

项目	内　容
解除	④其他因劳动合同订立时所依据的客观经济情况发生重大变化，致使劳动合同无法履行的。 在上述情形下解除劳动合同，用人单位应当向劳动者支付经济补偿。 裁减人员时，应当优先留用下列人员： ①与本单位订立较长期限的固定期限劳动合同的； ②与本单位订立无固定期限劳动合同的； ③家庭无其他就业人员，有需要扶养的老人或者未成年人的
终止	劳动合同终止是指用人单位与劳动者之间的劳动关系因某种法律事实的出现而自动归于消灭，或导致劳动关系的继续履行成为不可能而不得不消灭的情形
终止	劳动合同终止的情形： （1）劳动合同期满的； （2）劳动者开始依法享受基本养老保险待遇的； （3）劳动者达到法定退休年龄的； （4）劳动者死亡，或者被人民法院宣告死亡或者宣告失踪的； （5）用人单位被依法宣告破产的； （6）用人单位被吊销营业执照、责令关闭、撤销或者用人单位决定提前解散的； （7）法律、行政法规规定的其他情形
对劳动合同解除和终止的限制性规定	劳动者有下列情形之一的，用人单位既不得适用无过失性辞退或经济性裁员解除劳动合同的情形解除劳动合同，也不得终止劳动合同，劳动合同应当续延至相应的情形消失时终止： （1）从事接触职业病危害作业的劳动者未进行离岗前职业健康检查，或者疑似职业病病人在诊断或者医学观察期间的； （2）在本单位患职业病或者因工负伤并被确认丧失或者部分丧失劳动能力的； （3）患病或者非因工负伤，在规定的医疗期内的； （4）女职工在孕期、产期、哺乳期的； （5）在本单位连续工作满15年，且距法定退休年龄不足5年的； （6）法律、行政法规规定的其他情形
劳动合同解除和终止的经济补偿	1. 用人单位应当向劳动者支付经济补偿的情形： （1）劳动者符合随时通知解除和不需事先通知即可解除劳动合同规定情形而解除劳动合同的； （2）由用人单位提出解除劳动合同并与劳动者协商一致而解除劳动合同的； （3）用人单位符合提前30日以书面形式通知劳动者本人或者额外支付劳动者1个月工资后，可以解除劳动合同的规定情形而解除劳动合同的； （4）用人单位符合可裁减人员规定而解除劳动合同的； （5）除用人单位维持或者提高劳动合同约定条件续订劳动合同，劳动者不同意续订的情形外，劳动合同期满终止固定期限劳动合同的； （6）用人单位被依法宣告破产或者被吊销营业执照、责令关闭、撤销或者用人单位决定提前解散而终止劳动合同的； （7）以完成一定工作任务为期限的劳动合同因任务完成而终止的； （8）法律、行政法规规定的其他情形

续表

项目	内 容
劳动合同解除和终止的经济补偿	2. 经济补偿的支付： **经济补偿金＝劳动合同解除或者终止前劳动者在本单位的工作年限×每工作1年应得的经济补偿** （1）经济补偿年限的计算标准。 经济补偿按劳动者在本单位工作的年限，每满1年支付1个月工资的标准向劳动者支付。6个月以上不满1年的，按1年计算；不满6个月的，向劳动者支付半个月工资的经济补偿。 （2）经济补偿基数的计算标准。 ①月工资是指劳动者在劳动合同解除或者终止前12个月的平均工资。劳动者工作不满12个月的，按照实际工作的月数计算平均工资。 ②劳动者在劳动合同解除或者终止前12个月的平均工资低于当地最低工资标准的，按照当地最低工资标准计算。 即：**经济补偿金＝工作年限×月最低工资标准** ③劳动者月工资高于用人单位所在直辖市、设区的市级人民政府公布的本地区上年度职工月平均工资3倍的，向其支付经济补偿的标准按职工月平均工资3倍的数额支付，向其支付经济补偿的年限最高不超过12年。 即：**经济补偿金＝工作年限（最高不超过12年）×当地上年度职工月平均工资3倍** （3）经济补偿年限和基数的特殊计算。 经济补偿的计发办法分两段计算：2008年1月1日前的补偿年限和补偿基数，按当时当地的有关规定执行；2008年1月1日以后的补偿年限和补偿基数，按新法执行。两段补偿合并计算

典型例题

【例8－8】（多选题）根据劳动合同法律制度的规定，下列情形中，劳动者可以单方面随时通知用人单位解除劳动合同的有（　　）。

A. 用人单位未为劳动者缴纳社会保险费

B. 用人单位未及时足额支付劳动报酬

C. 用人单位以暴力、威胁或者非法限制人身自由的手段强迫劳动者劳动的

D. 用人单位违章指挥、强令冒险作业危及劳动者人身安全的

【答案】AB

【解析】选项A、B，劳动者可以"随时通知"解除劳动合同；选项C、D，劳动者"不需要事先告知"即可解除劳动合同。

考点6 集体合同与劳动派遣★★

项目	内 容
集体合同	集体合同是指工会代表企业职工一方与企业签订的以劳动报酬、工作时间、休息休假、劳动安全卫生、保险福利等为主要内容的书面协议

项　目	内　　容	
集体合同	订立	集体合同内容由用人单位和职工各自派出集体协商代表，通过集体协商（会议）的方式协商确定。集体协商双方的代表人数应当对等，每方**至少3人，并各确定1名首席代表**
	集体合同纠纷和法律救济	用人单位违反集体合同，侵犯职工劳动权益的，工会可以依法要求用人单位承担责任；因履行集体合同发生争议，经协商解决不成的，工会可以依法申请仲裁、提起诉讼
劳务派遣	劳务派遣是指由劳务派遣单位与劳动者订立劳动合同，与用工单位订立劳务派遣协议，将被派遣劳动者派往用工单位给付劳务。 	
	注：劳动合同用工是我国企业的基本用工形式，劳务派遣用工是补充形式，只能在**临时性**、**辅助性**或者**替代性**的工作岗位上实施。 临时性工作岗位是指存续时间**不超过6个月**的岗位；辅助性工作岗位是指为主营业务岗位提供服务的非主营业务岗位；替代性工作岗位是指用工单位的劳动者因脱产学习、休假等原因无法工作的一定期间内，可以由其他劳动者替代工作的岗位	
劳务派遣单位、用工单位与劳动者的权利和义务	劳务派遣单位是用人单位，应当履行用人单位对劳动者的义务。劳务派遣单位应当与被派遣劳动者订立2年以上的固定期限劳动合同，按月支付劳动报酬；被派遣劳动者在无工作期间，劳务派遣单位应当按照所在地人民政府规定的最低工资标准，向其按月支付报酬。 接受以劳务派遣形式用工的单位是用工单位。劳务派遣单位派遣劳动者应当与用工单位订立劳务派遣协议。 劳务派遣单位应当将劳务派遣协议的内容告知被派遣劳动者，不得克扣用工单位按照劳务派遣协议支付给被派遣劳动者的劳动报酬。劳务派遣单位和用工单位不得向被派遣劳动者收取费用。 被派遣劳动者享有与用工单位的劳动者同工同酬的权利	

典型例题

【例8－9】（多选题）根据劳动合同法律制度的规定，下列关于劳务派遣的表述中，正确的有（　　）。

A. 劳动合同用工是我国企业的基本用工形式

B. 劳务派遣用工只能是在临时性、辅助性或者是替代性的工作岗位上实施

C. 劳务派遣单位应当与被派遣劳动者订立2年以内的固定期限劳动合同，按月支付劳动报酬

D. 被派遣劳动者在无工作期间，用工单位应当按照所在地政府规定的最低工资标准，向其按月支付报酬

【答案】AB

【解析】劳务派遣单位应当与被派遣劳动者订立2年以上的固定期限劳动合同，按月支付劳动报酬；被派遣劳动者在无工作期间，劳务派遣单位（用人单位）应当按照所在地政府规定的最低工资标准，向其按月支付报酬。故选项C、D错误。

考点7　劳动争议的解决　★★

项目		内　　容
劳动争议	范围	1. 因确认劳动关系发生的争议； 2. 因订立、履行、变更、解除和终止劳动合同发生的争议； 3. 因除名、辞退和辞职、离职发生的争议； 4. 因工作时间、休息休假、社会保险、福利、培训以及劳动保护发生的争议； 5. 因劳动报酬、工伤医疗费、经济补偿或者赔偿金等发生的争议； 6. 法律、法规规定的其他劳动争议
	属于劳动争议的纠纷。当事人不服劳动争议仲裁机构作出的裁决，依法提起诉讼的，人民法院应予受理	1. 劳动者与用人单位在履行劳动合同过程中发生的纠纷； 2. 劳动者与用人单位之间没有订立书面劳动合同，但已形成劳动关系后发生的纠纷； 3. 劳动者与用人单位因劳动关系是否已经解除或者终止，以及应否支付解除或者终止劳动关系经济补偿金发生的纠纷； 4. 劳动者与用人单位解除或者终止劳动关系后，请求用人单位返还其收取的劳动合同定金、保证金、抵押金、抵押物发生的纠纷，或者办理劳动者的人事档案、社会保险关系等转移手续发生的纠纷； 5. 劳动者以用人单位未为其办理社会保险手续，且社会保险经办机构不能补办导致其无法享受社会保险待遇为由，要求用人单位赔偿损失发生的纠纷； 6. 劳动者退休后，与尚未参加社会保险统筹的原用人单位因追索养老金、医疗费、工伤保险待遇和其他社会保险待遇而发生的纠纷；

项目		内　容
劳动争议	属于劳动争议的纠纷。当事人不服劳动争议仲裁机构作出的裁决，依法提起诉讼的，人民法院应予受理	7. 劳动者因为工伤、职业病，请求用人单位依法给予工伤保险待遇发生的纠纷； 8. 劳动者依据《劳动合同法》第八十五条规定，要求用人单位支付加付赔偿金发生的纠纷； 9. 因企业自主进行改制发生的纠纷
	不属于劳动争议的纠纷	1. 劳动者请求社会保险经办机构发放社会保险金的纠纷； 2. 劳动者与用人单位因住房制度改革产生的公有住房转让纠纷； 3. 劳动者对劳动能力鉴定委员会的伤残等级鉴定结论或者对职业病诊断鉴定委员会的职业病诊断鉴定结论的异议纠纷； 4. 家庭或者个人与家政服务人员之间的纠纷； 5. 个体工匠与帮工、学徒之间的纠纷； 6. 农村承包经营户与受雇人之间的纠纷
	解决原则和方法	劳动争议解决的基本原则：解决劳动争议，应当根据事实，遵循合法、公正、及时、着重调解的原则，依法保护当事人的合法权益。 劳动争议解决的基本方法：当事人可以协商解决，也可以依法申请调解、仲裁、提起诉讼
调解	受理组织	1. 企业劳动争议调解委员会； 2. 依法设立的基层人民调解组织； 3. 在乡镇、街道设立的具有劳动争议调解职能的组织
	劳动调解程序	1. 当事人申请劳动争议调解可以书面申请，也可以口头申请； 2. 调解劳动争议，应当充分听取双方当事人对事实和理由的陈述，耐心疏导，帮助其达成协议； 3. 经调解达成协议的，应当制作调解协议书； 4. 达成调解协议后，一方不履行协议的，另一方可依法申请仲裁
仲裁	劳动仲裁机构	劳动仲裁机构是劳动人事争议仲裁委员会（简称"仲裁委员会"）。仲裁委员会按照统筹规划、合理布局和适应实际需要的原则设立，不按行政区划层层设立。仲裁委员会下设实体化的办事机构，称为劳动人事争议仲裁院。 劳动争议仲裁不收费。仲裁委员会的经费由财政予以保障
	劳动仲裁参加人	1. 当事人； 2. 当事人代表（发生争议的劳动者一方在 **10 人以上**，并有共同请求的，劳动者可以 **推举 3~5 名代表** 参加仲裁活动）； 3. 第三人（与劳动争议案件的处理结果有利害关系的第三人）； 4. 代理人（当事人可以委托代理人参加仲裁活动）

续表

项目			内　容
仲裁	劳动仲裁管辖		仲裁委员会负责管辖本区域内发生的劳动争议。劳动争议由劳动合同履行地或者用人单位所在地的仲裁委员会管辖
	申请和受理	仲裁时效	1. 劳动争议申请仲裁的时效期间为1年。仲裁时效期间从当事人知道或者应当知道其权利被侵害之日起计算。 2. 仲裁时效的中断。因当事人一方向对方当事人主张权利，或者向有关部门请求权利救济，或者对方当事人同意履行义务而中断。从中断时起，仲裁时效期间重新计算。 3. 仲裁时效的中止。因不可抗力或者有其他正当理由，当事人不能在仲裁时效期间申请仲裁的，仲裁时效中止。从中止时效的原因消除之日起，仲裁时效期间继续计算
			仲裁申请：申请人申请仲裁应当提交书面仲裁申请，并按照被申请人人数提交副本。 仲裁受理：仲裁委员会收到仲裁申请之日起5日内，认为符合受理条件的，应当予以受理，并向申请人出具受理通知书；认为不符合受理条件的，向申请人出具不予受理通知书。 注：仲裁委员会受理仲裁申请后，应当在5日内将仲裁申请书副本送达被申请人。被申请人收到仲裁申请书副本后，应当在10日内向仲裁委员会提交答辩书。仲裁委员会收到答辩书后，应当在5日内将答辩书副本送达申请人。仲裁委员会不予受理或者逾期未作出决定的，申请人可以就该劳动争议事项向人民法院提起诉讼
	开庭和裁决	基本制度	（1）先行调解原则；（2）仲裁公开原则及例外；（3）仲裁庭制；（4）回避制度
		裁决	应当按照多数仲裁员的意见作出，少数仲裁员的不同意见应当记入笔录。仲裁庭不能形成多数意见时，裁决应当按照首席仲裁员的意见作出。 下列劳动争议，除法律另有规定外，仲裁裁决为终局裁决，裁决书自作出之日起发生法律效力： （1）追索劳动报酬、工伤医疗费、经济补偿或者赔偿金，不超过当地月最低工资标准12个月金额的争议。如果仲裁裁决涉及数项，对单项裁决数额不超过当地月最低工资标准12个月金额的事项，应当适用终局裁决。 （2）因执行国家的劳动标准在工作时间、休息休假、社会保险等方面发生的争议
	执行		仲裁庭对追索劳动报酬、工伤医疗费、经济补偿或者赔偿金的案件，根据当事人的申请，可以裁决先行执行，移送人民法院执行。仲裁庭裁决先予执行的，应当符合下列条件：（1）当事人之间权利义务关系明确；（2）不先予执行将严重影响申请人的生活。 劳动者申请先予执行的，可以不提供担保。

续表

项目		内　　容
仲裁	执行	当事人申请人民法院执行劳动争议仲裁机构作出的发生法律效力的裁决书、调解书，被申请人提出证据证明劳动争议仲裁裁决书、调解书有下列情形之一，并经审查核实的，人民法院可以裁定不予执行：（1）裁决的事项不属于劳动争议仲裁范围，或者劳动争议仲裁机构无权仲裁的；（2）适用法律、法规确有错误的；（3）违反法定程序的；（4）裁决所根据的证据是伪造的；（5）对方当事人隐瞒了足以影响公正裁决的证据的；（6）仲裁员在仲裁该案时有索贿受贿、徇私舞弊、枉法裁决行为的；（7）人民法院认定执行该劳动争议仲裁裁决违背社会公共利益的。人民法院在不予执行的裁定书中，应当告知当事人在收到裁定书之次日起 30 日内，可以就该劳动争议事项向人民法院提起诉讼
诉讼		1. 对仲裁委员会不予受理或者逾期未作出决定的，申请人可以就该劳动争议事项向人民法院提起诉讼。 2. 劳动者对劳动争议的终局裁决不服的，可以自收到仲裁裁决书之日起 15 日内向人民法院提起诉讼。 3. 当事人对终局裁决情形之外的其他劳动争议案件的仲裁裁决不服的，可以自收到仲裁裁决书之日起 15 日内提起诉讼。 4. 终局裁决被人民法院裁定撤销的，当事人可以自收到裁定书之日起 15 日内就该劳动争议事项向人民法院提起诉讼

典型例题

【例 8 - 10】（多选题）根据《劳动争议调解仲裁法》的规定，下列关于劳动仲裁的表述中，正确的有（　　）。

A. 劳动争议仲裁公开进行，但当事人协议不公开或者涉及商业秘密和个人隐私的除外

B. 当事人申请劳动争议仲裁后，可以自行和解，达成和解协议的，可以撤回仲裁申请

C. 裁决应当按照多数仲裁员的意见作出，仲裁庭不能形成多数意见时，裁决应当按照首席仲裁员的意见作出

D. 当事人对发生法律效力的调解书、裁决书，一方当事人逾期不履行的，另一方当事人可以依照《民事诉讼法》的有关规定向人民法院申请执行

【答案】ABCD

【解析】上述四个选项均表述正确。

【例 8 - 11】（多选题）根据劳动合同法律制度的规定，下列各项中，劳动者可以向人民法院提起诉讼的有（　　）。

A. 劳动争议仲裁委员会不予受理的

B. 劳动者对劳动争议的终局裁决不服的

C. 劳动争议仲裁委员会逾期未作出决定的

D. 终局仲裁裁决被人民法院裁定撤销的

【答案】ABCD

【解析】对仲裁委员会不予受理或者逾期未作出决定的，申请人可以就该劳动争议事项向人民法院提起诉讼；劳动者对劳动争议的终局裁决不服的，可以自收到仲裁裁决书之日起15日内向人民法院提起诉讼；终局裁决被人民法院裁定撤销的，当事人可以自收到裁定书之日起15日内就该劳动争议事项向人民法院提起诉讼。

考点 8　基本养老保险★★★

项　目		内　　容
概念		基本养老保险制度，是指缴费达到法定期限并且个人达到法定退休年龄后，国家和社会提供物质帮助以保证因年老而退出劳动领域者稳定、可靠的生活来源的社会保险制度
组成		基本养老保险基金由用人单位和个人缴费以及政府补贴等组成
来源	用人单位	用人单位应当按照国家规定的本单位职工工资总额的比例缴纳基本养老保险费，记入基本养老保险统筹基金
	职工个人	职工按照国家规定的本人工资的比例缴纳基本养老保险费，记入个人账户。个人账户不得提前支取，记账利率不得低于银行定期存款利率，免征利息税。个人跨统筹地区就业的，其基本养老保险关系随本人转移，缴费年限累计计算。参加职工基本养老保险的个人死亡后，其个人账户中的余额可以全部依法继承。个人达到法定退休年龄时，基本养老金分段计算、统一支付
	注：基本养老保险基金出现支付不足时，政府给予补贴	
计算		1. 单位缴费： 自2019年5月1日起，降低城镇职工基本养老保险（包括企业和机关事业单位基本养老保险）单位缴费比例。各省、自治区、直辖市及新疆生产建设兵团养老保险单位缴费比例高于16%的，可降至16%；目前低于16%的，要研究提出过渡办法。 2. 个人缴费： 按照现行政策，职工个人按照本人缴费工资的8%缴费，记入个人账户。缴费工资，也称缴费工资基数，一般为职工本人上一年度月平均工资。 月平均工资包括工资、奖金、津贴、补贴等收入，不包括用人单位承担或者支付给员工的社会保险费、劳动保护费、福利费、用人单位与员工解除劳动关系时支付的一次性补偿以及计划生育费用等其他不属于工资的费用。新招职工以起薪当月工资收入作为缴费工资基数；从第二年起，按上一年实发工资的月平均工资作为缴费工资基数。 即：个人养老账户月存储额 = 本人月缴费工资 ×8%。 本人月平均工资低于当地职工月平均工资60%的，按当地职工月平均工资的60%作为缴费基数。本人月平均工资高于当地职工月平均工资300%的，按当地职工月平均工资的300%作为缴费基数，超过部分不计入缴费工资基数，也不计入计发养老金的基数

续表

项目	内　　容
计算	各省应以本省城镇非私营单位就业人员平均工资和城镇私营单位就业人员平均工资加权计算的全口径城镇单位就业人员平均工资，核定社保个人缴费基数上下限。 个人缴费不计征个人所得税，在计算个人所得税的应税收入时，应当扣除个人缴纳的养老保险费。 城镇个体工商户和灵活就业人员按照上述口径计算的本地全口径城镇单位就业人员平均工资核定社保个人缴费基数上下限，允许缴费人在60%至300%之间选择适当的缴费基数。缴费比例为20%，其中8%计入个人账户
享受条件	1. 年龄条件：达到法定退休年龄； 2. 缴费条件：累计缴费满15年。参加职工基本养老保险的个人，达到法定退休年龄时累计缴费满15年的，按月领取基本养老金
待遇	1. 职工基本养老金。 对符合基本养老保险享受条件的人员，国家按月支付基本养老金。 2. 丧葬补助金和遗属抚恤金。 （1）参加基本养老保险的个人，因病或者非因工死亡的，其遗属可以领取丧葬补助金和抚恤金，所需资金从基本养老保险基金中支付。 （2）但如果个人死亡同时符合领取基本养老保险丧葬补助金、工伤保险丧葬补助金和失业保险丧葬补助金条件的，其遗属只能选择领取其中的一项。 3. 病残津贴。 参加基本养老保险的个人，在未达到法定退休年龄时因病或者非因工致残完全丧失劳动能力的，可以领取病残津贴，所需资金从基本养老保险基金中支付

典型例题

【例8－12】（多选题）根据社会保险法律制度的规定，下列关于职工基本养老保险的表述中，正确的有（　　）。

A. 参加基本养老保险的个人，因病或者非因工死亡的，其遗属可以领取丧葬补助金和抚恤金，所需资金从基本养老保险基金中支付

B. 如果个人死亡同时符合领取基本养老保险丧葬补助金、工伤保险丧葬补助金和失业保险丧葬补助金条件的，其遗属可以全部领取

C. 参加职工基本养老保险的个人死亡后，其个人账户中的余额可以全部依法继承

D. 参加基本养老保险的个人，在未达到法定退休年龄时因病或者非因工致残完全丧失劳动能力的，可以领取病残津贴，所需资金从基本养老保险基金中支付

【答案】ACD

【解析】如果个人死亡同时符合领取基本养老保险丧葬补助金、工伤保险丧葬补助金和失业保险丧葬补助金条件的，其遗属只能选择领取其中的一项。

考点9　基本医疗保险★★★

项目	内　　容
概念	基本医疗保险制度，是指按照国家规定缴纳一定比例的医疗保险费，参保人因患病和意外伤害而就医诊疗，由医疗保险基金支付其一定医疗费用的社会保险制度
覆盖范围	职工基本医疗保险： （1）职工应当参加职工基本医疗保险，由用人单位和职工按照国家规定共同缴纳基本医疗保险费。职工基本医疗保险费的征缴范围包括国有企业、城镇集体企业、外商投资企业、城镇私营企业和其他城镇企业及其职工，国家机关及其工作人员，事业单位及其职工，民办非企业单位及其职工，社会团体及其专职人员。 （2）无雇工的个体工商户、未在用人单位参加基本医疗保险的非全日制从业人员以及其他灵活就业人员可以参加职工基本医疗保险，由个人按照国家规定缴纳基本医疗保险费。 城乡居民基本医疗保险： 整合城镇居民基本医疗保险和新型农村合作医疗两项制度，建立统一的城乡居民基本医疗保险制度。城乡居民基本医疗保险制度覆盖范围包括现有城镇居民基本医疗保险制度和新型农村合作医疗所有应参保（合）人员，即覆盖除职工基本医疗保险应参保人员以外的其他所有城乡居民，统一保障待遇
生育保险和职工基本医疗保险合并实施	推进两项保险合并实施，统一参保登记，即参加职工基本医疗保险的在职职工同步参加生育保险。统一基金征缴和管理，生育保险基金并入职工基本医疗保险基金，按照用人单位参加生育保险和职工基本医疗保险的缴费比例之和确定新的用人单位职工基本医疗保险费率，个人不缴纳生育保险费
缴纳	1. 用人单位缴费率应控制在职工工资总额的**6%左右**。 2. 个人账户的资金来源。 （1）个人缴费部分。个人缴费率，一般为**本人工资收入的2%**。 （2）用人单位缴费的划入部分。用人单位所缴医疗保险费划入个人医疗账户的具体比例，一般为**30%左右**。 3. 个人跨统筹地区就业的，其基本医疗保险关系随本人转移，缴费年限累计计算。 注：参加职工基本医疗保险的个人，达到法定退休年龄时累计缴费达到国家规定年限的，退休后不再缴纳基本医疗保险费，按照国家规定享受基本医疗保险待遇；未达到国家规定缴费年限的，可以缴费至国家规定年限
结算	目前各地对职工基本医疗保险费用结算的方式并不一致。要享受基本医疗保险待遇一般要符合以下条件：（1）参保人员必须到基本医疗保险的定点医疗机构就医、购药或定点零售药店购买药品；（2）参保人员在看病就医过程中所发生的医疗费用必须符合基本医疗保险药品目录、诊疗项目、医疗服务设施标准的范围和给付标准
	起付标准，又称起付线，一般为当地职工年平均工资的10%左右。最高支付限额，又称封顶线，一般为当地职工年平均工资的6倍左右。支付比例一般为90%。 参保人员在社会医疗统筹基金起付标准以下的费用部分，由个人账户资金支付或个人自付；统筹基金起付线以上至封顶线以下的费用部分，个人也要承担一定比例的费用，一般为10%，可由个人账户支付也可自付。参保人员在封顶线以上的医疗费用部分，可以通过单位补充医疗保险或参加商业保险等途径解决

续表

项 目	内 容
不纳入基本医疗保险基金的情形	1. 应当从工伤保险基金中支付的；2. 应当由第三人负担的；3. 应当由公共卫生负担的；4. 在境外就医的
医疗期	医疗期是指企业职工因患病或非因工负伤停止工作，治病休息，但不得解除劳动合同的期限
	企业职工因患病或非因工负伤，需要停止工作进行医疗时，根据本人实际参加工作年限和在本单位工作年限，给予3个月到24个月的医疗期： （1）实际工作年限不足10年的，在本单位工作年限不足5年的为3个月，5年以上的为6个月。 （2）实际工作年限10年以上的，在本单位工作年限不足5年的为6个月，5年以上不足10年的为9个月，10年以上不足15年的为12个月，15年以上不足20年的为18个月，20年以上的为24个月
	医疗期内待遇：病假工资或疾病救济费可以低于当地最低工资标准支付，但最低不能低于最低工资标准的80%。医疗期内，除劳动者有严重失职的情形外，用人单位不得解除或终止劳动合同。如医疗期内遇合同期满，则合同必须续延至医疗期满，职工在此期间仍然享受医疗期内待遇。对医疗期满尚未痊愈者，或者医疗期满后，不能从事原工作，也不能从事用人单位另行安排的工作，被解除劳动合同的，用人单位需按经济补偿规定给予其经济补偿

典型例题

【例8－13】（单选题）某企业职工王某的月工资为4 000元，当地社会月平均工资为3 000元，王某个人医疗保险账户每月的储存额为（　　）元。

A. 72 　　　　　B. 80 　　　　　C. 152 　　　　　D. 114

【答案】C

【解析】王某每月从工资中扣除4 000×2% ＝80（元）存入医疗保险个人账户；
单位每月缴费中转入王某个人账户的数额＝4 000×6%×30% ＝72（元）；
王某个人医疗保险账户每月的储存额＝80＋72＝152（元）。

考点10 工伤保险★★

项 目	内 容
概念	工伤保险，是指劳动者在职业工作中或规定的特殊情况下遭遇意外伤害或职业病，导致暂时或永久丧失劳动能力以及死亡时，劳动者或其遗属能够从国家和社会获得物质帮助的社会保险制度

项目	内　容
缴纳	职工应当参加工伤保险，由**用人单位缴纳**工伤保险费，**职工不缴纳**工伤保险费
工伤认定与劳动能力鉴定	工伤认定： 1. 应当认定工伤的情形： （1）在工作时间和工作场所内，因工作原因受到事故伤害的； （2）工作时间前后在工作场所内，从事与工作有关的预备性或收尾性工作受到事故伤害的； （3）在工作时间和工作场所内，因履行工作职责受到暴力等意外伤害的； （4）患职业病的； （5）因工外出期间，由于工作原因受到伤害或者发生事故下落不明的； （6）在上下班途中，受到非本人主要责任的交通事故或者城市轨道交通、客运轮渡、火车事故伤害的； （7）法律、行政法规规定应当认定为工伤的其他情形。 2. 视同工伤的情形： （1）在工作时间和工作岗位，突发疾病死亡或者在48小时内经抢救无效死亡的； （2）在抢险救灾等维护国家利益、公共利益活动中受到伤害的； （3）原在军队服役，因战、因公负伤致残，已取得革命伤残军人证，到用人单位后旧伤复发的。 3. 不认定为工伤的情形： （1）故意犯罪； （2）醉酒或者吸毒； （3）自残或者自杀
	劳动能力鉴定： 劳动功能障碍分为十个伤残等级，最重的为一级，最轻的为十级。生活自理障碍分为三个等级：生活完全不能自理、生活大部分不能自理和生活部分不能自理。 注：自劳动能力鉴定结论作出之日起1年后，工伤职工或者其近亲属、所在单位或者经办机构认为伤残情况发生变化的，可以申请劳动能力复查鉴定
工伤保险待遇	工伤医疗待遇： 职工因工作遭受事故伤害或者患职业病进行治疗，享受工伤医疗待遇。包括：（1）治疗工伤的医疗费用（诊疗费、药费、住院费）；（2）住院伙食补助费、交通食宿费；（3）康复性治疗费；（4）停工留薪期工资福利待遇（停工留薪期一般不超过12个月。伤情严重或者情况特殊，经设区的市级劳动能力鉴定委员会确认，可以适当延长，但延长不得超过12个月）。 注：工伤职工治疗非工伤引发的疾病，不享受工伤医疗待遇，按照基本医疗保险办法处理
	辅助器具装配
	伤残待遇： 经劳动能力鉴定委员会鉴定，评定伤残等级的工伤职工，享受伤残待遇。包括：（1）生活护理费；（2）一次性伤残补助金；（3）伤残津贴；（4）一次性工伤医疗补助金和一次性伤残就业补助金

续表

项目	内　　容
工伤保险待遇	工亡待遇： 职工因工死亡，或者伤残职工在停工留薪期内因工伤导致死亡的，其近亲属按照规定从工伤保险基金领取丧葬补助金、供养亲属抚恤金和一次性工亡补助金
特别规定	1. 工伤保险中所称的本人工资，是指工伤职工因工作遭受事故伤害或者患职业病前12个月平均月缴费工资。本人工资高于统筹地区职工平均工资300%的，按照统筹地区职工平均工资的300%计算；本人工资低于统筹地区职工平均工资60%的，按照统筹地区职工平均工资的60%计算。 2. 工伤职工有下列情形之一的，停止享受工伤保险待遇： （1）丧失享受待遇条件的；（2）拒不接受劳动能力鉴定的；（3）拒绝治疗的。 3. 工伤职工符合领取基本养老金条件的，停发伤残津贴，享受基本养老保险待遇。基本养老保险待遇低于伤残津贴的，由工伤保险基金补足差额。 4. 职工所在用人单位未依法缴纳工伤保险费，发生工伤事故的，由用人单位支付工伤保险待遇。 5. 由于第三人的原因造成工伤，第三人不支付工伤医疗费用或者无法确定第三人的，由工伤保险基金先行支付。工伤保险基金先行支付后，有权向第三人追偿。 6. 职工（包括非全日制从业人员）在两个或者两个以上用人单位同时就业的，各用人单位应当分别为职工缴纳工伤保险费。职工发生工伤，由职工受到伤害时工作的单位依法承担工伤保险责任

典型例题

【例8-14】（多选题）根据社会保险法律制度的规定，职工有下列情形之一的，应视同工伤的有（　　）。

A. 在工作时间和工作岗位，突发疾病死亡或者在48小时内经抢救无效死亡的

B. 在上下班途中，受到非本人主要责任的交通事故致伤的

C. 在抢险救灾等维护国家利益、公共利益活动中受到伤害的

D. 原在军队服役，因战、因公负伤致残，已取得革命伤残军人证，到用人单位后旧伤复发的

【答案】ACD

【解析】职工有下列情形之一的，视同工伤：（1）在工作时间和工作岗位，突发疾病死亡或者在48小时内经抢救无效死亡的；（2）在抢险救灾等维护国家利益、公共利益活动中受到伤害的；（3）原在军队服役，因战、因公负伤致残，已取得革命伤残军人证，到用人单位后旧伤复发的。选项B属于应当认定工伤的情形，而非视同工伤的情形。

【例8-15】（判断题）职工发生工伤事故，但所在用人单位未依法缴纳工伤保险费的，不享受工伤保险待遇。（　　）

【答案】×

【解析】职工所在用人单位未依法缴纳工伤保险费，发生工伤事故的，由用人单位支付工伤保险待遇。

考点 11 失业保险 ★★

项目	内容
概念	失业保险是指国家通过立法强制实行的，由社会集中建立基金，保障因失业而暂时中断生活来源的劳动者的基本生活，并通过职业培训、职业介绍等措施促进其再就业的社会保险制度
缴纳	城镇企业事业单位按照本单位工资总额的 2% 缴纳失业保险费，职工按照本人工资的 1% 缴纳失业保险费。 为减轻企业负担，促进扩大就业，人力资源社会保障部、财政部数次发文降低失业保险费率，将用人单位和职工失业保险缴费比例总和从 3% 阶段性降至 1%，个人费率不得超过单位费率
待遇	失业保险待遇的享受条件：（1）失业前用人单位和本人已经缴纳失业保险费满 1 年的；（2）非因本人意愿中断就业的；（3）已经进行失业登记，并有求职要求的

失业保险金的领取期限：（1）用人单位应当及时为失业人员出具终止或者解除劳动关系的证明，将失业人员的名单自终止或者解除劳动关系之日起 7 日内报受理其失业保险业务的经办机构备案，并按要求提供终止或解除劳动合同证明等有关材料。（2）失业人员在失业期间，可凭社会保障卡或身份证件到现场或通过网上申报的方式，向参保地经办失业保险业务的公共就业服务机构或者社会保险经办机构申领失业保险金。（3）经办机构认定失业人员失业状态时，不得要求失业人员出具终止或者解除劳动关系证明、失业登记证明等其他证明材料。（4）失业人员申领失业保险金，经办机构应当同时为其办理失业登记和失业保险金发放。（5）失业保险金领取期限自办理失业登记之日起计算。

注：要确保落实申领失业保险金同步办理失业登记或发放后办理失业登记

累计缴费年限	领取期限
满 1 年不足 5 年	最长为 12 个月
满 5 年不足 10 年	最长为 18 个月
10 年以上	最长为 24 个月

自 2019 年 12 月起，延长大龄失业人员领取失业保险金期限，对领取失业保险金期满仍未就业且距法定退休年龄不足 1 年的失业人员，可继续发放失业保险金至法定退休年龄

续表

项目	内　　容
待遇	继续实施失业保险保障扩围政策，对领取失业保险金期满仍未就业的失业人员、不符合领取失业保险金条件的参保失业人员，发放失业补助金；对参保不满 1 年的失业农民工，发放临时生活补助。保障范围为 2022 年 1 月 1 日至 12 月 31 日期间新发生的参保失业人员
	失业保险金的标准，不得低于城市居民最低生活保障标准，一般也不高于当地最低工资标准
	其他失业保险待遇：（1）领取失业保险金期间享受基本医疗保险待遇；（2）领取失业保险金期间的死亡补助；（3）职业介绍与职业培训补贴；（4）国务院规定或者批准的与失业保险有关的其他费用
	停止享受失业保险待遇的情形：（1）重新就业的；（2）应征服兵役的；（3）移居境外的；（4）享受基本养老保险待遇的；（5）被判刑收监执行的；（6）无正当理由，拒不接受当地人民政府指定部门或者机构介绍的适当工作或者提供培训的；（7）有法律、行政法规规定的其他情形的

典型例题

【例 8 - 16】（单选题）根据社会保险法律制度的规定，用人单位和劳动者累计缴纳失业保险费满 5 年不足 10 年的，领取失业保险金的最长期限为（　　）个月。

A. 12　　　　　　　　　　　　　B. 18

C. 24　　　　　　　　　　　　　D. 30

【答案】B

【解析】失业人员失业前用人单位和本人累计缴费满 1 年不足 5 年的，领取失业保险金的期限最长为 12 个月；累计缴费满 5 年不足 10 年的，领取失业保险金的期限最长为 18 个月；累计缴费 10 年以上的，领取失业保险金的期限最长为 24 个月。

【例 8 - 17】（判断题）用人单位应当及时为失业人员出具终止或者解除劳动关系的证明，将失业人员的名单自终止或者解除劳动关系之日起 15 日内报受理其失业保险业务的经办机构备案，并按要求提供终止或解除劳动合同证明等有关材料。（　　）

【答案】×

【解析】用人单位应当及时为失业人员出具终止或者解除劳动关系的证明，将失业人员的名单自终止或者解除劳动关系之日起 7 日内报受理其失业保险业务的经办机构备案，并按要求提供终止或解除劳动合同证明等有关材料。

考点 12　社会保险经办 ★

项目		内　容
经办机构	人力资源社会保障行政部门	主管基本养老保险、工伤保险、失业保险等社会保险经办工作
	医疗保障行政部门	主管基本医疗保险、生育保险等社会保险经办工作
社会保险登记	用人单位	用人单位在登记管理机关办理登记时，同步办理社会保险登记
	个人	用人单位应当自用工之日起 30 日内为其职工向社会保险经办机构申请办理社会保险登记
		自愿参加社会保险的无雇工的个体工商户、未在用人单位参加社会保险的非全日制从业人员以及其他灵活就业人员，应当向社会保险经办机构申请办理社会保险登记
社会保险转移、变更和注销	关系转移	参加职工基本养老保险、职工基本医疗保险、失业保险的个人跨统筹地区就业，其职工基本养老保险、职工基本医疗保险、失业保险关系随同转移
		参加职工基本养老保险的个人在机关事业单位与企业等不同性质用人单位之间流动就业，其职工基本养老保险关系随同转移
		参加工伤保险、生育保险的个人跨统筹地区就业，在新就业地参加工伤保险、生育保险
	变更和注销	用人单位和个人申请变更、注销社会保险登记，社会保险经办机构应当自收到申请之日起 10 个工作日内办理完毕
		用人单位注销社会保险登记的，应当先结清欠缴的社会保险费、滞纳金、罚款
社会保险待遇核定和支付		用人单位和个人向社会保险经办机构提出领取基本养老金的申请，社会保险经办机构应当自收到申请之日起 20 个工作日内办理完毕
		个人医疗费用、生育医疗费用中应当由基本医疗保险（含生育保险）基金支付的部分，由社会保险经办机构审核后与医疗机构、药品经营单位直接结算
		个人治疗工伤的医疗费用、康复费用、安装配置辅助器具费用中应当由工伤保险基金支付的部分，由社会保险经办机构审核后与医疗机构、辅助器具配置机构直接结算
		个人申领失业保险金，社会保险经办机构应当自收到申请之日起 10 个工作日内办理完毕。个人在领取失业保险金期间，社会保险经办机构应当从失业保险基金中支付其应当缴纳的基本医疗保险（含生育保险）费

续表

项目	内容
社会保险待遇核定和支付	个人申领职业培训等补贴，应当提供职业资格证书或者职业技能等级证书。社会保险经办机构应当对职业资格证书或者职业技能等级证书进行审核，并自收到申请之日起 10 个工作日内办理完毕
	个人出现国家规定的停止享受社会保险待遇的情形，用人单位、待遇享受人员或者其亲属应当自相关情形发生之日起 20 个工作日内告知社会保险经办机构，社会保险经办机构核实后应当停止发放相应的社会保险待遇

典型例题

【例 8 – 18】（多选题）下列选项中，由人力资源社会保障行政部门主管经办工作的有（　　）。

A. 基本养老保险
B. 工伤保险
C. 失业保险
D. 基本医疗保险

【答案】ABC

【解析】国务院人力资源社会保障行政部门主管全国基本养老保险、工伤保险、失业保险等社会保险经办工作。国务院医疗保障行政部门主管全国基本医疗保险、生育保险等社会保险经办工作。县级以上地方人民政府人力资源社会保障行政部门按照统筹层次主管基本养老保险、工伤保险、失业保险等社会保险经办工作。县级以上地方人民政府医疗保障行政部门按照统筹层次主管基本医疗保险、生育保险等社会保险经办工作。

考点 13　社会保险费征缴与社会保险基金管理★

项目	内容
社会保险费征缴	用人单位应当自行申报、按时足额缴纳社会保险费，非因不可抗力等法定事由不得缓缴、减免
	为提高社会保险资金征管效率，将基本养老保险费、基本医疗保险费、失业保险费等各项社会保险费交由税务部门统一征收。按照改革相关部署，自 2019 年 1 月 1 日起由税务部门统一征收各项社会保险费和先行划转的非税收入
社会保险基金管理	除基本医疗保险基金与生育保险基金合并建账及核算外，其他各项社会保险基金按照社会保险险种分别建账，分账核算，执行国家统一的会计制度
	社会保险基金专款专用，任何组织和个人不得侵占或者挪用
	社会保险基金存入财政专户，按照统筹层级设立预算，通过预算实现收支平衡

续表

项目	内　容
社会保险基金管理	社会保险经办机构应当定期向社会公布参加社会保险情况以及社会保险基金的收入、支出、结余和收益情况
	社会保险基金在保证安全的前提下，按照国务院规定投资运营实现保值增值

典型例题

【例8－19】（判断题）除基本养老保险基金与生育保险基金合并建账及核算外，其他各项社会保险基金按照社会保险险种分别建账，分账核算，执行国家统一的会计制度。（　　）

【答案】×

【解析】除基本医疗保险基金与生育保险基金合并建账及核算外，其他各项社会保险基金按照社会保险险种分别建账，分账核算，执行国家统一的会计制度。

考点14　违反社会保险法律制度的法律责任★

项目	内　容
用人单位违反社会保险法的法律责任	1. 用人单位不办理社会保险登记的，责令限期改正；逾期不改正的，对用人单位处应缴社会保险费数额1倍以上3倍以下的罚款，对其直接负责的主管人员和其他直接责任人员处500元以上3 000元以下的罚款。 2. 用人单位拒不出具终止或者解除劳动关系证明的，由劳动行政部门责令改正；给劳动者造成损害的，应当承担赔偿责任。 3. 用人单位未按时足额缴纳社会保险费的，应责令限期缴纳或者补足，并自欠缴之日起，按日加收0.05%的滞纳金；逾期仍不缴纳的，由有关行政部门处欠缴数额1倍以上3倍以下的罚款
骗保行为的法律责任	1. 骗取社会保险待遇的，责令退回，处骗取金额2倍以上5倍以下的罚款。 2. 社会保险经办机构骗取社会保险基金支出的，责令退回，处骗取金额2倍以上5倍以下的罚款；属于社会保险服务机构的，解除服务协议；直接负责的主管人员和其他直接责任人员有执业资格的，依法吊销其执业资格
社会保险经办机构、社会保险费征收机构、社会保险服务机构等机构的法律责任	1. 社会保险经办机构及其工作人员有下列行为之一的，责令改正；造成损失的，依法承担赔偿责任；对直接负责的主管人员和其他直接责任人员依法给予处分： （1）未履行社会保险法定职责的； （2）未将社会保险基金存入财政专户的； （3）克扣或者拒不按时支付社会保险待遇的； （4）丢失或者篡改缴费记录、享受社会保险待遇记录等社会保险数据、个人权益记录的；

续表

项目	内　容
社会保险经办机构、社会保险费征收机构、社会保险服务机构等机构的法律责任	（5）有违反社会保险法律、法规的其他行为的。 2. 社会保险费征收机构擅自更改社会保险费缴费基数、费率，导致少收或者多收社会保险费的，由有关行政部门责令其追缴或退还；对直接责任人员依法给予处分。 3. 违反《社会保险法》规定，隐匿、转移、侵占、挪用社会保险基金或者违规投资运营的，责令追回；有违法所得的，没收违法所得；对直接责任人员依法给予处分。 4. 泄露用人单位和个人信息的，对直接责任人员依法给予处分；给用人单位或者个人造成损失的，应当承担赔偿责任。 5. 国家工作人员滥用职权、玩忽职守、徇私舞弊的，依法给予处分。 6. 违反《社会保险法》规定，构成犯罪的，依法追究刑事责任

典型例题

【例8-20】（判断题）用人单位未按时足额缴纳社会保险费的，由社会保险费征收机构责令限期缴纳或者补足，并自欠缴之日起，按日加收0.01%的滞纳金。（　　）

【答案】×

【解析】用人单位未按时足额缴纳社会保险费的，由社会保险费征收机构责令限期缴纳或者补足，并自欠缴之日起，按日加收0.05%的滞纳金；逾期仍不缴纳的，由有关行政部门处欠缴数额1倍以上3倍以下的罚款。

巩固练习

一、单项选择题

1. 根据《劳动合同法》的规定，下列用人单位与劳动者订立劳动合同时的义务表述中正确的是（　　）。

A. 除特殊单位用工，一般的用人单位不得招用未满18周岁的未成年人

B. 用人单位应当如实告知劳动者工作内容、工作条件、职业危害、劳动报酬等情况

C. 用人单位不得要求劳动者提供担保，但可以根据劳动者用工岗位的需要了解

    劳动者在当地的住房情况和婚姻状况

  D. 用人单位招用劳动者，不得扣押劳动者的居民身份证，但是可以扣押专业证书

  2. 甲企业职工赵某2022年度月平均工资为7 500元，甲企业所在地职工月平均工资为5 000元。2023年甲企业每月应扣缴赵某基本养老保险费的下列结算列式中，正确的是（　　）。

    A. 5 000×2×8%＝800（元）   B. 7 500×8%＝600（元）

    C. 5 000×8%＝400（元）   D. 5 000×3×8%＝1 200（元）

  3. 2022年10月，张某到甲公司工作。2023年11月，甲公司与张某口头商定将其月工资由原来的5 300元提高至7 500元。双方实际履行3个月后，甲公司法定代表人变更。新任法定代表人认为该劳动合同内容变更未采用书面形式，变更无效，决定仍按原每月5 300元的标准向张某支付工资。张某表示异议并最终提起诉讼。关于双方口头变更劳动合同效力的下列表述中，正确的是（　　）。

    A. 双方口头变更劳动合同且实际履行已超过1个月，该劳动合同变更有效

    B. 劳动合同变更在实际履行3个月期间有效，此后无效

    C. 因双方未采取书面形式，该劳动合同变更无效

    D. 双方口头变更劳动合同但实际履行未超过6个月，该劳动合同变更无效

  4. 某企业职工王某因个人工作失误给企业造成经济损失12 000元，已知王某每月工资收入为6 000元，当地月最低工资标准为3 500元。根据劳动合同法律制度的规定，该企业可以从王某每月工资中扣除的最高限额为（　　）元。

    A. 700   B. 800   C. 1 000   D. 1 200

  5. 根据劳动合同法律制度的规定，因劳动者本人原因给用人单位造成经济损失的，用人单位可以按照劳动合同的约定要求其赔偿经济损失。经济损失从劳动者本人工资中扣除的，在扣除后的剩余工资部分不低于当地月最低工资标准的前提下，每月从其工资中扣除的比例不得超过（　　）。

    A. 10%   B. 20%   C. 25%   D. 40%

  6. 2022年3月2日，钱某到甲公司工作，每月按时领取工资5 000元，但是甲公司直至2023年2月2日才与钱某订立书面劳动合同。根据劳动合同法律制度的规定，甲公司应该向钱某支付未及时订立书面劳动合同的工资补偿为（　　）元。

    A. 45 000   B. 50 000   C. 55 000   D. 60 000

  7. 乙劳务派遣公司应甲公司要求，将张某派遣到甲公司工作。根据劳动合同法律制度的规定，下列关于该劳务派遣用工的表述中，正确的是（　　）。

    A. 乙公司应向张某按月支付劳动报酬

    B. 甲公司可以将张某再派遣到其他用人单位

C. 乙公司可以向张某收取劳务中介费

D. 甲公司与张某之间存在劳动合同关系

8. A 公司录用了应届毕业生郑某并与其订立了 2 年期的劳动合同，双方约定郑某的月工资为 3 000 元，试用期为 2 个月。已知当地月最低工资标准为 2 000 元，当地职工月平均工资为 5 000 元。在试用期内，A 公司应向郑某支付的试用期月工资最低不得低于（ ）元。

A. 2 000　　　　　B. 2 400　　　　　C. 3 000　　　　　D. 4 000

9. 2023 年 4 月，吴某应聘到甲公司工作，双方口头约定了 1 个月试用期，但未订立书面劳动合同。根据劳动合同法律制度的规定，关于双方劳动关系建立的下列表述中，正确的是（ ）。

A. 甲公司应与吴某补签劳动合同，双方之间的劳动关系自合同补签之日起建立

B. 吴某与甲公司未订立劳动合同，双方之间未建立劳动关系

C. 吴某与甲公司之间的劳动关系自吴某进入甲公司开始工作时建立

D. 吴某与甲公司之间的劳动关系自试用期满时建立

10. 甲企业聘请宋某负责企业局域网及相关设备的日常维护，逢周一、周三上午工作 3 小时，逢周二、周四下午工作 3 小时。下列表述中，不符合《劳动合同法》的是（ ）。

A. 甲企业与宋某的合同关系属于非全日制用工

B. 甲企业与宋某可以订立书面合同，也可以订立口头合同

C. 宋某可以在其他单位兼职

D. 甲企业终止用工，应当向宋某支付经济补偿

11. 某企业职工王某的月工资为 1 600 元，当地职工月平均工资为 3 000 元。则该职工每月应缴纳的基本养老保险费是（ ）元。

A. 120　　　　　B. 144　　　　　C. 240　　　　　D. 330

12. 为提高社会保险资金征管效率，自 2019 年 1 月 1 日起，将基本养老保险费、基本医疗保险费、失业保险费等各项社会保险费交由（ ）统一征收。

A. 财政部门　　　　　　　　　　B. 审计部门

C. 税务部门　　　　　　　　　　D. 保险监管部门

二、多项选择题

1. 根据劳动合同法律制度的规定，关于劳动报酬支付的下列表述中，正确的有（ ）。

A. 用人单位可以采用多种形式支付工资，如货币、有价证券、实物等

B. 工资至少每月支付一次，实行周、日、小时工资制的可按周、日、小时支付工资

C. 对完成一次性临时劳动的劳动者，用人单位应按协议在其完成劳动任务后即支付工资

D. 约定支付工资的日期遇节假日或者休息日的，应提前在最近的工作日支付

2. 根据劳动合同法律制度的规定，关于劳务派遣的下列表述中，正确的有（　　）。

A. 劳动合同关系存在于劳务派遣单位与被派遣劳动者之间

B. 劳务派遣单位是用人单位，接受以劳务派遣形式用工的单位是用工单位

C. 被派遣劳动者的劳动报酬可低于用工单位同类岗位劳动者的劳动报酬

D. 被派遣劳动者不能参加用工单位的工会

3. 根据劳动合同法律制度的规定，下列各项中，属于用人单位可依据法定程序进行经济性裁员的情形有（　　）。

A. 企业转产，经变更劳动合同后，仍需裁减人员的

B. 依照企业破产法规定进行重整的

C. 企业重大技术革新，经变更劳动合同后，仍需裁减人员的

D. 生产经营发生严重困难的

4. 根据社会保险法律制度的规定，下列关于社会保险费缴纳的表述中，正确的有（　　）。

A. 用人单位未按时足额缴纳的，由社会保险费征收机构责令其限期缴纳或者补足

B. 职工应当缴纳的社会保险费由用人单位代扣代缴

C. 发生不可抗力等法定事由，用人单位可以申请缓缴或者减免缴纳

D. 用人单位应当自行申报、按时足额缴纳

5. 根据劳动合同法律制度的规定，下列各项中，用人单位需承担的义务有（　　）。

A. 告知劳动者工作内容、工作条件、工作地点、职业危害、安全生产状况、劳动报酬等情况

B. 不得扣押劳动者相关证件

C. 不得向劳动者索取财物

D. 不得要求劳动者提供担保

6. 根据劳动合同法律制度的规定，下列关于劳动合同履行的表述中，正确的有（　　）。

A. 用人单位拖欠劳动报酬的，劳动者可以依法向人民法院申请支付令

B. 用人单位发生合并或者分立等情况，原劳动合同不再继续履行

C. 劳动者拒绝用人单位管理人员违章指挥、强令冒险作业的，不视为违反劳动合同

D. 用人单位变更名称的，不影响劳动合同的履行

7. 下列选项中，应当认定属于"劳动者非因本人原因从原用人单位被安排到新用人单位工作"的情形包括（　　）。

A. 劳动者仍在原工作场所、工作岗位工作，劳动合同主体由原用人单位变更为新用人单位

B. 用人单位以组织委派或任命形式对劳动者进行工作调动

C. 因用人单位合并、分立等原因导致劳动者工作调动

D. 用人单位及其关联企业与劳动者轮流订立劳动合同

8. 根据社会保险法律制度的规定，下列表述中，不正确的有（　　）。

A. 无雇工的个体工商户参加基本养老保险的，缴纳的养老保险金全部划入其个人账户

B. 未在用人单位参加基本养老保险的非全日制从业人员参加基本养老保险的，缴纳的养老保险金全部划入其个人账户

C. 养老保险个人账户中的存款免征利息税

D. 养老保险个人账户不得提前支取

9. 根据劳动合同法律制度的规定，劳动者单方面解除劳动合同的下列情形中，不能获得经济补偿的有（　　）。

A. 劳动者提前30日以书面形式通知用人单位解除劳动合同的

B. 劳动者因用人单位未按照劳动合同约定提供劳动保护而解除劳动合同的

C. 劳动者因用人单位未及时足额支付劳动报酬而解除劳动合同的

D. 劳动者在试用期内提前3日通知用人单位解除劳动合同的

10. 根据社会保险法律制度的规定，下列各项中，属于停止领取失业保险金并且同时停止享受其他失业保险待遇的情形有（　　）。

A. 重新就业的

B. 应征服兵役的

C. 移居境外的

D. 享受基本养老保险待遇的

三、判断题

1. 年休假在1个年度内可以集中安排，也可以分段安排，但不得跨年度安排。

（　　）

2. 用人单位与劳动者约定服务期的，不影响按照正常的工资调整机制提高劳动者在服务期期间的劳动报酬。 （　　）

3. 在试用期内解除劳动合同后，用人单位再次招用该劳动者时，不得再约定试用期。 （　　）

4. 计算职工病休期间时，公休、假日和法定节日不包括在内。 （　　）

5. 职工参加工伤保险，由用人单位和职工本人共同缴纳工伤保险费。 （　　）

6. 从事同类业务的竞业限制期限不得超过 1 年。 （　　）

四、不定项选择题

2022 年 6 月 30 日，王某与乙公司为期 2 年的劳动合同期限届满。次日，王某应聘到甲公司工作，双方签订了书面劳动合同。合同约定，合同期限 2 年（试用期除外），王某每月工资 2 500 元；试用期 3 个月，每月工资 1 800 元；因生产经营需要，公司可不经王某同意直接安排其加班，但每月加班时间不超过 30 小时；王某在公司连续工作满 1 年后，每年可休年假 3 天。

2023 年 2 月，甲公司提供培训费派王某参加了为期 1 个月的专业技术培训，双方约定了 5 年服务期及违约金。

2023 年 8 月 1 日，因甲公司一直未给王某缴纳社会保险费，王某提出解除劳动合同并要求甲公司支付经济补偿。

已知：王某与乙公司已约定过试用期，甲公司所在地月最低工资标准为 1 600 元。

要求：根据上述资料，分析回答下列问题。

（1）对试用期约定的下列表述中，正确的是（　　）。

　　A. 乙公司已经与王某约定过试用期，甲公司不得再与其约定试用期

　　B. 甲公司与王某可以约定王某的试用期月工资为 1 800 元

　　C. 甲公司与王某可以约定 3 个月的试用期

　　D. 甲公司与王某约定的试用期应包含在劳动合同期限内

（2）甲公司与王某对休息、休假的下列约定中，符合法律规定的是（　　）。

　　A. 因生产经营需要，公司可不经王某同意直接安排其加班

　　B. 每月加班时间不超过 30 小时

　　C. 王某须在甲公司连续工作满 1 年后方可享受年休假

　　D. 王某每年休年假 3 天

（3）对甲公司与王某约定的服务期及违约金的下列表述中，正确的是（　　）。

　　A. 王某以公司未缴纳社会保险费为由解除劳动合同，无须向甲公司支付违约金

　　B. 双方约定的 5 年服务期超过劳动合同期限，该约定无效

C. 双方约定的违约金数额不得超过甲公司提供的培训费用

D. 王某以公司未缴纳社会保险费为由解除劳动合同，甲公司有权要求王某支付违约金，但不得超过服务期内未履行部分所分摊的培训费用

（4）对王某提出解除劳动合同并要求甲公司支付经济补偿的下列表述中，正确的是（　　）。

A. 王某应提前 30 日书面通知甲公司解除劳动合同

B. 王某通知甲公司后即可解除劳动合同

C. 甲公司应向王某支付 2 个月工资标准的经济补偿

D. 王某有权要求甲公司支付经济补偿

巩固练习参考答案及解析

一、单项选择题

1. 【答案】B

【解析】选项 A，禁止用人单位招用未满 16 周岁的未成年人。文艺、体育和特种工艺单位招用例外。选项 C、D，用人单位有权了解劳动者与劳动合同直接相关的基本情况，劳动者应当如实说明。用人单位招用劳动者，不得扣押劳动者的居民身份证和其他证件，不得要求劳动者提供担保或者以其他名义向劳动者收取财物。

2. 【答案】B

【解析】按照现行政策，职工个人按照本人缴费工资的 8% 缴费，记入个人账户。本人月平均工资低于当地职工月平均工资 60% 的，按当地职工月平均工资的 60% 作为缴费基数。本人月平均工资高于当地职工月平均工资 300% 的，按当地职工月平均工资的 300% 作为缴费基数，超过部分不计入缴费工资基数，也不计入计发养老金的基数。赵某的月平均工资既不低于当地职工月平均工资的 60%，也不高于当地职工月平均工资的 300%，所以甲企业每月应扣缴赵某基本养老保险费 $= 7\,500 \times 8\% = 600$（元）。

3. 【答案】A

【解析】（1）用人单位与劳动者协商一致变更劳动合同，虽未采用书面形式，但已经实际履行了口头变更的劳动合同超过 1 个月，变更后的劳动合同内容不违反法律、行政法规且不违背公序良俗，当事人以未采用书面形式为由主张劳动合同变更

无效的，人民法院不予支持；（2）用人单位变更名称、法定代表人等事项，不影响劳动合同的履行。

4.【答案】D

【解析】经济损失的赔偿，可从劳动者本人的工资中扣除。但每月扣除的部分不得超过劳动者当月工资的20%。若扣除后的剩余工资部分低于当地月最低工资标准，则按最低工资标准支付。本题中，扣除经济损失赔偿后王某的工资为6 000 − 6 000 × 20% = 4 800（元），扣除后王某的工资不低于当地月工资标准3 500元。因此，该企业每月可从王某工资中扣除的最高限额为6 000 × 20% = 1 200（元）。

5.【答案】B

【解析】因劳动者本人原因给用人单位造成经济损失的，用人单位可按照劳动合同的约定要求其赔偿经济损失。经济损失的赔偿，可从劳动者本人的工资中扣除。但每月扣除的部分不得超过劳动者当月工资的20%。若扣除后的剩余工资部分低于当地月最低工资标准，则按最低工资标准支付。

6.【答案】B

【解析】（1）用人单位自用工之日起超过1个月不满1年未与劳动者订立书面劳动合同的，应当向劳动者每月支付2倍的工资，并与劳动者补订书面劳动合同。用人单位向劳动者每月支付2倍工资的起算时间为用工之日起满1个月的次日，截止时间为补订书面劳动合同的前一日，即2022年4月2日至2023年2月1日，共计10个月。（2）2倍工资含已发放的工资，因此，甲公司应该向钱某支付的工资补偿为5 000 × 10 = 50 000（元）。

7.【答案】A

【解析】选项A，劳务派遣单位（乙公司）应当按月向劳动者（张某）支付劳动报酬；选项B，用工单位（甲公司）不得将被派遣劳动者再派遣到其他用人单位；选项C，劳务派遣单位（乙公司）和用工单位（甲公司）均不得向劳动者（张某）收取费用；选项D，在劳务派遣关系中，劳动合同关系存在于劳务派遣单位（乙公司）与被派遣劳动者（张某）之间。

8.【答案】B

【解析】劳动者在试用期的工资不得低于本单位相同岗位最低档工资或者劳动合同约定工资的80%，并不得低于用人单位所在地的最低工资标准。劳动合同约定工资，是指该劳动者与用人单位订立的劳动合同中约定的劳动者试用期满后的工资。

9.【答案】C

【解析】用人单位自"用工之日"起即与劳动者建立劳动关系，与是否签订书面的劳动合同无关。

10.【答案】D

【解析】选项 A，以小时计酬为主，劳动者在同一用人单位一般平均每日工作时间不超过 4 小时，每周工作时间累计不超过 24 小时的用工形式是非全日制用工。选项 B，非全日制用工双方当事人可以订立口头协议。选项 C，从事非全日制用工的劳动者可以与一个或者一个以上用人单位订立劳动合同；但是，后订立的劳动合同不得影响先订立的劳动合同的履行。选项 D，非全日制用工双方当事人任何一方都可以随时通知对方终止用工。终止用工，用人单位不向劳动者支付经济补偿。

11.【答案】B

【解析】本人月平均工资低于当地职工月平均工资 60% 的，按当地职工月平均工资的 60% 作为缴费基数。当地职工月平均工资的 60% 为 3 000×60% = 1 800（元）。王某月工资为 1 600 元，低于当地职工月平均工资的 60%，王某个人每月应缴纳的基本养老保险费数额为 1 800×8% = 144（元）。

12.【答案】C

【解析】根据中共中央发布的《深化党和国家机构改革方案》，为提高社会保险资金征管效率，将基本养老保险费、基本医疗保险费、失业保险费等各项社会保险费交由税务部门统一征收。按照改革相关部署，自 2019 年 1 月 1 日起由税务部门统一征收各项社会保险费和先行划转的非税收入。

二、多项选择题

1.【答案】BCD

【解析】选项 A，工资应当以法定货币支付，不得以实物及有价证券替代货币支付。

2.【答案】AB

【解析】选项 C，被派遣劳动者享有与用工单位的劳动者同工同酬的权利；选项 D，被派遣劳动者有权在劳务派遣单位或者用工单位依法参加或者组织工会，维护自身的合法权益。

3.【答案】ABCD

【解析】经济性裁员的情形包括：（1）依照企业破产法规定进行重整的（选项 B）；（2）生产经营发生严重困难的（选项 D）；（3）企业转产、重大技术革新或者经营方式调整，经变更劳动合同后，仍需裁减人员的（选项 A、C）；（4）其他因劳动合同订立时所依据的客观经济情况发生重大变化，致使劳动合同无法履行的。

4.【答案】ABCD

【解析】（1）用人单位未按时足额缴纳社会保险费的，由社会保险费征收机构责令限期缴纳或者补足，并自欠缴之日起，按日加收 0.05% 的滞纳金；逾期仍不缴纳的，由有关行政部门处欠缴数额 1 倍以上 3 倍以下的罚款。（2）用人单位应当自行申报、按时足额缴纳社会保险费，非因不可抗力等法定事由不得缓缴、减免。（3）职工应当缴纳的社会保险费由用人单位代扣代缴，用人单位应当按月将缴纳社会保险费的明细情况告知本人。

5.【答案】ABCD

【解析】（1）用人单位招用劳动者时，应当如实告知劳动者工作内容、工作条件、工作地点、职业危害、安全生产状况、劳动报酬，以及劳动者要求了解的其他情况（选项 A）；（2）用人单位招用劳动者，不得扣押劳动者的居民身份证和其他证件，不得要求劳动者提供担保或者以其他名义向劳动者收取财物（选项 B、C、D）。

6.【答案】ACD

【解析】选项 B，用人单位发生合并或者分立等情况，原劳动合同继续有效，劳动合同由承继其权利和义务的用人单位继续履行。

7.【答案】ABCD

【解析】用人单位符合下列情形之一的，应当认定属于"劳动者非因本人原因从原用人单位被安排到新用人单位工作"：劳动者仍在原工作场所、工作岗位工作，劳动合同主体由原用人单位变更为新用人单位；用人单位以组织委派或任命形式对劳动者进行工作调动；因用人单位合并、分立等原因导致劳动者工作调动；用人单位及其关联企业与劳动者轮流订立劳动合同；其他合理情形。

8.【答案】AB

【解析】无雇工的个体工商户、未在用人单位参加基本养老保险的非全日制从业人员以及其他灵活就业人员参加基本养老保险的，应当按照国家规定缴纳基本养老保险费，分别记入基本养老保险统筹基金和个人账户（选项 A、B）；基本养老保险的个人账户不得提前支取，并且免征利息税（选项 C、D）。

9.【答案】AD

【解析】劳动者在试用期内提前 3 日或试用期满后提前 30 日通知用人单位解除劳动合同的，用人单位无须向劳动者支付经济补偿金（选项 A、D）；因用人单位有过错，劳动者可以随时通知解除劳动合同，用人单位需向劳动者支付经济补偿（选项 B、C）。

10.【答案】ABCD

【解析】失业人员在领取失业保险金期间有下列情形之一的，停止领取失业保险金，并同时停止享受其他失业保险待遇：（1）重新就业的（选项 A）；（2）应征服兵役的（选项 B）；（3）移居境外的（选项 C）；（4）享受基本养老保险待遇的（选项 D）；（5）被判刑收监执行的；（6）无正当理由，拒不接受当地人民政府指定部门或者机构介绍的适当工作或者提供的培训的；（7）有法律、行政法规规定的其他情形的。

三、判断题

1.【答案】×

【解析】年休假在 1 个年度内可以集中安排，也可以分段安排，一般不跨年度安排。单位因生产、工作特点确有必要跨年度安排职工年休假的，可以跨 1 个年度安排。

2.【答案】√

【解析】用人单位与劳动者约定服务期的，不影响按照正常的工资调整机制提高劳动者在服务期期间的劳动报酬。

3.【答案】√

【解析】在试用期内解除劳动合同，不管是用人单位解除还是劳动者解除，用人单位再次招用该劳动者时，不得再约定试用期。

4.【答案】×

【解析】病休期间，公休、假日和法定节日包括在内。

5.【答案】×

【解析】职工应当参加工伤保险，由用人单位缴纳工伤保险费，职工不缴纳工伤保险费。

6.【答案】×

【解析】从事同类业务的竞业限制期限，不得超过 2 年。

四、不定项选择题

(1)【答案】D

【解析】选项 A，同一用人单位与同一劳动者只能约定一次试用期，甲公司与乙公司不是同一用人单位，甲公司可以与王某约定试用期；选项 B，劳动者在试用期的工资不得低于本单位相同岗位最低档工资或者劳动合同约定工资的 80%［即 2 500 × 80% = 2 000（元）］，并不得低于用人单位所在地的最低工资标准（1 600 元）；选项 C，劳动合同期限 1 年以上不满 3 年的，试用期不得超过 2 个月；选项 D，试用期应包含在劳动合同期限内。

(2)【答案】B

【解析】①用人单位由于生产经营需要，经与工会和劳动者协商后可以延长工作时间，一般每日不得超过 1 小时；因特殊原因需要延长工作时间的，在保障劳动者身体健康的条件下延长工作时间，每日不得超过 3 小时，每月不得超过 36 小时，故选项 A 错误，选项 B 正确；②在确定年休假的天数时，依据的是劳动者自参加工作以来的累计工作年限，而非在现单位的工作年限，故选项 C 错误；③职工累计工作已满 1 年不满 10 年的，年休假 5 天，故选项 D 错误。

（3）【答案】AC

【解析】用人单位与劳动者约定了服务期，劳动者以用人单位未依法为劳动者缴纳社会保险费为由解除劳动合同的，不属于违反服务期的约定，用人单位不得要求劳动者支付违约金，故选项 A 正确，选项 D 错误；服务期的期限可以超过劳动合同期限，故选项 B 错误；违约金的数额不得超过用人单位提供的培训费用，故选项 C 正确。

（4）【答案】BD

【解析】用人单位未依法为劳动者缴纳社会保险费的，劳动者可随时通知解除劳动合同，且可以要求用人单位支付经济补偿金，故选项 A 错误，选项 B、D 正确；选项 C，经济补偿按劳动者在本单位工作的年限，每满 1 年支付 1 个月工资的标准向劳动者支付。6 个月以上不满 1 年的，按 1 年计算；不满 6 个月的，向劳动者支付半个月工资的经济补偿。2022 年 7 月 1 日至 2023 年 8 月 1 日，应为 1.5 个月的标准，而不是 2 个月。